식탁 위의 베트남

음식으로 읽는 베트남의 역사와 문화

윤성학 지음

케이북스

목차

일러두기

이 책의 베트남어 표기는 기본적으로 '국립국어원 외래어 표기법'의 베트남어 표기 규정을 따르되, 실제 발음과 사용 관행, 독자의 이해를 고려하여 자음 표기, 외국어 병기 방식, 띄어쓰기, 지명 표기, 따옴표 사용 등에서 일부 조정을 가하였다.

1. 일부 자음 표기의 조정
일부 베트남어 자음은 표준 표기와 실제 발음 간 차이가 있어, 한국어 화자에게 더 강하게 인지되는 음가를 반영하였다. 예를 들어 Tr은 'ㅉ', K는 'ㄲ', T는 'ㄸ'에 가깝게 들릴 수 있으며, Th는 'ㄷ'보다 'ㅌ'에 가까운 소리로 인식된다(예: Nha Trang→냐짱, Kiều Trinh→끼우찐, Tân Sơn Nhất→떤썬녓, Lê Thánh Tôn→레탄똔).

2. 영어, 베트남어 등 외국어 표기
외국어 표기 시 베트남어는 괄호 안에 표기하였으며, 영어, 한자 등 기타 외국어는 괄호 없이 표기하였다.

3. 띄어쓰기 관행
베트남어는 음절 단위 띄어쓰기를 원칙으로 하므로 한국어 표기에서도 이를 기본적으로 준수하였다. 다만 분짜(bún chả), 반미(bánh mì), 퍼꾸온(phở cuốn) 등 한국어에서 하나의 고유명사로 정착한 음식명은 관용적으로 붙여 썼다.

4. 지명 표기
호찌민시(Thành phố Hồ Chí Minh)는 한국어 일반 독자에게 널리 통용되는 표기인 '호찌민'으로 표기하였다.

5. 작은따옴표 사용
생소하거나 추가 설명이 필요한 낱말에 한해 작은따옴표(' ')를 사용하고, 의미가 명확한 경우에는 사용을 지양하였다.

감사의 글

　2022년에 발발한 우크라이나 전쟁은 나에게 악몽이었다. 전쟁이 시작되기 직전까지 나는 푸틴이 실제로 우크라이나를 침공하지는 않을 것이라 생각했다. 이는 당시 국제사회의 인식과도 크게 다르지 않았다. 그러나 예상을 뒤엎고 푸틴은 전면적인 침공을 강행했고, 그 결과 이 전쟁은 수십만 명의 사망자와 수백만 명의 난민을 낳고도 지금 이 순간에도 비극적으로 진행되고 있다.

　나는 러시아 지성사, 특히 제정 러시아 말기의 인텔리겐치아와 그들이 보여준 휴머니즘에 깊은 감동을 받았다. 귀족이자 교양인이라는 사회적 지위에도 불구하고, 그들은 자신의 안락함을 버리고 인류애와 이상을 위해 모든 것을 바쳤다. 시베리아 유형이나 죽음조차도 그들은 주저하지 않았다. 러시아가 그나마 세계로부터 존경받을 수 있었던 것은 바로 이러한 자기희생적 인텔리겐치아가 보여준 도덕적 엄격함과 보편적 인간 존엄에 대한 집요한 헌신 덕분이었다.

　그러나 러시아는 또 다른 모습도 지니고 있다. 러시아인의 얼굴을 벗기면 그 속에 타타르가 숨어 있다는 말이 있다. 이는 생존을 위해서라면 침략하고 정복을 서슴지 않는 유목적 제국주의를 의미한다. 그럼에도 나는 이러한 폭력적 성향이 러시아의 지성적 전통을 끝내 압도하지는 못하리라고 믿는다. 선한 러시아, 민주 러시아, 인간을 가장 중요하게 생각하는 인본주의 러시아가 돌아올 것이라고 믿는다.

　2024년 연구년을 맞아 나는 본래 러시아나 중앙아시아 지역에서의 연수를 계획하고 있었다. 그러나 한 러시아인 친구는 이를 강하게 만류했다. 내가 그동안 언론과 방송, 유튜브 등을 통해 푸틴을 비판하고 우크라이나 전쟁을 멈추어야 한다는 입장을 공개적으로 밝혀왔기 때문에, 러시아 당국의 시선 속에서 '반러 인사'로 분류되었을 가능성이 크며, 그런 상태로 러시아를 방문할 경우 신변의 안전을 장담할 수 없다는 것이었다. 더 나아가 러시아의 정치적 영향력이 강하게 미치는 중앙아시아 지역 역시 상황은 크게 다르지 않다고 그는 덧붙였다.

그 무렵 내 눈에 들어온 나라는 베트남이었다. 베트남은 과거에 두어 차례 출장을 다녀온 적도 있었고, 관광으로 방문한 경험도 있었는데, 그때마다 좋은 인상을 받았다. 따뜻한 기후와 입맛에 잘 맞는 음식, 그리고 친절했던 현지 사람들의 모습이 기억에 오래 남아 있었다. 더 나아가 베트남 역시 사회주의 계획경제 체제에서 시장경제로 전환을 진행해 온 국가라는 점에서, 내가 관심을 가져온 연구 주제와도 맞아떨어졌다. 그렇게 나는 베트남행을 결심했고, 돌이켜보면 그것은 더없이 탁월한 선택이었다.

나는 무엇보다도 베트남 날씨가 좋았다. 특히 호찌민의 겨울은 인상적이었다. 섭씨 30도 안팎의 따뜻한 기온과 건조한 공기, 매일 펼쳐지는 푸른 하늘은 혹독한 러시아와 한국의 겨울 날씨와는 비교할 수 없었다. 우기 또한 나쁘지 않았다. 비가 그친 뒤 깨끗해진 거리와 은은하게 올라오는 흙냄새는 도시 곳곳에 다시 생기를 불어넣었다.

베트남 음식과의 본격적인 인연은 베트남 종주 오토바이 여행을 하면서부터이다. 나는 남부 호찌민에서 북부 하노이를 거쳐 중국 국경지대인 하장까지 장장 한 달에 걸쳐 오토바이를 타고 여행을 다녔다. 베트남 남부와 중부의 시원한 해안 길도 있었지만, 끝없이 펼쳐진 평야와 캄보디아와 라오스 국경지대의 밀림, 하장의 가파른 산악 지대를 다니면서 대부분 길거리 음식으로 식사를 해결했다. 반미, 쌀국수, 껌땀, 분짜 등은 일상식이 되었으며, 열대 과일과 달달한 베트남 커피를 마시며 피로를 풀었다.

그런데 갈수록 베트남 음식은 예상보다 훨씬 깊은 인상을 남겼다. 식탁에 앉을 때마다 '이 가격에 이런 맛이라니'라는 감탄이 자연스럽게 나왔다. 처음에는 익숙한 메뉴만 찾았지만, 점차 호기심이 생기면서 베트남의 짬뽕이라 불리는 분보후에, 홍어를 떠올리게 하는 강한 향의 맘똠, 감칠맛 폭탄인 후띠우 오징어, 새콤한 풍미의 분리우 같은 음식에도 손이 갔다. 하루의 오토바이 여정이 끝나면 베트남식 포장마차인 꽌옥에 들어가 신선한 해산물에 소주를 곁들이며 그날의 피로를 씻어냈다.

여행을 마친 뒤 본격적으로 베트남 음식을 탐구하기 시작했다. 왜 베트남 음식이 이토록 내 입맛에 맞는가라는 질문이 머릿속을 떠나지 않았기 때문이다. 쌀과 느억맘, 향신료와 향채, 중국과 프랑스의 유산, 다양한 식재료의 조합을 따라가다 보니 그것은 단순한 미식의 문제가 아니라 역사와 기후, 생존을 위한 치열한 투쟁의 결과라는 생각에 이르렀다. 그 탐구의 과정은 나를 사로잡았고, 결국 이 경험과 질문들을 하나의 이야기로 묶어 보고 싶다는 욕구, 곧 책을 쓰고 싶다는 마음으로 이어졌다.

그러나 나는 베트남 지역 전문가도, 음식문화 연구자도 아니다. 하나의 음식을 제대로 알기 위해서는 지역에 대한 폭넓은 이해와 미각을 갖고 있어야 한다. 그러나 베트남 유튜브와 블로그에는 맛집과 음식에 대한 정보는 풍부했지만, 정작 그 음식이 어떻게 탄생했고 어떻게 받아들여지고 발전해 왔는지에 대한 문화적·역사적 정보는 터무니없이 부족했다. 베트남의 역사와 정치, 경제에 관한 책들은 많았지만 음식을 다룬 책은 전무했다. 적어도 음식 분야에 대해서는 내가 조금이나마 기여할 부분이 있다는 것을 발견했다.

베트남 음식은 역사와 지리, 그리고 전쟁과 기아라는 극단적인 환경에서 탄생했다. 외세의 압력과 전쟁의 궁핍 속에서도 삶의 방식을 잃지 않으려 했던 사람들의 절박함은 낯선 재료를 베트남식으로 길들이고, 부족한 조건 속에서 오히려 새로운 조리법을 만들어냈다. 이런 베트남의 맛은 다섯 가지로 요약된다. 음식은 담백해야 한다, 신선해야 한다, 향이 있어야 한다, 감칠맛이 있어야 한다. 그리고 맛들 사이에 균형이 있어야 한다는 것이다.

느억맘의 짠맛은 라임의 산미와 설탕의 단맛으로 완화되고, 고기의 기름기는 향채와 생채소가 받아낸다. 이 균형 감각이 베트남 음식을 담백하게 만들면서도 쉽게 질리지 않게 하는 핵심 요소이다. 나는 쌀과 채소, 향채, 맑은 육수를 기본으로 하여 과도한 기름기와 열량을 줄인 베트남 음식이, 가볍지만 결코 빈약하지 않은 맛을 바탕으로 K-푸드에 이어 다음 세대를 이끌 또 하나의 글로벌 음식이 될 것이라 확신한다.

이 책을 집필하는 과정에는 많은 분들의 귀중한 도움이 있었다. 바쁜 일정 속에서도 나를 초대해 베트남 맛집을 함께 찾아주고 음식의 맛과 유래를 친절하게 설명해 준 레 반 뚜언(Lê Văn Tuấn) 교수님, 베트남어 문헌을 찾아주고 정확한 출처를 확인해 준 호찌민 경제대학 대학원생 응우옌 도안 짱(Nguyễn Đoan Trang), 그리고 항상 따뜻하게 반겨주신 호찌민 고대 교우회 곽태삼 회장님, 다양한 베트남 음식을 소개해 주시고 책의 표지와 전반적인 내용에 아낌없는 조언을 해주신 권기현 세계한인무역협회 호찌민 지회장님, 투병 중임에도 베트남의 미래를 확신하시는 한재진 사장님, 누구보다 많은 식사 자리를 함께하며 즐거운 대화 상대가 되어준 김규웅 지사장님 등 이분들이 없었다면 이 책은 세상에 나오지 못했을 것이다.

아울러 책을 집필하는 과정에서 인공지능의 도움을 적지 않게 받았으나, 모든 사실은 하나하나 직접 확인했으며 완성도를 유지하기 위한 최종 마무리는 전적으로 필자가 책임지고 수행했음을 밝혀둔다. 아무쪼록 이 책이 베트남 음식에 대한 이해를 넓히고, 그 안에 담긴 역사와 문화적 배경까지 함께 살펴보는 작은 길잡이가 되기를 바란다. 나아가 독자 여러분이 베트남 음식의 다채로운 매력과 깊이를 한층 더 가까이 느끼고 이해하는 데 보탬이 되기를 기대한다.

1. 베트남의 맛

1. 베트남의 맛

사람들이 무엇을 먹고 어떻게 요리해 왔는지를 살펴보면 그 사회의 삶이 선명하게 드러난다. 음식은 지리와 기후, 토양과 생태, 이동과 교역, 풍요와 결핍, 전쟁이나 왕조의 교체 같은 역사적 사건의 영향을 받는다. 한 사회의 음식은 단순한 레시피가 아니라, 그 공동체가 살아온 환경과 시간, 경험이 응축된 문화라고 할 수 있다.

음식은 저절로 주어지지 않는다. 하늘에서 떨어지는 떡은 없으며, 인간은 요리하는 과정에서 자기만의 감각과 상상력, 그리고 생각의 깊이를 드러낸다. 뛰어난 요리를 만들어낸다는 것은 그만큼 뛰어난 지성과 미감, 창의력을 갖고 있다는 것을 의미한다. 마찬가지로 다양한 재료를 활용하여 풍부하고 매력적인 음식 문화를 형성한 사회는, 그만큼 문화적 성숙도가 높다고 할 수 있다.

이런 이유로 음식은 개인과 공동체의 취향을 넘어 정체성을 드러내는 지표가 된다. 프랑스의 미식 철학자 브리야 사바랭Brillat-Savarin이 "당신이 무엇을 먹는지 말해달라. 그러면 당신이 어떤 사람인지 말해주겠다"[1]라고 말한 것도 같은 맥락이다. 음식은 단순한 기호를 넘어, 개인은 물론 그가 속한 사회의 얼굴을 비추는 거울이 된다. 한 공동체가 무엇을 먹어왔는지, 어떻게 요리하고 어떤 방식으로 식탁을 차려왔는지를 들여다보는 일은 그들이 무엇을 소중히 여겨왔는지, 어떤 자연환경 속에서 살아왔으며 어떤 역사적 시련을 견뎌왔는지를 가장 직접적이고 생생하게 읽어내는 방법이기도 하다.

무엇을 먹을 것인가라는 질문은 정체성의 문제이기 이전에, 인간이 생존의 과정에서 반복적으로 마주해온 근본적인 선택의 문제였다. 인간을 포함한 모든 잡식동물은 자연이 제공하는 다양한 식재료 앞에서 언제나 선택의 불안을 경험해왔지만 인간은 단순한 판단력이나 기억력에만 의존하지 않고, '음식 문화'라는 집단적 지혜를 통해 이 불안을 조절하였다. 그 결과 우리는 매번 무엇이 먹을 수 있는지, 어떤 방식이 바람직한지를 처음부터 고민하지 않아도 되었다. 이러한 문화적 규범은 식사를 생존의 부담에서 일상의 즐거움으로 전환시키는 역할을 한

다. [2]

이처럼 음식이 문화의 형태로 축적되었기에, 낯선 음식 한 그릇을 마주하는 경험은 단순히 맛을 보는 차원을 넘어선다. 그 안에는 한 사회가 자연과 맺어온 관계, 생존을 위해 선택해 온 방식, 그리고 오랜 시간에 걸쳐 형성된 기억이 응축되어 있어 하나의 작은 인류학적 체험이 된다. 독일 철학자 포이어바흐Ludwig Feuerbach가 "인간은 먹는 것이다" [3] 라고 말했듯, 인간의 사유와 정신은 추상적으로 존재하는 것이 아니라 신체와 물질적 조건, 특히 음식과 긴밀하게 연결되어 있다. 음식은 일시적인 기호를 넘어 우리의 몸과 삶에 깊은 흔적을 남기며, 그 영향은 체질과 건강을 통해 다음 세대로까지 이어진다. 그렇기에 특정 사회의 음식 문화를 들여다보는 일은 곧 그 사회가 살아온 역사와 삶의 방식을 읽어내는 일이라 할 수 있다.

이러한 관점은 베트남의 음식 문화에도 적용된다. 베트남 음식은 북부와 남부가 지닌 상이한 자연환경이 제공한 재료와 수 세기에 걸쳐 이어진 복합적이고 험난한 역사, 그리고 홍수와 가뭄 같은 시련 속에서도 삶의 방식을 지켜온 사람들의 끈기와 상상력이 축적되어 형성된 문화적 산물이다. 이 과정에서 그들은 신선한 재료를 중시하는 태도, 찜과 조림 등 다양한 조리 방법, 향채와 채소를 곁들여 먹는 식습관, 간장과 생선 발효 소스를 사용하고 그리고 향과 맛의 균형을 섬세하게 조율하는 감각을 키워왔다.

또한 한 나라 음식 문화의 깊이는 다른 문화권에서 들어온 음식과 재료를 얼마나 창의적으로 흡수하고 자기 것으로 만들었는가에 분명히 드러난다. 북방 세력과 해양 세력이 만나는 지정학적 요충지에 놓인 베트남은 중국과 프랑스, 일본, 미국 등 강대국의 침입을 여러 차례 겪었고, 전쟁과 정책 실패의 후폭풍 속에서 기아와 궁핍의 시간을 견뎌야 했다. 그럼에도 베트남 사람들은 조리 감각과 생활의 지혜를 잃지 않았다. 낯선 재료는 일상의 식탁 안에서 서서히 길들여졌고, 부족한 식재료는 오히려 새로운 조리법과 맛의 조합을 만들어내는 계기가 되었다. 오늘날 우리가 맛보는 베트남 음식은 이렇게 축적된 시간과 자연이 내어준 재료, 그리고 삶을 지켜내려는 집단적 노력이 긴 세월에 걸쳐 서로 얽히며 빚어낸 결실이다.

음식은 개인의 창작물이기 이전에 집단 지성의 산물이라 할 수 있다. 한 접시의 음식에는 요리사의 기술뿐 아니라, 오랜 세월 땅을 일군 농민의 선택과 계절의 축적, 시장과 가정에서 반복된 수많은 조리 경험이 함께 스며 있다. 특정 요리가 완성되기까지는 수백 년에 걸친 시행착오와 지역 공동체의 기억, 외부의 충격과 수용이 동시에 작동한다. 그래서 특정한 음식은 누군가가 갑자기 발명하는 것이 아니라, 여러 세대와 사회가 축적해 온 지식이 응축된 결과물이다. 한 그릇의 음식은 수많은 익명의 손과 시간, 문화가 공동으로 빚어낸 집단적 성취이다.

베트남이 오늘날과 같은 풍부하고 다채로운 음식 문화를 갖추기까지는 긴 세월의 축적과 복잡한 역사적 흐름이 필요했다. 약 7만 년 전 호모 사피엔스가 아시아 해안을 따라 남하한 뒤로, 인도차이나반도에는 수많은 민족이 정착과 이주를 반복하며 서로 다른 재료와 조리 감각을 남겼다. 여기에 북쪽에서 끊임없이 내려온 북방 민족의 영향이 더해지면서, 이 땅은 일찍부터 다양한 음식 문화가 교차하고 스며드는 거대한 무대가 되었다.

이러한 장구한 상호작용은 곧 지역별 맛의 뚜렷한 개성을 만들어냈다. 북부 산악지대가 길러낸 질긴 생존의 방식, 중부 해안을 따라 이어진 향신료 교역로에서 전해진 이국적 요소, 남부 메콩 평야가 품은 비옥한 식재료가 서로 맞물리며 베트남 음식은 지역마다 다른 얼굴을 띠게 되었다. 그리고 이 지리적 토대 위로 중국의 발효 조미 문화, 해상 실크로드의 감칠맛, 인도의 향신료, 프랑스 미식 문화가 차례로 더해지면서 베트남 음식은 단순한 조리 전통을 넘어 수천 년의 이동과 교류, 충돌과 적응이 응축된 '역사의 맛'으로 성장했다.

기원전 111년 한나라가 남월南越을 정복한 이후 베트남은 약 천 년 동안 중국의 직접 지배를 받으며 정치와 문화에서 큰 영향을 받았다. 베트남은 중국으로부터 독립을 되찾은 뒤, 남진을 지속하며 1471년 지금의 꾸이년(Quy Nhơn)에 해당하는 참파 왕국을 함락했고, 17세기 이후 중부와 메콩 삼각주Mekong Delta로 영토를 넓혔다. 이 남진 과정에서 베트남인들은 단순히 정치적 지도만을 확장한 것이 아니라 새로운 음식 문화를 받아들였다.

향신료 사용에 비교적 개방적인 베트남 남부 식문화는 인도 및 크메르 문화의 영향을 받은 중부와 메콩 삼각주 지역 요리 전통과도 맥을 같이한다. 이 지역 사람들은 카다멈·계피·팔각·정향·생강·강황·고수 등 다양한 향신료를 아낌없이 사용했기 때문에 맛의 농도와 향이 북부보다 한층 강렬했으며, 코코넛 밀크와 코코넛 크림을 요리에 넉넉히 넣어 부드럽고 기름진 식감을 형성했다. 또한, 중부와 남부의 참족과 크메르족이 대체로 무슬림이나 힌두교도의 전통을 지녔던 만큼 돼지고기와 쇠고기보다 생선, 염쇠고기, 닭고기 등이 선호되었다.

여기에 19세기 후반부터 20세기 중반까지 이어진 프랑스 식민 지배가 더해지면서, 베트남 음식 문화는 또 한 단계 도약했다. 프랑스 식민지 시기는 밀가루·유제품·바게트·커피를 도입해 베트남 음식의 다채로움을 더했고, 베트남은 이를 바탕으로 반미라는 아시아권에서 보기 드문 빵 문화를 만들어냈다. 또한, 국수와 빵, 발효 소스와 버터, 생선 소스와 커피처럼 서로 다른 기원이 충돌하지 않고 자연스럽게 어울릴 수 있었던 이유는 각 요소가 서로의 빈틈을 채우며 조화를 이루었기 때문이다. 오늘날의 베트남 요리는 이러한 전통 조리법과 서구 기술이 오랜 시간 만나 빚어낸 결과물로, 다양한 외부 문화가 균형 있게 스며든 결과라고 할 수 있다.

그러나 중국과 프랑스, 그리고 20세기 이후 미국까지 더해진 외래 식문화의 유입은 단순한 교류의 결과만은 아니었다. 베트남은 천여 년에 걸친 중국의 지배, 백 년 가까운 프랑스 식민 통치, 그리고 세계 최강대국 미국과의 전쟁까지 수많은 격랑을 겪어냈고, 그 굴곡은 음식 문화에 강력한 흔적을 남겼다.

중국의 지배는 베트남 절임 채소 문화의 기술적 토대를 마련했고, 프랑스의 식민 지배와 이어진 전쟁의 시대는 껌땀과 같은 '살아남기 위한 음식'을 탄생시켰다. 베트남 전쟁과 급격한 도시화는 반미처럼 빠르고 간편한 음식이 대중화되는 계기가 되었다. 이처럼 외래문화가 강압적으로 유입되는 과정에서 베트남인의 실용적 지혜가 끊임없이 충돌하고 조응하며, 베트남 음식은 단순한 혼종을 넘어 더욱 넓고 깊은 세계로 확장됐다.

베트남 사람들은 외래문화를 무작정 받아들이지 않는다. 필요하다고 여겨지는 것은 빠르게 흡수하되, 반드시 자신들만의 방식으로 다시 해석한다. 중국의 국수는 쌀국수가 되었고, 프랑스의 바게트는 반미로, 중국의 춘권은 짜조로, 프랑스의 커피는 연유 커피로 새롭게 태어났다. 이처럼 베트남 음식에는 베트남인 특유의 현실 감각과 개방성, 그리고 합리적인 미식관이 고스란히 스며 있다.

　베트남의 음식 문화는 또한 이 나라가 지닌 지리적 조건이 만든 풍경이기도 하다. 남북으로 1,600킬로미터 넘게 길게 뻗은 국토는 지역마다 전혀 다른 기후와 농업 환경을 낳았고, 그 차이는 고스란히 음식의 개성으로 이어졌다. 사계절의 변화가 뚜렷한 북부에서는 절제와 담백함을 중시하는 맛이 발달했으며, 산악과 해안이 맞닿은 중부는 태풍과 척박한 자연 속에서 강렬한 양념, 짠맛을 강조하는 음식이, 그리고 비옥한 남부는 열대 과일과 신선한 허브, 풍부한 해산물에 힘입어 달콤한 맛을 선호하는 문화가 발달했다.

　베트남 지리가 제공한 풍요는 조리법의 확장으로 이어졌다. 손에 닿는 식재료가 많아질수록 음식은 더욱 다채로운 모습으로 변한다. 풍부한 향채와 채소, 곡물과 해산물, 육류와 열대 과일을 토대로 굽고, 삶고, 찌고, 볶고, 훈제하고, 발효시키는 등 수많은 조리법이 시도되었다. 여기에 지역마다 상이한 향신료와 조미료가 더해지면서 이론적으로는 수만 가지의 요리를 만들어낼 수 있을 만큼 다양성이 폭발적으로 확대되었다. 베트남 음식 문화의 풍성함은 단순히 맛의 다양성

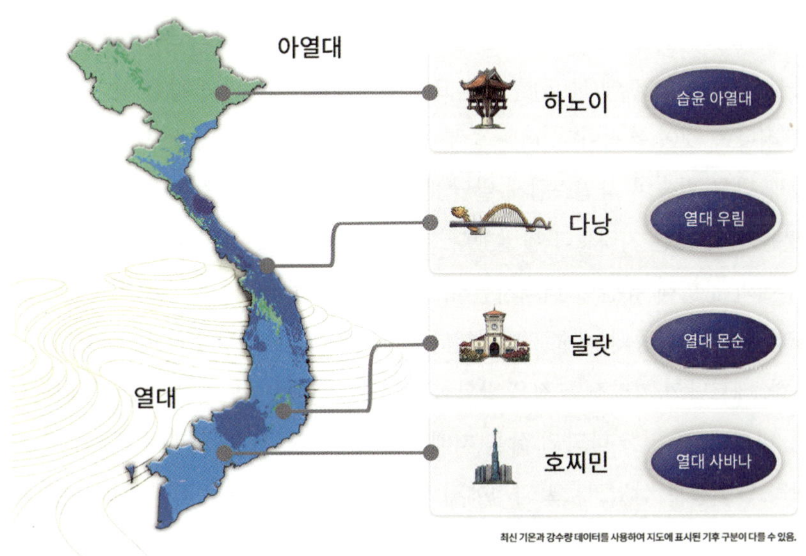

을 넘어 국토가 가진 길이와 기후의 변화, 땅의 비옥함과 사람들의 창의성이 조화를 이루며 생겨난 자연스러운 총합이라 할 수 있다.

베트남의 음식 문화는 식재료의 다양성만큼이나 지역에 따라 뚜렷한 개성을 지닌다. 남부, 중부, 북부는 기후, 지리, 그리고 역사적 배경이 서로 달라 음식의 맛과 요리 방식도 완전히 다른 색깔을 띤다. 남부 호찌민 지역의 음식은 기후가 따뜻하고 농산물이 풍부해 단맛이 강하고 재료 사용이 화려한 편이다. 코코넛 밀크, 허브, 해산물, 다양한 향신채소가 풍부하게 들어가며, 맛의 조합이 대담하고 다채롭다. 열대 과일을 쉽게 구할 수 있어 달콤한 풍미가 자연스럽게 음식 전반에 스며든 것도 특징이다. 따뜻한 기후의 여유로움과 풍부한 자원이 남부의 맛을 밝고 풍성하게 만든 셈이다.

반면, 북부 하노이의 음식은 베트남 전체 맛의 스펙트럼 속에서도 특히 절제와 단아함의 미학을 보여준다. 재료 본연의 맛을 해치지 않는 것을 최우선으로 삼아, 과장된 향이나 강한 자극보다는 묵직하면서도 깔끔한 조화를 추구한다. 향신료 역시 최소한으로 사용되는데, 파·고수·생강 같은 기본 향채가 음식의 결을 단정하게 잡아 주며, 향으로 뒤덮기보다 감칠맛과 깊이를 잔잔히 끌어올리는 방식이 선호된다. 이러한 특징은 북부 특유의 서늘한 기후, 상대적으로 제한된 향채 자원, 그리고 오래도록 이어져 온 검소하고 단아한 생활 문화와 맞물려 형성된 것이다. 즉, 자연과 삶이 요구한 절제의 미학이 북부 음식의 중심이 되었다.

중부 지방, 특히 후에(Huế)를 중심으로 한 음식은 매운맛과 강한 향이 뚜렷하게 드러나는 것이 특징이다. 더운 중부 지방의 기후 속에서 오래 보관할 수 있는 저장과 발효 기술이 자연스럽게 발달했고, 이를 받쳐 주는 각종 양념과 향신료의 활용 역시 다른 지역보다 활발했다. 여기에 역사적으로 응우옌 왕조의 수도였던 후에의 문화적 유산이 더해지면서, 음식은 단순히 한 끼를 넘어 미적 감각과 정교함을 갖춘 일종의 예술로 발전했다.

또한, 베트남의 지리적 특징은 광활한 3,260킬로미터 해안선을 갖고 있다는 것이다. 바다와 강이 한 나라의 삶을 지배하던 오랜 세월 동안 사람들은 해산물을 일상적 단백질로 삼았고, 그 과정에서 발효 생선 소스인 느억맘이 음식 문화의 중심으로 자리 잡았다. 해안과 강어귀, 그리고 민물과 바닷물이 만나는 복잡한 지형은 다양한 생선·게·가재·새우를 활용한 요리를 낳았고, 발효와 절임을 통한 저장 기술을 발전시켰다. 동시에 메콩과 홍강이 빚어낸 비옥한 충적지는 쌀을 기반으로 한 문명의 중심이 되었으며, 퍼·분·미꽝 등으로 이어지는 면 문화와 허브와 채소를 생으로 곁들이는 독특한 식습관을 형성했다.

북부와 중부의 산악 지역에는 수십 개의 소수민족이 살아오면서 각기 다른 향신료와 조리법을 간직해 왔다. 이 지역의 음식은 훈제, 건조, 절임 같은 저장식과 함께 향채와 채소의 뿌리를 활용하는 방식이 두드러지며, 이는 평야와 해안의 음식과 또 다른 결을 이루어 베트남 음식 전체의 스펙트럼을 넓혔다. 여기에 열대와 아열대 기후가 만들어낸 신선함에 대한 집착이 더해져, 베트남 요리는 오늘날까지도 조리 직전의 식재료를 사용하고 생채소·생허브·라임·고추를 즉석에서 더해 풍미를 완성하는 음식 문화를 이어왔다. 이 신선함의 철학은 베트남 음식의 정체성과도 같은 핵심 요소로 자리 잡았다.

베트남은 지리적으로 중국과 서구가 만나는 교차점에 놓여 있어 외부 문화가 수 세기 동안 끊임없이 스며들었고, 이는 음식에도 그대로 반영되었다. 중국의 면·볶음·장류, 인도차이나 향신료 무역의 영향, 태국과 캄보디아의 허브 활용법, 프랑스 식민기의 빵·우유·커피, 미국 전쟁 이후 유입된 현대적 식재료와 조리법 등이 한데 얽히며 베트남 음식 문화는 세계 그 어느 지역에서도 볼 수 없는 복합적 조화를 이루었다. 베트남 음식은 바다와 산, 계절과 기후, 그리고 외부 세계와의 끊임없는 교섭이 장구한 세월 동안 축적되며 자연스럽게 태어난 하나의 '지리적 문명'이라 할 수 있다. [4]

오늘날 우리가 아는 수많은 베트남 요리의 기원을 정확히 밝혀내는 일은 거의 불가능에 가깝다. 베트남 건국 신화에 나오는 반쯩(bánh chưng)처럼 비교적 뚜렷한 이야기를 지닌 몇몇 예외를 제외하면, 전통 음식에 관한 문헌과 기록은 놀라울 만큼 희박하다. 이는 단순히 자료가 소실되었기 때문만이 아니다. 20세기 초까지 이어진 높은 문맹률은 조리법을 글로 남길 수 있는 사람을 극히 제한했고, 글을 다루던 문인들조차 음식을 기록하는 일을 자신의 품위에 어울리지 않는 사소한 주제로 여겼다. 결국 한 시대 사람들의 식탁을 채웠던 음식들은 이름도 연대도 제대로 남지 못한 채, "예로부터 먹어 왔다", "조상 대대로 이어 내려왔다" 같은 흐릿한 기억 속에서만 살아남을 수밖에 없었다.

그러나 이러한 기록의 공백은 단순한 자료 부족만으로 설명되지 않는다. 베트남에서 조리법은 공동체가 공유하는 공개된 지식이라기보다는 세대를 따라 어머니가 딸에게, 시어머니가 새신부에게 조용히 건네는 집안의 비밀에 가까웠다. 같은 이름의 음식이라도 가문마다 재료의 비율과 조리 순서가 미묘하게 달랐고, 그 차이는 집안의 자부심이자 반드시 지켜야 할 전통으로 여겨졌다. 게다가 생계를 책임지던 길거리 음식 장인들은 손끝에서 쌓인 노하우를 더더욱 숨기려 했으니, 기록으로 남기기란 애초부터 거의 불가능한 일이었다. 이런 전승 방식은 베트남 음식 문화의 깊이를 만들어낸 동시에 그 기원을 더욱 안개 속으로 밀어 넣는 또 하나의 이유가 되었다. [5]

그러나 수많은 조리법이 기록 없이 흐릿하게 전해졌음에도 불구하고, 오늘날의 베트남 음식과 베트남 사람들이 선호하는 맛을 살펴보면 이 음식 문화가 무엇을 가장 소중히 여겨 왔는지 명확하게 드러난다. 베트남의 맛은 무엇보다도 감칠맛에 있다. 베트남 사람들은 음식의 짠맛·단맛·신맛·매운맛이 균형을 이루는 것을 중요하게 여기지만, 이 모든 맛의 중심에서 조용히 전체를 하나로 묶고 깊이를 부여하는 요소는 감칠맛이며, 그 감칠맛의 근원은 단연 느억맘(nước mắm)이다.

느억맘은 작은 생선과 소금을 긴 시간 발효시켜 얻는 액젓으로, 베트남 음식의 정체성을 결정짓는 가장 핵심적인 재료라고 해도 과언이 아니다. 처음 접하는 사람에게는 발효 특유의 강한 향이 낯설거나 부담스럽게 느껴질 수 있지만, 한 번 그 향 뒤에 숨은 깊은 맛과 부드러움에 익숙해지고 나면, 왜 느억맘이 '베트남 음식의 영혼'이라 불리는지 저절로 깨닫게 된다. 국물 요리든 볶음 요리든, 혹은 면과 고기를 곁들인 단출한 한 끼든, 느억맘은 재료의 경계를 넘어 서로 다른 맛을 묶어주며 전체에 생동감을 불어넣는다.

이 감칠맛은 단순한 조미의 기능을 넘어, 뜨거운 기후 속에서 신선한 식재료를 오래 보존해 온 지혜이자, 해안과 강, 습지와 논이 맞닿아 있는 베트남 자연환경이 만들어낸 필연적인 산물이다. 수천 년 동안 사람들의 혀가 선택해 온 맛의 역사 속에서, 이 발효의 풍미는 어느새 '베트남의 일상적인 기준'으로 자리 잡았다. 그 결과 베트남 사람들은 음식에서 가장 먼저 향의 생명력과 감칠맛의 맥을 찾아내고, 느억맘은 그 생명력을 가장 진하게 압축한 형태로 남아 거의 모든 음식의 중심을 잡아 왔다.

베트남 음식의 또 다른 뚜렷한 특징은 향채와 채소의 압도적인 존재감과 이를 중심으로 한 곁들여 먹는 식문화에 있다. 고수·바질·민트·딜·들깻잎 등 강한 개성을 지닌 향채들과 공심채·청파파야·숙주 등 채소는 한 그릇의 맛을 완성하는 마지막 요소로 기능한다. 조리된 음식과 향채와 생채소를 함께 내어 각자의 취향과 그날의 기분에 따라 조합해 먹는 방식은 뜨거운 불과 기름으로 응축된 풍미 위에 생잎의 청량함과 씹는 질감을 더함으로써, 음식은 무겁지 않게 균형을 찾고 몸은 자연스럽게 계절과 기후에 순응한다. 동남아 국가 가운데 베트남의 향채와 채소 비중은 압도적이다. [6]

이러한 맥락에서 베트남은 흔히 '향채의 나라'로 불린다. 거의 모든 요리에 신선한 생향채를 접시 가득 곁들여 내는 풍경은, 맛을 더하기 위한 관습을 넘어 몸의 균형을 고려한 식생활의 원칙에 가깝다. 베트남 사람들은 음식이 지닌 열기와 냉기의 조화를 무엇보다 중시하며, 그 조절의 역할을 채소와 향채에 맡겨 왔다. 쌀국수를 비롯한 거의 모든 국수 요리 곁에 숙주와 미나리, 공심채가 산처럼 쌓여 나오는 모습은, 한 그릇의 완성은 주방이 아니라 식탁에서 이루어진다는 베트남 음식 문화의 본질을 상징적으로 보여준다.

또 하나 베트남 음식 문화의 핵심은 신선함에 대한 집요한 집착이라 할 수 있다. 과거 베트남에서는 닭고기를 요리하기 불과 몇 분 전, 길어야 한두 시간 전에 사오거나 직접 잡아 손질하는 것이 당연한 일이었다. 조금 전까지만 해도 뒷마당에서 뛰어다니던 암탉이나 강아지를 필요에 따라 쫓아가 잡는 풍경은 베트남 사람들에게 특별한 일이 아니라 일상의 일부였다.

베트남에는 "암탉을 잡지 못한다"라는 속담이 있다. 이 말은 손님이 찾아왔을 때 살아 있는 닭을 바로 잡아 음식을 내놓지 못할 만큼 형편이 어렵다는 상황을 가리킨다. 베트남 사회에서는 손님을 맞이할 때 신선한 재료를 즉석에서 마련해 대접하는 것이 당연한 예의이다. 즉, 이 속담은 가난한 현실을 말하면서도,

신선한 재료로 정성껏 음식을 내는 것이 얼마나 중요했는지를 함께 보여주는 표현이라 할 수 있다.

해산물의 경우는 신선함이 더욱 중요하다. 베트남의 시장은 살아 움직이는 작은 생태계를 옮겨 놓은 듯한 풍경을 이루는데, 물을 채운 큰 통 속에서 새우가 헤엄치거나, 생선이 상자로 옮겨지는 순간까지 팔딱이며 뛰는 모습이 당연하게 받아들여졌다. 덥고 습한 기후 속에서 음식이 금세 상해 버리기 때문에, 근대적 냉장 기술이 자리 잡기 전까지는 '살아 있는 상태로 보관했다가 즉시 손질하는 방식'이 가장 확실하고 현명한 선택이었다. 이는 비위생적 전통이 아니라, 열악한 자연조건 속에서 터득한 가장 합리적인 음식 문화이다.

이와 같은 현장성과 신선함의 철학은 오늘날에도 베트남 요리의 본질을 이루고 있으며, 세계인이 베트남 음식을 사랑하는 중요한 이유 중 하나로 남아 있다. 뜨거운 국물 위에서 갓 뜯은 향채가 퍼뜨리는 생생한 향, 방금 손질한 해산물의 자연스러운 단맛, 시장에서 바로 가져온 채소의 아삭거림은 모두 이 오래된 생존 방식의 연장선에 있다.

신선함은 닭고기나 해산물에만 적용되는 개념이 아니다. 초기 베트남 요리 문헌에서도 이러한 신선도에 대한 집착을 확인할 수 있다. 예를 들어, 20세기 초의 대표적인 요리서 《Van Dai's Good Cook》는 요리사에게 아침 일찍 도축장을 방문해 갓 잡은 돼지고기만을 사용하라고 조언한다. [7] 이는 당시 사람들에게 고기란 반드시 막 잡은 상태에서 조리해야 가장 맛있고, 가장 안전하다는 믿음이 있었다는 것을 보여준다. 이러한 식습관의 영향으로 많은 베트남 요리는 오늘날까지도 냉동 재료 사용에 적합하지 않으며, 음식을 미리 만들어 두기보다는 신선한 재료로 즉석에서 조리하는 방식에 가까운 특징을 지닌다.

이처럼 즉석 조리를 중시하는 식문화는 조리 환경에도 그대로 드러난다. 직화 조리가 많은 베트남 주방은 늘 뜨겁고, 요리사들은 하루 종일 불 앞에서 일해야 한다. 그럼에도 일부 음식은 주방에서 미리 만들지 않고, 손님이 앉은 식탁에서 바로 조리해 내기도 한다. 이는 음식에서 신선함이 얼마나 중요한 가치로 여겨지는지를 잘 보여준다.

신선함을 중시하는 전통적인 조리 방식 때문에 베트남 요리는 자연스럽게 손이 많이 가는 노동 집약적인 형태로 발전해 왔다. 실제로 많은 베트남 사람은 하루에 두 끼 이상 따뜻한 국물 요리를 먹기 때문에, 이를 준비하는 주부나 요리사들에게는 상당한 부담이 된다. 그럼에도 이러한 방식이 오늘날까지 이어지는 것은, 베트남 사람들이 음식에서 무엇보다도 현장감과 신선함을 가장 중요한 가치로 여겨 왔기 때문이다.

베트남에서 한국의 김밥이 인기가 없는 이유가 여기에 있다. 베트남 사람들에게 밥은 언제나 뜨겁고 갓 지은 상태여야 하며, 식은 밥이나 차가운 밥은 맛없는 음식일 뿐만 아니라 심지어 건강에 좋지 않다고 여겨지기도 한다. 집에서조차 밥을 남겨 냉장 보관을 했다가 다시 먹는 문화가 거의 없고, 식은 밥으로 요리하는 예도 드물다. 이런 전통 속에서 김밥처럼 차갑게 식어버린 밥은 자연스럽게 매력을 잃게 마련이다. 밥이 차갑고 건조해지면 맛이 크게 떨어진다고 느끼는 베트남인의 미각 기준 때문에 편의점에서는 김밥을 반드시 전자레인지에 데워서 손님에게 제공한다.

베트남인이 맛있다고 하는 것은 단순히 혀끝의 자극이 아니라, 신선함과 향, 조화와 질감이 어우러져 하나의 흐름처럼 이어지는 감각의 세계다. 무엇보다 중요한 것은 재료의 생명력이며, 베트남인들은 한번 신선함을 잃은 재료는 어떤 조리법으로도 원래의 풍미를 되돌릴 수 없다고 믿는다. [8] 신선한 재료 위에 짠맛·단맛·신맛·매운맛의 섬세한 균형이 더해져야 비로소 음식은 베트남에서 하나의 완성된 맛으로 인정받는다. 어느 한쪽이 과하게 튀어 오르면 조화가 깨지고, 아무리 좋은 재료라도 균형이 맞지 않으면 음식은 거칠고 투박해진다. 그래서 베트남의 양념은 강렬하기보다 균형을 향해 흐른다. 짠맛이 먼저 다가오고, 그 뒤를 은근한 달콤함이 받쳐 주며, 신맛은 입맛을 살짝 깨울 뿐 과하지 않다. 마지막으로 고추의 매운 향이 전체 맛을 부드럽게 하나로 이어 준다.

향 또한 빼놓을 수 없다. 베트남 음식의 향은 허브가 내뿜는 산뜻한 풀내, 느억맘이 남기는 깊고 짭짤한 바다의 기운, 라임이 더하는 맑은 산미가 겹겹이 쌓여 형성된 다층적인 풍경이다. 이 향은 음식의 겉을 꾸미는 요소가 아니라 맛의 중심을 이루는 핵심으로, 고수잎 한 장만 더해도 요리의 인상이 또렷이 달라진다. 반대로 허브가 빠지면 맛의 축이 흐트러져, 음식 전체가 어딘가 비어 있는 듯한 느낌을 남긴다.

　이러한 이유로 베트남 음식에서 향채는 가장 분명한 정체성을 드러내는 요소가 된다. 향채는 취향에 따라 더하거나 빼는 부속이 아니라, 요리를 완성하는 전제 조건에 가깝다. 국수에는 여러 종류의 허브가 함께 놓이고, 고기와 해산물 옆에는 늘 신선한 향채가 곁들여진다. 이렇게 향채가 더해질 때 베트남 음식 특유의 가볍고 생동감 있는 맛의 구조가 비로소 완성되며, 이 향채 중심의 구성 방식이 베트남 요리를 다른 아시아 음식과 뚜렷이 구분 짓는다.

　그러나 향과 균형만으로는 충분하지 않다. 식감이 살아 있어야 한다. 바삭함과 부드러움, 쫄깃함과 촉촉함이 맞부딪히며 만들어내는 이 대비가 베트남 음식의 즐거움을 이룬다. 예컨대 반쎄오의 얇고 바삭한 껍질이 허브와 라이스페이퍼의 부드러움, 속재료의 촉촉함을 만나며 하나의 층위를 만들어낼 때, 비로소 음식은 입안에서 생동감을 느끼게 된다. 베트남 음식은 이렇게 다양한 질감이 번갈아 나타나야 풍성해진다.

　이 모든 요소의 밑바탕에는 맑고 담백하며 균형을 중시하는 베트남 특유의 미감, 즉 '탄(thanh)'이 일관되게 흐르고 있다. 베트남어로 탄이란 맑고 깨끗하며 무겁지 않은 맛을 뜻하는데, 기름지지 않고 자극을 절제해 재료 본연의 맛이 또렷하게 살아 있는 상태를 뜻한다. 이 단어는 베트남 미식에서 매우 긍정적인 가치로 받아들여지며, 한국어의 '개운하다', '담백하다', '맑다'와 가까운 표현이다. 베트남인이 이상적인 맛이라고 여기는 지점은 이 '탄(thanh)'에 도달하는 데 있다. 깊으면서도 무겁지 않고, 향이 뚜렷하되 과하지 않으며, 조화로우면서도 밋밋하지 않은 맛이 절묘한 균형을 찾아가는 과정이 바로 베트남 음식이 추구해 온 미학이다. [9]

　그리고 마지막으로 남는 것은 뒷맛의 청량함이다. 허브의 여운, 라임의 가벼운 시큼함, 느억맘의 감칠맛이 긴장을 풀어주며 남기는 깔끔한 여운이 있어야 음식은 완성된다. 이 청량한 뒷맛이 없다면 음식은 무겁게 가라앉을 뿐이며, 베트남인이 진짜 '맛있다'라고 느끼는 순간은 바로 이 가벼운 여운이 입안에서 잔잔히 번질 때 찾아온다. 이처럼 베트남의 맛은 재료와 향, 균형과 식감, 맑음과 여운이 얽히고 맞물려 만들어내는 다층적이고 섬세한 감각의 조화이다.

쌀국수와 분짜, 월남쌈은 베트남 음식이 추구해 온 미학, 즉, 맑고 담백하며 재료를 살리며, 균형을 중시하는 '탄(thanh)'이 가장 잘 구현된 대표적인 사례들이다. 쌀국수의 맑은 국물은 기름기를 최소화한 채 뼈와 향채, 허브의 맛을 겹겹이 쌓아서 깊지만 무겁지 않은 풍미를 만들고, 분짜는 숯불에 구운 고기의 진한 맛을 허브와 채소, 새콤한 느억맘으로 풀어 조화로운 균형을 이룬다. 월남쌈 역시 익힌 재료와 생채소, 허브를 함께 싸 먹으며 맛과 식감, 향의 대비를 통해 과하지 않은 완성도를 만들어낸다. 이 음식들에서 공통으로 남는 것은 허브의 여운과 라임의 산뜻함, 느억맘의 감칠맛이 어우러진 청량한 뒷맛이다. 베트남인이 이상적인 맛이라 여기는 지점은 바로 이 가벼운 여운이 입안에 잔잔히 퍼지는 순간이다.

베트남의 음식 문화는 역사와 지리, 그리고 인간의 창의성이 한데 얽혀 빚어진 풍경이다. 수천 년 동안 이어진 지배와 저항, 교류와 충돌의 역사가 음식의 조리 방식과 향을 바꾸어 놓았고, 북부의 한기에서 남부의 열대까지 이어지는 다채로운 지리는 지역마다 서로 다른 재료와 맛의 리듬을 만들어냈다. 여기에 외세의 압력과 전쟁의 궁핍 속에서도 삶의 방식을 잃지 않으려 했던 사람들의 절박함이 더해지면서 낯선 재료는 베트남식으로 새롭게 길들여지고, 부족한 환경에서는 오히려 독창적인 조리법이 탄생했다. 베트남의 음식 문화는 이러한 역사적 흔적과 자연의 결, 그리고 일상을 지켜내려는 의지가 켜켜이 스며든 결과물이다. 그리고 그 모든 층위의 가장 아래에는 언제나 한 알의 쌀이 조용히 놓여 있다.

2. 경이로운 곡물, 쌀

2. 경이로운 곡물, 쌀

쌀농사의 기원

베트남 음식 문화에서는 주식과 부식의 결이 또렷하다. 식탁의 중심에는 언제나 쌀이 놓이며, 이는 단순한 식재료가 아니라 베트남인들이 수천 년 동안 지켜온 삶의 축이자, 정체성이다. 기본적인 한 끼는 흰밥을 중심으로 맑고 가벼운 국물 요리, 손질한 고기나 생선과 채소 등을 무친 담백한 요리, 그리고 차茶가 자연스럽게 한 상에서 어우러져 완성된다. 이 일상적인 식사 구성만 보아도 베트남 사회가 얼마나 오랫동안 농업을 기반으로 유지됐는지 한눈에 드러난다. 쌀국수와 반미가 아무리 화려한 명성을 누리고 있다고 하더라도, 베트남 사람들이 생각하는 제대로 된 식사의 기준은 여전히 쌀밥이다.

쌀은 베트남 식단의 핵심이자, 국가의 흥망을 좌우해 온 생명선이었다. 역사 속에서 쌀이 부족해지는 순간 사회는 언제나 심각한 격변과 전쟁의 불씨로 치달았다. 메뚜기 떼의 습격, 우박과 가뭄, 반복되는 홍수는 응오 왕조(939~965)에서 시작해 마지막 왕조인 응우옌 왕조(1802~1945)에 이르기까지 꾸준히 기록되었으며, 이 재해들은 곧바로 식량 위기와 민란으로 이어졌다. 안정적인 식량 공급을 위해 역대 정부는 심지어 군인조차 전쟁이 없을 때 농사를 병행하도록 했다. 전장의 병사들이 다시 논으로 돌아가 쟁기를 잡는 모습은 개인의 생계를 지키는 동시에 국가의 식량을 지탱하는 안전장치였고, 이는 베트남 사회가 쌀을 '국가의 뿌리'로 여겨왔음을 생생하게 보여준다.

1975년 베트남 통일 이후에도 쌀 부족은 계속되었고, 계획경제 아래에서 식량난은 더욱 심화되었다. 결국 공산당 정부가 도이모이(Đổi Mới)를 추진할 수밖에 없었던 것도 경제 개혁의 필요성 이상으로 쌀을 확보해야 한다는 절박함 때문이었다. 정권의 정당성은 언제나 "백성의 밥그릇을 지킬 수 있는가?"라는 가장 단순하면서도 근본적인 기준 위에서 판단되었다. 베트남 역사에서 쌀은 단순한 하나의 식량이 아니라 민심을 붙드는 힘이자 나라를 지탱하는 숨줄이었다.

베트남은 말 그대로 쌀 위에서 세워진 문명 국가이다. 쌀과 그 부산물은 선사 시대부터 이미 홍강 삼각주 일대에 살던 베트남인의 삶 속에 깊숙이 자리하고 있었다. 사람들은 야생에서 처음 발견한 이 놀라운 곡물을 맛보고 재배하기 시작하면서, 그들의 식단은 물론 생활 방식과 사회 구조까지 근본적으로 달라졌다. 쌀은 단순한 식재료가 아니라, 홍수와 비옥한 진흙이 반복되는 이 대지의 자연환경과 결합해 베트남이라는 공동체를 형성한 토대가 되었다.

쌀이 본래 열대와 아열대의 야생에서 채집된 것으로 추정되긴 하지만, 그 정확한 기원은 오늘날까지도 명확히 규명되지 않았다. 분명한 것은, 처음에 고기·생선·채소·조개류 사이를 채워 넣던 보조 식품에 머물렀던 쌀이, 인류가 본격적으로 재배법을 익히면서 점차 다른 모든 뿌리작물과 곡물을 압도하고 식단의 중심으로 올라섰다는 사실이다. 논을 가꾸고 물길을 다스리는 기술이 발전하자 쌀은 풍요와 생존을 동시에 약속하는 특별한 작물이 되었고, 이는 베트남 사회의 정신적·문화적 기반을 만드는 데 결정적 역할을 했다.

1970년대, 홍강 삼각주 상류의 여러 유적을 발굴하던 연구자들은 풍응우옌 문화층에서 파인애플 씨앗, 견과류, 콩, 대나무 조각들 사이로 희미하지만, 쌀의 흔적을 발견했다. 이는 토양 속에 오래 잠들어 있던 작은 파편에 불과했지만, 당시 사람들의 식생활과 재배 기술을 보여주는 결정적인 실마리였다. 한편, 베트남 북부 여러 선사 유적에서는 벼속Oryza 식물의 꽃가루와 식물 규소체가 출토되었으며, 이는 이 지역에서 이미 수천 년 전부터 벼가 재배되었음을 보여주는 중요한 고고학적 증거로 평가된다.[10] 이 작은 흔적들은 오늘날의 베트남 문명을 떠받친 쌀 농경의 역사가 얼마나 오래되었는지를 말없이 증언하고 있다.

쌀의 기원 논쟁이 완전히 결론 나지 않았다는 사실과는 별개로, 이 시기의 베트남 지역 사람들은 벼농사를 본격적으로 익히기 시작했고, 다양한 뿌리채소와 채소류를 재배하며 생태환경에 맞춘 농업 체계를 구축해 나갔다. 이런 변화는 중국의 고대 문헌 속 기록과 베트남 구전 전승에서도 확인되며, 기원전 1천 년경 제작된 동선 청동북(Trống đồng Đông Sơn)[11]에 농경과 수확 장면이 생생하게 새겨지며 시각적 기록으로 남았다.

동선 시대(기원전 약 1000년~서기 100년경)는 풍응우옌 문화 이후 베트남 선사 문명이 비약적으로 성장한 시기였고, 구리가 널리 사용되고 청동 합금 기술이 확립되면서 사회 구조와 생활 방식에 큰 변화가 일어났다. 당시 동선인들은 오늘날 빈푸성의 언덕들, 즉 홍강 삼각주로 이어지는 삼각형 지형의 높은 지대에 자리 잡고 살며 자신들만의 초기 문명을 꽃피웠다.

1959년 이후 베트남 고고학계는 풍응우옌·동다우·동선 문화권을 중심으로 대규모 발굴을 진행했고, 이 과정에서 풍응우옌 특유의 줄무늬 도자기를 비롯해 다양한 유물이 확인되었다. [12] 하노이 일대 유적에서는 초기에 사용된 돌괭이·돌도끼·돌낫에서 점차 청동제 농경 도구로 넘어가는 기술 변화가 뚜렷하게 관찰된다. 동선 청동북에는 괭이와 낫을 든 농부, 춤추며 제의를 행하는 인물, 남녀가 돌절구에서 쌀을 찧는 모습 등이 정교하게 새겨져 있어 당시 농경과 제의의 풍경을 생생히 보여준다. 이러한 장면은 오늘날 북부 산간 소수민족의 제사와 농경 의식에서도 일부 형태가 이어지고 있어, 고대와 현대의 문화적 연속성을 증명하는 중요한 자료로 평가된다.

이러한 고고학적 증거는 이미 기원전 2천 년 무렵부터 베트남 사람들이 다양한 재배 작물과 가축화된 동물은 물론, 야생에서 얻은 육류·생선·채소를 고루 활용하는 식문화를 확립했음을 말해준다. 농업은 더 이상 주변적 생계 수단이 아니라 삶의 중심이 되었고, 이 시기의 정착 농경은 오랫동안 이어져 온 유목민적 이동 생활에 분명한 마침표를 찍었다.

사람들은 토지를 경작하고 가축을 기르기 위해 한 곳에 정착하기 시작했으며, 이 결정은 베트남인의 생활 방식과 식단, 그리고 이후 문명이 형성되는 전체 과정에 근본적인 변화를 불러왔다. 농경의 채택은 단순한 생존 전략을 넘어, 공동체의 신앙과 사회 조직을 형성하는 출발점이 되었

베트남 고대 동썬 문화의 청동북으로, 농경 사회의 제의와 권위를 상징한 의례용 북

고, 훗날 베트남 문명을 떠받치는 기반으로 자리 잡았다.

기원전 3천 년에 지금의 베트남에 대빙하기가 물러난 뒤 긴 변동의 시간이 지나자, 베트남 해안 지역에는 바닷물이 서서히 빠져나가고 광활한 비옥 지대가 모습을 드러냈다. 이 새로운 평야는 오랜 세월 산지에서 살아온 초기 베트남인들을 서서히 끌어내리는 자석처럼 작용했을 것이다. 흥미롭게도 이러한 자연환경의 변화는 베트남인의 기원을 설명하는 전설과도 절묘하게 맞아떨어진다.

베트남의 구전 문학에서도 쌀의 역사는 생동감 넘치게 펼쳐진다. 기원전 3천 년 무렵, 베트남 선사 시대는 흥미롭게도 신화 속에서 락롱꿘(Lạc Long Quân)이 베트남 땅에 모습을 드러내는 때와 겹친다. 베트남의 삼국유사라고 할 수 있는 《Lĩnh Nam chích quái, 영남척괴(嶺南拓怪)》에 의하자면, 그는 바다에서 온 초월적 존재이자, 산의 여신 어우꺼(Âu Cơ)와 결혼해 사람들에게 농사법과 생활 규범을 가르친 문명의 시조로 그려진다. [13]

베트남 건국 신화의 중심에 놓여 있는 락롱꿘은 바다에서 온 용왕이자 농업의 신, 그리고 황제의 후예로 묘사된다. 그는 정의로운 군주였으며, 베트남인에게 옷 입는 법, 농사짓는 법, 예와 질서, 가문의 위계를 존중하는 법까지 가르쳐 문명의 초석을 놓은 존재로 전해진다. 그는 산의 여신 어우꺼를 만나 결혼하게 되고, 두 사람은 고지대에서 무려 백 명의 자녀를 낳는다. 그러나 얼마 지나지 않아 락롱꿘은 자기의 뿌리인 바다와 가까운 평원으로 50명의 자녀를 데리고 내려갔고, 어우꺼는 남은 자녀들과 함께 높은 곳에 머물렀다.

이 전설이 지나치게 낭만적이거나 신화적으로 보일 수도 있지만, 사실은 베트남 농경 문화의 시작을 알리는 중요한 증표이다. 즉, 기원전 3천 년경 고지대에서 해안 저지대로 이동한 선사 시대 베트남인의 기억이 투영된 형태일 수 있다고 본다. 높은 지역에 남은 사람들은 오늘날 베트남 각지의 다양한 토착 소수민족으로 발전했고, 저지대로 내려간 이들은 후대의 비엣(Việt) 문화의 중심을 이룬 셈이다.

이 변화가 이루어진 시기는 베트남 선사 문명에서 가장 중요한 과도기이자 선사 시대가 막을 내리는 문턱에 해당했다. 실제로 베트남 고고학자들의 발굴 결과, 이 시기 사람들이 고지대에서 해안 지역으로 이동해 정착했다는 결정적 증거들이 발견되었다. 고지대의 도구 양식과 동일한 형태의 유물이 저지대에서도 출토되었기 때문이다.

정착지 변화는 생활 방식도 크게 바꿔 놓았다. 평야와 해안, 삼각주 지역에서는 사냥 중심의 삶에서 벗어나 그물과 어구를 사용한 어업 활동이 활발해졌다. 해안가 지층에서 다수 발견되는 돌과 구운 점토의 어망추는 이들이 이미 그물어업과 점토 공예 기술을 익혔음을 나타낸다. 반면 여전히 높은 지역에 남아 있던 집단에게는 야생 사슴고기 같은 산지 사냥 문화가 오랫동안 이어졌고, 이는 오늘날까지 베트남 산악 지역의 음식 취향의 흔적으로 남아 있다.

기원전 3천 년경 비엣족이 저지대로 내려온 사건은 단순한 이주가 아니라 역사적 전환점이었다. 그 움직임은 베트남인의 생활 방식, 식단, 사회 구조를 바꾸는 일련의 역사적 변화를 촉발했다. 산지의 이동 생활을 접고 평야에서 정착을 선택하면서, 이들은 반전설적 구전의 시대에서 벗어나 국가 형성의 첫 단계를 밟기 시작한 것이다. 정착은 곧 계획과 조직, 촌락의 장기적 유지, 농업과 축산의 확장이라는 새로운 방식의 삶을 요구했고, 이는 이후 베트남 초기 문명을 떠받치는 토대가 되었다.

하지만 이 신화의 장막을 조금만 걷어 보면, 락롱꿘은 사실 남중국 양쯔강 유역에서 이동해 온 이주민 집단의 지도자였을 가능성이 크다. 이 지역은 이미 수천 년 전부터 벼농사가 이루어지던 곳으로, 락롱꿘이 농업의 신으로 기억되고 신농神農의 후손으로까지 연결되는 배경을 자연스레 설명해 준다.

고지대에 남아 독자적 공동체를 이룬 여러 부족 집단은 후대 전통 사서에서 '반랑(Văn Lang)'이라는 초기 국가의 모태로 묘사된다. 이 반신화적 집단을 다스린 지도층을 베트남 전승에서는 훙왕(Hùng Vương)이라 부르는데, 《대월사기전서》에는 이들이 18대에 걸쳐 나라를 통치했다고 기록한다. [14] 수도는 대체로 퐁쩌우(Phùng Châu, 현 푸토성 일대)로 전해지지만, 일부 전승에서는 메린(Mê Linh) 일대가 초기 권력 중심지로 언급되기도 한다.

당시 북베트남의 해안 지역은 지금처럼 넓지 않았고, 홍강 하구의 광대한 습지는 현재의 하노이까지 이어져 있어 논농사와 어업 외에는 다른 생업을 기대하기 어려웠다. 따라서 초기 정착지는 자연스럽게 홍수 위험이 적고 상대적으로 안전한 내륙의 높은 지대에 형성될 수밖에 없었고, 이러한 선택은 훗날 베트남 문명 형성의 출발점이 되었다.

전설적 훙왕의 백성으로 알려진 락족(Lạc Việt)은 중국 문헌에서도 의미 있는 존재로 등장한다. 가장 오래된 기록은 주나라(기원전 696~682년) 시대까지 거슬러 올라가며, 이들에 대해 '논에서 벼를 재배하고, 강과 개울의 물을 다스려 풍년을 이루는 백성'이라는 묘사가 남아 있다. [15] 이는 고대 중국인들이 이미 락족을 정교한 농경 기술을 지닌 공동체로 인식하고 있었음을 보여준다.

이들의 영리함은 특히 조수 간만의 차를 활용한 관개 기술에서 두드러진다. 락족은 강과 논을 잇는 도랑과 운하를 파고, 수문을 설치하여 필요할 때 물을 들이고 빼낼 수 있는 구조를 고안했다. 이러한 기술적 혁신 덕분에 그들은 홍수기에도 적절한 수위를 유지하고, 건기에도 생육에 필요한 물을 확보하며 안정적인 생산력을 유지할 수 있었다.

20세기 후반, 베트남 고고학자들이 홍강 상류의 여러 선사 유적을 조사하는 과정에서 아시아 재배종 벼인 오리자 사티바Oryza sativa의 화분과 식물 규소의 흔적이 확인되었다. 이러한 발견은 벼농사가 중국 양쯔강 남부와 주강 유역을 따라 남하하여 베트남에 도달했다는 국제 학계의 연구 흐름과도 자연스럽게 일치하며, 당시 락족 공동체가 외래의 벼 재배 기술을 자신들의 환경에 맞게 토착화하여 독자적인 농경 체계를 확립했음을 시사한다.

벼는 논, 습지, 계단식 언덕 어디에서든 재배할 수 있지만 가장 적합한 환경은 습식 벼농사였다. 이 방식은 물을 지속적으로 논에 공급해야 하는 노동 집약적이지만, 관개 기술을 익힌 락족에는 충분히 해낼 수 있는 일이었다. 안정적인 식량 생산은 정착을 가능하게 했고, 정착은 곧 마을과 촌락의 형성, 그리고 점차 조직화하는 사회의 출현을 의미했다. 강 상류의 여러 락족 공동체는 무역과 노동력 교환을 통해 서로 협력했으며, 마침내 가장 영향력 있는 추장을 중심으로 통합되었다. 구전 역사와 중국 기록에서 이 추장은 훙왕, 즉 '강한 자'로 불린다.

훙왕의 후손들은 서로 다른 지역에 흩어져 살았지만, 이들을 하나로 묶은 공통된 기반은 쌀을 중심으로 한 농경 문화였다. 다만 자연환경의 차이로 인해 쌀 재배 방식과 품종은 지역마다 다르게 발전했다. 북부와 남부 지역에서는 풍부한 수자원을 바탕으로 습식 벼농사가 이루어졌다. 반면 중부의 참파 왕국 지역은 물 사정이 불안정하고 토양이 척박했기 때문에, 가뭄에 비교적 강하고 생육 기간이 짧은 벼가 재배되었다. 이러한 전통은 후대에 '참쌀(Lúa Chiêm)' 계열로 이어져 열악한 환경에서도 비교적 안정적인 수확을 가능하게 했다. 그러나 이 쌀은 찰기가 부족하고 식감이 거칠어, 물이 풍부한 지역에서 생산된 쌀에 비해 맛과 품질이 떨어지는 편이었다.

베트남은 벼농사 위에 세워진 국가

풍응우옌 동선 시대(기원전 2000년~서기 100년) 동안 락족의 농업 지식은 정교한 형태로 발전했다. 그들은 집을 죽마 위에 올려 홍수와 맹수를 피했고, '뤼엉락(ruộng Lạc)'이라 불린 논에서 벼를 길렀다. 모내기는 적절한 시기를 맞춰 묘목을 신선하게 유지해야 했으며, 몬순의 비를 잘 받아야만 충분한 수확을 기대할 수 있었다. 물이 적으면 농부들은 직접 도랑을 파거나 물을 길어와 논을 적셔야 했는데 이는 큰 노동력을 요구했다.

습식 벼농사는 고대 베트남 사회에서 가장 노동 집약적인 작업이었다. 먼저 묘상에서 어린 모를 길러 충분히 자라면 논에 물을 채웠고, 수위는 보통 종아리 높이의 절반 정도가 적당했다. 이는 모가 물속에서 깊이 뿌리내리도록 하기 위한 기본 조건이었다. 준비가 끝나면 농부들은 물 찬 논에 일렬로 서서 재빠른 손놀림으로 모를 심었다. 1에이커 남짓의 논을 모두 옮겨 심는 데 며칠이 걸릴 정도였고, 전체 과정에는 최소 12일에서 길게는 50일에 이르는 노동이 필요했다.

수확기 또한 만만치 않았다. 벼 베기는 마을 공동체가 함께 나서는 대규모 노동이었다. 농부들은 칼과 낫으로 벼를 베어 묶음으로 모으고, 마을 광장에서 도리깨나 발로 탈곡해 낟알을 분리했다. 햇볕에 충분히 말린 뒤 절구와 공이로 찧어 겉껍질을 제거해야 했는데, 초기 재배종은 거칠고 갈색빛을 띠어 오늘날보다 훨씬 단단하고 투박했다. 이처럼 긴 과정은 벼농사가 단순한 생계 수단을 넘어, 공동체의 연대와 생활 리듬을 만들어낸 핵심 활동이었음을 보여준다.

북베트남의 쌀 생산은 수천 년 동안 홍강 삼각주를 중심으로 이루어졌다. 그러나 이 지역은 풍부한 수량만큼이나 홍수와 범람에 취약해, 한 해 농사가 순식간에 무너질 위험을 늘 안고 있었다. 이를 극복하기 위해 리 왕조(1009~1225)는 삼각주의 물 흐름을 조절하는 제방과 수문, 그리고 저수 시설, 일종의 초기 수리 관리 시스템을 구축했다. 그럼에도 자연재해는 종종 인간의 노력을 압도했다.

1179~1180년의 지진, 1180년의 대홍수는 대표적인 사례로, 이 시기 사람들은 충분한 식량을 얻지 못해 큰 고통을 겪었다. 1181년에는 기근이 극심해 인구의 거의 절반이 굶주림으로 사망했다는 기록도 남아 있으며, 가뭄과 홍수가 거의 매년 반복되어 농사는 늘 위태로운 상태였다. 1199년의 대홍수에서는 대부분의 논이 파괴되어 많은 이들이 생명을 잃는 참사가 벌어졌다.

다음 왕조인 쩐 왕조(1226~1413)의 통치자들은 이러한 경험을 교훈으로 삼아, 쌀의 안정적인 공급을 확보하기 위해 리 왕조보다 훨씬 더 세심한 정책을 펼쳤다. 그들은 병사들이 평시에는 논밭에서 일하는 군농軍農 전통을 유지했을 뿐만 아니라, 제방과 수문, 간척지를 전문적으로 관리하는 별도의 관청을 설치했다. 간척지의 유지와 보수는 모든 건강한 남성에게 의무화된 공역으로 지정되어, 1년에 최소 두 차례 인두세와 같은 형식으로 시행되었다. 동시에 왕자와 공주들은 수도 탕롱 외곽의 토지를 분양받아 농사를 짓고, 그 수확물 판매를 통해 재정을 확보했다. 이러한 정책은 국가가 직접 농업 기반을 관리하고 쌀 생산을 보호하기 위한 체계적 장치였으며, 실제로 몽골의 침입이 일어날 때까지는 상당한 효과를 발휘했다.

수십 년간 비교적 풍족한 시기를 누린 뒤, 베트남은 다시 깊은 기근의 파도에 직면했다. 여기에 북쪽에서 밀려온 몽골의 침략은 이미 취약해진 농업 기반에 결정적인 타격을 가했다. 쿠빌라이칸 시기 이루어진 1257~1258년, 1283~1285년, 1287~1288년의 세 차례 원 제국 침공은 수도 탕롱과 홍강 삼각주 일대의 도시와 농업 체계를 근본부터 뒤흔들었다.

국가의 재정과 인력이 전쟁으로 소모되면서 농업 기반 시설을 복구할 여력도 빠르게 고갈되었다. 물길이 제멋대로 바뀌고 홍수가 반복되자 논밭은 흉작을 면치 못했으며, 그 여파는 왕족과 귀족, 평민을 가리지 않고 전 사회에 퍼졌다. 특히

1290년의 기근은 기록 중 가장 참혹한 재난으로 남았다. 식량이 끊기자, 사람들은 굶어 죽기 시작했고, 일부 부모들은 마지막 생계를 잇기 위해 자식을 쌀 한 됫박과 맞바꾸는 비극적인 선택을 해야 했다. 전쟁이 초래한 기반 시설 붕괴와 그로 인한 식량 위기는, 농경 사회였던 베트남이 물 관리와 쌀 생산을 얼마나 생존의 핵심으로 여겼는지를 더욱 극명하게 보여준다.

쩐 왕조의 몰락 이후 등장한 후레 왕조(1428~1789)는 명나라 점령 이후 폐허가 된 농토를 복구하는 과정에서 국가 주도의 토지 제도인 군현제를 확립했다. 토지를 공전·사전·사원전으로 재편하고, 각 지역의 세수와 인구 조사를 중앙에서 통제함으로써 농업 생산력과 조세 체계를 표준화했다. 특히 '황제–지방관–향리'로 이어지는 삼중 구조의 행정망은 농업 생산력 파악과 수리 시설 유지, 그리고 병역과 노역 동원을 모두 중앙정부가 장악하도록 만들었다. 수확량과 토지 크기를 정기적으로 측량하는 작업 자체가 국가 조직의 핵심 기능이었으며, 이를 통해 전 국토가 하나의 농업 기반 행정 시스템으로 묶였다. [16]

후레 왕조가 몰락하고 등장한 응우옌 왕조(1802~1945)는 홍강 삼각주뿐 아니라 중부와 남부까지 제방과 운하 네트워크를 국가 단위로 확장하며 베트남 역사상 가장 광범위한 수리 행정 체계를 구축했다. 또한 남부 메콩 삼각주에서는 광대한 습지를 개간하기 위해 거대한 운하들을 파고, 논과 수로를 연결해 물길을 국가가 직접 통제하는 중앙집권적 수리 국가 모델을 완성했다. 이 시기 농업 생산량 증대는 곧 조세와 국가 재정의 기반이었기 때문에, 민간의 토지 소유조차 엄격히 국가 행정 체계 속에서 관리되었다. 응우옌 왕조의 국정 운영 핵심도 '쌀·물·토지'였으며, 이는 베트남 전역에 걸쳐 일체적으로 묶는 결정적 요소가 되었다.

이처럼 벼농사가 생존의 중심이었던 사회에서 물 관리와 노동력 통제는 국가의 존립과 직결되었고, 이는 베트남이 자연스럽게 중앙집중적 국가 구조로 조직될 수밖에 없었던 근본 이유가 되었다. 습식 벼농사는 묘상 준비, 이식, 수위 조절, 제방 관리, 수확과 탈곡까지 어느 하나도 개인이나 가족 단위의 힘으로 해결할 수 없는 집단적 노동을 요구했다. 특히 홍강 삼각주처럼 홍수와 가뭄이 반복되는 환경에서는 수리 시설을 유지하고 재해를 대비하는 일이 곧 국가의 절대적 책무였으며, 이를 위해 방대한 인력 동원과 지속적 감독이 필수적이었다.

제방이 무너지면 왕족과 귀족, 평민을 막론하고 모두가 굶주림에 빠졌기에, 사람들은 자연스럽게 물을 다스리고 공동체를 지휘할 수 있는 강력한 중앙 권력이 필요했다. 결국 벼농사의 구조적 특성과 홍강 삼각주의 자연환경은 세금을 걷는 국가를 넘어 노동과 물길을 조직하는 국가를 요구했고, 이는 홍방(Hồng Bàng) 왕조에서 시작해 리·쩐 왕조로 이어지는 베트남 특유의 중앙집중적 정치 전통을 형성하는 토대가 되었다.

벼농사와 수리 체계가 만들어낸 이러한 중앙집중적 전통은 이후 수천 년 동안 베트남 정치 문화의 깊은 구조로 자리 잡았고, 오늘날까지 통일을 지향하고 분열을 극도로 두려워하는 국가 정서로 이어졌다. 홍강 삼각주에서 제방이 한 곳만 무너져도 공동체 전체가 기근에 빠졌던 기억은, 국가가 하나로 움직이지 않으면 생존 자체가 위태로워진다는 역사적 체험으로 축적되었다.

이후 중국 왕조들의 침입, 쩐·레 왕조의 방어전, 근대 식민지 분열, 20세기 베트남 전쟁의 남북 분단까지 겪으며, 베트남 사회는 국가의 통일이 번영과 안정을 의미하는 절대적 가치로 받아들이게 되었다. 오늘날까지 베트남이 중앙집권적 체제를 유지하고, 지역 분열이나 분리주의 움직임에 강한 거부감을 보이는 것도 전 국민이 생존을 걸고 벼농사와 물길을 지켜온 오랜 역사적 기억에서 비롯된 것이다.

쌀을 되찾자!

프랑스 식민지 시대(1880~1954) 동안 베트남의 쌀 농업은 전통적 공동체 중심 체계에서 식민 경제에 종속된 대규모 상업 농업으로 급격히 재편되었다. 프랑스는 쌀을 인도차이나 총독부의 핵심 수출품으로 삼기 위해 메콩 삼각주의 광대한 습지를 강제 개간하고 운하와 수문, 제방을 국가가 아닌 식민 권력이 통제하는 구조로 재정비했다. 특히 1890~1930년 사이에 프랑스 군대와 부역민을 동원해 수천 킬로미터 길이의 운하와 배수로를 파면서 메콩 삼각주를 하나의 거대한 프랑스식 농업지대로 탈바꿈시켰다.

프랑스 식민지 시대 내내 쌀은 베트남의 가장 중요한 수출품이자 식민 정부의 핵심 수입원이었으며, 1926년에는 쌀 수출이 프랑스령 인도차이나 총수입의 68퍼센트를 차지할 만큼 절대적인 비중을 지녔다. 북부 베트남은 연 2회 수확이 일반적이었고, 남부에서는 메콩 삼각주 특유의 토양과 물 관리 덕분에 품종에 따라 1년 1회 또는 2회 수확할 수 있었다. 메콩 삼각주에서 수확된 쌀은 캄보디아산 쌀과 함께 사이공과 그 자매 도시이자 중국인 밀집 지구인 쩔런의 정미소에서 가공된 뒤 동남아시아, 유럽, 심지어 미국 시장으로까지 수출되었다.

20세기 초 남베트남의 쌀 수출 규모는 세계 2위에 달했지만, 품질 면에서는 태국과 미얀마산 쌀에 비해 열등하다는 평가를 받았다. 이러한 산업 구조는 1860년대부터 1930년까지 이어진 프랑스 총독들의 토지정책에서 비롯되었다. 식민 정부는 대규모 토지를 최고 입찰자에게 매각하거나 베트남 부역자들과 프랑스 투기꾼들에게 헐값으로 넘겼고, 이 과정에서 새로운 지주 계층이 탄생했다. 토지를 잃은 베트남 농민들은 소작인이 되어 수확량의 최대 60퍼센트를 지주에게 헌납해야 했고, 지주들은 이 몫을 사이공 시장에 내다 팔아 큰 이익을 챙겼다. 쌀 수출의 폭증은 생산력 향상 때문이 아니라, 철저한 착취 체제에 의해 가능해졌던 것이다. [17]

프랑스가 구축한 껄슙 운하(Kênh Cầu Súp), 바사크 운하(Kênh Bassac) 등 대운하가 파이프라인처럼 삼각주를 가로지르며 물길을 통제했고, 기존에 자연적으로 형성되었던 홍수림과 습지는 프랑스식 농업지대로 전환되었다. 이는 전통적 마을 단위의 물 관리 방식과 완전히 다른, 유럽식 대규모 공공사업 모델이었다. 또한 증기선, 수압식 양수기, 철제 수문 등 당시 최신 기술이 도입되면서 메콩 삼각주는 수리 시설 자체가 하나의 식민 산업 시스템이 되었다. 그러나 이러한 구조는 철저히 수출용 쌀 생산에 맞춰 설계되었기 때문에, 홍수나 가뭄이 닥치면 농민의 생활보다는 식민 재정이 우선되었다.

운하 개발로 경작지가 확대되었음에도, 베트남 농민들의 삶은 풍요와 거리가 멀었다. 프랑스 식민 정부는 개간지를 토지 투기 세력, 가톨릭 대지주, 중국계 자본가, 프랑스인 지주에게 대규모로 불하했고, 토지를 잃은 농민들은 소작농이나 채무 소작농으로 전락했다. 소작료는 수확량의 40~60퍼센트에 달했으며, 여기에 지방행정관, 경찰, 종교단체에 대한 각종 부가세까지 얹혀 실질적으로는 농민이 먹을 몫이 거의 남지 않는 구조가 되었다. 가뭄이나 질병, 흉작이 오면 농민은 고리 대금업자에게 돈을 빌릴 수밖에 없었고, 이자는 연 100퍼센트를 넘는 경우가 흔했다. 빚을 갚기 위해 다시 소작해야 했고, 소작을 유지하기 위해 다시 빚을 지는 악순환이 반복되었다. 결국 메콩 삼각주는 생산량 증가와 달리 농민들의 부채와 영양 결핍, 그리고 상습적 이주가 만연한 지역으로 변했다.

1880년부터 1930년 사이 메콩 삼각주의 경작 면적은 4배로 늘었지만, 같은 기간 일반 농민의 쌀 소비량은 오히려 감소했고, 줄어든 식량을 대체할 음식도 충분히 공급되지 않았다. 풍요의 상징인 쌀은 역설적으로 농민들 사이에서 점점 더 귀한 식량이 되었다. 1930년대 대공황이 닥치면서 쌀 가격 폭락과 세금 부담이 겹쳐 수백만 농민이 유랑민이나 가난한 소작농으로 전락했는데, 이는 베트남 공산당이 주도하는 혁명 세력이 성장하는 사회적 토대를 제공했다. 프랑스 식민지 시기에 베트남의 쌀 농업은 겉으로 보기에는 생산량이 크게 늘어난 것처럼 보였다. 그러나 그 이면에서는 농촌 사회에 큰 변화가 일어났다. 일부 지주와 식민 권력만 부를 축적한 반면, 많은 농민들은 빚을 지고 땅을 빼앗기며 삶의 터전을 잃었다. 이로 인해 베트남 농촌에는 이전에 없던 심각한 빈부 격차가 생겨났고, 이러한 상처는 이후 독립투쟁과 새로운 국가를 만들어 가는 과정에서 중요한 원인이 되었다.

쌀은 프랑스 식민 지배하에서 단순한 식량 문제가 아니라 혁명의 불씨였다. 1930년대 대공황으로 국제 쌀 가격이 폭락하고 세금 부담이 치솟자, 메콩 삼각주에서는 수십만 명의 농민이 토지를 잃고 유랑민으로 전락했다. 이 상황은 쌀을 생존의 문제이자 정치의 문제로 부상시키는 계기가 되었고, 베트남 공산당의 전신인 인도차이나 공산당ICP은 농민들의 분노를 조직하며 쌀 문제를 계급투쟁의 핵심 의제로 삼았다. 농민들은 자신이 땀 흘려 생산한 쌀을 프랑스 식민 정부, 지주, 미곡 상인이 가져가는 현실을 일상적으로 체감하고 있었기에, 공산당의 선동은 추상적 이념이 아니라 구체적 생존권을 되찾자는 현실적 호소력으로 작용했다.

1945년에는 일본군의 미곡 징발 정책과 프랑스 식민 수탈 구조가 겹쳐 약 백만 명이 아사하는 베트남 대기근이 발생했다. 이 참사는 베트남 민중에게 식민 체제를 전복하고 자신의 국가를 세워야 한다는 절대적 명분을 제공했다. 1945년 8월 혁명에서 호찌민 주석이 내세운 가장 강력한 구호 중 하나가 "쌀을 되찾자!"였으며, 이는 가난한 농민들을 혁명의 전면으로 끌어내는 결정적 구호가 되었다.[18] 쌀 문제는 구호 이상의 것이었다. 그것은 식민 지배가 구조적으로 민중의 생존을 파괴한다는 사실을 명징하게 보여주는 역사적 경험이었고, 민중이 혁명을 선택할 수밖에 없었던 실질적 이유였다.

이러한 흐름 속에서 1930~1931년 응에안과 하띤성에서는 '소비에트 응에띤(Xô viết Nghệ Tĩnh)'로 불리는 자치적 농민 정부가 등장할 정도로 대중의 참여가 폭발했다. 여러 지역에서 농민들은 소작료 인하, 지주의 비축미 분배, 식량 전매제 폐지, 곡창지대 수탈 반대 시위 등 구체적 요구를 조직했고, 일부 지역에서는 쌀 창고 개방이나 토지 점거 같은 직접 행동도 나타났다. 이처럼 "쌀을 되찾자!"라는 구호는 단순한 구호를 넘어, 식량 압박과 식민 경제 구조에 대한 민중의 분노를 정확히 건드렸고, 공산당이 농촌 대중 속으로 빠르게 침투해 조직 기반을 확장하는 데 결정적 역할을 했다.

쌀 문제는 이후에도 베트남 사회를 다시 세우는 과정에서 늘 중심에 놓여 있었다. 1950년대 북베트남의 농지 개혁에서 전쟁 시기의 집단 농장 운영, 그리고 1986년 도이모이 이후 시장 원리를 받아들인 농업 개혁에 이르기까지, 베트남 현

대사의 굵직한 정책들은 하나같이 쌀의 생산과 분배 문제와 맞닿아 있었다. 그만큼 쌀은 베트남 사람들의 삶을 지탱해 온 기본 식량이었을 뿐만 아니라, 식민 지배의 수탈을 견뎌 낸 저항의 상징이자 국가의 방향을 가늠하게 한 정치적 자원으로서, 오늘날 베트남 사회를 이루는 중요한 역사적 토대로 남아 있다.

밥 짓는 법

쌀은 언제나처럼 베트남 요리에서 중심적인 위치를 차지하며 영혼의 밀도를 채워준다. 밥은 아침과 저녁 식사에서 먹으며, 하루라도 빠져서는 안 된다. 쌀의 중요성은 응우옌 왕조의 창시자인 자롱 황제에게 바쳐진 거대한 청동 항아리에 새겨져 있다. 흰밥은 채소의 양을 측정하는 기준이 되며, 조리된 음식의 양을 측정하는 기준이 된다. 당시에는 한 끼에 밥 세 그릇을 먹는 사람을 대단하게 여겼다.

밥은 베트남에서 단순한 주식이 아니라 식사의 품격과 정성을 드러내는 척도였다. "너무 맛있어서 밥 한 그릇을 더 먹었다"라는 말은 오늘날에도 최고의 칭찬으로 통하며, 주부나 요리사의 손맛을 증명하는 결정적 한마디였다. 지금은 전기밥솥이 버튼 하나로 모든 일을 대신해 주지만, 불과 몇십 년 전까지만 해도 밥 짓기는 하루 식탁의 성패를 가르는 큰일이었다. 전통적인 베트남 식사에서 가장 중요한 요소는 언제나 완벽하게 지은 밥이었다. 잘 지은 쌀밥 한 그릇은 정교하고 어려운 요리이다. 밥은 단순한 탄수화물 덩어리가 아니라 쌀·물·불이 빚어낸 정교한 미식의 결정체다.

1915년에 운문 형식으로 출판된 베트남 최초의 요리서 중 하나에는 밥 짓는 기술이 세세하게 기록되어 있다. [19] 이는 당시 사람들이 밥 짓기를 하나의 기술, 더 나아가 집안의 명예를 걸고 익혀야 하는 예술적 영역으로 여겼음을 보여준다. 20세기 중반까지도 베트남 여성들에게 밥 짓기는 반드시 익혀야 할 기본 소양이었고, 쌀알은 부드럽고 윤기가 흐르되, 필요하다면 바닥에는 고소한 누룽지가 얇게 잡혀 있어야 했다.

그러나 이 모든 과정은 생각보다 훨씬 까다로웠다. 쌀 품종마다 수분을 머금는 정도가 다르고, 산지와 계절, 보관 상태에 따라 알맞은 물의 양도 미묘하게 다르기 때문이다. 같은 쌀이라도 햇곡과 묵은쌀은 결과가 크게 달랐고, 정확한 계량만으로는 해결할 수 없는 감각과 경험의 영역이 분명히 존재했다. 전통적인 밥솥은 대개 무쇠로 만들어 열이 고르게 퍼지도록 평평한 뚜껑을 얹었으며, 지역에 따라서는 흙으로 빚은 점토 냄비를 더 선호하기도 했다. 불의 세기를 조절하고, 김이 새는 소리를 듣고, 뚜껑을 여는 순간을 가늠하는 일은 모두 밥 짓는 사람의 몫이었다.

한때는 짚과 풀을 태워 불을 지피던 시절도 있었다. 연료가 한정된 환경에서는 불을 오래 유지하기 어려웠고, 밥 짓기는 늘 시간과 집중을 요구하는 일이었다. 그러나 쌀이 점점 넉넉해지자, 사람들은 더 좋은 밥솥을 마련하고, 밥 짓는 법도 발전했다. 먼저 쌀을 흘린 물이 걷힐 때까지 여러 번 씻어 맑은 상태로 만든 뒤, 냄비 안쪽이 희게 빛날 만큼 고르게 문질러 닦는다. 물은 손가락 두 마디 정도면 충분하고, 너무 많이 붓지 않는 것이 중요하다. 불은 처음부터 세게 유지해야 하며, 중간에 약불로 낮추면 밥이 흐트러지고 탄력도 잃는다.

물이 끓어 넘치기 시작하면 잠시 뚜껑을 열어 수분을 날리고, 불길을 고르게 조절한 뒤 다시 덮는다. 무쇠 냄비를 사용할 때는 붉게 달군 숯 조각을 뚜껑 위에 올려 위아래에서 동시에 열을 가했는데, 이렇게 하면 밥알이 한층 더 찰지고 단단해졌다. 이후 물이 완전히 스며들 때까지 밥은 직접 불 위에서 익혀야 했고, 바로 이 마지막 순간이 맛을 좌우했다. 불의 세기, 남은 수분, 냄비의 열기 가운데 어느 하나만 어긋나도 밥은 물러지거나 딱딱하게 굳었고, 그 실수는 며칠 동안 집안의 부끄러움으로 회자하곤 했다. 훌륭한 밥 짓기는 단순한 기술이 아니라 일정한 박자와 감각이 필요한 숙련된 예술이었다. 뛰어난 조리사일수록 밥이 완성되는 시각에 맞춰 모든 반찬의 조리 시간을 정교하게 조율할 줄 알았다.

왕족과 상류층 가문에서는 한 숟갈씩 따로 담아 지을 수 있도록 작은 옹기나 도기 항아리를 여러 개 사용해 밥을 지었는데, 이러한 방식은 손이 많이 들고 연료도 크게 소모되었다. 이런 까닭에 이 방식은 부유한 집안만이 누릴 수 있는 사치였으며, 완벽하게 지어진 밥 한 그릇이 당시 사람들에게 어떤 의미였는지를 잘 보여주는 풍속이기도 했다.

흰밥은 모든 베트남 식사에서 빠질 수 없는 중심 요소이지만, 쌀을 조리하는 방식이 밥으로만 한정되는 것은 아니다. 아플 때는 속을 덥히고 소화에 도움이 되는 죽을 끓여 먹었는데, 노인이나 아기처럼 씹는 힘이 약한 이들에게도 죽은 부드러운 대안이 되었다. 또한 흰밥은 절인 채소, 건어물, 두부, 혹은 짭짤하게 양념한 반찬과 곁들여 먹으면 그 풍미가 한층 살아난다. 더 고급스러운 버전으로는 닭고기나 오리고기, 다진 고기, 내장 등을 넣어 끓인 죽이 있으며, 이는 아침 식사로도, 혹은 가벼운 단독 식사로도 즐겨 먹는 일상적인 음식이다.

쌀은 밥이나 죽을 넘어 휴대식으로도 변모했다. 여행길에 들고 다니기 위해 밥을 샌드위치 모양의 롤로 만든 것인데, 이는 현대인의 눈에는 마치 굵직한 초밥 롤을 연상시킨다. 지름 6~10센티미터 정도의 커다란 소시지 형태로 만들기 위해서는 갓 지은 뜨거운 밥을 깨끗한 천 위에 펼쳐 단단히 말아야 한다. 밥이 식기 전에 모양을 잡아야 롤이 부서지지 않는다. 완성된 밥 롤은 식힌 뒤 2센티미터 두께의 동그란 조각으로 썰어 돼지고기, 쇠고기, 말린 새우 등 육류 반찬을 끼워 간단한 샌드위치처럼 즐길 수 있다. 꽉 눌러 만든 밥 덩어리는 모양이 잘 유지되며, 두툼한 조각은 깍둑썰어 소금물에 찍어 먹는 방식으로도 소비되었다.

이 쌀 소시지는 일반적인 밥보다 쉽게 상하지 않아, 하루 정도의 여행에는 가장 안전하고도 편리한 휴대식이었다. 18세기 프랑스 식민지 시기 이후 바게트가 점점 그 자리를 대체하기 시작했지만, 그럼에도 베트남 사람들의 식탁에서 쌀이 반드시 있어야 한다는 관념만큼은 끝내 흔들리지 않았다.

베트남 쌀의 특징

베트남 쌀을 흔히 안남미Annam rice라고 부른다. 이는 마치 특정 품종의 쌀 이름이라는 오해를 불러일으키기 쉽지만, 사실은 품종과는 아무 관련이 없다. 베트남 쌀 수출을 시작한 프랑스는 베트남 중부 지역을 안남이라고 불렀고, 그 지역에서 생산되는 쌀을 통칭해 안남미라고 명명했다.

그러나 시간이 지나면서 원래 중부 베트남을 뜻하던 행정적 명칭인 안남이라는 말은 인도차이나 전역에서 생산되는 '가늘고 긴 장립종long-grain 쌀'을 가리키는 일반 명칭처럼 굳어졌다. 프랑스 상인과 국제 곡물 시장에서는 안남미를 사실상 하나의 상품 브랜드로 취급했기 때문에, 실제 생산지가 메콩 삼각주이든 북부 홍강 삼각주이든 모두 같은 이름으로 수출되었다. 즉 안남미는 지역을 지칭하는 말이라기보다, 식민지 시기 인도차이나 지역에서 생산되는 쌀이라는 보통명사가 되었다.

전 세계의 쌀은 크게 인디카(장립종)와 자포니카(단립종)로 나뉜다. 한국에서 주로 소비되는 국산 쌀은 길이가 짧고 둥근 단립종으로, 아밀로스 함량이 낮아 찰지고 윤기가 있으며 식어도 비교적 부드럽다. 반면 베트남의 장립종 쌀은, 찰기는 적고 푸들푸들하다. 이로 인해 밥을 지을 때 더 많은 수분이 필요하고, 식으면 쌀알이 쉽게 굳어져 베트남에서는 찬밥을 선호하지 않는 식문화가 자리 잡았다.

베트남에서 생산되는 대부분 쌀은 알이 길고 수분이 적으며 익어도 잘 퍼지지 않는 장립종이다. 이러한 쌀은 고슬고슬한 식감과 은은한 향을 지녀 저장과 운송에 유리했지만 한국인의 입맛에는 그렇게 맞지 않는다. 그러나 장립종 쌀이 소화가 비교적 천천히 이루어져 혈당 상승 속도를 줄이고, 점성이 높아 당 흡수가 빠른 단립종 쌀과 구별되는 영양적 특성을 지닌다는 사실이 조명받고 있다. 당뇨와 혈압 관리 측면에서 베트남 쌀이 주목받는 이유가 여기에 있다. [20]

최근 베트남 쌀의 품질은 국제사회에서도 높이 평가받고 있다. 베트남을 대표하는 품종인 ST25는 2019년을 시작으로 2023년과 2025년까지, 세계 최고 쌀을 선정하는 World's Best Rice Award에서 세 차례나 1위에 올랐다. 이러한 성과를 통해 ST25는 베트남 쌀의 품질을 상징하는 품종으로 자리 잡았고, 베트남 쌀은 세계 시장에서 신뢰할 만한 브랜드로 인식되기 시작했다.

그러나 이러한 성과가 단숨에 이루어진 것은 아니었다. ST25는 몇 차례의 교배로 얻어진 실험용 품종이 아니라, 수년에 걸친 시행착오와 재배와 개량의 과정을 거쳐 비로소 완성된 결과물이었다. 이 품종 개발을 이끈 사람은 베트남의 저명한 육종가 호광 쿠아(Hồ Quang Cua)로, 그는 연구실보다 실제 논을 중심으로 수많은 실패와 시도를 반복하며 ST25의 기반을 다져갔다.

그렇게 탄생한 ST25는 세계 최고 쌀로 세 차례나 선정되며 국제 시장에서 확고한 프리미엄 이미지를 구축했다. 톤당 1,100~1,200달러에 이르는 수출 가격은 세계 곡물 시장에서도 최상위권에 속하며, EU·미국·호주·중국 등 까다로운 기준을 적용하는 시장에서도 고급 식재료로 꾸준한 수요를 얻고 있다. 베트남 국내에서도 인기는 뜨거워, ST25가 새로 출하되기만 하면 대형 할인점과 온라인몰에서는 금세 동나고, 시장에는 이를 모방한 짝퉁 제품까지 등장할 정도다.

ST25가 국제 시장에서 하나의 프리미엄 품종으로 자리 잡게 된 데에는, 그 맛과 향뿐 아니라 외관에서 드러나는 정교함도 큰 몫을 한다. 쌀알을 손바닥 위에 올려 보면 ST25는 길고 곧게 뻗은 장립종 특유의 단정한 형태를 띤다. 빛에 비추면 유리처럼 맑게 비치되, 고급 장립종에서 흔히 보이는 은빛 반사광이 과도하지 않아 정제된 인상을 준다. 이는 정미 과정에서 부서진 쌀알이나 백점白點이 거의 없다는 뜻으로, 품질 관리의 섬세함과 육종 기술의 완성도를 보여주는 지표이기도 하다. 겉으로는 단순한 코드명 'ST25'로 보일지라도, 그 안에는 과학적 접근과 현장 기술, 그리고 베트남 농업의 미래를 향한 비전이 응축되어 있다.

이러한 정교함은 밥을 짓는 순간 더욱 분명해진다. 뜨거운 증기가 뚜껑 사이로 새어 나오기 시작하면 판단잎pandan leaf 특유의 달콤하고 부드러운 향이 먼저 스친다. 이어 베트남 남부 사람들이 'đậm mùi cốm non'이라 부르는, 갓 여문 찹쌀에서 나는 풋풋한 향이 은근하게 뒤따라온다. 두 향이 겹쳐 올라오는 순간, ST25가 단순한 향미를 넘어 여러 층의 향을 품고 있는 쌀이라는 사실이 자연스럽게 드러난다.

이 향의 중심에는 2AP라는 향 성분이 있다. 이 성분은 고급 재스민 라이스에도 들어 있지만, ST25에서는 향이 과하지 않으면서도 분명하게 느껴지는 점이 특징이다. 그래서 밥을 짓는 동안 향이 부담스럽지 않게 퍼지며, 자연스럽고 고급스러운 향의 층을 만든다. 그 결과 ST25는 단순히 '향이 있는 쌀'을 넘어, 향의 깊이가 느껴지는 쌀로

인식된다.

  밥이 완성되어 젓가락으로 떠보면 ST25의 개성이 더욱 선명해진다. 표면은 매끄럽고 한 알 한 알이 분리되어 있으나, 씹으면 중심부에서 가볍게 탄성이 느껴진다. 부드럽고 촉촉하지만 흐트러지지 않는 질감, 식은 뒤에도 쉽게 퍼지지 않는 특성은 메콩 삼각주의 토양과 물이 만들어낸 장립종 쌀의 전형적 장점이기도 하다. 해외 소비자들은 특히 이 점에 높은 점수를 주는데, 향은 분명하지만 과하지 않고, 식은 밥에서도 질감이 그대로 유지된다는 점이 ST25를 돋보이게 하는 요인으로 꼽힌다. [21]

  그러나 ST25의 뛰어난 품질이 자연이 준 조건만으로 완성된 것은 아니다. 그 배경에는 메콩 삼각주의 수위를 세심하게 조절하며 농부들이 축적해 온 재배 경험, 모래가 섞인 토양에 적합한 품종을 찾기 위해 국립 농학 연구소가 거듭해 온 시험 재배와 그리고 연구자들이 밤늦도록 교배 기록을 검토하며 품종을 다듬어 온 집요한 노력과 베트남인의 창의성이 자리한다. 베트남 언론이 ST25를 두고 'Hạt gạo của lòng kiêu hãnh(자부심의 쌀알)'이라 표현한 것도 바로 이 품종을 완성하기까지 이어진 노력과 재능에 대한 헌사이다. [22]

3. 영혼의 양념, 느억맘

3. 영혼의 양념, 느억맘

해상 실크로드의 중심, 베트남

유라시아는 동쪽의 태평양 연안에서 서쪽의 지중해에 이르기까지 수많은 문명이 줄지어 선 거대한 무대이다. 이 드넓은 공간은 언제나 인류 역사의 중심이었고, 그 속에서 식문화 또한 흥망성쇠를 거듭해 왔다. 끝없이 펼쳐진 초원의 길과 사막의 길, 그리고 바다의 길은 서로 다른 식탁들을 하나의 흐름으로 이어 붙였고, 각 문명은 이 길 위에서 재료와 향신료, 조리법을 주고받으며 자신들의 세계를 넓혀 갔다. 전쟁과 거대한 제국의 팽창, 신앙의 전파, 그리고 무엇보다 이주와 무역이 이런 교류를 가능하게 했다. 이렇게 길과 바다에서 섞이고 흩어진 음식의 기억은 마치 대륙을 가르는 강줄기처럼 사방으로 뻗어 나갔다.

그 장대한 교류의 동맥 중 하나가 바로 동서 해상 무역로였다. 아라비아반도에서 출발한 배들은 인도를 지나 해안을 따라 미끄러지듯 남하해 말레이시아 해역을 건너 오늘날의 베트남 연안을 스쳐 지나갔다. 계절풍을 타고 오가는 돛배들은 바다 위에서 수천 킬로미터를 항해하며, 각 지역의 향신료와 직물, 금속 공예품을 싣고 끊임없이 교역의 길을 이어갔다. 그 바닷길은 다시 항저우와 광저우 같은 중국의 중심지로 이어져 동서 교역이 완성된다.

이 바닷길이 실존했다는 증거가 메콩 삼각주 하류의 오체오(Óc Eo) 유적에서 발견된 로마 동전이다. 안토니누스 피우스 황제의 초상이 새겨진 그 동전은 한나라 시기 베트남 남부가 이미 유라시아 교역망의 끝자락이 아니라, 세계 경제의 거대한 호흡 속에 촘촘히 연결되어 있었음을 증언한다. [23] 이렇게 서양과 동양 두 세계가 서로의 숨결을 공유하며 만든 바닷길 위에서, 오늘날 베트남의 풍요롭고 다층적인 음식 문화 역시 깊은 뿌리를 내리게 되었다.

로마와 중국의 조우는 단순한 전설이나 상상의 산물이 아니다. 《후한서》는 서기 166년 '대진(로마) 왕 안돈安敦'의 사절이 중국 남방(베트남 포함)을 통해 한 조정에 도착했다고 기록한다. [24] 계절풍이라는 자연의 리듬에 의존해야 했던 고대 항해에서 바람은 곧 신과도 같았다. 배들은 며칠이고 때로는 몇 주씩 안전한 항구에 정박한 채 바람의 방향을 기다려야 했다. 그런 까닭에 오늘날 베트남 북부 교지交趾는 단순히 지나치는 정박지가 아니라, 로마와 한나라의 숨결이 실제로 스쳐 지나가던 교류의 장이었다. 항구에는 낯선 언어가 흘렀고, 상인과 사절들이 오가며 금과 비단, 향신료와 유리, 그리고 멀리서 온 이야기와 신앙이 뒤섞여 흘렀다.

그 배경에는 로마 제국과 한나라 양 측 모두가 바다를 통한 새로운 교역망을 열어젖히고자 했다는 열망이 있었다. 초기에는 사막과 초원을 가르는 장대한 육상 비단길이 두 문명을 이어 주었지만, 기원전 1세기 이후 등장한 해상로는 훨씬 더 넓고 깊은 교류의 문을 열었다. 비단과 향신료, 진주와 유리, 곡물과 약재뿐 아니라 불교와 기독교, 점성술과 수학 같은 지적 전통까지 이 바닷길을 타고 동서 사이를 오갔다. 그리고 그 길목 한가운데, 바람과 조류가 모였다가 흩어지는 회랑처럼 교지와 구진(九真, 응에안·하띤·꽝빈 일대)이 자리 잡고 있었다. 중국 최남단의 식민지였던 이 두 지역은 자연스러운 중계지로 기능하며, 외래의 물산과 사상, 기술이 동남아시아 전역으로 확산되는 입구가 되었다.

이 거대한 해상 네트워크의 실체는 베트남 북부의 토양에서도 또렷이 드러난다. 19세기와 20세기 동안 홍강 삼각주 곳곳에서 발굴된 로마식 유리구슬, 은제 장신구, 지중해풍 금속 공예품들은 바닷길을 타고 도달한 먼 세계의 흔적이었다. 그것들은 단순한 장식품이 아니라, 육로의 비단길과 해로의 교역망이 맞물려 만들어낸 거대한 흐름의 증거였다. 이 작은 조각들은 한때 동서 문명의 파도가 베트남의 연안에 닿았고, 그 잔향이 이 지역의 경제와 사회, 그리고 음식 문화까지 흔적을 남겼음을 말없이 증언하고 있다.

교지를 중심으로 형성된 남해 무역망은 고대 베트남을 제국의 주변부가 아니라, 동서 문명이 교차하는 관문으로 자리매김하게 만든 거대한 교역 회랑이었다. 한나라는 2세기 무렵 이 지역을 남방 행정의 요충지이자 국제 상업 활동의 중심지로 삼아, 교지를 해양 교역망의 핵심 거점으로 적극 활용하였다. 특히 오늘날 베트남 박닌성의 루이러우(Luy Lâu)는 당시 유럽 상인들조차 중국과 아시아를 잇는 대표적 중계항으로 묘사할 만큼 활발한 교역의 현장이었고, 남중국해를 종단하던 거대한 '남해 해상 교역South Sea maritime trade'의 핵심 교차점으로 기능했다. 바람과 조류를 따라 움직이던 상선들은 인도양에서 말레이 군도를 지나 이 항구로 밀려들었고, 여기서 다시 중국의 해안 도시로 향하거나 대륙 내부로 진입하며 새로운 물산과 사상을 실어 나르며 끝없는 길을 확장해 갔다.

루어러우로 들어오는 항로는 오늘날 하이퐁을 포함하는 홍강 하구의 수로들 가운데 하나였을 가능성이 높지만, 홍강의 물길은 시대마다 흐름을 바꾸며 반복적으로 재편되었기에 정확한 경로는 여전히 학계의 논쟁거리로 남아 있다. 그럼에도, 이 지역이 고대 해상 교역망의 필수 관문이었다는 사실은 의심의 여지가 없다. 항구로 도달한 상선들은 내륙으로 거슬러 올라가 홍강과 까우강 같은 주요 수로를 따라 중국 남부나 육·해상이 맞물린 경로를 통하여 광둥까지 이어졌고, 이 복합 네트워크는 시간이 흐르면서 아랍과 페르시아 상인들까지 포섭하는 거대한 상업 회로로 성장했다.

한편, 메콩강 하류의 오체오는 1세기부터 7세기에 이르기까지 동서 문명이 실질적으로 만나는 또 하나의 결절점이었다. 이곳에서 로마 황제의 초상이 새겨진 금화가 발견된 것은 우연이 아니다. 인도와 페르시아 보석, 서아시아풍 공예품까지 출토되면서, 오체오는 단순한 항구가 아니라 지중해·인도양·남중국해를 잇는 국제 무역망의 살아 있는 중심지였음이 드러났다. 이곳을 드나든 상인들의 발자취는 메콩 삼각주의 진흙 속에 묻혀 있다가, 수천 년이 흐른 뒤 고대 교류의 숨결을 고스란히 품은 채 우리 앞에 모습을 드러낸다.

이렇듯 루어러우와 오체오로 대표되는 남해 무역망은 베트남을 동서 문명 교류의 변방에서 중심으로 끌어올렸다. 비단과 향신료, 유리구슬과 금속, 종교와 사상까지, 수많은 물질과 정신의 흐름이 이 땅을 스치며 동남아시아, 중국 남부, 그리고 더 먼 세계를 잇는 대교역권을 형성했다. 베트남의 고대 항구들은 그래서 오늘날까지도 단순한 유적이 아니라, 문명들이 서로를 발견하고 연결되던 순간들이 켜켜이 쌓인 기록이자, 동서 해양 세계를 붙들고 있던 숨겨진 중추로 기억된다.

중세로 접어들면서도 이 거대한 해상 무역로는 결코 끊어지지 않았다. 15세기 초, 명나라의 정화鄭和 제독이 대형 선단을 이끌고 인도양을 누비며 대양을 정

복해 나간 기록은, 고대부터 이어져 온 남해 항로가 여전히 유라시아 교역의 대
동맥으로 기능하고 있었음을 다시 한번 확인시켜 준다. 정화의 함대가 캘리컷
과 아라비아, 아프리카 동해안까지 닻을 내렸다는 사실은, 수 세기에 걸쳐 축적
된 항해 기술과 동서 교역망이 이미 완성도 높은 단계에 도달했음을 보여주는
생생한 증거였다.

　이 과정에서 우리가 주목해야 할 것은 음식의 교류이다. 13세기 말, 마르코 폴
로는 중국을 떠나 베네치아로 귀환하는 여정에서 남중국해 연안을 따라 이동하
며, 소금에 절인 생선이 항아리 속에서 염수로 변하는 장면을 기록했다. 그는 동
남아 해안 지역에서 작은 물고기나 생선 조각을 소금과 함께 큰 그릇이나 항아
리에 넣어 두면 시간이 지나 액체가 우러나오고, 이 염수가 다양한 용도로 활용
되는 광경을 목격했다고 전한다. 이 기록은 발효 어류 부산물이 이미 이 지역의
일상적인 음식 문화의 일부였음을 시사한다. [25]
　이 장면은 로마의 가룸garum과 놀라울 만큼 유사한 발효 방식을 보여주며,
베트남의 느억맘과도 자연스럽게 연결된다. 즉 느억맘은 단순한 지역의 맛이 아
니라, 국제 해상 무역을 타고 오간 조리 기술과 식문화 교류 속에서 형성되었다고

그리스·로마 시대의 향신료·비단길 지도. 이 교역로는 기원전 약 300년경부터 형성되어 유럽과 극동(중국)
을 연결한 도로망으로, 서기 15세기 중반까지 사용되었다.

할 수 있다. 마르코 폴로의 기록이 일부 과장과 왜곡을 포함한다는 점은 현대 학계가 인정하는 사실이지만, 그럼에도 그가 묘사한 해상 교역로의 존재 자체는 누구도 부정할 수 없는 역사적 실체이다. 폴로가 남해안을 따라 장기간 머물며 다음 계절풍을 기다렸다는 기록은, 이 항로가 단순한 바닷길이 아니라 당시 유럽·중동·아시아를 연결하는 핵심 무역 축이었음을 보여준다.

그 교역망의 중요한 결절점 가운데 하나가 바로 베트남이었다. 오늘날 학계에서는 플리니우스와 프톨레마이오스가 언급한 고대 항구 카티가라Cattigara의 실제 위치를 두고 여전히 다양한 해석이 공존한다. 일부 연구자들은 메콩 삼각주 일대, 특히 오체오 유적을 그 후보지로 지목하며, 이곳에서 확인된 로마 동전과 인도·페르시아 계통의 장신구들을 그 근거로 제시한다. 반면 다른 학자들은 카티가라가 보다 북쪽, 홍강 하구를 따라 형성된 해안 지역에 있었을 가능성에 주목하며, 중국 사서와 고대 지리서의 기록을 통해 이를 설명한다. 견해는 엇갈리지만, 한 가지 사실만큼은 비교적 분명하다. 고대에서 중세로 이어지는 동서 해상 교역의 흐름 속에서 베트남의 해안선과 강 하구는 핵심 공간으로 기능해 왔다는 점이다.

이렇듯 남해 무역로는 시대가 바뀌어도 변치 않았다. 정화의 대함대가 남중국해 위에서 다시 그 길을 밟았고 유럽의 탐험가들이 그 길을 따라 극동을 향했으며, 이 길목에서 베트남은 언제나 새로운 문명과 상품, 기술과 사상을 끊임없이 받아들이고 흘려보내는 관문으로 자리했다. 동서 문명의 거대한 흐름 속에서 베트남은 언제나 하나의 변두리가 아니라, 세계사적 교류가 맥동하는 심장부였던 것이다.

가룸과 느억맘

동서 해상 무역이 가장 번성했던 서기 1~2세기, 지중해에서 인도양을 지나 말레이 제도와 오늘날 베트남 해안에 이르는 항로는 단순한 물자 이동의 통로가 아니었다. 그것은 서로 멀리 떨어진 문명들의 식탁과 조리법, 감각과 풍미까지 실어 나르는 거대한 음식 문화의 통로였다. 이 시대는 동서 교류가 정점에 도달하던 시기로, 로마·인도·동남아시아가 계절풍 항해와 중계 무역으로 촘촘히 연결되었고, 해안 도시들은 이국의 향신료와 기술, 음식 문화를 흡수하며 더욱 복잡하고 풍요로운 세계를 만들어가고 있었다.

바로 이 시기, 로마와 베트남에서는 서로 얼굴을 모른 채 살아가던 두 문명이 놀랍게도 닮은 한 가지 해답을 동시에 찾아냈다. 로마의 가룸과 베트남의 느억맘이다. 이 둘은 생선을 소금과 햇빛 속에서 오래 숙성시켜 얻는 발효 액젓으로, 재료의 선택에서부터 제조 과정, 그리고 한 방울만 떨어뜨려도 국물의 깊이가 확 달라지는 감칠맛까지 거의 쌍둥이라 할 만큼 유사했다. 두 소스는 서로 전혀 다른 세계에서 태어났지만, 놀랍게도 같은 바다 환경 속에서 비슷한 방식으로 진화한 해양 문명의 맛이었다.

이 비슷함은 오랫동안 학자들을 매혹해 왔다. [26] 혹시 로마의 상인들이 인도양과 남중국해를 건너 동남아의 어장을 드나들던 시기에, 이 발효 기술을 베트남에서 배운 것은 아닐까? 아니면 거꾸로, 서쪽에서 온 낯선 제조법이 베트남의 기후와 어업 문화 속에서 새로운 형태로 재탄생한 것일까? 확정할 자료는 부족해 어느 쪽도 단언할 수 없다. 그러나 분명한 사실이 있다. 두 문명은 모두 바다에 기대 살아가는 해양 세계의 주민이었고, 같은 시대에 해상 실크로드라는 하나의 거대한 호흡 속에서 서로 다른 문화가 엷게 스치고 있었다는 점이다. 한 배는 서에서 동으로, 다른 배는 남에서 북으로 움직이며 보이지 않는 곳에서 같은 고민을 나누고 같은 해결책을 떠올리고 있었다. 가룸과 느억맘은 바다가 서로 다른 세계를 어떻게 닮게 만들었는지 보여주는, 고대의 가장 은밀한 식문화의 교차점이다.

두 소스가 서로를 모방했는지 따지는 일은 어쩌면 부차적이다. 더 중요한 것은, 지중해에서 동남아로 이어지는 드넓은 해양 문명권이 이미 그 시대에 맛과 기술을 교류할 만큼 성숙한 세계였다는 사실이다. 계절풍을 따라 떠돌던 상인들과 선원들, 항구에서 항구로 이어진 물자와 사람의 흐름은 각 문명의 식탁 위에 작은 변화를 쌓아 올렸고, 그 미세한 변화들이 모여 고대의 '풍미 지도'를 형성했다. 가룸과 느억맘은 단순한 생선 소스가 아니라, 고대의 바다가 서로 다른 문명들을 은밀히 이어주던 방식을 보여주는 증거였다.

한 방울의 액젓 속에는 여러 바다를 건너던 배들의 이야기, 항구의 소금 냄새, 어부들의 손끝에서 태어난 기술이 스며 있다. 실제로 베트남 연안은 기원전 1세기 무렵부터 로마-인도-중국을 잇는 해상 중계항 역할을 하며 후추·소금·말린 생선 같은 저장 식품이 활발히 거래되던 곳이었다. 그래서 액젓은 단순한 조미료가 아니라, 동서 문명이 만난 흔적을 지금까지 간직한 살아 있는 역사다.

라틴어로 가룸이라 불렸던 로마의 발효 생선 소스는 지중해 세계를 향으로 물들였던 고대의 정수였다. 그 제조 방식은 단순하면서도 과감했다. 고등어와 멸치 같은 작은 어류, 혹은 생선 내장을 소금과 골고루 섞어 흙 항아리에 넣고 태양 아래 1~3개월 동안 발효시킨다. 시간이 지나면 항아리 속 혼합물은 저절로 위아래로 분리되는데, 맨 위에 고요히 맑아 오르는 황금빛 상층액이 바로 귀중한 가룸이었다. 아래에 남는 진득하고 짙은 반죽은 주로 서민들이 사용했으며, 상층의 맑은 가룸은 황제와 귀족이 찾는 최고급 조미료로 취급되었다.

그 향은 강렬하여 당시에도 호불호가 뚜렷했다. 박식가 플리니우스는 "마셔도 될 만큼 향이 훌륭하다"고 극찬했지만, 어떤 지식인은 이를 부패한 생선의 부산물이라 혹평했다.[27] 그럼에도 로마 상류층은 가룸에 열광했고, 지중해 전역에는 거대한 가룸 산업이 구축되었다. 이탈리아 본토는 물론 갈리아, 스페인까지 가룸을 담은 암포라가 대량으로 운송되었으며, 특히 서기 79년 베수비오 화산 폭발로 매몰된 폼페이는 제국 최고의 가룸 생산지로 이름을 떨쳤다. 발굴된 암포라 더미와 생산 시설, 모자이크 장식, 산처럼 쌓인 멸치 뼈는 이 도시가 로마 식문화의 공장 역할을 했음을 입증하고 있다. 움브리쿠스 아가토푸스Umbricius Agathopus는 폼페이 붕괴 이전 로마 제국을 대표하는 가룸 제조업자로, 그의 이름은 발굴된 기록을 통해 전해진다.

가룸은 로마의 거의 모든 요리에 사용된 핵심 조미료였다. 고기 스튜, 채소 요리, 국물 요리, 심지어 식탁 위에서 빠지지 않았다. 고대 로마의 미식가 아피키우스Apicius는 양고기 스튜 조리법에서 강한 향신료를 사용할 때는 반드시 감칠맛을 보완할 수 있는 액젓 기반 소스를 함께 넣어 전체 맛의 균형을 잡으라고 조언했다. 어떤 레시피에서는 가룸을 와인이나 허브와 섞어 오늘날의 딥 소스처럼 만드는 법까지 소개했다.[28] 그만큼 가룸은 로마 제국의 입맛을 상징하는 맛의 중심축이었다.

　그러나 제국이 몰락하면서 가룸의 명성도 함께 사라졌다. 생산망이 무너지고 상업 도시가 쇠퇴하면서 이 발효 소스는 유럽의 조리 전통에서 점차 자취를 감추었고, 10세기쯤에 이르러서는 더 이상 그 흔적조차 찾기 어려운 옛맛이 되었다. 오직 발굴된 암포라와 기록들만이, 한때 지중해를 지배했던 황금빛 액체의 영광을 오늘날에 전해줄 뿐이다. 그러나 베트남의 느억맘은 로마의 가룸과는 다른 길을 걸었다. 가룸이 제국의 몰락과 함께 사라진 데 비해, 느억맘은 오늘날까지도 살아남아 오히려 세계적 향신료로 자리 잡았다. 두 소스의 운명이 극적으로 갈린 셈이다.

　느억맘의 제조 방식은 겉보기에는 단순하지만 실제로는 미생물의 발효와 염도 조절, 온도 관리가 절묘하게 맞아떨어져야 하는 정교한 기술의 집약체다. 해풍을 맞고 자란 멸치를 소금과 함께 켜켜이 항아리에 담아 햇볕 아래 수개월에서 길게는 1년 이상 자연 발효시키면, 항아리 틈새로 맑고 짙은 호박빛 액체가 스며 나오기 시작한다. 흥미로운 점은 이 모습이 가룸과 구조적으로 거의 동일하다는 사실이다. 원재료를 통째로 소금과 발효시키는 방식, 햇볕에 의한 효소 분해, 암포라 항아리의 통기성, 일정 시간이 지나면 상층부에 맑은 액체가 자연 분리되는 과정 등 핵심 공정이 놀라울 만큼 일치한다. 바다의 양쪽 끝에서 만들어졌지만, 방식은 마치 서로 약속이라도 한 듯 비슷했다.

　이러한 유사성은 오래전부터 학계의 관심을 끌어왔다. 한편, 1세기 로마 요리서로 전해지는 아피키우스Apicius의 기록을 보면, 후추·러비지·커민과 같은 향신료를 사용할 때 발효 생선 소스를 기본으로 배합하는 방식이 당대 요리의 중요한 원칙으로 자리 잡고 있었음을 알 수 있다. 이처럼 생선 발효 소스는 단순한 조미료를 넘어, 로마 세계의 미각과 조리 관습을 규정하는 핵심 요소였으며, 장거리 교역망을 통해 다른 지역의 식문화와도 접촉했을 가능성을 보여준다. 이러한 자료들은 향신료와 도자기, 유리공예품뿐 아니라 조리 기술과 발효 방식도 해상 무역로를 따라 이동했을 가능성을 뒷받침한다. 다시 말해, 고대의 바닷길은 단순한 상품의 길이 아니라 인류의 입맛과 조리 감각이 오가던, 보이지 않는 미식 통로였다는 것이다.

그렇다고 느억맘을 가룸의 단순한 후예로 환원할 수는 없다. 두 소스는 서로 다른 기후와 원재료, 그리고 식문화 속에서 각기 독자적인 궤적을 따라 발전해 왔다. 다만 공통의 발효 원리를 공유하며, 고대의 해상 교역망이 그 접점을 매개했을 가능성은 충분히 주목할 만하다. 바다는 언제나 문명을 잇는 큰길이었고, 먼바다를 항해하던 이들에게 "어떻게 오래 보존 가능한 단백질을 만들 것인가"라는 질문은 지중해와 동남아 모두에서 피할 수 없는 생존의 과제였다. 바로 이 절박함이 서로 1만 킬로미터 떨어진 두 세계에서 발효 생선 소스라는 유사한 해답을 이끌어냈고, 그 결과 느억맘은 고대 해양 문명의 교차와 축적을 오늘까지 전해주는 드문 미식 유산으로 자리하게 되었다.

해양 문명에서 발효는 단순히 조리 기술이 아니었다. 그것은 바람과 조류, 계절풍 속에서 살아남기 위한 생존의 기술이자, 상인과 항해자의 배에 실리는 시간의 방부제였다. 뜨겁고 습한 기후는 생선을 빠르게 상하게 만들었고, 장거리 항해를 준비하는 이들은 자연스레 소금과 햇빛, 그리고 미생물의 힘을 빌렸다. 로마인들은 지중해의 작은 고등어와 멸치를 항아리에 층층이 쌓아 가룸을 만들었고, 베트남 사람들은 남중국해에서 잡히는 멸치를 소금과 섞어 느억맘을 얻었다. 서로 다른 바다, 다른 민족이었으나, 발효라는 동일한 지혜가 두 문명을 다시 한번 해상 무역의 길 위에서 교차시키고 있었다. 발효는 바닷사람들이 공유한 생존의 언어였던 셈이다.

이 발효는 단순한 기술이 아니라, 시간의 흐름과 바다의 냄새가 결합한 일종의 의식에 가까웠다. 항아리 속에서 비늘이 녹고, 살이 풀어지고, 단백질이 아미노산으로 변해 깊은 감칠맛을 낳는 동안, 인간은 바다의 생명을 새로운 형태로 재창조했다. 가룸과 느억맘은 다른 이름을 가졌지만, 바람과 염분, 일상의 노동이 빚어낸 바다의 정수라는 점에서는 놀라울 만큼 닮아 있었다.

이 두 양념을 둘러싼 학계의 오래된 질문, "서로 영향을 주고받았는가?"는 해상 실크로드라는 장대한 무대 위에서 새롭게 빛을 발한다. 기원후 1~2세기, 로마 상선이 인도양을 건너 말레이 제도와 베트남 연안을 스치던 시절, 각 항구는 향신료와 비단, 진주와 금속뿐 아니라 보존과 발효의 기술까지 교환하고 있었다. 항해자들은 가룸 항아리에서 한 숟가락을 떠 현지 음식에 섞어 보았을 것이고,

베트남의 어부들 또한 그 강렬한 향에 놀라면서도 자신들의 바다에서 길어 올린 감칠맛과 조용히 견주었을지 모른다. 두 문명은 서로를 알지 못한 채, 같은 문제 앞에서 결국 같은 해답에 도달했다.

바다는 국경을 가르기보다 맛과 기술, 생활의 지혜를 실어 나르며 멀리 떨어진 두 문명을 조용히 이어주었다. 이 두 발효 소스는 그래서 단순한 양념을 넘어, 고대 지중해와 동남아가 하나의 해상 네트워크 속에서 서로 닮아가고 영향을 주고받았음을 보여주는 문화적 증거가 된다. 하나는 로마 제국의 몰락과 함께 역사 속으로 사라졌지만, 다른 하나는 오늘날까지 베트남의 식탁에서 살아남아 그 시간을 이어 간다. 느억맘은 그렇게 살아남은 바다의 기억이며, 사라진 가룸의 잊힌 형제다.

느억맘의 풍미

기원전 3천 년 무렵, 홍방 왕조 시대의 베트남인들은 이미 사냥과 낚시로 식량을 마련했고, 뜨거운 기후 속에서 음식을 오래 보존하기 위해 소금을 이용한 저장 기술을 일찍이 터득하고 있었다. 해안과 강어귀에 살던 그들은 잡은 해산물을 오래 두기 위해 자연 발효에 주목했고, 바로 이 과정에서 훗날 베트남 음식의 영혼이라 불리는 생선 소스, 느억맘의 원형이 모습을 드러낸 것으로 보인다.

작은 고기와 새우를 소금과 함께 켜켜이 쌓아두면 시간과 햇빛, 열과 공기의 흐름이 천천히 생선을 녹여내고, 항아리 속 깊은 곳에서 맑은 호박빛 액체가 배어 나오는데, 이 액체가 바로 느억맘의 시초였다. 병을 열면 바닷가의 습기와 발효된 생선의 거친 향이 먼저 밀려오지만, 혀에 닿는 순간 그 강렬함은 부드럽게 풀리며 깊은 감칠맛으로 돌아와 음식 전체를 하나의 결로 묶어주는 축이 된다. 이름 그대로 물(nước)과 발효 생선인 맘(mắm)이 합쳐진 느억맘은 바다가 내어준 생명력이 햇볕과 소금 속에서 다시 태어난 듯한 베트남 요리의 근본적인 풍미다.

초기 형태의 느억맘은 생선과 새우를 기본으로 했고, 생강 뿌리를 넣어 풍미를 더하기도 했으며, 발효 방식은 놀랍게도 로마의 가룸과 거의 동일했다. 다만 베트남인들은 멸치처럼 작은 생선이나 갯지렁이를 통째로 사용했기 때문에, 내장을 제거하지 않은 채 발효가 이루어졌고, 그 결과 발효액에는 자연스럽게 내장의 효소와 향이 녹아들어 특유의 깊고 부드러운 맛을 만들어냈다.

느억맘은 보통 8월에서 12월 사이에 잡힌 지방과 단백질이 풍부한 성숙한 멸치를 사용해 만드는데, 이때 생선은 비늘을 벗기지 않은 채 통째로 쓰는 것이 일반적이다.[29] 이는 비늘과 껍질이 발효 과정에서 살을 보호하여 산화와 과도한 분해를 막고, 단백질이 서서히 분해되도록 도와 국물이 탁해지는 것을 줄이기 때문이다. 이러한 방식은 숙성 후 맑고 깨끗한 향의 느억맘을 얻는 데 유리하다. 물론 비늘이 없는 생선이나 일부 손질된 생선으로도 제조는 가능하지만, 전통적으로는 비늘이 온전히 남아 있는 신선한 생선일수록 군맛이 적고 품질이 높다고 인식됐다.

느억맘의 발효 과정은 지역마다 조금씩 차이가 있었으나, 기본적으로 생선과 소금을 번갈아 쌓아 햇볕 아래 발효시키는 방식이었다. 소금은 발효를 조절하는 핵심 요소로, 재료와의 비율이 맛과 품질을 결정한다. 느억맘 제조에 사용되는 소금은 생산 이후 1~2년 동안 보관해 물기를 빼내 염분을 줄인다. 멸치나 작은 바다 생선과 소금을 무게 기준으로 약 3:1에서 4:1(생선:소금) 비율로 섞는데, 이는 염도 약 20~30퍼센트 수준을 유지해 부패를 막으면서도 단백질 분해가 서서히 이루어지도록 하기 위한 것이다. 이 비율이 낮으면 발효 중 잡균이 생기기 쉽고, 높으면 효소 작용이 억제되어 감칠맛이 충분히 형성되지 않는다. 사용되는 소금은 쓴맛과 불순물이 적은 천일염이 적합하며, 특히 미네랄이 풍부한 연안 바닷

소금은 장기간 숙성 과정에서 맛을 안정시키고 느억맘 특유의 깊고 맑은 향을 만들어낸다.

느억맘을 만드는 용기는 오래전에는 흙으로 만든 통을 사용했으나 시간이 흐르면서 나무통이나 금속통이 사용되었고, 일부 공장에서는 유럽 와인 무역을 통해 들

여온 대형 오크통을 활용하기도 했다. 발효액은 깡통이라 불린 작은 흙 항아리에 옮겨졌는데,이는 평평한 바닥을 가진 암포라와 비슷한 모양이었으며, 점토로 단단히 밀봉해 저장했다. 오늘날에는 유리병이나 플라스틱 용기가 일반적이어서 이제 깡통은 농촌 지역에서만 간혹 볼 수 있는 물건이 되었다.

느억맘은 생선과 소금 외의 다른 재료는 일절 넣지 않은 채 햇볕과 자연의 열기에 맡긴다. 발효가 진행되면 두 달쯤 지나 혼합물이 액화되기 시작한다. 통의 바닥에 설치된 작은 꼭지로 처음 흘러나오는 맑은 황금빛 발효액이 바로 첫 번째 압착, 최고급 느억맘이다. 짜지 않고 약간의 단맛과 은은한 매운 향을 지닌 이 첫 압착액은 공장 주인과 귀빈을 위해 따로 마련될 정도로 귀하게 여겨졌다. 이후 통에 소금을 더 넣어 재발효시키면 두 번째 압착액이 나오고, 이것 역시 품질이 높아 시장에서 상급으로 평가되었다. 세 번째, 네 번째 압착이 진행될수록 점차 품질이 떨어지고 짠맛과 비린 향이 강해지는데, 이는 로마 시대의 가룸에서도 동일하게 관찰되는 제조 방식이었다.

느억맘의 대표적 생산지인 판티엣, 깟하이, 푸꾸옥은 공교롭게도 고대부터 동서 해상 무역의 중요한 중간 기착지였다. 판티엣은 참파 왕국의 판두랑가 영토에 속한 주요 항구로 기록되며, 깟하이는 박당강 하구에 위치해 한나라 시기에 건설된 루어러우로 이어지는 교통의 요충지였다. 푸꾸옥은 로마 시대 지리학자 프톨레마이오스가 지도에 표기한 베트남 무역 중심지 가운데 하나인 옥에오 해안 지대와 가까워, 이 지역의 생선 발효 문화가 이미 서기 초부터 국제 교역과 연결되어 있었음을 보여준다. 발효 과정에서 뿜어져 나오는 강렬한 냄새 탓에 폼페이의 가룸 공장이 도시 외곽에 들어섰던 것처럼, 베트남의 느억맘 공장들 또한 마을 중심에서 떨어진 해안이나 언덕 끝에 자리 잡았다.

생선 소스의 기원은 완전히 밝혀지지 않을 것이지만, 베트남 요리에 있어 느억맘이 무엇인지에 대한 답은 명확하다. 그것은 발효액 이상의 존재이며, 모든 향신료의 여왕이자 베트남 음식 전체를 지탱하는 중추적 향이며, 베트남의 풍미를 규정하는 독보적인 정체성이다. 누구에게서 전해졌든, 어디에서 비롯되었든, 느억맘은 오늘날 베트남 요리를 베트남답게 만드는 결정적인 맛의 근원으로 남아 있다.

좋은 느억맘은 흐림 없이 맑은 황금빛을 띠며, 짠맛 뒤로 은근하게 배어 나오는 단맛과 깊고 조용한 감칠맛이 특징이다. 특히 푸꾸옥섬에서 생산된 느억맘은 베트남에서도 손꼽히는 최고 품질로 알려져 있다. 푸꾸옥 느억맘의 핵심은 무엇보다 청정한 바다에서 잡히는 신선한 멸치다. 멸치는 잡히는 즉시 배 위에서 소금과 섞어 1차 염장을 거치며, 보통 멸치 3에 소금 1의 비율이 사용된다. 이 과정을 거쳐야만 멸치의 신선함이 유지되고, 숙성 과정에서 자연스럽게 풍미가 깊어질 수 있다.

이렇게 준비된 멸치는 전통 공방에서 사용하는 큰 목제 발효통으로 옮겨 담긴다. 통기성이 좋은 단단한 목재는 산소와 미생물이 자연스럽게 드나들게 해 주어, 오랜 숙성 과정에서 음식에 부드럽고 깊은 맛이 생기도록 돕는다. 발효통에 채워진 멸치는 햇볕과 해풍이 드나드는 저장고에서 12개월에서 18개월 정도 천천히 숙성된다. 이 기간에 단백질은 효소와 미생물 작용으로 서서히 분해되며 단맛과 감칠맛을 만들어내고, 액체는 점차 맑고 따뜻한 황금빛으로 변해 간다. 이렇게 완성된 푸꾸옥 느억맘은 베트남 전역에서 '가장 순수한 바다의 맛'으로 평가받는다. [30]

그러나 느억맘은 많은 한국 사람이 오해하듯 병을 열어 그대로 음식에 붓는 양념이 아니다. 그것은 어디까지나 원액이며, 베트남 사람들은 여기에 설탕·라임즙·식초·고추·마늘을 취향대로 섞어야 비로소 하나의 소스가 된다. 이렇게 느억맘에 여러 재료를 더해 만든 조미 소스를 느억참(nước chấm)이라 부르며, 바로 이 섞는 과정과 비율이 집집마다, 지역마다 고유한 손맛을 만드는 비밀이다.

베트남 북부에서는 식초와 물을 넉넉히 섞고 라임즙과 고추는 아주 조금만 넣어, 연한 차처럼 맑고 묽은 형태의 느억참을 만든다. 색도 옅어 마늘과 고추 조각이 물 위에 가볍게 떠 있을 뿐인데, 이 담백함이 하노이식 분짜와 유난히 잘 어울린다. 느억맘 원액의 향이 지나치게 나서는 대신, 구운 돼지고기의 불향과 단단한 풍미를 조용히 받쳐 주는 배경 역할을 하기 때문이다.

반면 남부의 느억참은 훨씬 화려하고 풍성하다. 잘게 다진 붉은 고추와 마늘, 라임 과육이 표면을 가득 메울 만큼 들어가 있고, 한 숟가락만 떠도 달콤·짭짤·새콤·매운맛이 동시에 터진다. 이 남부식 소스는 하노이식 분짜에는 다소 과하지만, 남부식 분짜 버전인 분팃느엉(bún thịt nướng)과는 완벽한 궁합을 이룬다.

중부의 느억참은 세 지역 중 향과 짠맛이 가장 강렬하다. 후에와 다낭에는 매운 요리가 많아, 이 강한 소스가 음식의 중심 맛을 또렷하게 세워준다. 분(bún)이나 반(bánh) 요리에 작은 양만 넣어도 풍미가 깊어지는 이유가 바로 여기 있다. 중부 특유의 짠맛과 매운맛이 겹겹이 쌓이며, 소스 한 방울만으로도 요리의 진한 성격이 더욱 선명하게 드러난다.

느억맘 한 종지는 그 자체로 작은 맛의 교향곡 같아, 허브나 상추를 살짝 찍어 먹기만 해도 훌륭한 반찬이 된다. 실제로 베트남 식탁에서는 생채소와 허브를 느억맘이나 느억참에 곁들이는 방식이 일상적으로 활용된다. 느억맘 원액에 마늘·고추·설탕·라임 등을 더해 만드는 느억참은 시간이 지나면 마늘의 황화합물이 강해져 향이 과도해지고 뒷맛이 둔해진다. 그래서 베트남에서는 느억참을 미리 대량으로 만들어 두기보다, 식사 직전에 필요한 만큼만 섞어 신선한 향과 맛의 균형을 유지하는 것이 일반적이다.

베트남 사람들에게 느억맘은 단순한 조미료가 아니다. 집집마다 배합이 다른 집의 향(집맛)이며, 설탕과 라임, 고추가 어우러지면 언제나 고향의 기억을 불러오는 귀향의 맛이다. 그래서 분짜의 국물, 반쎄오를 찍어 먹는 소스, 숯불 돼지갈비 껌승의 양념, 분리우의 은은한 감칠맛, 짜조의 딥소스까지, 베트남 음식의 거의 모든 그림자 뒤에는 느억맘이 스며 있다.

베트남 젓갈, 맘(mắm)

베트남 피시 소스의 세계에는 느억맘보다 한층 더 농밀하고 극단적인 형태가 존재하는데, 그것이 바로 맘이다. 맘은 여러 종류의 작은 물고기나 새우, 혹은 개울과 늪, 바닷가에서 비교적 쉽게 채집할 수 있는 자잘한 생물들을 소금에 절여 오랫동안 발효시켜 만든 진한 반죽이다. 재료가 워낙 작아 일반적인 조리 방식으로는 다루기 어려웠던 이들은, 발효라는 과정을 거치며 새로운 맛을 얻게 되었다. 단백질이 서서히 분해되며 만들어진 강렬한 향과 깊은 짠맛은, 재료의 한계를 발효로 극복해 온 베트남 식문화의 기술을 보여준다.

모든 맘에는 특유의 자극적인 향이 배어 있지만, 종류마다 그 자극성의 방향과 깊이가 모두 다르게 펼쳐진다. 어떤 맘은 누룩처럼 은근히 단내가 감돌고, 어떤 맘은 젖은 토양의 흙내처럼 묵직하게 밀려오며, 또 다른 맘은 바다에서 금방 길어 올린 듯한 날것의 기운을 품고 있다. 그래서 맘은 식당 손님의 취향에 따라 천국이 될 수도, 지옥이 될 수도 있다. 이는 마치 잘 익은 까망베르 치즈와 푸른 곰팡이 치즈가 어떤 사람에게는 최고의 향미로, 다른 사람에게는 참기 어려운 시련으로 다가오는 것과 같다. 그 경계는 종이 한 장만큼 얇지만, 그 안에는 발효가 만들어낸 세계의 복잡성과 매혹이 깃들어 있다.

맘은 지역마다 재료와 풍미가 조금씩 다르지만, 기본적으로는 작은 새우나 작은 생선을 소금과 함께 생강·고추·갈랑갈 같은 향신료와 버무려 만든다. 이 혼합물은 토기 항아리에 담겨 몇 주에서 몇 달에 걸쳐 서서히 발효되며, 단백질이 분해되는 동안 특유의 톡 쏘는 향과 묵직한 감칠맛이 응축되고, 질감은 마치 부드럽게 풀어진 솜처럼 변한다. 쌀을 주식으로 삼는 농부들에게 맘 한 스푼은 밥상을 풍성하게 만드는 귀한 조미료였으며, 이를 더해 맛을 낸 쌀로 빚은 간단한 음식은 들판에서 일하던 이들의 허기를 달래는 중요한 끼니였다.

맘 가운데서도 특히 유명한 것이 북부의 특산품인 '맘똠(mắm tôm)'이다. 다진 새우와 소금을 주재료로 하여 발효시킨 이 반죽은 시간이 지날수록 짙은 보랏빛을 띠며, 풍미는 강렬하면서도 독특한 깊이를 띤다. 맘똠은 국물 요리의 향을 살리는 양념으로 쓰이기도 하고, 밥이나 고기·두부·채소와 곁들여 그대로 먹기도 한다. 또한 라임즙·설탕·고추를 섞어 소스로 만들면 한층 부드러우면서도

감칠맛이 살아 있는 디핑 소스로 변신한다. 맘똠은 북부식 차가운 면 요리에 빠질 수 없는 재료로, 튀긴 두부와 허브를 곁들인 면을 소스에

살짝 찍어 먹으면 특유의 직설적인 풍미가 살아난다.

메콩 삼각주를 비롯한 베트남 남부의 몇몇 지역은 '맘루이(mắm rươi)'로 잘 알려져 있다. 맘루이는 루이(rươi)라는 갯지렁이류로 만들어지는데, 이 생물은 강과 바다가 만나는 하구의 갯벌과 얕은 바닥층에 서식한다. 이들은 주로 10월에서 1월 사이, 만조가 겹치는 새벽 무렵 수면 위로 떠오르며, 급격한 염분 변화로 대량 폐사해 채집되곤 한다. 이 짧고 강렬한 출현 시기를 놓치지 않고 채집한 갯지렁이는 곧바로 소금과 섞여 발효의 길로 들어간다. 맘루이는 많은 현지인들에게는 소박한 일상 음식이지만, 특유의 향과 질감을 견디기 어려운 사람들에게는 다소 도전적인 식재료다.

맘루이는 밥과 함께 먹는 것이 가장 일반적이며, 라임즙을 몇 방울 떨어뜨려 간단하게 향을 돋우거나, 허브·고추·설탕·샬롯 같은 재료를 더해 풍미를 깊게 할 수도 있다. 때로는 다른 음식과 섞어 찍어 먹는 느억참으로 만들기도 하며, 부드럽고 짭짤한 감칠맛 덕분에 기름기 있는 요리나 구운 생선, 삶은 고기와도 잘 어울린다. 특유의 바다 향과 발효의 깊이가 어우러진 맘루이는 한 숟가락만으로도 메콩 삼각주가 지닌 풍요로운 자연과 그 지역 사람들이 이어온 고유의 식문화를 그대로 전하는 독특한 맛의 언어라 할 수 있다.

베트남인들에게는 익숙하지만 서구권 사람들에게는 다소 생소하게 느껴질 수 있는 갯지렁이류와 이를 활용한 요리들은 북부에서 남부까지 별미 목록에서 빠지지 않는다. 갯지렁이는 생으로도 다양한 요리에 활용되며, 특히 북부에서 사랑받는 '짜루이(chả rươi)'는 잘게 다진 돼지고기와 양파 등 여러 재료 사이에 갯지렁이를 통째로 섞어 노릇하게 튀겨내는 요리로 유명하다. 강 하구의 생태적 리듬을 따라 짧은 시기에만 모습을 드러내는 이 생명체는, 그대로의 형태와 향을 살려 조리될 때 가장 풍부한 맛을 발한다. 이 독특한 재료의 계절성은 베트남 사람들이 자연의 변화를 어떻게 음식 속에 새겨 넣는지를 보여주는 대표적 사례이기도 하다.

반면 '맘똠쭈아(mắm tôm chua)'는 맘 계열 중에서도 다른 종류와 확연히 다른 풍미를 지닌, 중부 베트남 특유의 발효 음식이다. 중간 크기의 바다 새우에 느억맘·쌀·와인·갈랑갈(riềng)·생강을 더해 약 3주 동안 발효시키면 새우가 은은한 분홍빛으로 변하는데, 여기에 볶은 쌀과 잘게 썬 풋파파야와 고춧가루를 넣고 다시 몇 주 더 숙성해 완성한다. 그 결과는 새콤달콤한 국물 속에 통새우가 단단히 풍미를 머금은 독특한 형태로, 삶은 돼지고기·생강·스위트 바질·스타프루트·풋바나나 같은 신선한 재료들과 함께 내어 먹는 것이 일반적이다. 한 입마다 서로 다른 재료의 향과 식감이 겹겹이 어우러지며 깊은 맛을 이루어, 이 요리는 한때 왕실에서도 애용되었고 왕실 요리책 《Thực Phổ Bách Thiên》에까지 실린 별미로 자리 잡았다. [31]

한국인에게 느억맘은 '익숙한 낯섦'

베트남 사람에게 느억맘은 일상의 숨결처럼 자연스럽지만, 처음 맛보는 외국인에게는 종종 문턱이 높은 향미로 다가온다. 그 까닭은 무엇보다 향이 지닌 고농도의 발효 아로마에 있다. 느억맘은 멸치를 소금과 함께 발효시키는 과정에서 특유의 강한 냄새를 품게 되는데, 이는 발효가 만들어낸 자연스러운 향이지만 생선 발효 문화가 익숙하지 않은 사람에게는 충격처럼 다가올 수 있다. 첫 순간에는 짠내와 비릿함이 함께 밀려오고, 낯선 발효 냄새가 코끝에 오래 남아 거부감을 일으키기도 한다.

맛에서도 같은 장벽이 나타난다. 느억맘은 단순히 짜기만 한 소금물이 아니라 숙성과 효소 분해가 만들어낸 깊은 감칠맛, 은근한 단맛, 멸치 고유의 향이 한꺼번에 드러나는 복합적인 소스다. 이러한 다층적 풍미는 아시아 일부 지역에서는 자연스러운 미각 언어지만, 소금과 후추 중심의 양념 체계에 익숙한 서구권 사람들에게는 생소한 경험이다. 특히 향이 맛보다 먼저 밀려오는 음식에 대한 심리적 거리감은 예상보다 크게 작용한다.

또 하나의 난관은 사용 방식이다. 베트남에서 느억맘은 결코 원액 그대로 사용하지 않는다. 설탕·라임즙·고추·식초 등을 섞어 음식에 맞는 농도와 균형을 맞추는 섬세한 조정 과정이 필수적이다. 그러나 외국인이 접하는 첫 경험은 이러한 조정이 생략된 원액에 가까운 형태인 경우가 많아, 본래 의도된 조화로운 맛보다 자극적인 첫인상이 더 강하게 남는다. 결국 '강한 발효 냄새가 나는 액체'라는 편견이 쉽게 굳어진다.

그럼에도 불구하고 느억맘은 시간이 지나면 낯선 향 뒤에 숨어 있던 섬세한 단맛과 맑은 감칠맛이 또렷하게 드러나 재료의 풍미를 선명하게 세워준다. 처음엔 벽처럼 느껴지던 향이 어느 순간 음식의 균형을 잡아주는 고급스러운 요소로 자리 잡고, 많은 외국인이 "한번 이해하면 헤어 나오기 어렵다"고 말하는 이유도 여기에 있다. [32] 강렬함 너머의 섬세함이 결국 입맛을 사로잡기 때문이다.

한국인이 느억맘을 처음 맡을 때의 감정은 복합적이다. 발효 향 자체는 낯설지 않다. 김치 속 젓갈, 간장과 된장의 구수한 향, 멸치젓·까나리액젓의 익숙한 풍미가 이미 한국인의 미각을 이루고 있기 때문이다. 그래서 느억맘의 첫 향은 충격이라기보다 "익숙한데 뭔가 다르다"라는 복합된 느낌으로 다가온다. 그러나 이 유사성은 금세 한계에 이른다.

한국의 발효 향이 땅 냄새처럼 묵직하고 깊게 가라앉는 반면, 느억맘은 같은 바다의 향을 품고 있으면서도 훨씬 날카롭고 가벼우며 직선적으로 튄다. 한국인은 발효를 시간의 축적에서 비롯된 무게감으로 경험하지만, 베트남의 발효는 햇볕과 열이 만든 투명한 짠맛과 산뜻한 감칠맛으로 다가오기 때문에 두 세계는 처음엔 미묘하게 어긋난다. 한국의 발효는 요리 안에서 오래 쌓여 깊은 감칠맛을 만드는 방식이고, 베트남에서는 느억맘을 마지막에 더해 음식의 전체 맛을 밝고 균형 있게 맞춘다.

이 차이 때문에 한국인은 느억참의 라임·설탕·고추가 만드는 산뜻한 구조를 낯설게 느끼고, 한국식 젓갈의 진득한 감칠맛을 기대하면 느억맘 특유의 가벼운 짠맛과 직선적인 향이 다소 허전하게 다가올 수 있다. 한국인에게 느억맘은 발효라는 공통 언어는 공유하지만, 문법이 완전히 다른 맛으로 느껴진다. 익숙함과 거리감이 동시에 존재하는 까닭이다. 시간이 지나 다양한 요리에 느억맘을 곁들이며 맛의 방향성을 이해하게 되면 그 낯섦은 서서히 사라지고, 한국의 발효 문화와 닮았으면서도 전혀 다른 세계로 이어지는 독특한 풍미로 자리 잡는다.

느억맘은 동남아 요리에만 국한된 조미료가 아니라 한식에도 매우 자연스럽게 활용될 수 있다. 김치찌개·제육볶음·닭볶음탕처럼 얼큰한 요리를 할 때 소량을 더하면, 레시피대로 조리했음에도 어딘가 부족하게 느껴지던 맛을 또렷하게 보완해 준다. 특히 겉절이처럼 양념의 균형이 중요한 음식에서는 느억맘의 효과가 더욱 분명한데, 멸치액젓보다 향이 순해 감칠맛을 채우면서도 부담스럽지 않다. 오이냉국을 만들 때도 간장을 한 숟갈 줄이고 느억맘을 한 티스푼 정도 더하면 국물의 맛이 훨씬 풍성해진다. 느억맘이 한식에 무리 없이 스며드는 이유는, 한국의 액젓과 마찬가지로 생선을 소금에 절여 발효시키는 동일한 원리 위에서 만들어져 감칠맛의 구조가 닮아 있기 때문이다. [33]

4. 전쟁과 음식

4. 전쟁과 음식

베트남이 지닌 지정학적 취약성은 본질적으로 그 지리적 조건에서 비롯된다. 북쪽으로는 거대한 중국과 국경을 접하고 있으며, 동쪽으로는 길고 협소한 해안선이 펼쳐져 있다. 이에 따라 육상에서는 중국의 남하 위협에 상시로 노출되어 있고, 해상에서는 열강이 개입하기 쉬운 환경에 놓여 있다. 베트남은 구조적으로 강대국들의 영향력과 압박에서 벗어나기 어려운 위치에 자리하고 있다.

베트남의 역사적 안보 환경을 고찰하면, 이 국가는 장기간에 걸쳐 중국이라는 압도적 강대국의 지속적 영향 아래 있었다. 중국은 동아시아 질서를 주도한 강대국이었으며, 베트남은 그러한 질서의 주변부가 아니라 직접 마주 서는 최전선에 놓여 있다. 그 결과 베트남은 단순한 속방이나 주변국을 넘어, 중국이 남방으로 세력을 확장할 때마다 가장 먼저 충돌을 겪는 전략적 접점이 되었다.

특히 천 년에 달하는 중국의 직접 지배와 그 이후 지속된 문화적·군사적·정치적 침투는 베트남의 역사 전반을 근본적으로 흔들어 놓았다. 비록 명목상의 독립을 회복한 이후에도 중국은 왕조 교체기마다 군사를 동원하고 국경 일대를 통해 압력을 행사하며, 베트남의 내부 정세에까지 개입하려는 시도를 거듭하였다.

그러나 베트남의 지정학적 취약성은 육지보다 오히려 해상에서 더 두드러졌다. 남중국해와 맞닿은 긴 해안선은 베트남에게 풍부한 해양 자원과 무역의 기회를 열어주었지만, 동시에 외세가 가장 쉽게 접근할 수 있는 열린 문이 되었다. 이 해안은 배만 대면 바로 상륙할 수 있을 만큼 완만하게 길게 펼쳐져 있으며, 해류와 항로 또한 동서 교역의 흐름과 자연스럽게 맞물려 있어 외세에게는 언제나 유혹적인 침투 경로였다.

바로 이 구조 때문에 프랑스·일본·미국 같은 열강이 모두 해안을 따라 베트남을 점령하거나 군사적 영향력을 행사했다. 그들의 목표는 단순한 식민지 확보뿐만 아니라, 동남아로 진입하고 아시아로 뻗어 나가기 위한 전략적 교두보를 선점하는 데 있었다. 베트남의 해안선은 그들에게 아시아로 들어가는 열쇠였고, 그래서 같은 이유로 반복해 침략의 무대가 되었다. [34]

프랑스는 19세기 중엽 인도차이나 진출을 추진하면서 베트남을 동남아의 거점으로 삼았다. 남중국해를 경유하면 중국 남부와 동남아 전체에 대한 접근성이 좋아지고, 베트남 점령은 곧 아시아 식민지 확장을 위한 기반을 구축하는 것이었다. 이를 위해 프랑스는 비교적 침투가 쉬운 해상을 통해 베트남을 침략했다. 그리고 이러한 전략적 판단은 프랑스가 베트남을 인도차이나 연방Union Indochinoise의 핵심 축으로 편입시키는 결정적 근거가 되었다.

일본 또한 제2차 세계대전기 동남아 지배를 위해 베트남 해안을 장악했다. 일본군은 1940년 프랑스령 인도차이나 북부에 진주한 뒤, 하이퐁·하노이·다낭 등 주요 항만과 철도망을 통제하여 남쪽으로 세력을 단계적으로 확장하는 통로를 마련했다. 일본은 프랑스를 사실상 무력화시키고, 해상 수송로를 확보함으로써 말레이·미얀마·싱가포르 등지로 세력을 넓히려 했다. 일본에게 베트남은 중국 남부로 압력을 가하고, 동남아 해상 루트를 장악할 수 있는 핵심적 연결고리였다. 베트남 해안은 일본 제국주의의 남진 전략에서 필수적인 해상 관문이었다.

미국의 개입 또한 이러한 해양적 맥락 속에서 이해할 수 있다. 베트남 전쟁에서 미국은 공산주의 확산 저지를 명분으로 개입했지만, 실제 군사 작전은 남중국해를 거점으로 한 해상 및 공중 전개에 크게 의존하여 수행되었다. 미군은 다낭과 깜란만 일대의 항만을 핵심 보급 기지로 활용하여 작전 접근로를 안정적으로 확보하였으며, 항공모함 전단을 전개함으로써 남중국해를 주요 작전 공간으로 운용하였다. 이러한 맥락에서 베트남은 미국 전략가들에게 동남아시아 해역에서 군사적 영향력을 지속적으로 유지하기 위한 중요한 전략적 거점으로 인식되었다.

베트남의 지정학은 단순한 지리적 위치의 문제가 아니라, 해상은 외세 침입의 통로이자 경쟁의 무대, 육상은 중국과 마주한 전통적 압력의 공간이라는 이중 구조를 지닌다. 이런 지정학적 요충지에 놓인 베트남에게 전쟁은 사실상 피할 수 없는 운명이었다. 거대한 세력들이 발자국을 남길 때마다, 이 땅은 상처를 입었고 그 흉한 자국이 전쟁의 역사로 기록되었다.

베트남의 역사는 흔히 전쟁의 역사로 불릴 만큼 전쟁의 비중이 압도적으로 크다. 베트남 역사에서 외세의 침략이나 내전을 포함한 크고 작은 전쟁은 100여 차례 기록되며, 특히 중국·몽골·참파·프랑스·미국 등 강대국과의 충돌이 반복되었다. 독립 왕조가 존재했던 약 천 년 동안에도 평균적으로 한 세대에 한 번 꼴로 대규모 전쟁이 발생했으며, 20세기만 놓고 보아도 프랑스 식민지 전쟁, 제2차 세계대전, 프랑스와의 2차 인도차이나 전쟁, 이어진 베트남 전쟁, 중국과의 국경 분쟁까지 거의 끊임없는 전투 상태가 이어졌다. 이런 점에서 베트남은 전체 역사 중 절반 가까운 기간을 전쟁 상황 속에서 보낸, 세계에서도 드물게 전쟁 경험이 누적된 국가로 평가된다. [35]

전쟁은 베트남의 정치 지형만 뒤흔든 것은 아니었다. 총포와 불길은 사람들의 삶을 갈라놓았고, 그 여파는 식탁 위의 풍경까지 바꾸어 놓았다. 부족과 결핍이 일상화된 시대에 사람들은 제한된 재료로 먹을 것을 마련해야 했고, 이 과정에서 새로운 조리법과 음식 문화가 자연스럽게 형성되었다. 오늘날 베트남의 대표 음식이라 알려진 껌땀, 껌승, 반꾸온, 짜조, 반쎄오, 에그 커피, MSG 등은 풍요 속에서 태어난 미식이 아니라, 전쟁의 산물이다. 이 음식들은 단순히 가난의 메뉴가 아니라, 당시 사회가 처한 구조적 제약을 창의성으로 돌파한 결과물이었다.

어떤 의미에서 베트남 음식은 평온한 시대의 풍요 속에서 태어난 요리가 아니라, 불안과 결핍이 일상이던 시대를 견뎌 내며 형성된 결과물이다. 역설적으로 그 고된 시간은 베트남 음식 문화에 깊은 진정성과 단단한 힘을 남겼다. 특히 1940년부터 1945년까지 이어진 제2차 세계대전기에는 대규모 기근이 발생해, 최소 수십만 명에서 많게는 백만 명 이상이 굶주림으로 목숨을 잃은 것으로 추정된다. 전쟁으로 인한 식량 유통망 붕괴가 직접적인 계기였지만, 그 이면에는 프랑스와 일본이 구축한 식민 통치 체제가 누적시킨 구조적 문제가 자리하고 있었다.

당시 베트남을 지배하던 프랑스는 식민지 인도차이나를 경제적으로 효율적인 생산지로 만들기 위해 쌀·옥수수 같은 식량 작물 대신 면화·황마·식물성 기름 등 국제시장에 팔 수 있는 환금작물 재배를 강요했다. 농민들은 더는 자신이 먹을 쌀을 충분히 재배할 수 없었고, 생산된 쌀도 값싸게 식민 정부에 헌납해야 했다. 여기에 가뭄과 홍수 같은 자연재해가 겹치며 특히 북부 지역은 극심한 식량난에 빠졌다.

또한 프랑스는 일본과 체결한 협력 조약에 따라 베트남에서 생산된 쌀과 고무를 일본군에 공급해야 하는 의무를 부담하게 되었다. 이 조약을 이행하기 위해 프랑스 당국은 농민들의 쌀을 강제로 징발했고, 일본군 역시 자국의 병참을 위해 곡물을 수탈했다. 베트남 농촌은 프랑스와 일본, 두 강대국이 동시에 수탈당하는 이중 착취 구조에 갇히게 된 것이다.

전쟁이 격화되자 상황은 더욱 악화했다. 연합군의 지속적인 폭격으로 북부와 남부를 잇는 철도와 다리가 파괴되면서, 메콩 삼각주에서 생산된 쌀을 북부로 운송할 길이 사실상 끊겼다. 그 결과 북부 시장의 쌀값은 폭등했고, 사람들은 쌀 한 줌도 구하기 어려운 지경에 놓였다. 평소 쌀을 주식으로 삼던 베트남인들에게는 이는 생존의 위기였다. 많은 가정이 하루 한 끼의 쌀죽으로 버티거나, 나머지 끼니는 채소나 옥수수로 대체해야 했다.

1944~1945년의 혹독한 겨울은 이미 악화일로에 있던 식량 상황에 결정적 타격을 가했다. 북부 여러 지방에서는 매서운 추위와 극심한 굶주림이 겹치며 마을 인구의 30~40퍼센트가 사망한 사례까지 보고되었다. 하노이는 상황이 더 심각해, 영양실조와 추위에 시달리던 사람들이 거리 한복판에서 기절하듯 쓰러져 숨지는 일이 하루하루 반복되었다. 상황이 심각해지자 자원봉사자와 학생 단체가 매일 도심을 돌며 시신을 수습해야 했을 정도로 참상이 깊었다.

일본이 1945년 8월 패전한 뒤에도 기근은 멈추지 않았다. 태풍과 홍수로 또 한 번 수확이 망가졌고, 북부 지역에는 일본군 무장해제를 위해 15만 명이 넘는 중국 국민당군이 들어오면서 이미 부족한 식량이 더 빠르게 고갈되었다. 이 절망적인 배경 속에서 식량을 나누고 정치적 공백을 메우려 한 베트민(베트남독립동맹)은 광범위한 민심을 얻기 시작했다. 많은 역사학자는 이 대기근의 충격이 베트민의 정당성과 지지 기반을 크게 확대해 결국 1945년 8월 혁명의 성공으로 이어졌다고 평가한다. [36]

그러나 역설적으로 대기근과 전쟁은 베트남인들에게 제한된 재료로 음식을 만들어내는 법을 강요했고, 오늘날 베트남 음식 문화 곳곳에는 그 시절의 흔적이 남아 있다. 공업용 부스러기 쌀을 모아 만든 껌땀, 쌀 부족을 견디기 위해 옥수수와 고구마를 활용해 만든 옥수수죽과 고구마죽, 우유가 귀하던 시절 달걀 노른자를 대체재로 사용해 탄생한 에그 커피, 또한 쌀이 귀하고 밀가루도 넉넉지 않던 시기에 쌀가루 반죽과 값싼 콩나물과 채소로 조리해 낸 반쎄오처럼 단순한 재료를 조합해 최대의 영양과 포만감을 끌어내기 위한 창의적 음식들도 이 시기에 탄생했다. 이러한 음식들은 모두 궁핍한 시대적 조건 속에서 생존을 위한 절박한 음식 지혜가 빚어낸 산물이었다.

1945년 대기근 직후, 베트남은 다시 혼란의 소용돌이에 빠졌다. 프랑스·일본·베트민 등 여러 세력이 국가 지배권을 놓고 다투면서 폭력과 혼돈이 이어졌고, 질서가 겨우 회복될 무렵 프랑스군은 다시 베트남에 복귀했다. 베트민은 도시에서 밀려나 시골로 후퇴해 7년간 게릴라 형태의 반식민지 투쟁을 지속했다. 이 전쟁은 프랑스가 디엔비엔푸에서 패배하고 1954년 제네바 협정이 체결되기까지 계속되었으며, 프랑스의 베트남 지배는 약 1세기 만에 끝났다.

그러나 1946년 말부터 시작된 이 7년의 반식민지 전쟁은 막 대기근에서 벗어난 북부 주민들에게 특히 잔혹했다. 도시 주민 수만 명이 전투를 피해 농촌으로 몰려들었고, 해방 지역에서는 군인과 민간인이 극심한 빈곤 속에서 임시방편으로 살아가야 했다. 마을 주민들은 피난민과 집과 식량을 나누어야 했고, 다시 찾아온 쌀 부족은 노약자와 어린아이들에게 가장 큰 타격을 주었다. 식량을 둘러싼 갈등이 격화되자 일부 피난민들은 결국 도시로 돌아가기도 했다.

이 혼란 속에서도 베트민은 북부 농촌에서 오랫동안 준비해 온 토지개혁 정책을 다시 추진했다. 지주의 토지를 몰수해 가난한 농민에게 재분배하고 과도한 소작료를 낮추는 등 농민들이 쌀 생산을 늘릴 수 있는 구조를 만드는 것이 목적이었다. 이 정책은 농민들의 압도적 지지를 얻었지만, 식민 정부와 협력한 부유한 지주층에게는 치명적이었다.

초기에는 온건하게 진행되던 토지개혁은 1952년 이후 이념적 갈등으로 격화되며 폭력적 양상을 띠었다. 정치적 성향과 무관하게 많은 지주가 반혁명 세력으로 규정되어 공개재판에서 처형되거나 군중의 린치로 죽임을 당했다. 비극적인 과정을 수반했지만, 이러한 개혁은 농민 사회를 급진적으로 동원하는 계기가 되었다. 그 결과 디엔비엔푸 전투에서 많은 농민들이 위험을 무릅쓰고 식량과 보급품을 운반하는 임무를 맡으며 전선 유지에 중요한 역할을 수행하게 되었다. 그들의 헌신이 없었다면 디엔비엔푸 승전은 없었을 것이다.

대기근 이후 베트남에서 쌀은 여전히 생존의 중심 문제였다. 이는 양과 질뿐 아니라 전시라는 환경에서 어떻게 조리하고 보급하느냐의 문제이기도 했다. 프랑스 식민지 시기 내내 도시가 상대적으로 평온해 보였지만, 농촌은 계속해서 전쟁터였다. 1859년 프랑스가 남부를 점령한 직후부터 각지에서 저항 조직이 생겨났고, 1954년 베트남이 남북으로 분단될 때까지 지역 곳곳에서 활동했다. 프랑스군은 이들을 소탕하기 위해 농촌과 정글을 반복적으로 기습 공격했는데, 농촌 사회는 끊임없는 폭력에 노출되었다.

호앙껌(Hoàng Cầm) 조리대

프랑스군은 울창한 정글 깊숙이 스며들어 은밀하게 움직이는 베트남군을 추적하기 위해 뜻밖의 단서를 포착했다. 바로 베트남군이 취사하면서 생기는 연기였다. 빽빽한 숲이 지상에서의 추적을 거의 불가능하게 만들었지만, 식사를 준비할 때 피어오르는 연기만큼은 아무리 숨기려 해도 사라지지 않는 신호였다. 문제는 이것이 단순한 생존의 흔적을 넘어, 베트남군의 생활 방식과 문화적 습관과 맞물리며 더욱 뚜렷한 약점으로 드러났다는 점이다.

베트남인에게 따뜻한 밥을 먹는 일은 단순한 미각적 선호가 아니라 오랜 세월 몸에 배어온 생활 습관이자 문화적 규범에 가까웠다. 차갑게 식은 밥이나 전투식량 형태의 음식은 허기를 채워도 만족감을 주지 못했고, 장기 야전에서 병사들의 체력과 사기를 유지하기에도 턱없이 부족했다. 결국 병사들은 살아남기 위해서도, 전투 의지를 잃지 않기 위해서도 어딘가에서 불을 피우고 직접 밥을 지어야 했다.

초기 베트남군은 추적을 피하고자 땅을 파서 만든 원시적 조리 구덩이를 활용했다. 지하에 낮은 조리 공간을 만들고 그곳에서 발생한 연기를 멀리 떨어진 구멍이나 참호로 길게 빼내 지면 바로 아래에서 희석되어 증발시키는 방식이었다. 그러나 이런 임기응변식 구조만으로는 연기를 완전히 숨기기 어려웠고, 작은 실수나 바람의 방향만으로도 위치가 노출되어 부대 전체가 위험에 빠지곤 했다.

실제로 전쟁터에서 연기 한 줄기가 얼마나 치명적일 수 있는지는 잘 알려진 사례에서도 드러난다. 한국전쟁 당시 마오쩌둥의 아들 마오안잉이 달걀볶음밥을 해 먹기 위해 불을 지폈다가 연기가 드러나 미군의 폭격을 받아 사망한 일은 지금도 널리 회자된다. 이러한 사례는 전장에서 한 끼 따뜻한 식사와 생존의 경계가 얼마나 취약한지, 그리고 조리 연기가 곧 생명을 위협하는 신호가 될 수 있음을 극명하게 보여준다.

전투가 장기전으로 접어들자, 베트남 정글 깊숙한 곳에서는 총성보다 더 위험한 것이 연기였다. 작은 조리 구덩이에 불을 붙이기만 해도 얇게 피어오르는 연기는 숲 위로 직선처럼 뻗어 올랐고, 이는 프랑스군의 눈을 끌어들이는 완벽한 표적이 되었다. 게릴라의 생존과 전쟁의 지속 가능성이 연기 한 줄기에서 흔들렸다.

그 위기의 한가운데서, 1951년 베트남 북부 호아빈 전선의 밀림 한복판에서 활동하던 한 요리사가 뜻밖의 혁신을 시작했다. 그는 기존의 조리 구덩이를 수없이 파헤치고 다시 묻으며, 연기가 어떻게 흐르고 어디서 머물며 어떻게 사라지는지를 집요하게 탐구했다. 흙냄새가 코를 찌르는 지하 공간에서 며칠 밤을 보내고 나서야, 그는 마침내 하나의 결론에 도달했다. 연기를 숨기는 것이 아니라, 연기를 흩어버리는 것이다.

그렇게 탄생한 것이 그의 이름을 딴 호앙껌(Hoàng Cầm) 조리대였다. [37] 이 무연 조리대는 적의 감시를 피하기 위해 연기가 밖으로 드러나지 않도록 고안되었다. 처음에는 땅속이나 언덕 옆에 약 1.5m×1.2m 크기의 직사각형 구덩이를

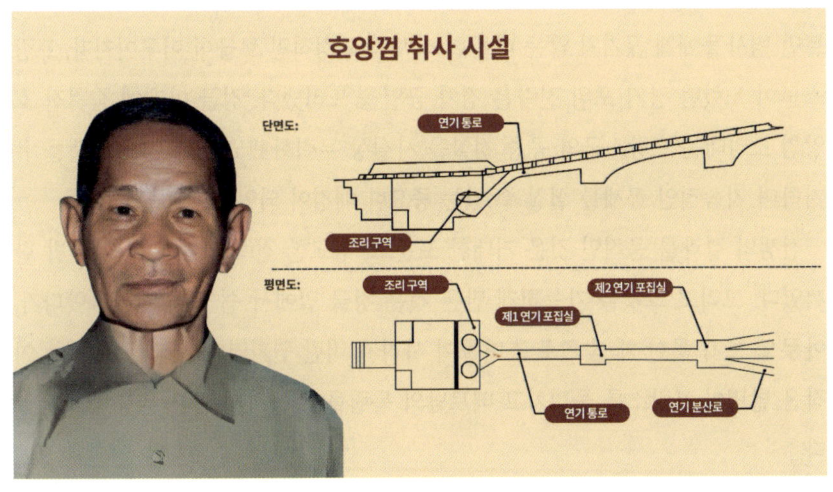

약 1미터 깊이로 파고, 요리사는 맞은편에서 쪼그리고 앉아 숯이나 나무로 불을 피웠다. 비를 막기 위해 대나무나 바나나잎으로 지붕을 덮었으며, 조리구에서 뻗은 두 개의 터널은 연기를 멀리 떨어진 지하 공간으로 모았다. 이 연기는 다시 참호를 따라 이동했는데, 참호 위에는 나뭇가지와 얇은 흙을 덮고 흙을 촉촉하게 유지해 연기가 증기로 변해 지면 가까이에서 사라지도록 했다.

이 초기 구조는 일정 부분 효과가 있었지만 완벽하지 않아 저항군이 종종 발각되기도 했다. 이에 따라 더 깊고 복잡한 터널 시스템이 개발되었는데, 여러 갈래로 뻗은 구조가 오징어 모양을 닮았고 깊이는 최대 1.8미터에 달했다. 불길은 깊은 지하에서 은밀히 피워지고, 연기는 마치 숲의 뿌리처럼 사방으로 뻗어 있는 통풍로를 따라 수십 미터 떨어진 지점에서 낮게 새어 나왔다. 그 연기는 더 이상 '연기'처럼 보이지 않았다. 흙과 습기를 통과하는 동안 농도가 극적으로 옅어져, 숲길을 스치는 한숨처럼 가늘고 희미하게 흩어졌기 때문이다. 이러한 방식 덕분에 공중 정찰은 더 이상 조리 흔적을 정확히 읽어낼 수 없었다.

이 조리대가 등장하자 전선의 분위기는 바뀌었다. 그동안 병사들은 낮에는 차가운 밥과 건조한 식량으로 버텨야 했지만, 이제는 태양 아래에서도 뜨겁고 향기로운 식사를 할 수 있었다. 숲속 어둠 속에서 뜨거운 김이 맴도는 밥 한 숟가락은 단순한 식사가 아니었다. 그것은 체력이고 사기였으며, 장기전의 버팀목이었다.

이 작은 혁신은 곧 디엔비엔푸 전선 전체로 퍼졌다. 엄청난 압박 속에서도 베트민 병사들에게 끊기지 않는 따뜻한 식사와 안정적인 보급이 이루어지자, 프랑스군이 노렸던 장기 포위 전략은 점차 균열을 드러냈다. 정글 아래에 숨겨진 호앙껌 조리대는 프랑스군의 공중 정찰을 사실상 무력화했고, 베트민이 전선을 유지하며 지속적인 공세를 펼칠 수 있는 중요한 배경이 되었다.

전쟁의 결과를 움직인 것은 거대한 포문도, 정교한 전략도 아닌 따뜻한 밥 한 끼였다. 그리고 그것을 가능하게 만든 것은 정글 밑에서 쉼 없이 피어올랐다가, 아무도 보지 못한 채 숲으로 스며들어 사라져 버린 연기였다. 연기를 통제한 이 작은 발명이 프랑스를 물리치고 베트남의 독립을 가능하게 만든 추동력이 되었다.

미국과의 전쟁에서도 무연 조리 시스템이 다시 등장한다. 베트남 전쟁 당시, 북부와 남부 어느 편이든 베트남 병사들에게 가장 중요한 전투 물자는 총탄도, 군복도 아닌 쌀이었다. 전통적으로 하루 세 끼 밥을 먹는 민족에게, 쌀은 단순한 음식이 아니라 전투력의 원천이자 정신적 지주였다. 아무리 무겁고 조리하기 까다롭더라도, 전장에서 쌀은 반드시 챙겨야 하는 필수품이었다.

그래서 양측의 병사들은 전투에 나설 때 보급품 속에 수 킬로그램의 쌀알이나 말린 쌀을 넣고 다녔다. 여기에 상황이 허락하면 통조림 식량을 더했고, 그렇지 않으면 시골 마을에서 나오는 채소나 고기 등 손에 잡히는 모든 식재료로 식단을 보충했다. 베트남의 풍부한 자연이 평소에는 농민들의 식탁을 넉넉하게 해주었지만, 전장에서는 이야기가 달랐다. 폭격으로 불탄 들판과 버려진 과수원에서는 제대로 먹을 것을 찾는 것조차 전투였다.

민족해방전선NLF 구성원의 회고록을 보면, 이러한 현실이 얼마나 가혹했는지 생생하게 드러난다. 병사 한 명에게 주어진 한 달 배급량은 고작해야 쌀 20킬로그램, 소금 한 덩어리, MSG 한 스푼, 말린 생선 또는 말린 고기 한 조각에 불과하다.[38] 말 그대로 생존을 위한 최소치였다. 고기 한 점 얻기 어려운 밀림에서 MSG는 귀한 맛의 구원자였고, 소금은 체력 유지의 필수품이었다. 하지만 더 큰 문제는 먹거리를 조리하는 것이었다.

베트남 전쟁이 한창이던 시기, 북베트남 병사들이 라오스와 캄보디아의 밀림을 가로지르는 거대한 보급망, 이른바 '호찌민 루트The Ho Chi Minh Trail'를 따라 남하할 때 가장 먼저 맞닥뜨린 적은 총알이나 폭격이 아니었다. 그것은 배고픔이었다. 병사들은 적의 정찰을 피해 낮에는 움직이지도, 불을 피우지도 못한 채 며칠씩 정글 속에 숨어 지내며 축축한 흙과 썩은 잎 냄새를 견뎌야 했다. 폭격과 매복, 질병이 끊임없이 뒤따랐지만, 그 모든 위협보다 더 견디기 힘든 것은 끝내 해소되지 않는 굶주림이었다.

평소 베트남 농촌은 과일과 채소가 지천으로 널린 비옥한 땅이었다. 망고·바나나·고구마·고사리·채소들은 자연이 차려준 식탁처럼 일상 속에 흘러넘쳤다. 그러나 전선 주변은 전혀 달랐다. 폭격과 불도저식 진격으로 들판은 짓이겨져 생명력을 잃었고, 숲은 검게 탄 나무와 잔해뿐이었다. 물웅덩이는 독기와 파편으로 탁해졌으며, 마을과 논밭은 연기와 잿빛 먼지 속에 흔적만 남아 있었다. 병사들 눈앞에는 여전히 짙은 숲이 펼쳐져 있었지만, 그 안은 더 이상 풍요의 공간이 아니라 아무것도 자라지 않는 전쟁의 빈 껍데기였다.

그런 환경에서 따뜻한 밥 한 끼는 생존을 넘어 인간으로 남기 위한 마지막 끈이었다. 문제는 음식이 부족한 것만이 아니었다. 조리 과정 자체가 위험이었다. 불을 피우는 순간 피어오르는 연기는 정글 속 은폐를 깨뜨리고, 곧바로 미군의 포격을 불러왔다. 전쟁 기간 내내 베트남 병사들에게 가장 치명적인 약점은 따뜻한 밥을 반드시 섭취해야 한다는, 절대 포기할 수 없는 문화적 관습에 있었다.

결국 베트남 병사들은 옛 전쟁에서의 지혜를 꺼내 들었다. 반식민지 전쟁 시기 큰 효과를 보였던 호앙껌 조리대가 다시 등장한 것이다. 과거와 달라진 점이 있다면, 이번에는 베트콩이 미군의 압도적인 공중 감시 장비를 피해 거대한 땅굴망을 구축했다는 사실이었다. 1960년대와 1970년대 초, 이 땅굴들은 호찌민 루트를 따라 이동하는 병력과 보급품을 숨겨주는 보이지 않는 방패가 되었다. 그리고 그 지하 깊숙한 조리 공간에서는, 연기를 공기처럼 희미하게 흩어버리는 호앙껌 조리대가 땅굴망 곳곳을 따라 마치 거대한 혈관처럼 살아 움직이고 있었다.

미군의 B-52 폭격은 하늘에서 쉴 틈 없이 쏟아졌지만, 무연 조리 체계 덕분에 병사들의 식사는 끊어지지 않았다. 보급로가 폭격으로 끊기면 병사들은 밤새 다시 메웠고, 숨겨진 조리 시설은 어둠 속에서 조용히 살아나 전선을 되살렸다. 아무리 파괴하려 해도 다음 날이면 또 되살아나는 이 은밀한 생명줄은 베트남군의 전술적 심장으로 남아 전쟁 끝까지 뛰었다.

호찌민 루트는 보급로를 넘어 생존 그 자체였다. 굶주림과 공포, 정글과 폭격 속에서도 끊어지지 않았던 그 길 위에서, 따뜻한 한 끼를 가능하게 한 기술은 보이지 않는 전쟁을 떠받쳤다. 전장을 흔든 것은 거대한 무기가 아니라, 연기 없이 이어진 작은 불씨들이었다.

이때 축적된 기술과 경험은 전쟁이 남부로 번져갈수록 더욱 정교해지고 거대해졌다. 그 집약체가 바로 꾸찌 터널이었다. 호찌민 루트의 은폐·보급·조리 기술이 뼈대가 되고, 남부의 치열한 전장 환경이 이를 한층 더 진화시키자, 숲 아래에는 마치 또 하나의 지하 도시가 자라나기 시작했다. 통신실과 병원, 회의실, 무기

창고, 조리 공간이 미로처럼 연결되고, 상층·중층·하층의 다층 구조가 적의 폭격을 흡수했다. 위에서는 아무것도 없어 보이는 새카만 흙더미가 놓여 있을 뿐이었지만, 그 아래에는 수백 명이 숨 쉬고 움직이는 또 다른 세계가 존재했다. 꾸찌 터널의 조리 시스템은 베트남군이 수년간 축적한 무연 조리 기술을 한층 발전시킨 형태였다. 지면 아래 깊숙한 조리실에서 불을 피우면, 연기는 굴처럼 구부러진 흙길을 따라 여러 갈래의 통풍구로 분산돼 밖으로 나가며 자연스럽게 희석되었다. 이 통풍구는 숲속의 개미굴이나 흙더미처럼 위장돼 있어 외부에서 식별하기 어려웠다.

또한 조리실 주변에는 습기를 제거하기 위한 건조 공간이 마련되어 축축한 땔감이 연기를 과도하게 내지 않도록 관리했다. 일부 구역에는 연기가 모이지 않도록 냉기를 끌어들이는 원시적 환기 구조가 설치되었고, 조리 시간 역시 적의 공중 정찰 주기와 맞물리지 않도록 정교하게 조정되었다. 이 체계 덕분에 터널 내부는 수백 명이 생활하고 움직여도 흔적이 거의 드러나지 않았고, 꾸찌 터널은 전쟁 후반 베트콩이 장기전을 지속할 수 있게 한 숨은 주방이자 보급의 심장이 되었다.

베트남군은 어떤 위험을 감수하더라도 따뜻한 한 끼를 지켜내기 위해 불을 숨기고 연기를 흩어버리는 다양한 기술을 발전시켰으며, 이는 디엔비엔푸 전투에서 발명된 무연 조리 방식이 호찌민 루트와 꾸찌 터널의 정교한 지하 조리 체계로 이어지는 혁신의 핵심 동력이 되었다. 전쟁 속에서도 뜨거운 밥 한 그릇을 포기하지 않으려는 이 문화적 고집을 이해하지 않고서는 베트남인의 음식 문화를 이해할 수 없다.

구원자 MSG

1954년 디엔비엔푸 승리 이후, 제네바 협정이 체결되면서 베트남은 국제 감독 아래 공식적으로 전쟁을 마무리했다. 협정은 북위 17도선을 기준으로 베트남을 분단했고, 북부는 공산주의 정부가, 남부는 미국의 지원을 받는 비공산 정부가 통치하게 되었다. 이 과정에서 약 백만 명의 주민이 남북으로 이동했는데, 특히 남부로 이동한 인구가 더 많아 두 지역 모두 식량과 자원에 심각한 부담이 생겼다.

북부 공산당 정부는 사회 안정을 명분으로 토지개혁을 지속적으로 추진했다. 농업 생산을 국가가 관리하고 농민을 협동조합 체제로 편입해, 쌀을 일괄 수매·분배하는 방식이었다. 그러나 범람이 잦은 홍강 삼각주의 기후 조건은 농업 생산을 불안정하게 만들었고, 흉년이 들 경우 협동조합 체계는 오히려 농민의 부담을 가중시켰다. 그럼에도 불구하고 1965년 무렵에는 북부 농가의 약 90퍼센트가 집단 농업 체제에 편입되었다.

하지만 인구 증가 속도에 비해 농업 생산이 따라가지 못했다. 1960년대 초 북베트남 정부의 5개년 계획은 쌀 생산 목표를 달성해도 늘어나는 인구를 완전히 먹여 살리기 어렵다고 스스로 인정했다. 실제로 북부 주민들은 직업군에 따라 정해진 양의 쌀만 배급받았고, 노동 강도가 높은 광산 노동자나 군인에게만 높은 배급량이 주어졌다. 반면 당 간부와 국가 관리들을 제외한 일반 대중은 배급에서 사실상 제외되어 불평등이 심화되었다. 1961년 흉작으로 식량난은 다시 위기에 가까웠으나, 이듬해 풍작으로 가까스로 버틸 수 있었다.

남부에서도 토지 문제는 갈등의 씨앗이 되었다. 북부 출신 이주민들이 정부의 주도로 남부에 정착했지만, 남부 주민들은 이들과 토지와 자원을 공유하기를 꺼렸다. 프랑스 식민기 동안 남북이 오랫동안 분리되어 있었기 때문에 문화적 간극도 컸다. 일부 남부 주민들은 북부인을 같은 민족으로 여기지 않을 정도였다. 이러한 반감으로 인해 1959년경 남부의 토지개혁 프로그램은 중단되었지만, 미국과 서방의 식량 지원 덕분에 남부는 일시적으로 식량 위기를 모면할 수 있었다.

전쟁이 길어지면서 북베트남 사람들의 식탁은 점점 더 초라해졌다. 배급량은 늘 모자랐고, 쌀을 아껴 먹는 것도 벅찼다. 사람들은 남은 식재료를 조금이라도 오래 보관하고, 가능한 한 맛있게 먹기 위해 온갖 지혜를 짜냈다. 이때 등장한 것이 바로 작은 흰 가루 한 스푼, MSG였다. 전쟁 속에서 이 가루는 마치 마법처럼 평범한 음식을 살아 있게 만드는 힘을 발휘했다.

MSG는 원래 20세기 초 일본 생화학자 이케다 기쿠나에가 발명한 화학적 풍미 증진제였다. 그는 다시마 국물에서 풍미의 핵심을 분리해 내고, 여기에 소금·당밀·밀 등을 더해 음식의 감칠맛을 즉각 끌어올리는 마법의 가루를 만들어냈다. 일본에서 퍼져나간 이 신비한 조미료는 이내 중국과 동남아 시장으로 흘러들어갔고, 베트남에서도 bột ngọt, mì chính이라는 이름으로 널리 알려지게 되었다.

문제는 전쟁이 본격적으로 들이닥친 뒤였다. 육류와 생선은 귀해졌고, 채소나 잎채소마저 안정적으로 확보하기 어려웠다. 이때 MSG는 가난한 사람들에게 거의 구원과도 같았다. 육수 없이도 국물 맛을 진하게 만들고, 생선이 없어도 감칠맛을 살려주는, 고기 한 점보다 싸고 손에 넣기도 쉬운 조미료가 바로 MSG였기 때문이다. 그래서 북부에서는 거의 모든 냄비에 MSG가 들어가기 시작했다. 단순한 국에도, 채소 데친 물에도, 심지어 느억맘과 섞기만 해도 근사한 수프가 탄생했다.

베트남 전쟁 동안 MSG는 사실상 육류와 생선의 대체재이자 맛의 생명선이었다. 전쟁이 심해질수록 MSG의 가치는 더 높아졌다. 가격은 치솟았지만, 고기 한 접시보다 여전히 싸고, 무엇보다 구하기가 쉬웠다. 전투가 계속되던 1945년부터 1975년까지, MSG는 북베트남 요리의 특징이 되는 동시에, 전쟁 속에서 살아남기 위한 음식 문화의 상징이 되었다.

반면 남부의 사정은 달랐다. 메콩 삼각주라는 비옥한 땅 덕분에 쌀과 생선, 농산물이 북부보다 훨씬 풍부했다. 1959년 전쟁이 재점화된 뒤 운송이 제한되었음에도, 남부 주민들의 월간 쌀 섭취량은 평균 20킬로그램에 달했고, 바다와 강에서 나는 생선은 사계절 넘쳤다. 남부 역시 MSG를 즐겨 넣었지만, 북부처럼 생존을 위한 필수품은 아니었다. 결국 MSG는 단순한 조미료가 아니라, 기근과 전쟁 속에서 베트남인들이 선택한 생존의 맛이었다. 그 작은 하얀 가루는 전쟁이 음식에 남긴 가장 뚜렷한 흔적 중 하나였다.

전쟁이 끝난 뒤에도 MSG는 베트남 음식 속에 깊숙이 자리했다. 그것은 단순한 조미료가 아니라, 전쟁이라는 거대한 굶주림의 시대를 견디며 살아남은 미각의 기억이었다. 고기 한 점 건지기 어려웠던 시절, 국물 한 그릇에 MSG 한 꼬집을 떨어뜨리면 사라졌던 맛이 되살아났고, 그 순간의 안도와 따뜻함은 사람들의 혀와 마음에 오래도록 각인되었다. 그래서 평화가 찾아온 뒤에도 베트남인들은 감칠맛이 빠진 음식을 어디선가 허전하다고 느꼈다. 그들에게 '맛있다'라는 감정은 이제 하얀 MSG 가루에 담겨 있었다.

MSG는 그런 시대를 버텨낸 사람들에게 작은 사치이자, 동시에 가장 현실적인 맛의 기술이었다. 값비싼 고기나 생선을 대신해 국물에 깊이를 주고, 가지 몇 조각이나 배추 몇 잎만으로도 든든한 식탁을 만들어준 조용한 조력자였다. 그래서 전쟁이 끝나도 베트남 가정의 양념장에는 늘 MSG가 자리했고, 도시의 쌀국수 가게들 역시 일정한 감칠맛을 유지하기 위해 MSG를 사용했다. MSG는 지금도 당당하게 베트남 식당에서 탁자 한 모퉁이를 차지하고 있다.

그러나 시간이 흐르면서 MSG는 점차 다른 의미의 무게를 짊어지게 된다. 1960~70년대 서구 사회에서 이른바 '중국 식당 증후군Chinese Restaurant Syndrome'[39]이라는 개념이 등장하면서부터다. 이 논란은 사실 여부와 무관하게 전 세계로 확산됐고, MSG는 어느새 '유해한 식품 첨가물'이라는 낙인을 쓰게 된다. 1968년을 기점으로 시작된 이 공포는 두통과 여드름, 저림, 안면 홍조, 심지어 최대 두 시간까지 지속되는 무감각 증상에 이르기까지, 다양한 이상 증상의 원인으로 MSG를 지목하는 흐름으로 이어졌다.

베트남 역시 이 파문에서 자유롭지 않았다. 점차 사람들은 인위적 감칠맛에 대한 불신을 품기 시작했고, 자연스러운 맛에 대한 열망이 음식 문화 곳곳에서 고개를 들었다. 시장에는 새우나 멸치를 우려낸 국물 베이스, 건해산물 가루, 향신 채소를 말려 만든 천연 조미료가 등장하며 MSG의 자리를 조금씩 대체해 갔다. 과거 전쟁의 긴 결핍을 견디는 데 가장 현실적인 선택이었던 MSG는, 평화와 풍요 속에서는 서서히 그 빛을 잃어갔다.

그러나 베트남은 지금도 MSG를 공공연하게 사용한다. 외국인들이 처음 베트남 음식을 맛보고 "향이 강하고 맛이 또렷하다"고 말할 때, 그 배경에는 종종 MSG가 자리한다. 반대로 베트남인들은 음식이 밋밋하다고 느끼면 서슴없이 MSG를 더 달라고 요구하고, 실제로 식탁 위에 두고 아무 부담 없이 뿌린다. MSG는 결핍 속에서도 맛을 포기하지 않았던 베트남인의 생존 방식이자 문화적 본능에 가깝다. 전쟁은 베트남의 입맛을 바꾸지 못했고, 오히려 감칠맛에 대한 요구를 더욱 단단하게 만들었다. 베트남 사람들이 감칠맛 없이 허전한 음식을 쉽게 용납하지 않는 이유도 여기에 있다. 그들의 미각은 가난과 전쟁의 극한 속에서도 감칠맛을 결코 포기하지 않았던 경험 위에서 형성된 것이다.

미국 시대(1954~1975)의 기묘한 음식

역설적으로 북부가 굶주림에 시달리던 바로 그 시기, 남부는 전혀 다른 음식 충격을 겪고 있었다. 제네바 협정 직후 남베트남으로 밀려든 것은 총성과 피난민만이 아니었다. 미국산 통조림 고기와 생선, 슬라이스 치즈, 미 남부산 장립종 쌀 같은 생소한 식품이 대량으로 유입되기 시작한 것이다. 한 세기 동안 프랑스 요리와 프랑스식 식재료에 익숙해 있던 남부 사람들에게 이 새로운 미국식 음식들은 값이 싸고 구하기 쉽다는 장점에도 불구하고 초기에는 맛이 없다는 이유로 외면받았다.

월남군 장교가 보급받은 미국산 통조림은 종종 최후의 식사로 간주되었다. 베트남 사람들에게는 음식이 신선하지도 않고 갓 조리된 것도 아니었고, 익숙하지 않은 맛이었기 때문이다. 게다가 맛없는 통조림은 빈약한 급여에서 공제되었기 때문에 베트남인들은 차라리 돈으로 받기를 원했다.

베트남 전쟁 당시 미군이 사용한 전투식량의 공식 명칭은 'Meal, Combat, Individual(개인용 전투식량)'이며, 현장에서 병사들은 'C-ration'이라고 불렀다. C-ration은 한 끼에 1,200칼로리를 제공하도록 설계되었는데, 고기 통조림 한 캔, 치즈나 땅콩버터를 바른 빵, 크래커 한 캔, 과일이나 케이크 디저트 한 캔, 담배, 성냥, 캔 따개, 커피 그리고 화장지 등이 들어 있었다.

베트남인의 입맛에서 본 C-레이션은 기름지고 달고 짜며, 묵직한 단백질과 통조림 특유의 향이 강한 음식이었다. 쌀을 주식으로 삼고 맑고 가벼운 맛, 얇은 육수와 허브 향에 익숙한 베트남인에게 이 미국식 전투식량은 처음부터 '무겁다(nặng)'는 인상을 남겼다. 금속 냄새가 밴 통조림, 장기 보존을 위한 기름과 소금, 여기에 달콤한 초콜릿과 쿠키류까지 더해진 구성은 베트남 음식 문화가 중시하는 '청량함(thanh)'과는 거의 정반대의 세계였다.

그럼에도 불구하고 C-ration은 전쟁 시기 베트남 농촌과 도시에 묘한 매력을 남겼다. 미군이 남긴 통조림 고기·햄·초콜릿 바·땅콩버터·크래커·캔디·커피 파우더는 당시 베트남에서 쉽게 구할 수 없던 식품이었고, 특히 어린아이와 젊은 남성들에게는 외국의 맛으로 받아들여졌다. 단맛이 귀하던 시절, 초콜릿과 캔디는 거의 마약처럼 인기를 끌었다. 땅콩버터는 베트남 어디에도 존재하지 않던 질감과 향을 가진 음식이었고, 어떤 사람들은 그것을 '기름 덩어리 같으면서도 이상하게 중독적인 맛'이라고 표현했다. 40) 코카콜라와 초콜릿은 남녀노소를 막론하고 빠르게 베트남인의 마음을 사로잡았다.

반면 베트콩에게 C-ration은 두 얼굴이었다. 장거리 매복과 산악 전투에서 칼로리가 높다는 이유로 힘이 되는 음식이었지만, 통조림의 무게와 서양의 냄새 때문에 오래 들고 다니는 것을 꺼렸다. 특히 베트남의 고온다습한 기후에서 미국식 통조림의 누린내는 쉽게 비위가 상하는 요소였다. 그래서 그들은 C-ration을 받아도 그대로 먹기보다는 느억맘을 조금 넣거나, 캔 속 고기를 잘게 으깨 밥에 비벼 먹거나, 국수에 올려 먹곤 했다. 마찬가지로 불편한 입맛을 달래기 위해 남부 주부들은 미국 음식을 베트남식으로 개조하는 데 몰두했다. 느억맘에 통조림 닭고기를 재워 튀겨내거나, 프랑스식 쇠고기 부르고뉴식 대신 미국산 스튜를 다시 양념해 밥반찬으로 쓰는 식이었다.

1963년, 미국의 전쟁 개입이 본격화되자 상황은 더욱 극적으로 변했다. 미군, 민간 계약자, 기자들까지 수십만 명의 미국인이 남베트남으로 몰려들었고, 미군 PX(군납상점) 시스템은 거대한 식품 유통망이 되어 남부 시장에 미국산 식품을 쏟아냈다. PX에서는 현지 화폐가 아닌 별도의 보급증으로 물건을 사야 했지만, 실제로는 암시장을 통해 PX 식품이 베트남 곳곳의 거리 시장까지 흘러 들어갔다. 스테레오 세트부터 고기 통조림, 비스킷, 술까지 PX 물품이 넘쳐나는 풍경은 당시 남베트남 도시를 상징하는 장면이었다.

남베트남 정부도 이를 본떠 공무원과 군인 가정을 위한 보조 식량 시스템을 도입했다. 쌀·설탕·연유를 시장보다 훨씬 싼 값에 공급해 식량 부족을 해결하려 했지만, 때때로 예상치 못한 문제도 발생했다. 특히 1960년대 후반 보조금 품목에

냉동육이 포함되자 혼란이 커졌다. 베트남 사람들은 원래 신선한 고기를 조금씩 사서 바로 요리하는 문화였기에, 꽁꽁 얼어붙은 커다란 돼지고기 덩어리나 통닭을 어떻게 다루어야 할지 몰랐다. 해동법을 모르는 주부들이 그대로 요리했다가 고기가 반쯤 얼어 남는 재앙을 경험하기도 했다. 나중에 해동법이 보급되었지만, 미국산 육류는 여전히 "비린내가 난다" 혹은 "맛이 밋밋하다"라는 평가를 받았다. 이는 산업용 사료를 먹여 기른 미국식 양계 방식이 베트남의 방사형 닭 풍미와 전혀 달랐기 때문이다.

분유와 달걀 역시 신뢰받지 못했다. 달콤한 음료나 과자, 초콜릿을 제외하면 대부분의 미국 식품은 베트남인의 미각과 잘 맞지 않았다. 반대로 프랑스 식품과 요리는 여전히 선호되었다. 값은 비쌌지만 프랑스식 빵, 고급 치즈, 버터, 커피 원두는 중산층의 사랑을 받았고, 샌드위치용 흰 식빵은 현대적이고 세련된 식문화의 상징으로 여겨졌다. 아무리 미국 음식이 밀려와도 바게트는 베트남의 국민 빵으로 굳건히 남았다.

미국의 국민 음식인 햄버거나 핫도그, 인스턴트커피, 립턴 홍차 등이 젊은이들 사이에서 유행했지만, 샌드위치에 사용되는 하얗고 부드러운 식빵은 프랑스의 바게트만큼 인기를 얻지는 못했다. 미국의 영향 아래 있던 시기의 남베트남에는 수많은 미국 군인과 민간인, 외교관, 저널리스트, 지원 노동자 등이 있었는데, 이들은 프랑스 음식이나 레스토랑을 좋아해서 이 시기 베트남에서 프랑스의 식문화가 눈부신 발전을 보였다.

전쟁을 취재하기 위해 사이공으로 몰려든 국제 언론인과 외교관, 구호단체 직원들은 도시 곳곳에서 뜻밖의 풍경과 마주했다. 거리의 바와 식당에서는 미국 맥주도 발견할 수 있지만, 프랑스 와인과 치즈가 아무렇지 않게 소비되고 있었고, 본국의 레스토랑과 견주어도 손색없는 수준의 프랑스 요리 전문점까지 성업 중이라는 사실이다. 전시 수도에서 이런 미식의 세계가 펼쳐지고 있다는 사실만으로도 놀라운 일이었지만, 더욱 의외였던 것은 특혜 환율과 활발한 암시장 거래 덕분에 이 모든 음식이 예상보다 훨씬 저렴한 가격에 제공되고 있었다는 점이다.

그중에서도 가장 유명했던 곳은 콘티넨털 호텔의 Grand Café de la Terrasse 레스토랑이다. 이 식당은 사이공 특유의 관능적인 저녁 바람과 함께 프랑스식 커틀러리와 테이블보가 나란히 펼쳐져, 전쟁터라는 사실을 잠시 잊게 만드는 장소였다. 여기서는 미군 장교와 외교관, 프랑스 등 세계 각국의 외교관이 서로 다른 언어로 수군거리며 에스카르고와 부르고뉴식 요리를 주문했고, 길 건너 탱크 소리가 들려도 웨이터들은 조금의 동요도 없이 와인잔을 채웠다.

외국 언론인들이 가장 사랑했던 식당은 지금도 영업 중인 마제스틱 호텔의 루프탑 레스토랑이었다. 사이공강에서 불어오는 밤바람이 테라스를 스치면, 재즈밴드의 색소폰 선율 위로 코냑 잔이 부딪치는 소리가 은근하게 겹쳤다. 이곳은 단순한 식당이 아니었다. 외국 특파원들이 정보를 주고받는 비밀스러운 교환소이자, 전쟁 기사가 작성되던 기자실이었다. 세계 각지에서 모여든 기자들은 도시 아래에서 벌어지는 혼란과는 어울리지 않는 프랑스식 정찬을 즐기며 하루의 전장을 정리하곤 했다.

또 하나의 명소는 호찌민 1군 중심부의 동커이 거리(Đồng Khởi Street)에 자리했던 프랑스식 비스트로 '라카브La Cave'였다. 이곳은 풍부한 와인 라인업과 치즈 플래터, 파테 드 캉파뉴처럼 전통적인 프랑스식 고기 요리로 명성이 높아, 남베트남 장관과 미군 정보요원, 서방 외교관들이 한 테이블에 뒤섞여 베트남 전황을 두고 격렬한 설전을 벌이던 장소였다. 전시 상황임에도 불구하고 좁은 와인 저장고에는 보르도 와인이 가득했고, 특혜 환율의 힘 덕분에 그 와인들은 프랑스 본토보다도 저렴한 가격에 판매되었다. 전쟁 한복판임을 잊게 할 정도로 이질적인 풍경이었고, 바로 그 점이 라카브를 사이공의 독특한 미식 풍경을 상징하는 공간으로 만들었다.

하지만 무엇보다도 사이공의 프랑스 음식 문화를 상징하는 곳은 단연 Hotel Continental Saigon(옛 Continental Palace, 일명 깡틴)의 정원 레스토랑이었다. 수많은 전쟁 특파원이 이곳을 두고 '인도차이나에서 가장 훌륭한 식사'라 평했을 만큼 명성이 높았다. [41] 무성한 플라타너스 그늘에 놓인 흰 린넨 테이블 위에는 은제 포트가 놓였고, 프랑스산 버터와 갓 구운 바게트, 각종 치즈와 와인이 흘러넘치듯 차려졌다. 도시 곳곳이 폭격으로 폐허가 되어가던 시기에도, 이 정원 레스토랑만큼은 기묘할 정도로 평온했고, 그 고요함은 오히려 전쟁으로 흔들리는 사이공의 현실을 더욱 선명하게 대비시키는 역설적 풍경이었다.

　이렇듯 총성과 폭음이 공존하던 전쟁의 도시에, 프랑스 요리와 서구적 미식 문화는 오히려 이전보다 더 짙게 피어올랐다. 특혜 환율, 암시장, 그리고 서구인의 유입이 만들어낸 이 거대한 불균형의 미식 세계는 오늘날에도 베트남 전쟁 당시 사이공을 이야기할 때 빠질 수 없는 독특한 장면으로 남아 있다.

　미국의 베트남 전쟁이 본격화되면서 사이공과 미군 기지가 있는 도시들은 완전히 새로운 미식 실험장이 되었다. 전쟁의 긴장이 도시 전체를 짓누르고 있었지만, 길거리만큼은 오히려 낯선 음식과 향신료, 그리고 외국인과 현지인의 취향이 뒤섞이는 활기찬 시장이 되었다.

　가장 먼저 변한 것은 고기 냄새였다. 베트남의 전통 시장에서는 늘 돼지고기와 생선 비린내, 느억맘의 강렬한 향이 뒤섞여 있었다. 그런데 어느 날부터인가 미군 PX에서 흘러나온 스팸, 소시지, 절인 쇠고기, 런천미트의 짠 향이 시장 골목 사이를 떠다니기 시작했다. 베트남인들은 처음엔 이 황금빛 캔들을 어떻게 다뤄야 할지 몰라 주저했지만, 곧 창의적인 방식으로 베트남화를 시작했다.

　길모퉁이 포장마차에서는 미군 소시지를 얇게 썰어 양파와 함께 볶아 길거리 밥 반찬으로 팔았고, 스팸을 얇게 구워 바게트에 끼워 미군식 반미라고 부르는 간이 샌드위치도 등장했다. 특유의 통조림 풍미는 베트남 사람들에게는 낯설었지만, 전쟁 통에 구할 수 있는 귀한 단백질원이었던 만큼 인기는 금세 퍼졌다.

　또 다른 변화는 지독할 정도의 달콤함이었다. 미군이 가져온 초콜릿·연유·냉동 오렌지 주스 같은 달콤한 간식은 전쟁의 공포 속에서 아이들에게는 꿈 같은 사치였고, 현지 상인들에게는 돈이 되는 확실한 상품이었다. 이미 베트남인의 일상에서 뗄 수 없었던 연유 커피는 값싼 연유의 보급으로 남부 지역 전체로 퍼졌다. 당시 미군 전용 보급품이 흘러나오면서 연유와 설탕류가 일상적으로 유통되자, 남부 베트남 사람들의 커피 취향은 점점 더 달고 진한 스타일로 고착되었고, 이 미군기지 공급 체계는 오늘날까지 이어지는 남부 특유의 '단맛 문화'를 형성하는 데 중요한 역할을 했다.

　가장 극적인 변화는 야식 문화였다. 미군 병사들이 늦은 시간에도 먹을 것을 찾기 시작하자, 베트남 상인들은 곧바로 리듬을 바꾸었다. 전쟁으로 어두운 밤거리 곳곳에서 작은 랜턴 불빛이 켜졌고, 거기서 튀어나온 메뉴는 늘 익숙하면서도 어디선가 낯선 형태였다. 예를 들면 느억맘에 절인 미국식 프라이드 치킨, 남부식 허브와 미군 통조림 참치를 섞어 만든 샐러드, 프랑스 바게트에 미군 햄을 끼워 만든 반미, 미국식 감자칩 위에 베트남 고추 양념을 끼얹은 매운 간식 등이다. 전쟁터 한복판이었지만 길거리에는 끊임없이 새로운 맛이 태어나고 있었다.

하지만 아이러니하게도 이렇게 남부에서 번성했던 미국·프랑스·베트남식 혼종 음식들은 전쟁이 끝나자마자 순식간에 자취를 감추었다. 거리 곳곳을 채웠던 미국식 패스트푸드와 전시에서 태어난 메뉴들은 마치 전쟁이 남긴 환영처럼 어느 날 흔적 없이 사라져 버렸다. 그럼에도 이 짧은 시기는 남부 음식 문화에 선명한 자국을 남겼다. 전쟁 속에서도 베트남은 맛을 포기하지 않았고, 낯선 재료와 조리법을 만나면 그것을 끝내 베트남식으로 흡수하고 재창조하는 고집스러운 미각의 힘을 증명한 시기이기도 했다.

빈곤 세대(1975~1985)의 등장

1975년 4월, 북베트남이 사이공을 점령하면서 긴 전쟁은 막을 내렸다. 이듬해 베트남은 공식적으로 재통일되었지만, 전쟁의 종식은 곧 경제적 악몽의 시작이기도 했다. 1955년부터 적용된 하노이의 공산주의 경제 체제는 농업 생산을 저해했고, 협동조합 제도는 농민들에게 일할 인센티브를 주지 못했다. 농촌은 황폐화되었으며, 식량의 질과 상관없이 "먹을 것이 있는가 없는가" 자체가 국민의 최대 관심사가 되었다.

1960년대 후반부터 1970년대 초까지 이어진 북부 항구 지역 폭격은 상황을 더욱 악화시켰다. 북부 전역에서는 쌀이 극도로 부족해 새벽부터 식량 배급표를 들고 줄을 서야 했고, 때로는 배급표 자체를 받기 위해 줄을 서야 했다. 전쟁 말기, 북부 베트남에서는 1천만 헥타르의 농지와 5백만 헥타르의 삼림이 파괴되었고, 약 150만 마리의 소가 죽었다는 기록이 남아 있다.

반면 남부는 처음에는 상황이 덜 심각했다. 도시와 마을에서는 식량을 비교적 쉽게 구할 수 있었다. 그러나 전쟁이 장기화되면서 농촌의 작물 생산은 갑작스럽게 붕괴되기 시작했다. 남부의 농업은 뚜렷한 전선 없이 벌어진 게릴라전 때문에 어느 날은 멀쩡한 논밭이, 다음 날은 폭격으로 사라지는 일이 반복되었다. 그렇게 풍요로 유명했던 메콩 삼각주가 제대로 쌀을 생산하지 못하자 베트남은 쌀 수입국으로 전락했고 다른 식량 또한 해외에서 들여와야만 했다.

1975년의 감격적인 통일은 기쁨보다 충격을 가져왔다. 남북 두 경제 체제를 통합하려는 시도는 곧바로 10년에 걸친 장기 경제 침체로 이어졌다. 북부에서 10년 동안 유지되었던 협동농장 모델이 남부에도 적용되자 저항이 거세게 일어났다. 그럼에도 베트남 정부는 강제 집단화를 시도했지만 그 결과는 처참했다. 생산량은 폭락했고, 시골의 치안까지 흔들리기 시작했다. 이후 10년 동안 베트남의 대다수 가정에서 식량 부족은 일상의 일부가 되었다.

남부 가정들도 이제 북부와 마찬가지로 배급 제도에 편입되었다. 배급표로 살 수 있는 것은 소량의 저품질 쌀과 옥수수, 밀가루와 약간의 설탕·두부·채소 등이었다. 순수 쌀로 지은 밥은 사치품이 되었고, 사람들은 밀가루를 쌀과 바꾸기 위해 암시장을 이용했다. 1970년대 후반이 되자 남북 전역에서 암시장이 번성하기 시작했고, 인플레이션은 걷잡을 수 없이 치솟았다.

식량 부족의 원인은 너무나 많았다. 전후 경제 통합 실패, 비효율적 분배 체계, 민간 기업 해체, 농업 정책 실패, 악천후, 무너진 인프라 등 모든 문제가 겹치면서 1975년부터 1985년까지의 10년은 베트남 국민 모두에게 혹독한 시기로 기억되었다. 생산량은 낮아지고 물가는 올라갔지만, 국영 협동조합은 여전히 농산물을 헐값에 사들여 수출하거나 국내에서 높은 가격으로 되팔았다. 생산성 향상에 대한 동기는 아예 사라졌고, 1985년이 되자 베트남은 세계에서 15번째로 가난한 나라가 되었다. 1인당 국민소득은 연 239달러에 불과했으며, 베트남보다 가난한 국가는 방글라데시를 제외하면 대부분 아프리카에 있었다.

굶어 죽는 사람은 거의 없었지만 그 시대 베트남인의 평균 식단은 극도로 빈약했다. 하루 섭취량은 고작 1,940칼로리에 불과했는데, 이는 유엔이 권장한 2,300칼로리에 한참 못 미치는 수준이었다. 단백질과 지방, 비타민 섭취는 만성적으로 부족했고, 식탁은 쌀죽·염장생선·소량의 채소로 채워지는 경우가 대부분이었다.

베트남 영양연구소의 기록에 따르면 당시 전체 아동의 약 25퍼센트가 영양실조 상태였으며, 이는 '조용한 재난'이라 불릴 만큼 만성적이고 구조적인 문제였다. 이러한 환경 속에서 1950년대부터 1980년대 초반까지의 시기를 견뎌낸 사람들은 '빈곤 세대(Thế hệ đói nghèo)'로 불린다. [42] 이들은 전쟁과 분단, 통일 이후의 험난한 재건 과정을 모두 겪으며 성장한 세대로, 만성적인 영양 부족과 식량 배급제, 열악한 생활 기반 속에서 어린 시절을 보냈다.

그 결과 이 세대의 신체 조건은 매우 빈약했다. 평균 키는 남성이 약 160, 여성은 150센티미터에 머물렀고, 남성 평균 체중이 45~50킬로그램 정도로 기록될 만큼 영양 결핍이 일상화되어 있었다. 전쟁과 빈곤, 열악한 식량 사정은 단순히 한 끼의 풍족함을 빼앗아 간 것이 아니라, 한 세대의 신체적 성장과 삶 전체에 깊은 흔적과 상처를 남긴 것이다.

식량 부족은 베트남의 음식 문화를 바꾸어 놓았다. 개, 고양이, 개구리, 뱀, 심지어 쥐까지 식탁에 오르기 시작한 것은 생존을 위한 필연이었다. 이들 음식은 오늘날 베트남에서는 지역적 특색을 지닌 별미로 받아들여지기도 하지만, 그 기원은 극심한 식량난 속에서 먹을 수 있는 것은 무엇이든 먹는다는 절박함에서 비롯되었다.

메콩 삼각주에서는 물고기가 귀하면 개구리로 단백질을 보충했고, 논두렁을 뛰어다니던 들쥐가 훌륭한 식량 대체재가 되었다. 베트남 북부에서는 숯불개구이(thịt chó nướng), 개찜(hấp), 개스튜(rựa mận), 개소시지(chả chó), 개순대(dồi chó), 개탕(xáo măng), 개볶음(xào lăn) 등 7대 개고기 요리가 등장했다. 코보라나 뱀도 이 사태를 피해 가지 못하고 음식 재료가 되었다. 이처럼 다양한 동물들이 음식 재료가 된 것은 기호의 문제가 아니라, 부족한 식량을 보충하기 위한 생존 전략이었다.

1986년에는 잠시 중단되었던 배급 제도가 재도입되어 쌀·설탕·육류 등 주요 식품을 다시 통제하기 시작했다. 하지만 당시 노동자 월급의 80퍼센트가 식비로 빠져나갔으며, 그마저도 가족 전체를 부양하기엔 턱없이 부족했다. 전쟁이 끝난 뒤의 베트남은 승자의 나라가 아니었다. 모든 지역이 가난했고, 북과 남은 서로 다른 경제 체제를 끌어안은 채 겨우 버티고 있었다. 1970년대 후반부터 1980년대 중반까지 이어진 이 긴 방황의 시기를 정부 스스로 '만성적 기아'라고 불렀다는 사실은 당시 상황이 얼마나 절박했는지 보여준다. [43] 식량은 늘 부족했고, 산업 기반은 파괴됐으며, 전후 통합 과정은 부작용만 양산했다.

베트남 빈곤 세대는 1990년대 초반~2000년대 초반까지 약 10년 이상 지속된 북한의 '고난의 행군' 세대와 유사하다. 북한의 고난의 행군 세대와 베트남의 빈곤 세대 시기는 모두 장기적 기아와 영양 결핍이 일상화되면서 주민들의 신체 성장과 식문화 전반에 깊은 흔적을 남겼다. 두 나라 모두 배급제로는 생존에 필요한 열량조차 확보하기 어려웠고, 단백질과 지방, 비타민이 만성적으로 부족해 한 세대 전체의 평균 키와 체중이 눈에 띄게 낮아졌으며, 어린이 영양실조가 광범위하게 나타났다. 이렇게 누적된 빈곤과 결핍은 단순한 일시적 위기를 넘어, 오늘날까지 베트남인의 신체 조건에 강력한 영향력을 미치고 있다.

베트남 공산당 정부는 이 궁핍을 돌파하기 위해 1975년 '신경제구역 정책(Khu kinh tế mới)'을 추진했다. 도시의 실업자와 전쟁으로 삶의 터를 잃은 실향민, 그리고 구정권과 연루되어 정상적인 일자리를 얻기 어려웠던 이들에게 새로운 토지를 제공하고, 농사를 통해 삶을 재건하도록 하겠다는 구상이었다. 정부는 1976년부터 1980년까지 약 400만 명을 이주시키겠다는 야심 찬 계획을 내놓았지만, 실제 농촌에 정착한 인구는 150만 명 남짓에 그쳤다.

그러나 도시에서 농촌으로 이주한 사람들이 마주한 현실은 정부가 홍보하던 밝은 미래와는 전혀 달랐다. 많은 신경제구역은 사실상 열대성 질병이 창궐하는 미개간지에 가까웠고, 농업 기반 시설은 거의 존재하지 않았다. 물과 전기가 제대로 공급되지 않는 곳도 많았으며, 일부 지역은 전쟁 당시 매설된 지뢰가 그대로 방치된 위험지대였다. 뜨거운 햇볕 아래 하루 종일 땅을 파고 논을 일구어도 수확은 형편없었고, 더위, 말라리아, 기생충, 영양실조가 이들을 번갈아 덮쳤다. 병에 걸려 쓰러지는 사람이 속출했고, 생계를 유지하기조차 벅찬 상황에서 많은 이들이 결국 버티지 못하고 도시로 되돌아갔다.

남부 주민들에게 신경제구역은 더 이상 새로운 삶의 기회가 아니라, 정치적으로 순응하지 않는 사람에게 내려지는 일종의 유배형처럼 받아들여졌다. "그곳으로 보내겠다"라는 말은 공허한 협박이 아니라, 실제 삶을 파괴할 수 있는 현실적 공포로 작용했다. 결국 이 정책은 국가가 약속한 개척과 재건과는 달리, 전쟁 직후 베트남 사회가 안고 있던 구조적 빈곤과 행정적 한계, 그리고 이념적 경직성이 한꺼번에 드러난 상징적인 실패로 기억되게 되었다.

이 절망적 환경은 새로운 흐름을 만들었다. 바로 보트피플이었다. 1970년대 후반부터 1980년대 중반까지 수많은 베트남인이 낡은 목선, 고무보트, 심지어는 어선 파편을 이어 붙인 배에 타고 바다로 향했다. 그들이 바라던 건 단 하나였다. "여기가 아닌 어디든." 1979년 한 해 동안만 20만 명이 넘는 이들이 다른 동남아시아 국가에 도착했지만, 풍랑과 해적, 굶주림 속에서 얼마나 많은 사람이 사라졌는지는 아무도 모른다.

전후 베트남이 끝없는 경제난 속에서 허덕이자, 예상 밖의 손님이 베트남 식탁에 끼어들기 시작했다. 바로 전쟁 내내 북베트남을 지원했던 소련이었다.[44] 미국이 1960년대 남부 베트남에 자신들의 음식 문화를 흘려보냈듯, 1970년대 후반과 1980년대에는 소련의 공무원과 기술자, 상인들이 베트남 북부와 중부에 들어와 새로운 음식을 선보였다. 흘렙(검은 호밀빵), 보르시(비프 수프), 샤슬릭(꼬치구이), 사워크림, 보드카 등이 베트남 음식 문화에 들어왔다.

베트남 국영 식품시장과 식당들은 외화 수요를 충족시키기 위해 소련 방문객들의 입맛에 맞춘 메뉴를 내기 시작했다. 호밀 흑빵이 진열대 한쪽을 차지했고, 사워크림이 요긴한 외국산 식재료처럼 다뤄졌다. 문제는 이런 변화가 베트남 서민에게 이득이 아니라 오히려 박탈의 신호로 느껴졌다는 점이었다.

전쟁 전부터 베트남 사람들에게 바게트는 일상의 상징이었다. 아침마다 갓 구운 바게트 냄새가 골목을 채웠고, 바삭한 껍질과 향긋한 속살은 베트남식 빵 문화의 핵심이었다. 그런데 전후 경제 붕괴와 밀 수입 감소, 국영기업의 비효율이 겹치면서 바게트는 점점 귀해졌으며 품질도 형편없이 떨어졌다. 소련식 검은 호밀빵이 등장했지만, 구수하고 바삭한 남부식 바게트에 대한 향수를 대체할 수는 없었다.

게다가 러시아 음식 자체는 대부분의 베트남 서민에게 비싸고 입맛에도 맞지 않았다. 묵직하고 뻑뻑한 식감은 열대 기후에서 부담스럽기도 했다. 구할 수 있다고 하더라도 사 먹을 이유가 없었고, 사 먹을 여유는 더더욱 없었다. 결국 소련이 가져온 식재료와 메뉴들은 중부 지역 휴양지인 나짱 등에서만 인기를 얻었을 뿐 대다수 베트남인의 식탁에 자리 잡는 데는 실패했다.

유일하게 베트남에 깊이 자리 잡은 러시아 식문화가 있다면 바로 보드카다. 사회주의 시기 수많은 베트남 유학생과 기술자, 군 장교가 소련과 동구권에서 생활하며 자연스럽게 체득한 술 문화가 귀국 후 베트남 사회에 퍼진 것이다. 이들은 소련에서 배운 '원샷'을 강요하는 문화, 검은 흑빵 안주와 함께 보드카를 마시는 방식, '건배-원샷-동지애'를 강조하는 집단적 음주 관습, 사람마다 차례를 돌며 서로의 잔을 채워 주고 함께 마시는 방식의 음주 문화, 해장용 음주 문화 등을 베트남에 퍼뜨렸다.

그러나 베트남은 러시아 보드카를 독자적으로 재해석하고 새로운 방식으로 만들었다. 러시아 보드카는 밀·호밀·감자 등을 발효하고 증류해서 만드는데, 본래 쌀 술 전통이 강한 나라 베트남은 쌀을 발효하고 증류해서 베트남식 보드카를 만들어냈다. 이 과정에서 러시아 보드카 특유의 강하고 건조한 질감은 한층 부드러워지고 쌀에서 오는 은근한 단맛과 깔끔한 뒷맛이 더해져 열대 기후에 맞는 독특한 보드카가 탄생한 것이다.

오늘날 이러한 베트남식 보드카는 Vodka Hà Nội, Vodka Men, Vodka Cá sấu(악어 보드카) 같은 상표로 널리 유통되며, 도시 노동자들의 식탁에서부터 결혼식과 연회 자리까지 자연스러운 베트남판 소주로 자리 잡았다. 베트남 보드카의 외형은 분명 러시아 보드카를 닮았지만, 그 속에는 베트남의 쌀 문화, 프랑스의 증류 기술, 그리고 소련식 음주 문화가 겹겹이 스며 있다.

이렇듯 기아, 실험적 경제정책의 연이은 실패, 강제 이주와 탈출이 뒤엉킨 긴 굶주림의 시대는 결국 베트남 지도부가 새로운 길을 찾지 않을 수 없게 만들었다. 베트남은 이 위기의 터널 속에서 사회주의 형제국인 중국의 개혁개방 그리고 소련의 페레스트로이카를 예의주시했다. 두 나라가 시장에 대한 통제를 조금씩 풀고 시장 메커니즘을 받아들이며 위기를 돌파하는 모습은 당시 베트남 지도부에게 거의 충격에 가까운 메시지였다. 무엇보다 그 가시적인 성과는 믿기 어려울 만큼 빠르게 나타나고 있었다.

베트남 내부에서도 "이전 방식으로는 더 이상 생존이 불가능하다"라는 절박한 공감대가 커졌고, 마침내 1986년 쇄신을 의미하는 도이모이가 국가의 진로를 뒤바꾸는 결정적 전환점으로 제시되었다. 정부는 시장을 부분적으로 개방하고 개인 경작을 다시 허용했으며, 농민에게 생산량을 강제로 상납하도록 했던 비효율적 제도를 전면 수정했다.

1987년, 베트남은 마침내 오래된 족쇄를 끊어냈다. 응우옌 반 린(Nguyễn Văn Linh) 공산당 총서기는 민간 경제에 숨을 불어넣는 대담한 개혁안을 발표했고, 이는 오랫동안 병들어 있던 경제에 처음으로 산소를 공급하는 행위와도 같았다. 농민들은 협동조합의 강제 속박에서 벗어나 자신이 일군 농사의 결실을 스스로 거둘 수 있게 되었고, 오랫동안 음성적으로만 존재하던 암시장은 합법적 경제 영역 안으로 흡수되었다.

그 변화는 전광석화처럼 진행되었다. 식량 생산량은 거의 하룻밤 사이에 뛰어올랐고, 1990년대 초 베트남은 기적에 가까운 속도로 식량 자급국으로 변모했다. 배불리 먹을 수 있다는 사실은 베트남 사회 전체의 분위기를 바꾸어 놓았다. 미래가 막연한 두려움이 아니라 기대와 계획으로 채워지기 시작한 것이다. 몇 해 지나지 않아 베트남은 기아 상태에서 완전히 벗어났고 2000년대에 이르러서는 동남아시아의 대표적 쌀 수출국이 되었다. 쌀의 나라 베트남이 다시 돌아왔다.

5. 중국의 유산

5. 중국의 유산

베트남 북부 지역은 고대부터 중국과 지속적으로 접촉해 왔으며, 중국 문명권의 정치·문화적 영향은 이후 수천 년 동안 깊게 이어졌다. 기원전 1천 년경 이 지역에는 락비엣(Lạc Việt)과 어우비엣(Âu Việt) 등 여러 토착 집단이 존재했고, 그들은 북부 홍강 유역을 중심으로 정착해 있었다. 기원전 3세기 말에는 툭판(Thục Phán)으로 알려진 지도자가 등장해 홍강 하류 지역을 통합했으며, 이 왕국은 후대 기록에서 어우락(Âu Lạc)으로 전해진다.

그러나 새로운 왕국의 시대는 오래 지속되지 못했다. 기원전 207년, 또 다른 중국계 세력인 남월의 조타趙佗가 이 지역을 정복한 것이다. 남월은 진·한 교체기의 혼란 속에서 중국계 군인 집단과 남방 토착 세력이 결합하여 형성된 지역 왕국이었으며, 조타는 중앙 정부의 통제를 벗어나 독자적인 세력권을 구축했다. 남월의 통치 방식은 한족 관료 체계를 일방적으로 강요하기보다는 기존의 토착 지배 구조를 상당 부분 활용했다.

북부 베트남 지역에서도 이 원칙은 크게 다르지 않았다. 어우락의 정치·사회 구조가 단번에 해체되었다는 증거는 없으며, 지역의 유력한 토착 지배층은 남월 체제 아래에서도 일정한 자치를 유지했던 것으로 보인다. 이들은 남월 왕국의 지방 통치망 속에서 세금과 공납 의무를 수행하는 지역 유력자로 재편되었으며, 남월의 권력은 이를 감독하고 외교와 군사적 지배권을 행사하는 형태로 작동했다.

중국의 홍강 삼각주 지배는 베트남 북부를 자연스레 다른 지역과 분리시켰다. 베트남 중부는 참파Champa로, 남부는 푸난Funan(메콩 삼각주)으로 발전해 각기 다른 정치문화권을 형성했다. 북부가 중국의 영향권 안에서 변해가는 동안, 중·남부는 인도와의 해상 교역, 참족과 크메르 문화와 뒤섞이며 다른 길을 걷게 된 것이다. 베트남 요리가 지역마다 극적으로 다른 이유 역시 바로 이러한 역사에서 비롯된다.

남월 지배 아래에 베트남 북부는 점차 중국의 색채를 띠기 시작했다. 조타 왕조 아래에서 어우락은 교지(Giao Chỉ)와 구진(Cửu Chân) 두 지역으로 재편되었고, 조타가 임명한 관리들이 무역로와 경제 활동을 통제했다. 다만 농경의 주체였던 락족의 삶은 거의 변하지 않았다. 그들은 여전히 벼농사를 짓고 물고기를 잡았으며, 새로운 중국인 지배자에게 세금을 냈다. 이 시기 베트남 북부와 중국의 광둥·광시 지역은 기후와 지형이 유사해, 양쪽의 농산물과 조리 방식도 큰 차이가 없었다.

그러나 보다 근본적인 변화는 기원전 111년, 한나라가 남월을 정복하면서 시작되었다. 이 시점을 계기로 베트남 북부는 중국 제국의 행정 체계에 편입되었고, 중국의 영향은 간접적 교류를 넘어 직접적인 지배의 형태로 이어졌다. 이후 약 천 년에 걸친 통치 속에서 중국식 정치·법률·관료 제도는 베트남 사회 전반에 깊이 스며들었다. 이러한 변화는 음식 문화에도 영향을 미쳐, 조리법과 국물 중심의 식사 방식, 젓가락 사용, 향신료의 사용을 절제하는 성향 등이 점차 정착되었다. 중국과의 긴 교류와 동화의 과정은 오늘날까지도 북부 음식의 기본 골격인 맑은 국물, 절제된 향, 은은한 감칠맛으로 이어지고 있다.

베트남의 조공품

한나라(기원전 206년~서기 220년) 제국은 베트남 북부, 어우락 지역을 보다 체계적으로 관리하기 위해 총독을 파견했다. 한나라는 이 지역을 교지, 구진, 녓남(Nhật Nam) 세 구역으로 나누어 재정비했는데, 이 중 교지와 구진은 앞서 언급한 어우락 왕국의 핵심 영토였다. 반면 녓남은 한나라 기록에서 처음 등장하는 지역으로, 역사가들은 이곳이 호앙선산맥(Dãy Hoành Sơn) 너머 더 남쪽, 오늘날의 중부 베트남 쪽에 있었을 것으로 추정한다.

이 시기 주목할 곳이 바로 루이러우(Luy Lâu)다. 오늘날 박닌성에 있는 이 고대 도시는 하노이 북동쪽 약 30킬로미터 지점에 자리 잡고 있으며, 기원전 3세기부터 서기 초기까지 베트남 최초의 국제 무역 중심지로 번성했다. 루이러우는 아시아 각지의 상인들과 물자가 드나드는 관문이었고, 북베트남이 동서 문화와 접촉하는 창구 역할을 했다. 베트남 고고학자들은 이곳에서 중국 도자기, 인도산

구슬, 중동 유리 제품 등을 발굴했다.

　기원전 206년에서 서기 23년 사이의 역사를 다룬 중국의 정사 《한서漢書》에는 남방 지역, 특히 오늘날의 베트남 북부에 해당하는 교지와 구진 등지의 주요 생산품과 이 지역에서 한나라에 바친 조공 품목이 비교적 구체적으로 기록하였다. 여기에 나오는 품목들은 지역 특산물, 향료, 광물, 진귀한 생물 자원 등으로 구성되어 있으며, 이는 당시 베트남을 바라보던 한나라의 경제적 관심을 보여준다.

　14세기 베트남 사서인 《안남지략安南志略, An Nam Chí Lược》은 중국 정사 자료를 인용하여 베트남 지역의 고대 생산물과 조공 명세를 서술하고 있는데, 저자 레 딱(Lê Tắc)은 《한서》를 포함한 중국 사서들을 참고해 당시 남방 지역의 재화 흐름을 정리하였다. 45) 다만 이 기록에 등장하는 공물은 후대적 의미에서의 정치적 조공이라기보다는, 한대 행정체계 아래 편입된 지역이 중앙 정부에 납부하던 세금과 공납의 성격을 띠는 경우가 많다. 이들 공납 품목은 소금 등 생활용품도 있지만, 주로 금속 광물·진귀한 목재·약재·향료·진주·상아·코뿔소뿔·향신료·산호·꿩과 공작 같은 희귀 조류와 화려한 깃털까지 포함되는데, 한나라는 베트남을 남방의 이국적 보물 창고로 간주하고 있음을 보여준다.

　이 가운데 소금은 단순한 조공품을 넘어선 전략 물자였다. 한나라는 소금을 철, 곡물과 함께 국가가 독점적으로 통제하는 핵심 생산품으로 간주했고, 베트남 역시 예외가 아니었다. 베트남 해안에서는 바닷물을 염전으로 끌어들여 흙으로 둑을 쌓고, 열대의 강렬한 햇볕 아래 증발시키는 방식으로 소금을 생산했다. 남중국해와 맞닿은 긴 해안 덕분에 베트남은 이런 방식으로 풍부한 소금을 공급할 수 있었는데, 이는 자연스럽게 중국의 조공 목록에도 포함되었다.

　역대 중국 정부는 베트남산 소금을 중요한 자원으로 간주했다. 예를 들어 명나라는 소금을 국가가 통제하는 필수품으로 규정하고, 어떤 민간인도 사적으로 판매할 수 없었다. 소금세가 부과되었으며 생산은 관리들의 엄격한 감독 아래 이루어졌다. 모든 여행자는 최대 세 그릇의 소금만 휴대할 수 있었고, 심지어 느억맘까지도 규제를 받았다. 후추 역시 엄격하게 통제되는 필수품이었다. 베트남 기록에 따르면 1418년 4월에 후추를 수확해 중국 관리에게 진상했고, 이후 재배

규모가 더 확대되었다. 생산된 후추와 소금은 국내 소비뿐 아니라 중국에 대한 조공으로도 바쳐졌다. [46]

한나라는 베트남을 진귀한 약재 창고로 간주했다. 꿀과 밀랍은 물론이고 생강·강황·갈랑갈 같은 향신식물의 공납을 요구하였다. 이 세 가지는 음식의 풍미를 돋우는 조미료일 뿐만 아니라, 고대 동아시아와 남방 지역에서 약용으로 널리 활용된 귀중한 자원이었다. 생강과 갈랑갈은 특히 소화 장애·이질·콜레라 등 다양한 질환을 다스리는 약재로 높이 평가되었다. 강황 역시 항염과 치유 효과로 주목받았으며, 갈랑갈은 의약적 쓰임새는 물론 베트남의 전통 쌀로 만든 술의 발효 과정에서 핵심적인 역할을 하는 중요한 공물이었다.

중국인들에게 베트남은 남방의 이국적 생물이 서식하는 곳으로 인식되었다. [47] 특히 베트남과 인도차이나반도에 서식하는 대형 야생 들소인 가우르가 큰 관심을 받았다. 《삼국지》에는 이 동물이 중국 왕조에 공물로 바쳐졌다는 기록이 전해지는데, 이는 남방 지역의 특산 동물에 대한 중국의 관심을 보여준다. 이후 5세기 남북조 시대에는 베트남에서 조공된 흰 사슴과 공작 등이 보인다.

중국의 유산

서기 1세기에 접어들면서 베트남 북부는 한나라의 직접 통치가 강화되며 뚜렷한 변화를 맞이했다. 이러한 변화의 시작은 총독으로 부임한 서광司空이 현지 주민들에게 중국식 관습과 예절의 수용을 강제하면서 나타났다. 이는 베트남을 한나라의 행정 질서 안으로 편입하려는 시도였으나, 보다 실질적인 사회적 전환은 서기 25년 북베트남 교지에 부임한 관리 임연의 정책에서 한층 분명하게 드러난다.

임연任延은 부임 직후 이 지역 주민들이 사냥과 낚시에 크게 의존하는 생활 방식을 문제로 인식하고, 정착 농경과 벼농사를 중심으로 한 생활로의 전환을 추진했다. 중국 사서에는 그가 베트남인들에게 벼농사를 가르쳤다고까지 서술되어 있으나, 이는 당시의 현실을 단순화한 과장된 표현으로 볼 수 있다. 베트남 지역에서는 이미 기원전 1천 년경부터 홍강 삼각주를 중심으로 벼농사가 발달해 있었으며, 임연의 정책은 이러한 기존 농경 문화를 새로 도입하기보다는 한나라의 통치 질서에 맞게 재편하려는 시도였다고 이해하는 편이 자연스럽다.

실제로 임연이 도입한 변화의 핵심은 벼농사 자체가 아니라, 물소가 끄는 철제 쟁기와 같은 새로운 농기구와 이를 활용한 농법이었다. 그는 또한 벼농사를 장려하는 정책을 적극적으로 추진했는데, 이는 이 지역에 정착한 한족 인구를 안정적으로 부양하려는 목적이 컸던 것으로 보인다. 이러한 정책은 일정한 성과를 거두어, 이후 그의 관할이던 베트남 북부에서는 지역 수요를 충당할 만큼의 쌀을 생산할 수 있을 정도로 농업 생산력이 향상되었다.

중국 천년기Cese Millennium [48] 에 베트남은 그 어느 때보다도 거대한 문화적 압력을 받았다. 중국의 물산과 요리법이 북방에서 밀려들어 왔고, 베트남은 그 거대한 문명의 파도 속에서 천 년 넘게 흔들렸다. 전쟁, 궁정 내란, 지방 반란이 반복될 때마다 중국 각지의 이주민과 난민이 베트남으로 흘러들었고, 동시에 중앙 정부는 관리와 군대를 끊임없이 파견해 땅을 통치하고 세금을 거두고 조공을 확보했다.

그러나 베트남이 일방적으로 중국의 지배만을 받아 온 것은 아니었다. 베트남은 북방에서 가장 강력한 군사력을 자랑하던 몽골과의 전쟁에서 맞서 싸워 승리를 거두며 독립을 지켜 냈다. 1285년부터 1288년까지 이어진 대몽골 전쟁에서의 승리는, 위로부터 아래까지 민중이 한마음으로 결집한 저항의 결과였다. 동시에 그 이면에는 당시 베트남의 안정적인 농업 생산력과 이를 뒷받침한 독특한 음식 문화가 중요한 토대로 자리하고 있었다.

몽골 전쟁 당시 베트남 쩐 왕조 시대의 식탁은 쌀을 중심으로 한 단단한 농경 체제 위에 놓여 있었다. 홍강 삼각주의 비옥한 평야는 11~13세기 무렵 이미 관개 시설이 정비되어 있었고, 농업 생산성은 몽골군이 예상했던 수준을 훌쩍 뛰어넘었다. 쩐 왕조는 둑 축조와 수리 사업을 국가가 직접 관장하며, 풍부한 강우와 촘촘히 연결된 복합 관개망을 적극 활용하였다. 그 결과 농경지는 안정적인 수자원을 확보할 수 있었고, 연 2회의 벼 재배가 가능해지면서 농업 생산력은 비약적으로 증대되었다. 이 안정된 쌀 생산 체제는 반복되는 침공 속에서도 베트남이 장기전을 견딜 수 있었던 핵심 자산이 되었다.

풍부한 강과 하구 자원도 큰 역할을 했다. 생선·새우·게·민물고기는 굽거나 소금과 젓갈로 손쉽게 보존할 수 있었고, 이는 전투와 이동이 잦은 군대에 안정적인 단백질 공급원이 되었다. 특히 느억맘의 원형인 젓갈과 어간장은 짠맛과 감칠맛을 더하면서도 저장과 운반이 용이해 전시 식량 체계의 중심을 이루었다.

당시 베트남인의 식탁은 쌀밥과 쌀죽이 기본이었으나, 전쟁이 길어지면 쌀을 아끼기 위해 고구마·타피오카 같은 뿌리작물과 콩류·찹쌀·각종 떡류가 널리 이용되었다. 병사들은 휴대가 쉬운 찰떡·말린 밥·건어물·염장 고기를 주요 전투식량으로 삼았고, 몽골군을 피해 산악과 습지대로 이동할 때도 이러한 간편식은 생명줄이 되었다.

베트남의 몽골군 격퇴 이유로 흔히 지형과 게릴라전을 강조하지만, 그 밑바탕에는 오랜 전쟁을 버텨낸 농업 기반의 견고함과 식량 자급력이 있었다. 몽골군이 침입하면 베트남인들은 농토를 버리고 숲과 늪으로 이동해 일종의 청야전술淸野戰術을 펼쳤으며, 그 결과 몽골군은 어디에서도 식량을 확보할 수 없었다. 그리고 몽골군이 철수하자 농촌 공동체는 놀라울 만큼 신속하게 회복되었다. 이는 논밭의 생산성이 높았을 뿐 아니라 공동체적 노동 체계가 견고했고, 마을 조직이 강한 결속력을 바탕으로 곧바로 재건에 착수할 수 있었기 때문이다.

몽골군은 유라시아 전역을 약탈을 통해 정복해 나갔지만, 베트남에서는 그 전술이 제대로 작동하지 않았다. 무엇보다 제대로 된 식량을 구할 수 없었다. 당시 대부분 베트남의 음식은 육포와 같은 건조식 저장에 의존하기보다, 즉석 조리와 신선한 재료의 빠른 순환을 중심으로 형성되어 있었기 때문이다. 그 결과 몽골군이 마을을 약탈하더라도 장기간 보관할 수 있는 대량의 식량을 확보하기는 어려웠다.

여기에 강과 늪, 구릉지가 복합적으로 얽힌 자연환경은 전쟁 중에도 물과 어패류, 각종 채소를 베트남군에게 지속적으로 공급해 주었다. 이러한 기후·지형·식생활이 결합된 유연한 생태적 식량 체계는 베트남의 전쟁 지속 능력을 실질적으로 뒷받침했다. 탄탄한 농업 기반과 효율적인 음식 체계 덕분에 베트남은 아시아에서 유일하게 몽골 제국의 침공을 세 차례나 격퇴한 나라로 역사에 남게 되었다.

베트남은 유라시아 최대 강대국인 몽골을 물리쳤지만, 이후 내부 분열로 다시 중국의 지배를 받게 되었다. 1407년, 명나라는 베트남을 점령하자마자 국가 체제는 물론이고 농업과 음식 문화까지 중국식 질서에 편입시키려 했다. 가장 먼저 손을 댄 것은 토지와 수리 사업이었다. 명 조정은 베트남을 하나의 남방 행성처럼 다루고, 황하 유역에서 쓰던 토지 조사와 수세 체계를 그대로 이식하려 했다. 관개시설과 둑 관리 역시 중국식 기준으로 재편되었고, 논을 세밀하게 구획하고 문서로 만들어 관리했다.

명나라의 식량 정책은 매우 실용적이면서도 강압적이었다. 전쟁과 점령으로 인해 수확량이 급감하자, 명나라는 백성들에게 조·기장·수수·콩과 같은 건조 곡물 재배를 강조했다. 이는 보관과 운반이 쉬운 중국 북방식 식량 체계를 도입하려는 시도였다. 반면 베트남 고유의 젓갈 중심의 식생활은 명 관료들에게 비체계적이고 야만적인 식문화로 보였다.

이 기간에 중국의 관리들은 단순히 세금만 걷은 것이 아니라, 의도적으로 베트남을 자신들의 질서 속에 편입시키려 했다. 14세기 사서 《안남지략》은 한나라 문헌을 인용해 당시 베트남인들의 생활상을 이렇게 기록했다.

> "남자들은 밭에서 일하거나 장사를 하고, 여자들은 누에를 기르고 베와 비단을 짜며 살았다. 그들의 주식은 절인 채소, 발효 생선, 해산물이었다."[49]

이 짧은 기록 한 줄에서, 당시 베트남 북부의 음식 현실이 또렷하게 드러난다. 고기는 귀했거나 지나치게 비쌌다. 이런 이유로 밥 반찬으로 영양을 유지하려면, 사람들은 주변에서 쉽게 구할 수 있는 재료를 최대한 오래, 그리고 더 깊은 맛으로 먹을 수 있어야 했다. 그 절박함 속에서 발달한 것이 바로 절임·건조·발효 기술이었다. 채소를 소금에 절이고, 물고기를 삭히고, 해산물을 훈제하고 발효시키는 방식은 단순한 조리법이 아니라 생존 전략이었다. 지금의 느억맘, 젓갈류처럼 베트남 요리를 대표하는 강렬한 발효 풍미의 뿌리도 바로 여기에서 비롯된다.

명나라 시기 베트남에 체류한 상인과 관료들은 현지 음식을 접하며 강한 이질감을 느꼈고, 이러한 인상은 여러 기록에 남아 있다. 그들은 베트남 사람들이 물고기·게·새우를 지나치게 많이 섭취하고, 향채의 맛이 강하며, 국물이 맑고 담백하다고 평가했다. 이러한 평가는 중국이 베트남을 문명화되지 않은 남방 지역, 곧 '야만적' 공간으로 인식하던 시각과 맞닿아 있었다. 그러나 중국인의 평가는 낯섦과 우월의식이 결합된 인식이었으며, 열대의 기후 환경 속에서 식재료의 신선함을 중시한 베트남의 조리 원칙을 이해하지 못했기 때문이다.

명나라가 남긴 또 다른 영향은 중국 조미료와 조리도구의 유입이었다. 이 시기에 철제 칼·도마·중국식 냄비·도기와 옹기 기술이 대거 전파되었고, 이는 후대 베트남 요리의 조리 방식과 도기 생산에 큰 영향을 미쳤다. 젓가락은 한나라 시대에 이미 등장했지만, 당시에는 조리도구에 가까웠다. 식탁 위에서 당연한 도구로 자리 잡은 것은 훨씬 뒤인 명나라 시기였다. 베트남에서 젓가락이 일상 식사에 정착한 과정은 단순한 식습관의 변화가 아니라, 명나라 점령기에 시행된 강도 높은 동화 정책과 맞물려 있었을 가능성이 크다.

도구의 변화는 젓가락만으로 끝나지 않았다. 중국 천년기 동안 중국식 냄비·주전자·철솥·금속 조리도구 등이 베트남으로 대거 유입되며 기존의 토기와 점토 냄비를 보완해 갔다. 이러한 변화는 자연스럽게 베트남의 식문화 전반에 영향을 미쳤고, 특히 도자기 발전에 큰 불씨가 되었다. 중국식 기술이 들어오자, 베트남 도자기는 점차 정교함을 더해 갔고, 식기들은 화려한 유약과 장식으로 무장해 중국의 본토 도자기와 견줄 만큼 높은 수준에 이르렀다.

중국은 베트남에 여러 곡물을 들여왔는데, 그중에서도 중국 이주민들에게 쌀만큼 자연스러운 주식이었던 밀이었다. 북방 출신의 중국인들에게 밀은 너무도 익숙한 곡식이었고, 이들은 베트남 북부에서 빈번하게 발생하던 쌀 부족을 보완하기 위해 밀 경작을 적극적으로 시도했다. 그러나 베트남 사람들에게 밀은 체질적으로도 어색한 먹거리였고, 소화가 잘 안되는 곡식으로 받아들여졌다. 결국 밀은 일상 식탁의 중심이 되지는 못하고, 국수·찐빵·완탕·만두 같은 중국풍 음식의 한 갈래로 자리를 잡게 되었다.

중국은 베트남에 이처럼 강력한 음식 문화의 유산을 남겼지만, 인적 유산도 남겼다. 1644년 명이 붕괴하고 청이 중국 대륙을 장악하자, 명에 충성을 맹세했던 한족 유민 일부는 만주 왕조의 지배를 거부한 채 남쪽으로 이동했다. 이들은 해로와 육로를 따라 베트남으로 이주해 정착했고, 자신을 '명나라의 고향 사람들'이라는 뜻의 민흐엉(Minh Hương)이라 불렀다. 이 명칭에는 단순한 출신 표시를 넘어, 멸망한 왕조에 대한 기억과 정치적·문화적 정체성을 지키려는 의지가 담겨 있었다.

베트남에 정착한 민흐엉은 처음에는 중국식 성씨와 유교적 가치관, 상업 네트워크를 유지하며 비교적 폐쇄적인 공동체를 이루었다. 그러나 현지 사회 속에서 살아가는 과정에서 베트남인과의 통혼이 점차 일반화되었고, 세대를 거치며 언어와 관습, 생활양식은 자연스럽게 베트남화 되었다. 그 결과 민흐엉은 혈연적으로는 중국계의 뿌리를 지니면서도, 문화적·사회적으로는 베트남 사회에 깊이 스며든 존재로 자리 잡게 되었다.

명나라 유민인 민흐엉은 무엇보다 근면하여 산업적 규모로 채소 농장을 일구고, 뛰어난 상업 감각을 바탕으로 현지 산물과 중국 산물을 대규모로 사고팔며 베트남을 국제 무역의 중심을 형성했다. 이들이 가져온 광둥, 치우저우, 푸젠, 하이난 등지의 음식문화는 주변 크메르족과 베트남 정착민들에게 자연스럽게 전파되어 남부 음식의 스펙트럼을 풍부하게 만들었다. 18세기에 들어 이들은 사이공 인근 쩔렌 지역에 대규모 도매시장을 설립하여 자신들의 농경지와 여러 지역에서 모은 다양한 사냥감, 채소, 허브, 향신료를 국제 해상 무역망을 통해 판매했고, 이러한 활동은 메콩 삼각주를 비옥한 농업 지대로 전환시키는 데 결정적인 역할을 했다. 이 흐름은 결국 현재의 호찌민시 일대를 18세기 무렵 이미 국제 무역항으로 성장하게 만든 원동력이 되었다.

그러나 베트남 사회에 깊이 동화된 민흐엉은 독자적인 문화 전통을 유지하지 못했다는 점에서, 화인 남성과 현지 여성 사이에서 태어나 점차 현지 사회에 흡수된 태국의 룩진Luk Chin과 유사한 성격을 지닌다. 반면, 중국계 이주민의 언어·음식·관습을 비교적 뚜렷하게 계승하며 독자적 공동체 문화를 형성한 말레이시아의 페라나칸Peranakan이나 식민지 사회에서 사회적 범주로 자리 잡은 필리핀의 메스티소Mestizo와는 뚜렷이 구별된다. 민흥영은 혼혈 집단이라는 점에서는 페라나칸과 메스티소와는 공통점을 지니지만, 문화적 자율성과 집단 정체

성에서는 룩진과 비슷한 길을 걸었다. 50)

　프랑스 식민지 시기에 접어들면서 민흐엉의 위치는 한층 더 복합적인 성격을 띠게 되었다. 이들은 화인과 베트남인 사이의 경계에 놓인 집단으로 인식되며, 식민 권력과 토착 사회 양쪽의 시선을 동시에 견뎌야 했다. 화인이 상업과 무역에서 큰 비중을 차지했던 만큼, 민흐엉 역시 중개자이자 연결 고리로서 식민지 경제를 떠받치는 중요한 역할을 맡았다. 프랑스 식민지 엘리트들은 베트남인들보다는 그들의 화인 요리사를 더욱 친근하게 여겼다. 코친차이나 시기에는 화인 남성이 식민지에서 가장 뛰어난 요리사라는 인식이 널리 퍼져 있었다. 화인의 이러한 기능적 역할의 이면에는, 언제나 화인에 대한 모호한 정체성과 불안정한 사회적 평가가 그림자처럼 따라다녔다.

　베트남인은 이러한 긴장을 노골적인 편견으로 풀어냈다. 화인 무역상은 큰돈을 벌어 베트남에서 장가를 들고 살다가, 파렴치하게도 베트남인 처자식을 버린 채 중국으로 돌아가 그곳에서야 비로소 '진짜 가정'을 꾸린다는 이야기가 반복되었다. 이는 화인을 일시적 체류자이자 도덕적으로 결함 있는 존재로 묘사함으로써, 식민지 사회에서 그들의 경제적 영향력을 경계하고 비난하려는 시선을 반영한 것이었다.

　그러나 실제 베트남 사회의 모습은 이러한 서사와는 상당히 달랐다. 화인과 베트남인의 혼혈인 민흐엉 공동체는 도시와 지방 곳곳에 널리 형성되어 있었으며, 이들은 떠날 준비를 한 이방인이 아니라 이미 베트남 사회의 일부였다. 민흐엉은 혈연적으로 중국계와 베트남계를 함께 품고 있었고, 일상에서는 베트남어를 사용하며 지역 사회의 관습과 관계망 속에서 살아갔다. 화인이 베트남에서 가정을 꾸리지 않고 떠난다는 이미지는, 눈앞의 현실을 애써 외면한 단순화된 상상이었다.

　한편, 베트남 사회에는 화인 남성을 둘러싼 또 다른 부정적 논란도 존재했다. 변발과 함께 비만이 화인 남성의 특징으로 인식되었고, 대체로 마른 체형이 많았던 베트남인들과 대비되며 "화인은 가난한 베트남인을 희생시켜 살을 찌운다"는 주장까지 등장했다. 51) 이는 경제적 격차와 상업 활동에서 비롯된 긴장을 신체적 이미지와 도덕적 비난으로 환원한 것이었다. 민흐엉과 화인을 둘러싼 이러한 담론은 식민지 베트남 사회가 민족, 계층, 경제적 이해관계가 얽혀 만들어낸 복합적인 편견의 산물이었으며, 동시에 그 사회가 얼마나 다층적인 역사 위에 서 있었는지를 보여주는 증거라 할 수 있다.

오늘날 베트남에 거주하는 중국계 인구는 공식 통계상 약 80만~100만 명 수준으로, 전체 인구의 약 1퍼센트 내외를 차지하는 소수 집단이다. 이들은 베트남에서 흔히 호아족(Hoa, 華族)이라 불리며, 역사적으로는 화인 이주민과 민흐엉의 후손이 혼재된 집단이다. 1970년대 말 베트남과 중국 관계 악화와 보트피플 사태로 대규모 이탈을 겪은 이후, 현재의 중국계 베트남인은 수적으로는 감소했지만 상업과 유통, 제조업, 금융 등에서 여전히 눈에 띄는 존재감을 유지하고 있다. 이들은 정체성 면에서는 베이징의 표준 중국어가 아닌 광둥어, 민남어(차오저우어·푸젠어), 하카어 등을 사용하는 경우도 있으나, 다수는 베트남어를 모어로 사용하며 법적·국민적 정체성에서는 자신을 베트남인으로 인식한다. 오늘날 베트남의 중국계 인구는 중국적 뿌리를 기억하면서도, 일상과 사회적 소속에서는 베트남 국가와 사회에 깊이 통합된 이중적 정체성을 지닌 집단이라 할 수 있다.

두부

중국의 지배는 정치적 굴레이기도 했지만, 음식의 세계에서는 수천 년에 걸쳐 깊은 흔적을 남겼다. 중국의 곡물과 조리법이 도입되면서 베트남 사람들은 부족한 자원 속에서도 발효와 보존 기술을 배우고 응용해 자신들만의 요리 문명을 형성했다. 두 문화의 긴장이 빚어낸 이 절묘한 혼합물은 훗날 베트남 전역에 자리 잡은 절임과 발효의 미학, 그리고 국수 문화의 계보로 이어졌다. 그 대표적인 예가 바로 두부였다.

수천 년 동안 이어진 중국과의 지배와 교류 속에서 베트남 식탁에 가장 깊게 뿌리내린 중국의 선물 하나를 꼽으라면 단연 두부일 것이다. 오늘날 베트남에서 두부는 너무나 자연스럽고 익숙해서 그 기원을 떠올리는 이가 거의 없지만, 그 시작은 분명 중국이었다. 정확한 전래 시점은 사료에 명확히 남아 있지 않으나,

대체로 두부가 중국에서 만들어진 뒤 한~당 시기 교역과 불교의 확산을 통해 베트남으로 천천히 퍼져 들어온 것으로 추측된다.

이 순백의 콩 응고 식품이 베트남 요리에서 폭넓은 호응을 얻은 배경에는 불교의 영향이 컸다. 육식을 꺼리고 생명을 해하지 않으려는 수행 전통 속에서, 승려와 신도들은 단백질을 보충할 대체 식품이 필요했다. 두부는 고기에 가까운 식감과 온화한 풍미, 다양한 조리법을 수용하는 유연성을 갖추어 이상적인 채식 식재료가 되었고, 시간이 흐르며 베트남인의 일상 식단에도 자연스럽게 깊이 스며들었다.

두부의 활용 범위 역시 넓었다. 시골에서는 값비싼 고기 대신 두부가 귀중한 단백질 공급원이 되었고, 도시에서는 채식뿐 아니라 국물 요리와 볶음과 조림 등 다양한 음식에 활용되었다. 두부의 담백한 성질 덕분에 주변 재료의 풍미를 잘 흡수해, 창의적인 조리법이 끝없이 파생되었으며, 달콤한 맛과도 잘 어울려 디저트 문화까지 영역을 넓혔다.

베트남의 두부 시장은 일찍부터 세분화되었다. 단단한 두부는 기름에 튀겨 바삭한 식감을 살렸고, 덜 단단한 두부는 수프나 조림에 넣어 부드러움을 강조했다. 가장 부드러운 두부는 디저트에서 빛을 발했는데, 걸쭉하게 끓인 두유를 식혀 젤리 같은 농도를 만든 뒤 얇게 떠낸 조각에 생강 시럽을 끼얹은 '설탕 시럽 연두부(tàu hủ nước đường)'는 전국적으로 사랑받는 별미가 되었다.

두부의 조리법은 실로 다양하다. 삶고, 찌고, 굽고, 튀기는 기본 방식부터, 파·버섯·토마토와 함께 약불에 졸여 내는 가정식까지 폭넓게 발전했다. 특히 튀긴 두부(đậu rán)는 베트남 가정식을 대표하는 반찬이 되었고, 느억맘이나 간장에 찍어 먹는 맛으로 세대를 가리지 않고 사랑받는다. 여기에 간단한 양념과 함께 볶아내는 소박한 가정식 형태도 널리 애용된다.

베트남의 두부 문화에서 빼놓을 수 없는 또 하나의 존재는 발효 두부, 즉 짜오(chao)다. 소금·고추·향신료와 함께 발효시켜 완성하는 이 두부는 크림 같은 질감과 강한 풍미가 특징이며, 닭구이나 게 요리, 뜨끈한 죽과 곁들이면 깊은 맛을 더해 준다. 이는 중국의 초두부와는 성격이 다른, 베트남 북부와 중부 산지 문화권에서 자연스럽게 형성된 발효 식문화의 산물로 평가된다.

오늘날 베트남 요리는 지역마다 뚜렷한 개성을 지니고 있지만, 두부만큼은 전국 어디에서나 널리 쓰이는 재료다. 중국에서 전래된 다른 조리 전통들이 시대와 지역에 따라 변형되거나 일부에만 남은 것과 달리, 두부는 베트남인의 일상 속으로 깊숙이 스며들어 완전히 베트남화 된 몇 안 되는 식품으로 자리 잡았다.

간장

중국 요리 문화의 핵심에는 두부와 함께 늘 간장이 있었다. 삶은 콩에 볶은 밀과 소금, 물을 더해 곰팡이로 발효시키는 단순한 공정이지만, 이 발효액을 걸러낸 간장은 중국 식탁을 넘어 동아시아 전역의 맛을 바꾸어 놓았다. 남은 콩 반죽은 가축 사료로 쓰였고, 위에서 걸러낸 진한 갈색 액체는 수천 년 동안 요리의 토대가 되어왔다. 이 간장의 기원은 기원전 3세기 혹은 2세기까지 거슬러 올라가며, 한족 정착민들이 베트남으로 내려오기 시작한 시기와 거의 일치했다. 두부가 그러했듯, 간장 역시 중국계 이주민의 이동과 함께 자연스럽게 베트남으로 흘러들어온 식문화의 일부였다.

베트남에 도착한 간장은 곧 중요한 조미료로 자리 잡았다. 본래 중국 음식의 양념으로 쓰였지만, 베트남 사람들은 이를 자기들만의 방식으로 변주했다. 특히 돼지고기 요리에 간장을 넣어 천천히 졸였을 때 생기는 짙은 캐러멜 향, 그리고 달콤하고 쌉싸름한 색감은 베트남식 조림 요리의 핵심이 되었다. 불이 약한 시골 부엌에서도 전쟁의 한가운데서도 간장은 고기와 생선의 양을 늘릴 수 없는 가난한 시대에 맛을 풍성하게 하는 가장 믿음직한 조미료였다.

더구나 간장은 고기와 생선을 사용하지 않는 채식 요리에서도 없어서는 안 될 조미료였다. 불교의 영향 아래 육식을 피해야 했던 수도자들에게 간장은 단백질이 부족한 식단에서 풍미를 보충하는 사실상 유일한 조미료였고, 두부·채소·버섯 같은 단출한 재료를 훌륭한 한 끼로 바꾸어 주었다. 이 때문에 간장은 채식 중심의 식탁에서 단순한 양념을 넘어 음식의 균형과 깊이를 결정짓는 핵심 요소로 자리 잡았다.

베트남에 정착한 간장은 시간이 흐르며 지역마다 다른 쓰임새로 뿌리내리게 되었다. 북부에서는 중국식 장 문화의 흔적이 두드러져, 짙고 짠맛이 강한 간장이 두부·채소·육류 조림에 자주 쓰였고, 중부는 향신료 사용이 많은 특성 때문에 간장을 고추·마늘·설탕과 함께 섞어 강렬한 양념장으로 발전시켰다. 반면, 남부는 느억맘의 비중이 빠르게 커졌음에도 불구하고 간장은 돼지고기 조림이나 달걀조림 같은 가정식에서 여전히 중요한 자리를 차지하고 있다.

간장은 오랜 시간 동안 형태와 맛이 크게 달라지지 않은 조미료였다. 지역과 용도에 따라 농도와 염도에는 차이가 있었지만, 콩을 발효시켜 짠맛과 감칠맛을 얻는 기본적인 제조 원리와 맛의 골격은 비교적 안정적으로 유지되었다. 이러한 특성 덕분에 왕조가 바뀌고 정치적 질서가 변해도 간장은 베트남인의 일상 식생활 속에 꾸준히 남아 있을 수 있었다. 오늘날 베트남의 대표적인 조미료는 느억맘이지만, 대부분의 가정 부엌에는 여전히 간장이 자리하고 있다. 달걀을 졸이거나 돼지고기를 캐러멜화할 때, 두부를 볶는 과정에서 간장은 눈에 띄지 않게 스며들며, 오랫동안 베트남 음식의 기본적인 맛의 토대를 형성해 왔다.

통오리구이

중국은 베트남에 단순히 새로운 재료만 남긴 것이 아니었다. 천 년에 걸친 지배 속에서 조리 기술 자체가 통째로 건너왔고, 그중 가장 큰 변화는 중국의 오래 끓이는 조리법이었다. 한나라 이전까지만 해도 베트남과 중국 남부의 요리는 손쉬운 조리를 기본으로 삼았다. 볶고, 재빨리 굽고, 금세 데치거나 삶아내는 방식이 주류였는데, 이는 단순한 취향의 문제가 아니라 현실적 조건에 따른 선택이었다. 연료가 귀하던 시대에 나무나 숯을 오랫동안 태우는 일은 사치였고, 집 안에서 온종일 불을 지핀다는 것은 설 명절에 반쯩을 밤새 끓여낼 때나 가능한 특별한 일이었다.

반면 중국 북방에서는 혹독한 겨울을 견디기 위해 서늘한 계절에도 불을 오래 지피는 생활 문화가 발달했고, 그 과정에서 고기와 약재를 몇 시간씩 은근히 졸여 내는 조리법이 자연스럽게 자리 잡았다. 이러한 장시간 조리 기술은 교역과 이주, 그리고 지배의 시간을 거치며 베트남 북부로 전해졌고, 그 대표적인 사례가 바로 오리 약재찜(vịt tiềm)이다. 북방식 오래 끓이는 방식은 베트남 고유의 향신료와 약초를 만나 변형되었고, 그 결과 중국의 조리 기술은 베트남식 깊고 부드러운 풍미로 재해석되었다. 오늘날 이 조리법의 흔적은 베트남 전역의 식탁에서 어렵지 않게 찾아볼 수 있다.

중국인은 음식에도 음양의 기운이 흐른다고 믿어, 맛뿐 아니라 몸의 균형을 맞추는 조리법을 중요하게 여겼다. 여러 약재를 넣은 오리찜 역시 이러한 사유 속에서 발전한 음식이었다. 오리에 간장·생강·팔각·정향 같은 향신료와 한약재를 더해 점토 냄비에 몇 시간씩 은근히 끓이는 방식은, 북방 중국의 기후와 생활 방식에서 비롯된 장시간 조리의 전형이었다. 처음 마주하면 강한 향이 낯설지만, 한 번 빠지면 잊기 힘든 깊고 묵직한 풍미가 입안에 남는 것이 이 요리의 매력이다.

베트남인들은 이 조리법을 받아들이되 곧 자신들의 환경과 입맛에 맞춰 다시 빚어냈다. 찹쌀 대신 녹두를 넣어 질감을 가볍게 하고, 간장 대신 느억맘을 더해 향을 조절하며, 북방 약재의 무게를 열대 특유의 신선한 향으로 완화했다. 그렇게 재탄생한 오리구이는 단순한 외래 음식이 아니라 제사와 잔칫날에 꼭 오르는 고급 음식으로 자리 잡았고, 중국의 조리 철학과 베트남 맛의 정체성이 만나는 지점에 서서 두 문화가 만들어낸 융합의 증거가 되었다.

오리구이의 전통에서 자연스럽게 파생된 것은 중국의 또 다른 요리 유산인 찜이었다. 중국에서는 오래전부터 불을 세게 쓰지 않고, 낮은 온도의 수증기로 재료의 결을 천천히 풀어내는 조리법이 발달했는데, 이 기술이 베트남에 전해지며 독자적인 형태로 자리 잡았다. 베트남에서 찜은 삶기나 볶기처럼 일상적인 조리가 아니라, 재료의 향을 보존하고 기운을 보양하는 특별한 방식으로 여겨졌다. 작은 닭을 머그잔만 한 찜통에 통째로 넣고 약초를 가득 채운 뒤, 은근하고 일정한 수증기로 서서히 익혀내는 방식이 그 대표적 사례였다.

이 요리는 단순히 새로운 메뉴의 등장을 넘어, 베트남인들에게 찜이라는 조리 기술을 하나의 독립된 요리 개념으로 인식하게 만든 계기가 되었다. 이전까지 불로 오래 익히는 조리는 설이나 제사 같은 큰 행사에서나 가능한 비일상적인 행위였지만, 중국식 찜이 들어오면서 베트남은 천천히 조리하는 방식의 매력을 이해하게 되었고, 나아가 이 기술을 자신들의 재료와 향신료에 맞춰 변주하기 시작했다. 그렇게 찜은 베트남 음식 문화 속에서 특별함과 정성을 상징하는 조리법으로 자리 잡아, 오늘날까지도 명절이나 보양식에서 중요한 비중을 차지하고 있다.

시간이 흐르면서 중국적 조리 방식은 베트남 식문화 속에 자연스럽게 흡수되었다. 바짝 구운 돼지고기나 차슈, 구운 오리 같은 중국식 구이류는 이제 베트남의 일상적인 음식으로 자리 잡았지만, 그 깊은 풍미만큼은 여전히 중국 요리 전문점에서 맛봐야 제대로 느낄 수 있다고 여겨진다. 이는 오향의 섬세한 배합과 비율, 그리고 고온에서 고기를 회전시키며 굽는 중국식 오븐 구조가 베트남이나 서구의 일반적인 조리 환경에서는 쉽게 구현되기 어렵기 때문이다. 밀폐된 화덕 안에서 고기를 걸어 직화와 복사열을 동시에 가하는 이 방식은 지방을 고르게 녹이며 특유의 향과 바삭한 껍질 식감을 만들어낸다.

이러한 조리 전통을 대표하는 음식이 바로 통오리구이(vịt quay)다. 베트남에서는 집들이나 중요한 손님을 맞을 때 통오리 한 마리를 준비하면 정성과 환대의 표시로 받아들여진다. 조리 방식은 중국의 북경 오리와 유사하지만, 양념과 곁들임에서는 베트남식 변용이 뚜렷하다. 오리는 간장·오향·마늘·생강·꿀 등을 섞은 양념에 충분히 재운 뒤, 껍질을 바삭하게 만들기 위해 뜨거운 물을 끼얹거나 꿀을 발라 말리는 과정을 거쳐 굽는다.

베트남의 통오리구이 집 앞에 서면 먼저 유리 진열장 안에 주홍빛으로 윤이 도는 오리들이 줄지어 매달린 풍경이 눈에 들어온다. 숯불과 화덕에서 올라오는 열기 속에서 껍질은 빠삭하게 마르고, 은은한 오향과 꿀의 냄새가 골목까지 번진다. 손님이 오리를 고르면 주인은 능숙한

손놀림으로 도마 위에 올려 칼을 넣고, 잘린 조각들은 종이 위에 가지런히 담긴다. 가게 안쪽에서는 국수와 채소를 준비하는 소리가 이어지고, 밖에서는 지나가던 사람들이 잠시 발걸음을 멈추고 진열장을 들여다본다.

통오리구이는 손이 많이 가지만 그만큼 결과는 탁월하다. 맛은 달콤하고 짭짤하며, 오향의 향이 깊게 배어 있다. 껍질은 얇게 바삭하며 윤기가 흐르고, 속살은 촉촉하고 육즙이 풍부하다. 북경 오리처럼 밀전병에 싸 먹지 않고, 베트남에서는 느억맘과 신선한 허브와 함께 먹는다. 기름진 오리고기와 상큼한 허브가 균형을 이루어 물리지 않고 오리구이를 맛볼 수 있다.

통오리구이는 지역에 따라 맛의 결이 뚜렷하게 갈린다. 베트남에서 중국인이 가장 많이 거주하는 호찌민 차이나타운 5군의 중국 식당에서 맛볼 수 있는 중국식 통오리구이는 단맛이 강하고 허브 향이 화려한 것이 특징이다. 반면 북부에서는 간장과 향신료를 중심으로 한 짭짤하고 비교적 담백한 맛이 강조되며, 숯불 향이 깊게 배어든 풍미가 두드러진다. 중부로 내려가면 매콤한 맛과 레몬그라스 향 같은 지역 특유의 강렬함이 더해지고, 후에에서는 왕실 요리 전통을 반영한 화려한 플레이팅과 정제된 구성으로 통오리구이를 만날 수 있다.

완탕

완탕은 중국에서 전해진 음식 가운데 베트남에서 가장 오래되고 널리 알려진 유산 중 하나다. 천 년 가까운 시간이 흐른 지금도 그 뿌리는 중국식 조리 전통에 놓여 있지만, 베트남에서는 오래전부터 친숙한 간식으로 자리해 왔다. 완탕은 주식이라기보다 가볍게 즐기는 길거리 음식에 가까웠고, 사람들은 이를 특별한 요리라기보다 일상 속 작은 즐거움으로 받아들여 왔다.

오늘날에도 완탕은 식당이나 시장에서 흔히 볼 수 있지만, 가장 베트남다운 풍경은 거리의 손수레에서 만나는 모습이다. 골목을 지나며 손님을 부르는 장사꾼들의 손수레는 독특한 소리로 자신을 알린다. 수레 앞에서 걸어가는 남자가 나무 조각 두 개를 리듬감 있게 부딪쳐 내는 딸깍거림이 바로 그것이다. 멀리서도 들리는 이 소리는 완탕 수레가 다가온다는 신호이자, 거리를 깨우는 작은 음악처럼 퍼져 나간다.

이 소리를 듣고 문을 열고 나오는 사람들은 반바오(찐빵) 같은 간단한 간식을 사거나, 뜨끈한 완탕 한 그릇을 집으로 전해 받는다. 이렇게 완탕은 자연스레 베트남의 골목 문화 속에 녹아들었고, 중국에서 건너온 음식이 오랜 세월을 거쳐 일상의 일부가 된 대표적 사례로 남았다.

베트남 완탕 문화에서 특히 눈에 띄는 변화가 바로 '튀김 완탕(hoành thánh chiên)'이다. 중국에서 완탕이 주로 국물 요리로 소비된 것과 달리, 베트남에서는 완탕을 빠삭하게 튀겨 간식이나 술안주, 혹은 면 요리의 고명으로 활용하는 방식이 일찍부터 자리 잡았다. 남부에서는 분짜나 숯불 돼지고기, 쌀국수 위에 튀김 완탕을 얹어 식감의 대비를 더 하고, 북부에서는 달콤한 칠리 소스나 마늘 기름에 찍어 가벼운 스낵처럼 즐긴다. 이처럼 베트남의 완탕은 국물 속에 담기는 전통적 형태를 넘어, 튀김과 토핑 등 다양한 방식으로 재해석되며 베트남인의 생활 방식과 미각에 맞게 폭넓게 변주되어 왔다.

베트남의 완탕은 또한 현지 식재료와 맛의 취향을 흡수해 새로운 형태로 발전했다. 그 대표가 미완탕(mì hoành thánh)인데, 광둥식 완탕면을 바탕으로 하지만 베트남 특유의 향과 조리 방식이 더해져 독자적인 개성을 띤다. 베트남식 미완탕은 얇은 노란 달걀면 위에 완탕을 올리고 맑고 가벼운 육수를 붓는 방식이 기본이지만, 그 맛의 방향은 중국식과 다르다. 베트남 사람들은 국물에 파, 마늘 기름, 말린 새우 향 같은 요소를 더해 한층 가볍고 향긋한 맛을 선호하기 때문이다. 여기에 얇게 썬 돼지고기, 새우, 바삭한 샬롯, 그리고 빠지지 않는 신선한 허브가 더해져 한 그릇 안에 중국과 베트남의 미묘한 균형이 자리 잡는다.

먹는 방식도 다양하다. 국물이 있는 완탕면 외에, 면과 국물을 따로 내는 '혼합 완탕면(thập cẩm)'도 흔하다. 면은 마늘 기름이나 간장, 혹은 가벼운 단맛을 더한 소스로 버무리고, 국물은 별도의 작은 그릇에 담아 곁들이는 방식이다. 이렇게 먹으면 기름 향이 도는 면의 풍미와 맑은 육수의 시원함을 번갈아 맛볼 수 있어서 특히 인기가 높다. 남부에서는 이 버무린 소스에 단맛을 조금 더해 더욱 대중적인 풍미를 만드는 경우도 많다.

베트남식 미완탕의 매력은 손쉽게 한 끼를 채울 수 있으면서도 만족감이 높다는 데 있다. 아침 출근길에도, 점심 식당에서도, 밤늦은 거리의 포장마차에서도 만날 수 있는 음식이며 가격도 부담스럽지 않다. 중국에서 전해진 오래된 음식이 베트남의 생활 방식과 감각에 스며들며 새로운 정체성을 얻은 대표적인 요리라 할 수 있다.

반바오(bánh bao)

빠우 혹은 반바오로 불리는 이 찐빵은 중국에서 전해진 밀가루 기반 음식 가운데 지금까지도 베트남인의 일상에 가장 깊숙하게 자리 잡은 예 중 하나이다. 원래 중국식 딤섬의 한 종류였던 이 빵은 부드러운 반죽 속에 돼지고기·양파·삶은 달걀·중국식 말린 소시지(랍청)를 넣어 쪄낸 것으로, 중국계 상인과 이주민들의 식생활과 함께 베트남에 들어왔다. 시간이 흐르면서 베트남 사람들은 이 기본 틀에 자신들의 취향을 자연스럽게 덧입혔다. 지역과 가게, 심지어 요리사 개인의 개성에 따라 반바오 속재료는 달라졌고, 어느 곳에서는 목이버섯과 당면을 섞어 식감을 더하고, 또 다른 곳에서는 메추리알이나 으깬 돼지고기를 큼직하게 넣어 한 끼 식사에 가까운 풍성함을 만들기도 했다.

반바오라는 이름으로 알려진 이 음식은 주로 집에서 만들어 먹기보다는 노점이나 가판대, 시장 바닥에서 바로 사 먹는 간식으로 자리 잡았다. 아침을 대신할 수 있을 만큼 포만감이 있으면서도 손에 들고 이동하며 먹기 쉬워 도시의 노동자와 학생들에게 특히 인기 있었다. 값도 비교적 저렴해 접근성이 좋았고, 간단하면서도 한 입에 따끈한 고기와 빵이 조화롭게 어우러지는 만족감을 주었기에 베트남의 빠른 일상 리듬에 잘 어울리는 간식으로 자리 잡았다. 반바오는 중국 천년기 문화의 유산 가운데 하나이지만, 오랜 시간에 걸쳐 현지의 생활 속에 완전히 스며들어 이제는 당연한 베트남식 간식으로 받아들여질 만큼 일상화되었다.

반바오가 베트남에 뿌리내린 또 하나의 이유는, 이 음식이 '손의 기술'을 중심으로 한 베트남식 조리 감성과도 잘 맞아떨어졌기 때문이다. 부드러운 반죽을 오래 치대어 숨을 들게 하고, 속재료를 단단히 감싸며 봉합선을 둥글게 정리하는 과정은 겉보다 속을 중시하는 베트남 가정 요리의 정성과 매우 흡사하다. 거리에서 반바오를 만드는 장인들은 손끝의 힘으로 반죽의 두께를 조절하고, 김이 새지 않도록 봉합선을 매끈하게 정리하며, 찜통의 물기 조절로 빵 결의 부드러움을 결정한다. 이런 세심한 손길이 반바오에 일상의 따뜻함을 더했고, 때문에 반바오는 가성비 좋은 간식을 넘어 사람이 직접 만든 음식이 주는 친근함과 정성을 담은 베트남적 빵으로 받아들여졌다.

베트남 전역에서 사랑받는 반바오지만, 지역마다 미묘한 차이가 존재한다. 하노이를 중심으로 한 북부의 반바오는 단정하고 실용적인 성격을 띤다. 반죽의 단맛이 거의 없고, 속재료도 돼지고기·양파·메추리알 정도로 간결하다. 오래전 중국계 상인들이 가져온 원형에 가까운 스타일을 비교적 충실히 유지한 형태다. 조미는 절제되어 있으며, 기름기도 적어 전체적으로 담백하고 질감이 묵직하다.

호찌민을 중심으로 한 남부의 반바오는 훨씬 밝고 개방적인 도시 분위기처럼 풍성하고 화려하다. 단맛이 확연히 강하고, 속도 훨씬 다양해서 찐 달걀이나 당면, 표고버섯, 심지어 햄과 랍청까지 들어간 풀옵션 버전이 많다. 반죽은 부드럽고 약간 달아 식빵 느낌이 나며, 달달한 향을 품어 아이들에게도 인기다. 남부 사람들의 식습관 특성처럼 간식 하나도 푸짐하게 즐기려는 경향이 반바오 속에 그대로 스며 있다.

중부의 반바오는 이 두 지역의 중간 지점에 놓인다. 후에나 다낭 같은 도시에는 지역 특유의 향채를 은은하게 더해 풍미를 조정한 반바오가 많다. 중부 특유의 매콤함이 살짝 들어간 버전도 흔하다. 고기 양념에 레몬그라스나 후추 향이 가볍게 배어 있는 경우도 있어 같은 반바오라도 한입 베어 물면 그 지역의 기후와 향이 느껴진다.

반바오는 중국에서 전래된 찐빵이 아니라, 베트남 각 지역의 기후·식재·성향이 자연스럽게 녹아든 전통 음식이다. 어디에서 사 먹느냐에 따라 맛의 균형이 달라지고, 그 차이는 단지 조리법의 차이가 아니라 한 지역의 기호와 생활 방식, 그리고 오랜 음식의 기억이 만들어낸 결과물이다. 하지만 다양한 속재료와 소스를 받아들이며 거의 모든 음식과 자연스럽게 어울리는 바게트에 비해, 반바오는 조화의 폭이 제한적이어서 대중성을 넓히지 못한 측면도 있다.

꽈이(quẩy)

쌀국수 그릇 옆에 길게 찢어진 황금빛 튀김이 하나 놓이면, 베트남 사람들은 누구나 반사적으로 손을 뻗는다. 그것이 바로 꽈이라는 밀가루 음식, 베트남식 튀김 빵이다. 겉은 바삭하고 속은 부드러운 어묵처럼 느껴지는 빵은 베트남에서 오래전부터 사랑받아 왔지만, 그 뿌리를 더듬어 올라가면 결국 중국으로 이어진다.

꽈이는 원래 중국 남부에서 즐겨 먹던 유타오油炸鬼가 형태를 바꿔 건너온 음식이다. 중국 천년기 동안 수많은 중국인 이주민, 관리, 군인들이 베트남 북부로 이동하면서 그들의 음식 또한 자연스럽게 함께 흘러 들어왔다. 이 시기 베트남은 쌀을 주식으로 삼았고 밀가루 음식은 낯설었지만, 꽈이는 특유의 담백함과 간편함 덕분에 쉽게 자리를 잡았다. 쌀국수가 아직 지금처럼 널리 퍼지지 않았던 시대에도 꽈이는 일상의 간식으로, 때로는 가벼운 아침 식사로 사람들의 손에 들려 있었다.

꽈이가 베트남의 국민 튀김빵으로 자리 잡은 것은 시간이 더 흐른 뒤였다. 프랑스 식민지 시기를 지나며 쌀국수가 본격적 대중 음식으로 성장하자, 밀가루 반죽을 발효·팽창시켜 튀긴 꽈이는 국물에 담가 먹기 좋은 조연으로 변모했다. 바삭하게 튀겨진 꽈이가 뜨거운 국물을 만나면 부드럽게 스며들어 국물의 감칠맛을 끌어올리고,

동시에 씹는 맛을 남겨준다. 이러한 조화는 베트남 사람들이 말하는 먹는 재미의 균형감을 완성했다.

베트남에서 꽈이는 단순히 곁들여 먹는 튀김빵에 그치지 않는다. 국물 요리에서 고기와 면, 허브가 만들어내는 여러 층의 식감 사이를 자연스럽게 연결해 주는 완충재이자 식감의 설계자 역할을 한다. 국물이 너무 가벼울 때는 꽈이가 농도를 더해 주고, 반대로 지나치게 진할 때는 바삭한 결이 맛의 균형을 잡아 준다. 특히 북부 쌀국수처럼 담백한 육수와 함께할 때 꽈이는 국물의 향을 방해하지 않으면서도 한 입의 밀도가 풍부해지는 효과를 만들어, 베트남 사람들이 추구하는 '가벼우면서도 만족스러운 식감'을 완성하는 핵심 요소가 된다.

꽈이는 또 다른 의미에서도 베트남적이다. 중국의 원형이 남아 있음에도, 베트남식 꽈이는 더 길고 더 가볍고, 기름기를 덜 머금는다. 북부에서는 아침 쌀죽과 함께 먹는 담백한 곁들임이 되고, 남부에서는 쌀국수나 후띠우 옆을 지키는 바삭한 파트너가 된다. 중국의 기술이 마중물이 되었고, 베트남의 입맛과 생활이 그 형태를 완성한 셈이다.

지금도 길거리에서 막 튀겨낸 꽈이를 들고 바구니를 들고 다니는 노인의 모습은 흔한 풍경이다. 누군가는 아침 쌀국수에 적셔 먹기 위해 몇 개를 사고, 누군가는 커피 한 잔과 함께 간식처럼 즐긴다. 꽈이는 더 이상 중국에서 온 음식이 아니라, 베트남의 일상 속에 완전히 녹아든, 누구에게나 친숙한 베트남의 맛이 되었다.

말린 소시지, 랍청(lạp xưởng)

오늘날 베트남 사람들이 가장 친숙하게 받아들이는 중국 음식 가운데 하나는 랍청이라는 말린 소시지이다. 중국계 시장이나 동남아시아 슈퍼마켓 어디에서든 쉽게 찾을 수 있는 이 붉은 소시지는, 비교적 늦은 20세기 중반 이후, 중국 이민자들과 함께 본격적으로 베트남에 들어왔다. 처음엔 중국 수입 음식이었지만 시간이 흐르면서 베트남 식탁에 자연스럽게 녹아들어, 지금은 베트남 가정과 식당에서 흔히 볼 수 있는 음식으로 자리 잡았다.

랍청의 기본 재료는 단순하지만 풍미는 깊다. 돼지고기와 지방, 혹은 돼지 간과 지방을 잘 다져 소금·설탕·향신료·쌀 술에 하룻밤 재워 두어 발효의 기초를 만든다. 여기서 사용되는 쌀 와인은 단지 향을 더하는 재료가 아니라, 소시지를 오래 보관할 수 있게 하는 자연 방부제 역할도 한다. 이 와인의 등급과 종류에 따라 완성된 소시지의 품질과 가격이 크게 달라지기 때문에, 중국 남부 지역에서는 집안만의 비율을 전승하기도 했다.

양념이 배어든 고기나 간과 지방을 깨끗이 손질한 돼지 내장에 채워 넣으면 길고 반투명한 소시지 형태가 만들어진다. 이 소시지는 먼저 며칠 동안 햇볕 아래에서 바짝 말리고, 이후 그늘지고 통풍이 좋은 장소에서 1~2주 더 건조된다. 이 과정을 거치면 특유의 쭈글쭈글한 붉은빛·갈색빛의 외피, 그리고 수개월 이상 보관 가능한 완성품이 탄생한다. 한때 냉장 설비가 부족했던 동남아에서 이 기술은 거의 기적과 같은 보존 방식이었다.

랍청은 보통 찌거나 볶거나 굽는 방식으로 조리되며, 조리할 때 지방이 배어 나오면서 달콤하고 짭짤한 향을 낸다. 베트남에서는 밥이나 찹쌀밥과 함께 먹는 반찬으로 즐겨 사용되며, 잘게 썰어 볶음밥이나 다양한 가정식 요리에 자주 활용된다. 그 특유의 단맛과 감칠맛 덕분에 아이부터 어른까지 모두 좋아하는 재료가 되었고, 중국의 흔적을 분명히 지니고 있지만 베트남 사람들은 이제 그것을 베트남 음식 문화의 일부로 자연스럽게 받아들인다.

베트남의 랍청은 같은 이름을 공유하지만, 남부·중부·북부를 따라 내려가면 전혀 다른 표정으로 변한다. 남부의 랍청은 가장

먼저 향과 색으로 존재감을 드러낸다. 호찌민의 차이나타운, 쩌론에서 출발한 이 랍청은 중국계 공동체의 방식과 베트남 남부 특유의 단맛 취향이 결합해 만들어졌다. 설탕과 꿀을 넉넉히 쓴 양념은 지방이 많은 돼지고기와 만나 달콤하고 촉촉한 풍미를 만든다. 붉게 반짝이는 색감도 남부 랍청의 매력이다. 볶음밥, 반미, 떡 요리 어디에 올려도 고급스러운 달콤함을 더해 주며, 베트남 사람들이 가장 친숙하게 떠올리는 랍청의 형태가 바로 이 남부 스타일이다.

반면 중부에 들어서면 랍청의 성격은 갑자기 거칠고 강렬해진다. 후에와 다낭을 중심으로 한 이 지역은 원래부터 향신료 사용이 두드러졌고, 음식 맛도 강한 편이다. 자연스럽게 랍청에도 레몬그라스, 마늘, 고추가 깊게 스며든다. 단맛은 남부보다 훨씬 줄어들고, 짠맛과 매운맛이 먼저 치고 들어온다. 건조한 식감도 특징인데, 이는 뜨겁고 습한 기후 속에서도 오래 보관할 수 있도록 만들어진 방식에서 비롯되었다. 후에가 불교적 전통이 짙은 도시였던 만큼, 육류 대신 식물성 재료를 섞은 채식형 랍청도 자리 잡았다.

북부의 랍청은 이 두 지역과 다르게, 단맛을 거의 거부한 채 담백하게 정착했다. 하노이 음식 전반이 짠맛과 단정한 간을 선호하는 것처럼, 랍청도 그 성향을 그대로 따른다. 지방 비율이 상대적으로 낮고, 단맛도 거의 없어서 "고기 본연의 맛을 남겼다"라는 평가를 듣는다. 볶음밥에 섞어 향을 더하는 남부 방식과 달리, 북부에서는 찹쌀밥이나 죽 같은 담백한 음식과 함께 먹는 경우가 많다. 남부 사람에게는 심심하게 느껴질 수 있지만, 북부의 식탁에서는 그 절제된 맛이 오히려 더 자연스럽다.

베트남 요리 곳곳에는 천 년 동안 이어진 중국과의 교류가 남긴 자취가 깊게 스며 있다. 두부와 간장 같은 기본 재료에서부터 완탕·반바오·꽈이에 이르기까지, 이웃 문명에서 건너온 음식들은 베트남의 쌀 중심 식문화를 보완하며 자연스럽게 자리를 잡았다. 그러나 이러한 음식들은 단순히 전래된 데서 그치지 않고, 지역의 기후와 재료, 생활 방식 속에서 변주되며 베트남만의 고유한 맛으로 다시 태어났다. 그리고 세월이 흐르자, 베트남 요리는 또 한 번의 큰 변화를 맞게 되는데, 이번에는 중국이 아니라 미식의 나라 프랑스가 가져온 전혀 다른 새로운 충격이었다.

6. 프랑스의 유산

6. 프랑스의 유산

19세기 중엽 프랑스의 베트남 침략은 겉으로는 '박해받는 선교사 보호'라는 도덕적 명분을 내세웠지만, 그 이면에는 동아시아 무역권과 전략적 거점을 확보하려는 현실적인 이해관계가 자리하고 있었다. 당시 후에 황궁을 중심으로 한 응우옌 왕조는 유교적 질서를 천명天命의 근본으로 삼았고, 기독교 선교 활동을 왕권 질서를 흔들 수 있는 잠재적 위협으로 인식했다. 이러한 긴장 속에서 유럽 선교사에 대한 체포와 처벌이 반복되자, 프랑스는 이를 외교적 압박과 군사 개입의 명분으로 삼아 남중국해로 세력을 확장해 나갔다.

1858년, 프랑스와 스페인 연합군이 다낭을 공격하면서 마침내 식민 침략의 서막이 열렸다. 비록 다낭을 완전히 확보하는 데는 실패했지만, 프랑스는 곧 전략적 가치가 훨씬 큰 남부로 시선을 돌렸다. 1859년 사이공을 함락한 뒤 이곳을 전초기지로 삼아 1861년부터 남베트남 일대를 단계적으로 잠식해 들어갔다. 당시 응우옌 왕조는 관료 체계의 경직성, 태평천국의 난으로 청나라가 베트남을 지원할 여력이 없었던 국제 정세, 그리고 주변국 어느 곳에서도 도움을 기대할 수 없던 외교적 고립 속에서 제대로 된 대응조차 하지 못했다.

프랑스의 침략이 본격화하자 베트남 곳곳에서는 민간의 자발적 저항과 국지전이 연이어 벌어졌다. 사이공 함락 이후 남부 지역에서는 쯔엉딘(Trương Định)이 이끄는 의병 투쟁이 농촌을 거점으로 장기 유격전을 전개했고, 프랑스군은 이들을 진압하기 위해 강압적 토벌 작전을 반복해야 했다. 북부에서도 상황은 다르지 않았다. 하이즈엉·박닌·타이응우옌 일대에서는 지역 유학자와 향촌 지도자들이 의용군을 조직해 프랑스군의 홍강 유역 진출을 거세게 막아섰고, 산악 지역에서는 소수민족 공동체가 프랑스와의 직접 충돌을 피하지도 않았다.

그러나 응우옌 왕조는 병력 부족과 관료 체계의 경직성으로 인해 이 저항을 국가적 규모로 통합하지 못했고, 프랑스는 지방 세력을 각개격파 하며 영향력을 확대할 수 있었다. 마침내 1862년, 응우옌 왕조는 프랑스와 굴욕적인 조약을 체결해 베트남 동부 3개 성을 할양했고, 이어 1867년에는 프랑스 해군의 무력시위에 밀려 남부의 나머지 성들까지 넘겨주었다. 이로써 베트남 남부 전역이 완전한 프랑스 식민 영토로 편입되었으며, 1874년 추가 조약을 통해 그 상실은 더욱 공고해졌다. 베트남의 곡창지대이자 교역의 중심이었던 남부를 잃는 순간, 응우옌 왕조는 단순한 영토 축소가 아니라 정치적 기반과 경제적 생명력을 동시에 잃는 치명적인 타격을 받게 되었다.

한편, 프랑스는 북부에서도 영향력을 확대하기 위해 홍강 유역에 군대를 파견했고, 이는 중화 문명의 보호자를 자임하던 청나라와의 충돌로 이어졌다. 1884~1885년 청불전쟁에서 프랑스가 승리하면서 중국은 베트남에 대한 전통적 종주권을 철회해야 했다. 외교적 후견자를 잃은 응우옌 왕조는 더 이상 협상력을 발휘할 수 없었고, 1884년 제2차 후에 조약을 통해 베트남 전역이 프랑스의 지배 아래 들어가게 되었다.

이때 남부 지역은 완전한 프랑스령 식민지로 확정되었고 중부 안남(Trung Kỳ)과 북부 통킹(Bắc Kỳ)은 보호국이라는 이름 아래 프랑스 행정권의 영향력에 종속되었다. 1887년에는 이 세 지역이 캄보디아, 라오스와 함께 인도차이나 연합L'Union Indochinoise으로 통합되며 베트남은 제국주의 프랑스의 동남아시아 지배 체제에 편입되었다.

이렇게 시작된 프랑스의 식민지 지배(1887~1945년)는 베트남을 중화 세계로부터 분리하는 데 결정적인 역할을 했다. 프랑스는 베트남에 대해 중국이 행사해 오던 종주권을 부정하는 한편, 베트남을 캄보디아·라오스와 함께 '인도화 된 동남아시아'의 일부로 규정하여 인도차이나라는 식민 통치의 틀 속에 편입시켰다. 아울러 과거제도를 폐지하고 베트남어의 로마자 표기법을 보급함으로써 지식인층을 한자 문명권에서 의도적으로 분리하였다. 이러한 일련의 정책들은 프랑스 식민 지배가 단순한 정치·군사적 지배를 넘어, 베트남을 중화 세계로부터 떼어내려는 명백한 목적으로 진행되었다.

그러나 동시에 프랑스 제국주의는 베트남 지배의 효율성과 안정성을 높이기 위해 화인을 적극적으로 활용하였다. 프랑스는 베트남 사회와 일정한 거리를 유지하면서도 동아시아 상업 네트워크와 금융과 유통에 정통한 화인이 식민 권력에 정치적으로 덜 위협적이면서도 경제적으로는 매우 유용한 집단이라고 판단했기 때문이다. 프랑스 식민지 시대 베트남에서 화인 상인들은 교역과 유통을 확대하며 프랑스인과 베트남인 사이의 중개자 역할을 수행했고, 그 결과 중국계 이민자는 19세기 후반 이후 빠르게 증가하여 20세기 초에는 수십만 명 규모에 이르렀다.

1859년 사이공 함락을 묘사한 삽화 - 1859년 4월 23일 *L'Illustation*지 게재

코친차이나Cochinchina의 음식

프랑스 식민 통치기 베트남은 북부 통킹과 중부 안남의 보호령, 남부 코친차이나의 직할 식민지로 나뉘어 통치되었고, 이러한 법적 구분은 행정상의 차이를 넘어 지역별 통치 방식과 일상 전반에 구조적인 격차를 만들어냈다. 세 지역의 경계는 사실상 장벽에 가까워 이동에는 복잡한 여행 서류가 요구되었고, 이는 베트남을 지역적으로 폐쇄적으로 만들었다. 그 결과 생활 양식은 물론 언어 감각과 음식 문화까지 지역마다 뚜렷하게 갈라졌다. 특히 가장 오랫동안 프랑스의 직접 통치를 받은 남부에서는 프랑스식 재료와 가공식품이 비교적 일찍 유입된 반면, 중부와 북부에서는 이러한 변화가 오랫동안 제한적으로 나타났다. 1954년 프랑스 철수 무렵에는 이러한 지역 간 음식 문화의 차이가 더욱 분명해졌다.

프랑스의 미식 문화는 베트남 전역 가운데서도 특히 사이공을 중심으로 한 남부 지역, 즉 코친차이나라 불리던 곳에 가장 강하게 스며들었다. 이 지역은 메콩강이 형성한 비옥한 충적평야와 수많은 지류·늪지·삼각주가 얽힌 거대한 식재료의 보고였다. 메기와 민물새우, 뱀장어, 각종 조개류가 풍부한 담수 생태계는 국물 요리와 구이, 조림으로 자연스럽게 발전했으며, 코코넛·바나나·파파야·파인애플 같은 열대 과일과 신선한 허브의 사용은 남부 음식 특유의 달큰하고 향긋한 풍미를 만들어냈다.

이러한 자연환경 위에서 남부 베트남의 식문화는 일찍부터 다양한 전통이 겹겹이 쌓이며 형성되었다. 메콩강 삼각주에 뿌리내린 크메르인의 음식은 코코넛 열매와 코코넛밀크, 카레, 알싸한 향신료를 중심으로 한 풍부한 맛의 층위를 제공했고, 17세기 명·청 교체기의 정치적 격변을 피해 중국 남부에서 이주한 화인들이 전한 전골과 국수, 완탕 요리는 설탕을 넉넉히 사용하는 조리법과 함께 남부 음식의 또 다른 축을 이루었다. 여기에 북부에서 남하한 베트남인들의 음식 문화가 더해지며, 코친차이나의 식탁은 다층적인 융합의 성격을 띠게 되었다.

크메르족과 참족, 중국계 이주민 등 여러 민족의 조리 방식이 더해지면서, 코친차이나에는 저장과 발효를 잘 활용하는 다문화적인 식문화가 일찍부터 자리 잡았다. 특히 이 지역에는 중국계 이주민이 많이 정착해 있었고, 그중 상당수는 프랑스 식민 통치와 협력적인 관계를 맺고 있었다. 이러한 배경

때문에 코친차이나는 베트남의 한 지역이면서도, 중국이라는 단어가 들어간 '코친차이나Cochinchina'라는 명칭으로 불리게 되었다. 이러한 생태적 풍요와 민족적 다양성은 훗날 프랑스 조리 기술이 유입되었을 때, 그것을 낯설지 않게 받아들이고 빠르게 흡수할 수 있는 문화적 토양이 되었다.

프랑스가 남부에 발을 들이면서 변화는 1862년 사이공 조약 체결보다 훨씬 앞서 이미 시작되고 있었다. 군대가 상륙하자 프랑스 상업회사들이 잇달아 뒤따라 들어왔고, 작은 강변 도시였던 사이공은 순식간에 활발한 무역 중심지로 변하기 시작했다. 초가집과 운하가 얽혀 있던 마을은 항구 도시로 재편되었고, 강가와 연결된 동커이(Đồng Khởi) 거리는 자연스럽게 도시의 중심축으로 자리 잡아 사람과 물자가 오가는 주요 통로가 되었다. 같은 시기 사이공강변 인근에는 바선 조선소가 세워져 프랑스 해군의 후방 기지이자 식민지 산업화의 출발점이 되었고, 이로써 사이공은 군사와 상업 기능이 결합된 새로운 식민도시로 변모해 갔다.

1864년, 사이공에서 처음으로 나타난 상업용 벽돌 건물은 메종 드니 프레르 Maison Denis Frères였다. 보르도 본사를 둔 이 고급 상점은 프랑스와 영국 상품을 함께 취급했으며, 그 상업 전략은 명확했다. 외국 식품과 와인을 베트남으로 들여오고, 반대로 쌀과 농산물을 홍콩과 중국 시장으로 수출하는 방식이었다. 이 전략은 큰 성공을 거두었고, 다른 회사들도 이 모델을 빠르게 모방했다. 곧이어 메사저리 마리팀Messageries Maritimes 같은 해운회사와 함께 우유·버터·치즈·커피·초콜릿·샤퀴테리(육가공 저장 식품) 등 다양한 프랑스 식품이 사이공에 도착했다. 이런 식품들은 베트남인들에게 전례 없는 새로운 맛의 세계를 열어주었다.

코친차이나 전역에 프랑스 식료품점이 늘어나자, 현지인들의 식습관도 눈에 띄게 변했다. 19세기 말이 되면 베트남인들 사이에서 버터·연유·치즈 등에 대한 수요가 급격히 증가했다. 원래 베트남 식단에서 유제품은 거의 사용되지 않았음을 고려하면 놀라운 변화였다. 프랑스 지배가 시작된 지 겨우 20년이 지난 시점에, 남부 베트남 사람들은 이미 서구식 식재료를 일상적으로 소비하기 시작했다. [52]

프랑스의 식민 지배가 본격화되면서 남부 베트남은 단순히 낯선 식재료를 받아들인 데서 그치지 않고, 새로운 조리 기술의 흐름을 직접 익히기 시작했다. 고기와 뼈를 오래 끓인 맑은 육수에 볶은 재료를 더해 만든 진한 육수는 베트남식 국물 요리에 새로운 감칠맛과 깊이를 더했다. 여기에 빵·버터·크림·파테·가공육 등 프랑스식 식재료와 조리 관습이 더해지면서 유제품 문화가 거의 없던 베트남 요리는 새로운 미각을 획득했고 요리의 표현과 선택지도 확장되었다.

이러한 변화는 남부의 일상적인 음식 문화에도 깊은 흔적을 남겼다. 바게트는 베트남의 쌀·밀 반죽과 만나 사이공식 반미라는 독특한 샌드위치로 자리 잡았고, 연유는 커피와 결합해 오늘날 베트남을 대표하는 달콤한 커피 문화를 만들어냈다. 프랑스식 제과점과 카페, 도시형 레스토랑과 호텔의 등장은 남부를 근대적인 외식 문화의 중심지로 바꾸어 놓았으며, 이는 조리법뿐 아니라 음식을 즐기는 방식 자체에도 변화를 불러왔다. 그 결과 남부의 음식은 식민지 시대의 흔적을 넘어, 전통적인 맛 위에 프랑스의 기술과 감각을 자연스럽게 더하며 한층 풍부한 미식 세계로 확장되었다.

코친차이나 음식의 정체성은 풍요로운 자연환경과 개방적 문화, 그리고 외래 요소를 유연하게 수용하는 태도가 만들어낸 독보적 개성에서 비롯된다. 남부는 메콩 삼각주가 만들어주는 비옥함과 강·운하·해안이 얽힌 복합 생태계 덕분에 풍부한 수산물과 각종 채소, 열대 과일을 언제든 손쉽게 얻을 수 있었다. 이러한 조건은 남부 요리에 대담함과 또 다른 감각을 부여했고, 북부의 절제된 담백함이나 중부의 강렬한 매운맛과 달리, 달콤함·짠맛·감칠맛을 동시에 조율하는 다층적 맛의 구조를 선호하도록 만들었다. 신선한 향채와 채소를 아낌없이 곁들이는 남부의 조리법은 연중 고온다습하고 수로가 촘촘히 발달한 자연환경 속에서 자연스럽게 자리 잡으며, 남부 음식 특유의 시원한 향과 밝고 경쾌한 풍미를 완성해 왔다. 여기에 메콩강 삼각주에서 풍부하게 나는 코코넛을 활용해 코코넛 물로 조림이나 생선탕을 끓이는 방식은, 설탕에 크게 의존하지 않으면서도 남부 요리만의 부드럽고 자연스러운 단맛을 섬세하게 끌어내는 대표적인 조리법이 되었다.

유제품

프랑스는 베트남이 이전까지 거의 접해 보지 못했던 다양한 식재료를 들여왔는데, 그중에서도 가장 큰 문화적 충격을 준 것은 유제품이었다. 베트남의 전통 식문화에서 우유는 오랫동안 낯선 존재였다. 농경 사회의 핵심 노동력이던 물소는 밭을 가는 데 필수적이었지만, 그 젖이나 염소의 젖을 마시는 관습은 형성되지 않았다. 서양과 중앙아시아, 인도, 중국 북부에서 우유가 중요한 영양 공급원이자 일상적인 식재료로 자리 잡았던 것과 달리, 베트남에서는 19세기 중반 프랑스인들이 도착하기 전까지 우유를 식재료로 소비한다는 개념 자체가 거의 존재하지 않았다.

그것은 무엇보다 덥고 습한 기후가 우유를 빠르게 상하게 했고, 안전하게 가공하거나 냉장해 보관할 기술도 부족했기 때문이다. 자연스럽게 우유는 위험한 음식, 상하기 쉬운 음식으로 인식되었으며, 일상 식단에서 완전히 배제되었다. 여기에 동아시아권에서 흔한 유당불내증이 베트남과 남부 중국인들에게 존재하는데, 이는 우유 소비를 더욱 어렵게 만들었다. 이 유전적·생리적 특성은 오늘날까지 이어진다.

19세기 중반까지 베트남에서 아기들은 전통적인 방식으로 먹고 자랐다. 태어난 뒤에는 주로 엄마 젖을 먹었고, 조금 자라 이유식을 시작할 때는 쌀을 반쯤 익혀 만든 묽은 밥물부터 먹었다. 이러한 과정을 통해 아기들은 천천히 어른 음식에 익숙해져 갔다. 그 결과 아기들에게 필요한 단백질과 지방은 거의 모두 모유와 쌀에서 충당되었고, 식단의 구성은 매우 단순했다. 우유는 여전히 낯설고 생소한 음식이었다.

처음 프랑스 유제품이 베트남에 도입되었을 때 즉시 폭발적인 인기를 얻은 것은 아니었다. 하지만 기술의 도입, 냉장과 보관 방식의 변화, 그리고 도시 중산층의 성장과 함께 유제품은 새로운 풍미의 세계를 여는 음식으로 자리 잡아가기 시작했다.

처음 우유를 맛본 많은 베트남인이 "한입에 반했다"고 회상할 만큼, 서양식 유제품은 기존 베트남 요리에서 느낄 수 없던 새로운 향과 질감을 선사했다.[53] 특히 상징적인 제품은 붉은색과 금색 캔에 담긴 뵈르 브레텔Beurre Bretel 버터이다. 짭짤하면서도 깊고 고급스러운 향을 가진 이 버터는 도시 중산층에게 사치품이자 신문물의 상징이었다. 무엇보다 부드럽고 스펀지 같은 질감, 그리고 냉장 보관이 필요 없다는 점은 냉장 기술이 발달하지 않은 열대 베트남 환경에서 엄청난 장점이었다. 그 결과 뵈르 브레텔은 세대를 넘어 회상되는 프랑스 풍미의 첫 기억으로 남게 된다.

이 버터는 프랑스 북부 망슈 지방의 메종 브레텔 프레르Maison Bretel Frères가 1865년 설립된 후 생산한 제품이었다. 베트남 시장에 진입하는 데는 시간이 걸렸지만, 일단 도착하고 난 뒤에는 수입이 이어졌다. 프랑스에서 수많은 상을 받은 제품답게 캔 라벨에는 금메달 이미지가 아치처럼 장식되어 있었고, 이는 당시 베트남 금화와 닮은 모습이었다. 이런 이유로 베트남인들은 이 버터를 '보동티엔(bơ đồng tiền, 동전 버터)'이라 불렀고, 그 별칭은 오늘날까지도 이어진다. 베트남의 빈곤층은 고가의 버터를 사지 못하고 대신 마가린을 사용했는데, 그마저도 프랑스어 뵈르beurre의 베트남식 발음에 따라 버터라고 불렀다. 버터와 마찬가지로 프랑스산 부드러운 치즈 역시 베트남에서 오랜 세월 사랑받은 제품으로 자리 잡았다.

베트남 시장의 가능성을 본 프랑스는 19세기 후반부터 20세기 초에 걸쳐 유럽산 젖소, 주로 프리시안 또는 홀스타인 계열의 낙농 품종을 들여와 사육하기 시작했다. 프랑스가 젖소 사육장을 세우고 본격적인 낙농 시설을 도입하자 버터·연유·치즈 같은 유제품의 생산과 유통이 눈에 띄게 증가했다. 그러나 고온다습한 베트남의 기후와 사료 환경은 유럽형 젖소에게 적합하지 않았고, 그 결과 베트남은 유제품 소비가 늘어났음에도 불구하고 여전히 대부분을 수입에 의존해야 했다.

20세기 초가 되면 버터와 그뤼에르 같은 치즈도 구할 수 있었지만, 베트남인들의 첫사랑은 여전히 뵈르 브레텔과 래핑 카우laughing cow 같은 부드러운 치

즈였다. 그리고 이 뒤를 이은 또 하나의 프랑스 유산이 바로 연유였다. 연유의 도입 시기는 비슷했지만, 초기 영향력만큼은 버터와 치즈에 못 미쳤다. 그럼에도 연유는 빠르게 베트남 식문화에 깊이 자리 잡아 유아용 대체 식품으로 쓰였다.

프랑스가 들여온 여러 유제품 가운데서도 연유만큼 베트남의 식문화를 근본적으로 바꾼 것은 없었다. 고온다습한 기후로 우유가 쉽게 상하던 베트남에서, 설탕을 다량으로 넣어 농축한 연유는 부패를 크게 늦출 수 있어 냉장 기술이 부족한 환경에서도 안전하게 보관할 수 있는 혁신적인 대체품이었다. 더 나아가 짙고 달콤한 맛과 캐러멜 향, 크리미한 질감은 쌀과 생선 소스를 중심으로 한 담백한 식문화에 새로운 풍미를 더하며 베트남인의 입맛에 깊이 스며들었고, 그 결과 연유는 단순한 대체재를 넘어 다양한 요리에 활용되기 시작했다.

처음 연유는 프랑스인이 운영하는 카페에서 빵과 함께 제공되거나 커피에 타 마시는 방식으로 퍼져 나갔다. 그러나 시간이 흐르자, 베트남인들은 이 농밀한 흰 액체를 단순한 서양식 재료로 취급하지 않았다. 그들은 연유를 자신들의 미각에 맞게 재해석했고, 그 결정판이 바로 블랙 커피에 연유를 섞어 만든 연유 커피(cà phê sữa đá)이다. 깊고 쌉싸름한 로부스타 원두에 두툼한 단맛을 얹어 만든 이 조합은 남부식 디저트의 새로운 풍성함을 열어젖혔으며, 길거리 플라스틱 의자 위에서 즐기는 사이공의 카페 문화를 창조했다. 오늘날 베트남을 상징하는 수많은 맛의 출발점이 바로 이 연유였다고 해도 과언이 아니다.

프랑스의 버터가 당시 상류층에게 사치와 풍요의 맛을 가져왔다면, 연유는 베트남인의 일상을 통째로 다시 쓰게 만든 재료였다. 상하지 않고 오래 보관할 수 있고 어디서든 쉽게 사용할 수 있으며 가격도 상대적으로 저렴했다. 무엇보다 베트남인의 입맛에 맞는 단맛과 농도를 갖추고 있었기에, 우유가 사실상 불가능했던 열대 기후 속에서 연유는 전혀 다른 형태의 새로운 우유를 창조해 낸 셈이다. 이렇게 연유는 베트남의 커피와 디저트 문화 전반을 뿌리부터 바꾸어 놓으며, 서양의 산물이 어떻게 한 사회의 고유한 맛으로 변모하는지 보여주는 대표적 사례가 되었다.

프랑스 음식과 식재료

초기 프랑스 식민 개척자들은 유제품과 더불어 또 하나의 새로운 맛을 베트남에 가져왔다. 이 음료는 곧 많은 베트남인, 특히 젊은 남성과 프랑스 통치 아래에서 성장한 여성들 사이에서 열렬한 사랑을 받게 되었다. 그 주인공은 바로 커피였다. 커피는 처음에는 지나치게 비싸 대중에게 널리 퍼지지 못했지만, 베트남에서 커피나무가 본격적으로 재배되기 훨씬 이전부터 이미 프랑스인들의 입맛을 따라 들어온 셈이었다.

프랑스 당국은 자국 기업에 관대한 세금 감면을 제공하며 베트남 진출을 적극 장려했는데, 그 결과 프랑스 기업들은 다양한 작물을 재배하는 대규모 농장을 설립했고, 커피 역시 그 가운데 포함되었다. 그러나 이러한 프랑스 농장의 설립은 현지인들의 거센 반발을 불러일으켰다. 토지 수탈과 강제 노동에 대한 불만은 20세기 초 심각한 봉기로 이어졌지만, 결국 무력으로 진압되었고 농장 운영은 지속되었다.

커피 재배에 필요한 묘목은 유럽에서 들여왔고, 이는 중부 고원의 온화한 기후에 맞춰 길러졌다. 덕분에 20세기 초가 되면 프랑스인뿐 아니라 베트남인들도 비교적 쉽게 커피를 접할 수 있게 되었다. 프랑스 식민 시기 동안 커피는 베트남 경제에 커다란 변화를 불러왔고, 그 흔적은 지금도 이어진다. 중부 고원 곳곳에 남아 있는 프랑스식 농장들은 베트남이 오늘날 세계 주요 커피 생산국으로 도약하는 기반이 되었다. 프랑스 통치 시기 사이공과 하노이에는 다양한 종류의 커피가 유통되었다. 일부는 현지에서 생산되었고, 일부는 여전히 프랑스에서 수입되었다. 동시에 대로변에는 커피숍, 케이크 가게, 빵집, 찻집 등이 줄지어 들어섰다.

프랑스인들에게 버터 향이 진하고 바삭한 결을 지닌 구움과자(페이스트리)는 일상의 음식이었다. 19세기 초 프랑스가 베트남에 진출하면서 이러한 식문화 역시 함께 전해졌고, 도시를 중심으로 빠르게 퍼져 나갔다. 쌀을 찌거나 굳혀 만든 떡(bánh)에 익숙했던 베트남인들은 밀가루를 반죽해 오븐에서 구워 내는 빵과 케이크를 새로운 음식으로 호기심 있게 받아들였다. 쌀떡이 찌는 조리법을 중심으로 발전해 왔다면, 프랑스식 빵은 굽는 방식이 핵심이라는 점에서 뚜렷한 차이를 보였다. 베트남인들은 이 두 조리 방식을 대립시키기보다, 자연스럽게 나란히 식문화 속에 끌어안았다.

프랑스식 빵과 페이스트리는 베트남어로 이름이 변형되며 현지화되었다. 브리오슈는 밀크 케이크(bánh sữa), 크루아상은 소뿔 케이크(bánh sừng bò)로 불렸다. 프랑스의 슈 페이스트리는 반쑤(bánh su)가 되었고, 타르트는 반딱(bánh tóc)으로 자리 잡았다. 이 가운데 특히 인기가 높았던 것이 퍼프 페이스트리로 만든 짭짤한 파이 빠떼 쇼(pâté chaud)였다. 다진 돼지고기와 양파, 약간의 파테를 채워 만든 이 작은 파이는 베트남인들에게 큰 사랑을 받아 커피숍은 물론 국수집에서도 쉽게 볼 수 있을 정도였다. 심지어 이것을 국물 요리에 찍어 먹는 독특한 식문화까지 생겼다.

버터와 설탕을 풍부하게 사용하여 만든 프랑스식 가토(gâteau), 크림 케이크는 높은 가격 때문에 한동안 상류층의 음식으로 여겨졌다. 이러한 케이크를 감당하기 어려운 대중을 위해 베트남에서는 버터 사용을 줄이고 반죽에 공기를 충분히 넣어 가볍게 만든 '반 가토(bánh gato, 베트남식 스펀지 케이크)'가 등장했다. 재료는 소박하고 장식도 거의 없었지만, 부담 없는 가격과 부드러운 식감 덕분에 이 케이크는 빠르게 대중화되었다. 이후 20세기 초 냉장 기술이 보급되면서 베트남의 제과점들은 버터나 마가린 크림으로 장식한 신식 케이크를 선보이기 시작했고, 이러한 근대적 크림 케이크는 '반 켐(bánh kem)'이라 불리며 베트남 디저트 문화의 새로운 흐름을 형성했다.

당시 베트남의 가정에는 오븐이라는 설비가 거의 없었다. 그래서 초창기 베트남식 케이크는 다소 원시적이지만 정겨운 방식으로 만들어졌다. 금속 상자를 숯불 위에 올리고, 들숨과 날숨 같은 불꽃의 리듬에 맞춰 반죽을 익히는 방식이었다. 상자 안에서 부풀어 오르는 빵 냄새는 길모퉁이 이웃까지 데려올 만큼 매혹적이었다.

조금 뒤, 노점상들은 새로운 조리도구를 도입했다. 오늘날의 전기 케이크 기계와 닮은 무거운 주철 틀을 숯불 위에 올려놓고, 한 번에 여러 개의 작은 케이크를 빠르게 구워 내기 시작한 것이다. 이 과정에서 1910년 무렵 처음 등장한 신식 간식 하나가 있었는데, 바로 훗날 '베트남식 마들렌(bánh con sò, 조개 모양 케이크)'으로 불리게 된 작은 조개 모양의 빵이다. 손바닥에 가볍게 올려지는 크기와 부담 없는 가격, 달콤하고 향긋한 맛 덕분에 이 조개 모양 케이크는 금세 도시 사람들의 사랑을 한 몸에 받으며 길거리 대표 간식으로 자리 잡았다.

프랑스 식민 시기에는 햄·파테·소시지 같은 샤퀴테리 역시 새로운 맛으로 소개되었다. 프랑스산 제품은 가격이 매우 비쌌기 때문에 베트남인들은 이를 모방한 현지식 버전을 만들어냈다. 베트남식 파테는 프랑스식보다 투박했지만 풍미는 진했고, 점차 베트남 요리에 맞춘 독자적 맛으로 자리 잡았다. 햄의 경우 프랑스식 숙성 과정을 그대로 재현하기 어려웠기 때문에 베트남인들은 새로운 방식의 제품을 창조했는데, 이 현지식 햄은 이후 베트남 음식 전반, 특히 반미 샌드위치의 핵심 구성 요소로 발전했다.

가장 흥미로운 점은 베트남인들이 프랑스의 수많은 식민지 식문화 중에서도 바게트, 즉 오늘날 반미라 불리는 길고 바삭한 막대 모양의 빵을 어느새 가장 친숙한 음식으로 받아들였다는 사실이다. 원래 반미(bánh mì)는 단순히 '밀가루로 만든 빵'을 뜻했지만, 시간이 지나면서 베트남인들의 일상에서 바게트 자체를 지칭하는 고유 명사로 자리 잡았다. 프랑스인에게는 아침 식사의 상징이던 이 빵이, 베트남인에게는 하루 모든 시간대에 먹을 수 있는 간편식이자 길거리 음식으로 재탄생한 것이다.

바게트가 특별히 사랑받은 이유는 단순한 미각적 취향을 넘어선다. 무엇보다 베트남은 열대 기후 탓에 속이 무겁고 수분 유지가 필요한 정통 프랑스식 바게트를 그대로 만들기 어려웠고, 베트남 제빵사는 자연스럽게 밀가루 비율을 낮추고 쌀가루를 더해 가벼운 속과 바삭한 껍질을 동시에 가진 독특한 빵을 개발했다. 이는 더운 날씨에도 부담 없이 먹을 수 있었고, 포만감은 있으면서도 속이 무겁지 않아 베트남인의 생활 리듬에 절묘하게 맞아떨어졌다. 또한 바게트는 쌀밥에 비해 휴대성이 뛰어나 거리나 일터 어디에서나 간편하게 먹을 수 있었으며, 기름기 많은 전통 요리보다 훨씬 가벼운 식사를 선호하는 베트남인의 요구에도 정확히 부합했다.

18세기 초부터 프랑스는 다양한 채소의 씨앗과 모종을 베트남에 들여왔다. 이들 대부분은 중부 고원의 서늘한 기후에서 잘 자랐고, 일부는 메콩강 삼각주에서도 재배되었다. 당근·토마토· 리크leek·콩·감자·아티초크·콜리플라워·셀러리 같은 채소들은 19세기 말에 이르러 베트남 요리와 언어 속에 완전히 자리 잡았으며, 각각 고유한 베트남어 이름을 갖게 되었다. 예를 들어 당근은 ca-rốt, 토마토는 cà chua, 콜리플라워는 súp lơ, 완두콩은 đậu poa로 불렸고, 이러한 외래 채소가 현지 품종과 구별될 때는 '서양식'을 의미하는 tây를 붙였다. 감자는 khoai tây, 대파는 tỏi tây, 파슬리는 mùi tây가 된 것이다.

이 가운데 베트남인들에게 가장 독특한 채소로 받아들여진 것은 아스파라거스였다. 죽순과 구별하기 위해 măng tây(서양 죽순)이라고 불렀으며, 초기에는 대부분 통조림 형태로 소비되었다. 베트남 요리에서는 오히려 이 통조림 버전이 더 적합하다고 여겨졌고, 신선한 아스파라거스가 나중에 등장했음에도 조리 전통은 크게 바뀌지 않았다.

프랑스 채소들은 단순히 새로운 식재료에 그치지 않고, 베트남식 조리법과 만나 새로운 요리 문화를 만들어냈다. 꽃양배추·아스파라거스·쁘띠푸아petit pois 같은 서양 채소로 만든 수프의 재료로 쓰이던 쁘띠푸아 같은 서양 채소로 만든 수프는 20세기 초 연회의 단골 메뉴로 자리 잡았다. 여기에 프랑스식 조리법에 느억맘과 각종 베트남 허브가 더해지면서 두 풍미가 자연스럽게 섞인 새로운 혼합 요리들이 등장했고, 이 과정은 베트남 전통 음식 문화에 한층 더 넓은 맛의 스펙트럼을 부여했다.

감자는 베트남에 들어온 뒤 곧바로 독특한 문화적 지위를 얻었다. 당시 중산층 부모들 사이에서는 프랑스인이 쌀보다 감자를 많이 먹기 때문에 체격이 크고 튼튼하다는 믿음이 퍼졌다. 아들을 건강하게 키우려면 감자를 먹여야 한다는 생각이 흔해지자, 밥과 밥 사이에 감자를 '보양 음식'처럼 먹이는 관습까지 자리 잡았다. 가장 흔한 방식은 감자를 삶아 연유와 함께 으깨 먹이는 것이었는데, 달콤하지만 기묘하게 무거운 이 조합은 아이들에게 그다지 즐거운 경험이 아니었다. 그렇게 잠시 유행처럼 번졌던 감자 신앙은 시간이 지나면서 자연스럽게 사그라졌고, 19세기 말이면 거의 자취를 감추었다.

그럼에도 감자는 베트남 요리에서 완전히 자리를 잃지 않았다. 오히려 일상적인 재료로 흡수되어 새로운 형태의 조리법을 낳았다. 수프에 넣어 부드럽고 포근한 질감을 더하는 방식은 연회에서도, 가정식에서도 사랑받았고, 바삭하게 튀겨 식사 전 애피타이저로 내는 감자튀김은 어느새 도시의 작은 즐거움이 되었다. 오늘날에도 감자튀김은 거리 음식부터 술안주까지 폭넓게 소비되며, 프랑스의 흔적이 어떻게 베트남인의 일상 속으로 스며들어 지금의 맛을 만든 것인지 증언하고 있다.

베트남인들은 오랫동안 다양한 절임 문화를 즐겨왔고, 채소·고기·생선을 소금과 발효를 통해 저장식으로 만들어 먹었다. 프랑스 식민기에는 이 전통에 전혀 다른 재료가 더해졌는데, 대표적인 것이 프랑스식 절인 오이인 코르니숑cornichon이었다. 작고 새콤한 이 오이 피클은 원래 파테나 햄처럼 기름진 프랑스식 요리에 곁들여 먹던 것이었지만, 프랑스인이 떠날 무렵에는 이미 베트남 바게트 샌드위치에 들어가는 핵심 재료로 완전히 자리 잡았다. 통째로 씹는 산미와 바삭한 식감은 반미 속 돼지고기와 파테의 풍부함을 잡아 주는 역할을 했고, 이 작은 피클은 의외로 베트남인의 입맛에 금세 스며들었다.

프랑스 요리에 영향 아래 베트남 식탁에서 빠르게 자리 잡은 또 다른 양념은 마기 소스였다. 스위스의 줄리어스 마기Julius Maggi가 19세기 말 개발한 이 식물성 조미료는 비싼 고기 육수를 대체하기 위해 만들어졌고, 프랑스 식민 관리와 상인들을 통해 동남아시아로 전해졌다. 긴 목의 사각 병과 노란·빨간 라벨은 금세 베트남 가정의 부엌 풍경에 자연스럽게 녹아들었다. 연한 간장보다 달콤하고 캐러멜 향이 풍기는 이 새로운 소스는 어린이와 청소년에게 친숙했고, 거의 모든 음식과 무리 없이 어울려 널리 쓰였다. 이후 마기 회사가 해외 시장을 겨냥해 마

기 누들과 스톡 큐브 등을 출시했지만, 풍부한 생면 문화가 이미 자리 잡고 있던 베트남에서는 마기 소스만이 살아남았다.

식민기에는 본격적인 프랑스식 조미 문화가 함께 도입되었다. 버터와 식초로 산뜻함을 더하는 비네그레트 소스, 생선이나 채소에 풍미를 입히는 버터 소스, 고기 요리에 곁들이는 머스터드 소스 등 프랑스식 소스 체계는 전통적으로 느억맘 중심이던 베트남의 조미 세계에 새로운 맛의 문법을 제시했다. 남부의 호텔과 레스토랑을 중심으로 이런 소스 문화가 먼저 확산되었고, 일부는 가정식으로도 들어오면서 베트남 음식에 이전에는 없던 서양식 산미와 부드러운 기름기가 더해졌다.

프랑스의 영향 아래 베트남에서 급속히 확산된 양념 중 하나는 머스터드였다. 베트남어로 'mù tạt'이라 불린 이 노란 소스는 처음에는 찐 햄이나 샌드위치 등 프랑스식 음식과 함께 사용되었지만, 곧 튀김이나 해산물, 고기구이에도 곁들여 먹는 새로운 방식으로 정착했다. 같은 시기 프랑스산 후추 역시 중요한 변화의 매개가 되었다. 물론 베트남은 원래 세계적인 후추 생산지였지만, 프랑스식 조리법은 후추를 단순한 향신료가 아니라 요리의 맛을 잡아 주는 중심 조미료로 사용했다. 이러한 변화는 프랑스 정통 조리법이 남부 도시의 식당과 가정 부엌으로 스며들면서 자연스럽게 형성된 것으로, 오늘날에도 고기구이와 반미·수프 등 다양한 음식에 머스터드와 후추가 함께 쓰이는 모습에서 여전히 그 흔적을 확인할 수 있다.

마기 소스를 비롯한 이러한 프랑스식 양념들은, 래핑 카우 치즈나 뵈르 브레텔 버터처럼 프랑스 시대에 도입된 여러 식품과 함께 베트남 식문화 안에서 독자적인 프랑스풍 상징으로 굳게 자리 잡았다. 그 결과 베트남의 절임과 양념 문화는 전통의 틀을 유지하면서도 프랑스의 조미 감각을 흡수하는 독특한 조리 문화를 형성하게 되었고, 두 문화의 향이 겹겹이 쌓인 오늘날의 베트남 음식은 이 복합적 전통의 산물로 남아 있다.

식민지 프랑스 요리

프랑스 음식의 베트남화는 프랑스인이 베트남에 도착한 직후부터 시작되었다. 현지에서 프랑스 요리를 완성할 만한 재료가 충분히 공급되기 전이었지만, 프랑스인은 프랑스식 식사를 포기할 수 없었다. 당시 베트남에 정착한 유럽인들 대부분은 극도로 덥고 습한 기후, 불완전한 주거 환경, 각종 질병이라는 열악한 조건 속에서 생활했지만, 이들이 가장 고통스럽게 느낀 것은 옷이나 물이 아니라 제대로 된 요리를 먹기 어렵다는 점이었다. [54]

프랑스인 식민자는 인종적으로 더럽혀질 것을 우려해 베트남이나 중국의 음식을 입에 대지 않으려 했다. 프랑스인들로 이루어진 작은 공동체는 식문화의 경계를 엄격히 지키려고 하였으며, 아시아 음식을 먹는 프랑스인이나 프랑스 음식을 받아들이는 아시아인은 모두 비판의 대상이 되었다. 이러한 태도는 식민지 사회에서 음식이 단순한 기호의 문제가 아니라, 인종적 위계와 문화적 우월성을 드러내는 표식으로 기능했음을 보여준다.

식민지화 초기 프랑스인 대부분은 독신 남성이었으며, 아내와 여성을 데려오기에는 환경이 지나치게 가혹했기 때문이다. 당시 남성은 요리를 하지 않기 때문에 그들이 갈망하는 프랑스 요리를 만들려면 현지 베트남 요리사를 이용할 수밖에 없었다. 그러나 베트남 요리사들은 정확한 조리법을 알지 못했고, 프랑스식 재료도 부족했다. 결국 재현된 음식은 본고장의 맛과는 달랐으나, 이 차이가 오히려 '식민지풍 프랑스 요리'라는 새로운 조리 전통을 만들어냈다. 버터 대신 레몬그라스가 들어가며, 달지 않은 빵에는 부드러운 연유가 얹혔으며, 프랑스식 수프는 베트남식 육수와 섞여 전혀 새로운 풍미를 냈다.

이후 환경이 개선되어 프랑스 남자가 가족을 베트남으로 데려오기 시작했을 때도 베트남인 요리사는 여전히 필수 존재였다. 프랑스인 여주인들이 레시피를 알고 있다고 해도 실제 요리는 베트남 요리사가 맡았기 때문에, 베트남 요리사는 새로운 조리법을 배우는 과정에서 자신들의 기술과 결합시켰고, 요리는 또 한 번 변형되었다. 시간이 흐르자, 프랑스 가정을 떠난 베트남 요리사들이 주변 사람들에게 배운 기술을 전해주었고, 이러한 과정이 누적되면서 프랑스 요리는 일반 베트남 가정에서도 자연스럽게 자리를 잡았다.

베트남이 프랑스 식민 지배를 백 년 가까이 받은 것은 역사적으로 불우한 일이었지만, 음식 문화의 발전이라는 측면만 떼어 놓고 보면 일종의 축복이었다. 프랑스는 세계적인 미식 국가로, 다양한 조리 기술과 식재료 활용법, 그리고 빵·유제품·육수·제과 등 고도의 조리 체계를 갖춘 음식 선진국이었다. 이러한 기술과 감각이 베트남의 전통 요리와 만나면서 반미, 연유 커피, 쌀국수 등 오늘날 베트남 미식을 상징하는 새로운 형태가 탄생했다. 비슷한 시기 미국 식민 지배를 받은 필리핀은 주로 튀김 중심의 고지방 패스트푸드 문화의 영향을 크게 받은 사례를 떠올리면, 베트남이 프랑스를 통해 상대적으로 복합적이고 정교한 미식 요소를 받아들인 것은 베트남 음식 문화를 결정적으로 발전시키는 계기가 되었다.

한편, 베트남에서 정통 프랑스 요리는 별개의 영역으로 남아 있었다. 이는 중국 요리가 베트남 요리에 영향을 주었지만 동시에 독립된 전통으로 존재했던 것과 비슷했다. 순수한 프랑스 요리는 부유한 베트남인과 유럽인을 상대로 한 프랑스 레스토랑에서 제공되었다. 브르타뉴에서 마르세유, 코르시카에 이르기까지 다양한 출신의 프랑스 요리사들이 베트남으로 이주해 각 지역의 특색을 담은 요리를 선보였다.

특히 프랑스 남부 마르세유에서 탄생한 대표적인 지중해식 생선 스튜인 부야베스Bouillabaisse는 식민기 베트남에서 큰 인기를 끌었다. 풍부한 해산물을 가진 베트남 연안은 부야베스를 만들기에 이상적인 환경이었다. 식민지판 부야베스는 마르세유 본토의 것보다 해산물이 훨씬 넉넉하게 들어갔다. 그 때문에 "식민지 부야베스를 먹어본 사람은 프랑스 부야베스가 오히려 빈약해 보인다"는 우스갯소리까지 돌았다.

이렇듯 프랑스 레스토랑은 19세기 후반부터 부유한 베트남인, 서양 외국인, 그리고 유럽 방문객들에게 꾸준한 인기를 얻었고, 프랑스가 철수한 뒤인 1954년 이후에도 상당 기간 운영되었다. 사이공의 중국인 거주지인 쩔런 지역에는 이미 1866년부터 고급 프랑스 식당이 들어섰으며. 당시 운하가 주요 교통수단이던 사이공의 특성상 강변 레스토랑은 도시 생활의 상징이 되었다. 하지만 1975년 통일 이후 경제난과 외국인 방문객 감소로 프랑스 레스토랑은 대부분 문을 닫게 되었다.

지금도 호찌민에는 프랑스 식민지 시절부터 운영돼 온 몇몇 전통 프렌치 레스토랑이 남아 있는데, 대표적으로 1958년에 문을 연 Restaurant Le Bourgeois(옛 Continental Palace 부속 식당), 1970년대부터 외교관과 기자들이 찾았던 La Fourchette, 그리고 전쟁 이후에도 프랑스식 메뉴를 유지하며 꾸준히 영업해 온 The Refinery 등이 있다. 이들 레스토랑은 식민지기의 건물 구조를 그대로 활용한 높은 천장, 아치형 창문, 우드 가구를 유지하고 있으며, 부야베스, 후추 스테이크, 에스카르고(달팽이 요리) 같은 정통 프랑스 요리를 기반으로 메뉴를 이어왔다.

호찌민의 유명한 프랑스 레스토랑들은 한국의 정통 프렌치 파인 다이닝보다 가격이 합리적이고 예약이 수월하다. 여기에 비둘기·달팽이·푸아그라·바위농어류 같은 희귀하거나 고가인 식재료, 그리고 한국에서는 구하기 어려운 열대성 허브와 채소를 현지 물가로 맛볼 수 있다는 점이 장점이다. 이러한 재료를 기반으로 한 부야베스, 해산물 크림 요리, 허브 풍미의 스테이크류는 한국에서는 재료 수급과 비용 문제로 접근성이 낮지만, 호찌민에서는 같은 수준의 요리를 훨씬 편하게, 그리고 상대적으로 저렴한 가격으로 즐길 수 있다.

보코(bò kho)

프랑스가 베트남에 남긴 영향은 매우 다양하지만, 그중 특히 주목해야 할 것은 고기를 먹는 방식과 육식 문화의 변화다. 전통적으로 베트남인은 생선·해산물·채소 중심의 식단을 유지해 왔고, 고기는 특별한 날에 조금씩 먹는 귀한 식재료였다. 그러나 프랑스인들은 쇠고기와 돼지고기를 일상적으로 소비했으며, 스테이크와 라구ragoût와 같은 고기 스튜 등 육류 중심의 조리법을 발전시켰다.

고기 중에는 심지어 악어 고기도 있었다. 19세기 초 프랑스 식민기에는, 사이공은 수많은 운하가 얽혀 있는 물의 도시였다. 주요 교통수단은 작은 배였고, 이러한 환경 속에서 자연스럽게 형성된 것이 바로 악어 고기 소비였다. 사이공의 한

운하에서는 악어가 사육되었고, 사람들은 이곳을 '악어 운하'라고 불렀다. 악어
는 물가에서 끌어 올려 도살되었으며, 고기와 가죽은 중요한 자원으로 취급되었
다. 당시 악어 고기가 어떤 방식으로 조리되었는지는 확실히 전해지지 않지만, 베
트남 문헌 곳곳에 악어가 흔한 고기로 언급되는 것으로 보아 당시에는 일상적인
식재료였다. 그러나 도시가 팽창하고 운하가 매립되면서 상황은 달라졌다. '악어
운하'는 도로로 변했고, 악어도 사이공의 식탁에서 사라졌다.

19세기 말 식민지 베트남의 삶은 지역에 따라 크게 달랐다. 사이공 같은 도시
에서는 서구식 기반 시설이 확장되었지만, 북부와 중부의 고원지대나 외딴 농장
에 정착한 식민지 주민들의 생활은 여전히 고단했다. 그들에게 주어진 몇 안 되
는 사치는 주변에 풍부하게 서식하던 야생동물이었다. 프랑스 관료와 정착민들
은 사냥을 통해 고기와 가죽을 확보했고, 이를 하나의 즐거움으로 묘사하곤 했
다. 프랑스인 L. 길버트는 1931년 《후에 고도 친구들 회보Bulletin des amis du
vieux Huế》에 기고한 글에서 중부 고원에는 여전히 코끼리·호랑이·표범·멧돼지·
사슴·코뿔소 등이 흔했고, 현지인과 프랑스 정착민들이 이들을 사냥해 가죽과 식
재료로 이용했다고 기록했다. [55]

그러나 프랑스인이 베트남인들에게 가장 뚜렷하게 새겨준 변화는 쇠고기 소비
문화였다. 전통적으로 베트남에서는 소가 농경 사회의 핵심 노동력이었기 때문
에, 소는 쉽게 잡아먹는 식재료가 아니라 농사에 필수적인 자산으로 여겨졌다.
따라서 쇠고기를 먹는 일은 매우 드물었고, 주로 특별한 의례나 제사에 사용되
었다.

프랑스인이 도착하면
서 상황이 달라졌다. 프
랑스인들은 일상적으로
스테이크를 먹고, 소뼈로
육수를 내며, 다양한 부
위를 활용하는 근대적 쇠
고기 소비 체계를 그대로
베트남에 들여왔다. 이

과정에서 도축 방식과 사육 방식도 프랑스식으로 재편되었고, 베트남에는 처음으로 쇠고기를 일상적으로 먹는 개념이 자리 잡기 시작했다.

소뼈를 오래 끓여 깊은 맛을 내는 프랑스식 부용bouillon은 베트남의 조리 방식과 결합해 오늘날의 쌀국수(phở) 육수로 재탄생했고, 차가운 육가공품과 파테 문화는 이후 반미 속재료로 현지화되었으며, 프랑스식 비프스튜의 영향을 받은 보코(bò kho)는 토마토·당근·향신료·레몬그라스를 넣어 끓이는 베트남식 쇠고기 스튜로 자리 잡았다.

보코는 베트남 남부 사람들의 아침 식탁에서 흔히 볼 수 있는 음식으로, 쌀국수집만큼 흔하지는 않아도 웬만한 동네에는 한 곳쯤 꼭 있을 만큼 일상적인 메뉴다. 이름 그대로 쇠고기(bò)에 '푹 졸이다(Kho)'라는 말이 합쳐진 요리로, 베트남식 쇠고기 스튜라고 할 수 있다. 한국의 갈비찜이나 서양의 비프스튜와 비슷한 구성 요소를 갖지만, 베트남 특유의 향신료와 조리 방식이 더해져 전혀 다른 풍미를 낸다. 팔각·계피·정향·아니스 씨앗이 기본 향을 잡고, 코코넛 물과 진하게 농축한 토마토를 넣어 오래 끓여 깊은 맛을 내며, 마지막에 안나토 씨앗을 우려낸 붉은 기름을 둘러 특유의 붉은빛과 향을 완성한다.

이 음식의 기원은 프랑스 식민지 시대로 거슬러 올라간다. 19세기 프랑스인이 즐기던 비프스튜가 베트남에 소개되면서 베트남인들은 이를 자신들의 향신료와 식재료에 맞게 변형해 새로운 형태의 스튜를 만들어냈다. 서양의 조리 방식과 베트남 특유의 향신료 문화가 자연스럽게 결합하며 오늘날의 보코가 형성된 것이다. 초기에는 고급 식당이나 궁중에서만 접할 수 있는 귀한 음식이었지만, 시간이 지나면서 값싼 부위를 오래 끓여 조리하는 방식이 점차 대중화되었으며, 지금은 베트남 서민 가정의 아침 식탁에서도 흔히 볼 수 있는 일상적인 요리로 자리 잡았다.

보코는 프랑스 식민 지배의 중심지였던 사이공에서 비롯된 것으로 알려져 있다. 남부의 따뜻한 기후는 다양한 향신료와 허브가 자라기에 적합했고, 이는 보코의 풍미를 한층 풍부하게 만들었다. 남부에서 탄생한 이 요리는 전국으로 퍼지는 과정에서 지역별 식재료와 취향을 자연스럽게 흡수했지만, 남부식 보코는 특히 뚜렷한 단맛으로 구별된다. 코코넛 워터를 넉넉히 사용하고 토마토와 안나토 오일을 아낌없이 더해 국물은 붉고 약간 걸쭉하며, 향신료의 깊은 맛 뒤로 은근한 달콤함이 남는다. 여기에 달콤한 바질과 레몬그라스를 비롯한 허브가 풍성하게 어우러져 부드럽고 향기로운 맛을 완성한다. 이러한 남부식 보코는 바게트와 특히 잘 어울리는 형태로 자리 잡아, 국물을 빵에 적셔 먹는 방식이 자연스럽게 정착되었다.

중부에 들어서면 보코의 맛이 확 달라진다. 매운맛과 짭짤함이 강조되고, 레몬그라스와 칠리의 비율이 남부보다 훨씬 높다. 후에를 중심으로 한 중부 지역은 본래 향신료를 아낌없이 사용하는데, 보코도 그 영향을 받아 국물이 더 묵직하고 자극적으로 바뀐다. 간장은 적게, 느억맘은 조금 더 강하게 들어가며, 색감은 남부보다 덜 붉지만 풍미는 깊게 눌러앉는다. 면과 함께 먹는 경우가 많아 쌀국수나 미꽝 같은 지역 면 요리에 보코를 곁들이는 풍습도 자리 잡았다.

반면 북부의 보코는 단맛을 거의 배제한다. 국물은 맑고 담백하게 떨어지고, 향신료는 최소한으로 사용해 고기 본연의 맛을 드러낸다. 육향이 더 진하고, 고기는 크게 썰어 오래 졸여 씹는 맛을 살린다. 추운 계절에는 생강을 조금 넣어 향을 강하게 하고, 지방의 기름기를 많이 걷어내어 깔끔하게 먹는다. 한 음식이 지역마다 서로 다른 개성을 지니며 변주되는 모습은 보코가 단순한 스튜를 넘어 베트남인의 미각과 생활 방식을 반영하는 하나의 문화적 지층이라는 사실을 보여준다.

결정적 유산, 쌀국수

프랑스 식민 시대가 베트남 음식 문화에 남긴 가장 깊은 흔적 가운데 하나는 쌀국수(퍼, phở)의 탄생이었다. 프랑스인들이 오기 전까지 베트남에서는 쇠고기 소비가 극히 적었는데, 가격이 비쌌을 뿐만 아니라 그 특유의 냄새와 질감이 베트남인의 식습관에 익숙하지 않았기 때문이다. 그러나 프랑스 군대와 관리들이 오랜 기간 주둔하면서 쇠고기는 점차 베트남 식탁으로 들어왔고, 그 과정에서 스튜용 고기, 스테이크 자투리, 소꼬리 같은 값이 싸고 남는 부위가 자연스럽게 널리 소비되기 시작했다. 단지 저렴해서가 아니라, 이러한 부위가 베트남인들이 선호하는 씹는 맛이 있는 식감과 잘 맞았다는 점도 확산의 중요한 요인이었다.

프랑스식 쇠고기 스튜 역시 베트남에서 빠르게 자리를 잡았다. 20세기 초가 되면 레스토랑뿐 아니라 가정식 메뉴로도 널리 퍼졌고, 길거리에서는 보코(bò kho)나 보솟방(bò sốt vang·와인 소스 쇠고기 조림)이라는 이름으로 팔리며 완전히 일상화되었다. 1931년 프랑스 당국의 통계에 따르면 베트남에서 가장 많이 소비되는 고기는 여전히 돼지고기였지만, 쇠고기의 인기 역시 꾸준히 상승해 식민지 후반에는 프랑스인과 베트남인 모두가 널리 사용하는 식재료로 자리 잡았다. 같은 통계에서 당시 베트남의 소 사육 규모는 약 50만 마리였고, 한 마리의 평균 도축 체중은 150~200킬로그램 정도로 기록되어 있어 당시 쇠고기 소비가 이미 일정 수준의 체계를 갖추고 있었음을 보여준다.

베트남 전역에서 널리 사육되던 물소는 고기 품질이 떨어진다는 인식 때문에 내수 소비보다 필리핀 등지로 수출되는 경우가 많았다. 물소는 베트남 농경 사회의 상징으로 오래전부터 길들어 왔으며, 베트남 북부에서 출토된 청동기 시대의 물소 조각은 이 동물이 이미 가축화되어 농사에 필수적인 노동력을 제공했음을 보여준다. 실제로 물소는 오랫동안 쟁기를 끄는 데 사용되었고, 일부 지역에서는 오늘날까지도 중요한 역할을 유지하고 있다. 그러나 이런 전통적 농경 구조 속에서도 쇠고기 자체는 여전히 대중적 식재료로 자리 잡지 못했다.

그런 상황에서 프랑스인의 식습관이 유입되며 변화가 시작되었다. 프랑스식 쇠고기 조리법과 베트남의 국수 문화가 결합하면서 새로운 요리인 퍼(phở)가 탄생했고, 이는 베트남인의 쇠고기 기피를 조금씩 해소하며 식문화의 전환점을 만들었다. 베트남인들에게 쇠고기는 익숙한 재료가 아니었으나 프랑스식 스튜와 육수 만드는 방식은 전혀 새로운 맛의 세계를 열어주었다. 이 조리법이 베트남식으로 변하면서 오늘날의 퍼가 탄생했고, 결국 퍼는 베트남을 대표하는 국민 음식으로 자리 잡게 되었다. 특히 당시 프랑스인들이 자주 먹던 '포토푀pot-au-feu'(쇠고기와 채소를 천천히 끓여 만드는 전통 스튜)라는 말이 퍼라는 이름으로 바뀌었을 가능성도 충분히 제기된다. [56]

　오늘날 베트남 요리는 프랑스식 조리법과 토착 베트남 식재료와 요리가 자연스럽게 섞이며 서로를 보완하는 방식으로 발전해 왔다. 중국 음식이 주로 제사나 결혼식 같은 의례적 상황에서 소비되는 별개의 전통으로 남아 일상의 식문화로 완전히 흡수되지 못한 것과 달리, 19세기 후반 프랑스 요리와 식재료는 베트남 음식의 근본적 변화를 이끌었다. 미식의 나라 프랑스의 조리 감각이 베트남 식탁에 스며들면서 아시아에서 미식 혁명을 촉발한 것이다. 그 대표적인 것이 바로 쌀국수이다.

7. 쌀국수

7. 쌀국수

베트남의 수원 왕갈비 통닭

1963년, 사이공 3군 시장가 한복판. 새벽 햇빛이 골목 어귀까지 내려오기 전부터 한 쌀국수집에서는 이미 연기가 피어오르고 있었다. 그곳은 퍼빈(phở Bình)이라는 작고 평범한 가게였다. 외관만 보면 여느 동네 식당과 다를 바 없지만 이곳은 곧 베트남 전쟁의 분수령이 되는 역사적 무대였다.

식당 주인 응오 또아이(Ngo Toai)는 동네 주민들에게 자신을 '하노이 출신 난민'이라고 말했다. 1954년 제네바 협정 이후 프랑스가 인도차이나에서 철수하고 베트남이 분단되면서, 북베트남에는 공산 정권이 들어섰고 그 여파로 약 백만 명의 북부 주민들이 정치적·종교적 이유로 남부 지역으로 이주했다. 응오 또아이는 자신 역시 그 거대한 이동의 물결에 휩쓸려 사이공에 정착했다고 말했으며, 사람들은 그의 이야기를 별다른 의심 없이 받아들였다.

그는 당시 하노이에서 큰 인기를 얻고 있던 북부식 쌀국수(phở Hà Nội)를 식당의 메뉴로 선택했다. 남베트남은 당시 쌀국수 문화가 본격적으로 도입되기 전이어서 북부식 진한 육수는 사이공 사람들에게 신선한 매력이었다. 게다가 가격도 싸고 맛도 뛰어나, 개업한 지 얼마 지나지 않아 퍼빈은 3군에서 쌀국수 맛집으로 입소문이 퍼졌다.

하지만 이 모든 건 겉보기일 뿐이었다. 응오 또아이는 하노이 출신이 맞았지만, 실제 정체는 북베트남이 남파한 NLF(민족해방전선, 베트콩)의 공작원이었다. 그에게 쌀국수집은 생계를 위한 수단이 아니라 혁명의 전초기지이자 휴전선 남

쪽 한복판에 세운 비밀사령부였다.

그런 점에서 그의 방식은 오늘날 한국 영화 《극한직업》과 묘하게 닮아 있었다. 영화 속 형사들이 범죄 조직 감시를 위해 치킨집을 운영하다 우연히 대박을 터트리듯, 응오 또아이가 위장 가게로 만든 쌀국수집이 동네 주민의 인기를 얻게 된 것이다.

퍼빈의 가게 앞은 아침마다 사람들로 붐볐다. 동네 주민, 시장 상인, 군인, 회사원, 피난민 등 다양한 이들이 하루를 버티기 위해 뜨거운 국물 한 그릇을 찾으며 퍼빈에 줄을 섰다. 그러나 이들 사이에는 다른 목적을 가진 이들이 섞여 있었다. 베트콩 조직원들은 일반 손님에 위장해 짧은 시간 안에 암호를 주고받고 연락망을 점검했으며, 필요할 때는 자금과 무기를 이 가게에 잠시 숨겨두기도 했다. 이러한 활동은 번잡한 식당이라는 환경 덕분에 단 한 번도 적발되지 않았고, 퍼빈은 자연스럽게 정보 교환과 지하 활동을 위한 최적의 은폐 장소로 자리 잡았다.

식당의 지하에는 북부에서 들여온 B-40 견착식 로켓포, AK-47 소총, 수류탄, 다이너마이트, 시한폭탄 등이 숨겨져 있었다. 식당에 숨겨져 있던 무기들은 소달구지에 실려 사이공에 있는 13곳의 베트콩 비밀 기지에 분배되었다. 이 과정에서 어떠한 문제도 일어나지 않을 정도로 퍼빈은 평화로웠다.

퍼빈의 2층은 더더욱 비밀스러웠다. 겉으로는 단순한 창고처럼 보였지만, 실상은 베트콩 간부들이 드나드는 비밀 아지트였다. 벽에는 손으로 그린 도시 작전도가 붙어 있었고, 남베트남군과 미군의 배치 현황, 주요 관공서 출입로, 보급로 정보 등이 밤마다 업데이트됐다. 여기서 베트콩 핵심 인물들이 모여 회의를 열었고, 1968년 역사적 사건인 설날 공세(Tết Offensive)의 작전 또한 바로 이 2층 다락방에서 이루어졌다.

남베트남 정부는 이 쌀국수 가게를 한 번도 의심의 눈으로 바라본 적이 없었다. 그들에게 퍼빈은 사이공에서 손꼽히는 맛집 가운데 하나였고, 몇몇 고위 관리와 군 간부들까지도 아무렇지 않게 드나드는 평범한 식당에 불과했다. 경계가 허술했다기보다 번화한 시장 한복판의 소박한 음식점이 혁명 세력의 은밀한 활동 거점일 것이라고는 누구도 상상조차 하지 못했다.

1968년 1월, 설 명절을 앞두고 도시 전체가 들뜬 분위기 속에 있을 때, 퍼빈 2

층에서는 마지막 준비가 한창이었다. 전국적으로 동시에 남베트남 정부와 미군 기지를 타격하는 대규모 공세가 시작된 것이다. 이 계획은 세계를 놀라게 한 역사적 사건이 되었는데, 가장 중요한 작전은 이 쌀국수집에서 이루어졌다.

1968년 설날, 사이공은 평소보다 더 고요했다. 설 명절을 맞아 사람들은 귀향하거나 가족 상봉에 들떠 있었고, 남베트남 정부와 미군마저 명절 휴전 관행에 따라 경계를 다소 느슨하게 하고 있었다. 그러나 퍼빈의 2층 분위기는 전혀 달랐다. 그곳에는 지도, 무전기, 탄약 꾸러미가 널려 있었고, 베트콩 간부들이 밤을 새우며 마지막 작전 조율을 진행하고 있었다. 응오 또아이는 전면에 나서지는 않았지만, 정보 전달, 연락망 연결, 시가전 루트 체크 등 핵심 지원 역할을 맡고 있었다.

그가 오랜 세월 손님처럼 드나들던 사람들에게 미세한 눈짓으로 정보를 넘기면, 이들은 곧바로 다른 테이블에서 작은 종잇조각을 남기고 사라졌다. 주방 옆 좁은 계단을 따라 2층으로 이어지는 통로는 그날따라 유난히 사람의 그림자가 잦았다. 준비는 거의 끝났다. 이튿날 새벽, 사이공 중심부를 포함해 남베트남 전역에서 전례 없는 동시다발 공격이 시작되었다.

베트콩의 공세가 시작된 순간, 사이공은 순식간에 전쟁터로 변했다. 정부 건물, 미 대사관, 방송국, 경찰청 등 주요 시설이 동시 공격을 받았고, 시내 곳곳의 총성이 명절의 폭죽처럼 뒤섞였다. 퍼빈의 2층은 몇 시간 동안 베트콩 연락 체계의 중추 노드로 사용되었다. 각 지역에서 들려오는 교전 상황, 지원 요청, 후퇴 명령 등이 무전기를 타고 오갔다. 응오 또아이 역시 상황을 정리하며 연락병들에게 전달했지만, 곧 그는 공세가 빠르게 격퇴되고 있다는 사실에 당황했다.

예상보다 훨씬 강한 미군의 반격과 남베트남군의 결집으로 전선이 빠르게 밀리기 시작했고, 도시 장악을 목표로 했던 계획은 실패로 돌아가고 말았다. 응오 또아이와 베트콩 요원들은 자료를 파기하고 무기와 무전기를 숨기려고 했지만, 이미 정부군 수색대가 퍼빈 인근까지 다가오고 있었다.

새벽이 밝기 직전, 정부군은 가게 뒤편의 비밀 통로를 발견했고, 이어 2층 사무 공간을 급습했다. 응오 또아이는 저항을 포기하고 체포되었다. 그가 체포될 때, 아래층에서는 여전히 몇몇 손님들이 남은 쌀국수 국물을 후룩거리며 아무 일도 없다는 듯 일상을 이어 가고 있었다. 군인들이 밀어닥치고 베트콩들이 잡혀 들어가자, 사람들은 이 평범한 쌀국수집의 정체를 깨달았다.

응오 또아이의 재판은 빠르게 진행되었고, 형량은 남부 꼰다오섬으로의 유배였다. 이 섬은 프랑스 식민 시절부터 시작하여 남베트남 정부가 정치범을 가두던 악명 높은 유형지로, 혹독한 환경과 잔혹한 처우로 유명했다. 응오 또아이는 그곳에서 장기간의 강제노역과 고문, 쇠창살 속 생활을 견디며 생을 이어 갔다. 그의 이야기 일부는 이후 동료 수감자들의 증언과 기록을 통해 전해졌다.

1975년 전쟁이 끝나고 베트남이 통일되면서 응오 또아이는 풀려났다. 그러나 긴 유배 생활과 고문 후유증으로 그는 사이공의 집으로 돌아오자마자 드러누웠고 끝내 예전의 기운을 회복하지 못했다. 퍼빈은 한때 역사의 한복판에 서 있었으나, 그가 다시 주방에 서는 일은 끝내 없었다.

전쟁 후 베트남 정부는 퍼빈 건물을 정식으로 인수하여 역사적 장소로 등록했다. 이후 응오 또아이의 후손들이 정부와 협력해 가게를 다시 운영하기 시작했다. 현재도 그들은 퍼빈을 단순한 식당이 아니라 가족의 역사, 도시의 기억, 전쟁의 흔적이 공존하는 장소로 지켜가고 있다. 현재 1층은 예전처럼 식당을 운영하고 있고, 2층은 베트남 전쟁 당시 퍼빈에서 활동했던 투사들의 사진과 자료, 유물들을 전시하고 있다. '베트콩의 쌀국수집' 퍼빈의 이야기는 미국 뉴욕타임즈와 LA타임즈에 소개되기도 했다.

가게 벽에는 응오 또아이의 흑백 사진과 설날 공세 당시 2층에서 사용되었던 낡은 무전기, 작전도 복사본이 전시되어 있다. 식당을 찾는 현지인과 관광객들은 쌀국수 한 그릇을 앞에 두고, 이 평범한 골목 식당이 어떻게 거대한 전쟁의 한 축을 담당했는지 놀라움 속에 되새긴다.

쌀국수의 기원

1975년 통일 이전의 베트남은 남과 북이 정치적으로만 갈라진 것은 아니었다. 식문화 역시 전혀 다른 방향으로 발전했다. 남부는 태국과 캄보디아의 영향을 짙게 받아 코코넛 밀크와 알싸한 향신료, 그리고 허브를 적극적으로 사용했다. 남부 음식의 특징인 달콤·매콤·향긋함은 메콩 삼각주의 풍요로운 농산물과 열대성 기후가 자연스레 빚어낸 맛이었다.

반면 북부 베트남은 중국 남방 문화권의 영향을 깊게 받았다. 북부인의 입맛은 상대적으로 담백했고, 맑은 육수와 감칠맛, 그리고 계피와 팔각이 은은하게 밴 따뜻한 향을 선호했다. 하노이 쌀국수가 갖는 절제된 맛의 미학은 이런 문화적 배경에서 탄생했다.

쌀국수가 하노이의 지역 음식에 머물지 않고 남쪽으로 뻗어 나간 결정적 계기는 1950년대 이후 북부인의 대규모 이동이었다. 프랑스 식민 체제 붕괴와 제네바 협정 이후 공산 정권이 북부에 들어서자, 지주, 자본가, 기독교인, 화교 등 약 백만 명의 주민이 정치적 박해를 피해 남쪽으로 이주했다. 동시에 이들은 당시 하노이에서 선풍적인 인기를 얻고 있던 쌀국수라는 음식을 갖고 왔다.

이미 면 음식에 익숙해 있던 남부 베트남 사람들에게도 처음 맛본 쌀국수는 신기한 음식이었다. 쌀국수 이전 면 요리는 쇠고기 육수라는 개념이 없었다. 그들은 쌀국수의 감칠맛에 곧 빠져들었고 얼마 지나지 않아 남부 특유의 풍부한 숙주와 허브를 곁들여 자신들의 방식으로 재해석했다. 쌀국수는 중부와 남부에서도 순식간에 사랑받는 전국구 음식이 되었다.

쌀국수의 전국적 확산 배경에는 또 하나의 비극적 전환점이 있었다. 1945년 베트남 대기근이다. 일본군의 미곡 수탈과 프랑스 식민 행정 실패가 겹치며 북부와 북중부 일대에 대규모 기근이 발생했고, 약 백만 명이 굶주림으로 사망했다. 이 참혹한 사건 이후 베트남 사회에는 고기에 대한 욕구, 특히 단백질에 대한 갈망이 강하게 일어났다.

값비싼 돼지고기와 쇠고기 요리를 매일 먹기 어려운 시대에, 쌀국수는 비교적 저렴한 육수로 단백질을 보충할 수 있는 실용적 음식으로 부각되었다. 이때부터 쌀국수는 특정 지역의 전통을 넘어 전국으로 확산되며 베트남의 일상적 식문화로 정착했다. 기근의 기억, 전쟁과 이주가 불러온 인구 이동, 남부와 북부의 조리법이 섞이며 생긴 다양한 변형들이 서로 포개지면서, 오늘날 우리가 알고 있는 쌀국수 한 그릇에는 베트남 현대사의 여러 층위가 고스란히 담기게 되었다.

쌀국수가 베트남 전역에서 폭발적인 인기를 얻게 된 비결은 무엇보다 쇠고기 육수와 부드러운 고명 때문이다. 사실 베트남에서는 오래전부터 중국의 식문화 영향으로 국수 형태의 음식을 즐겨 왔다. 중국 천년기에 쌀 가공 기술이 들어오면서, 쌀을 국수처럼 가늘게 뽑아낸 음식이 여러 지역에 퍼졌고, 베트남 사람들은 이 가닥의 굵기와 형태에 따라 분(bún) 혹은 반퍼(bánh phở)라고 불렀다. 이 쌀국수류는 간식, 아침 식사, 길거리 음식 등 다양한 형태로 존재했지만, 오늘날 우리가 아는 쌀국수, 퍼와는 맛도 구성도 달랐다. 무엇보다 쇠고기는 들어가지 않았다.

베트남 요리에서 진짜 혁신이 일어난 것은 쇠고기 육수가 등장하면서부터다. 프랑스 식민지 이전까지 베트남에서 소는 귀중한 농경 노동력이었기 때문에, 도축해 먹는 일은 거의 없었다. 그러나 20세기 초 프랑스가 하노이를 비롯한 여러 지역에 주둔하면서 상황이 달라졌다. 프랑스 요리의 대표인 비프스튜와 고기 수프가 레스토랑은 물론 가정에도 퍼졌다. 프랑스인들은 식민지에서도 일상적으로 쇠고기를 소비했고, 그 과정에서 남는 소뼈와 힘줄을 종종 버렸다.

베트남 사람들은 이 버려진 소뼈에서 기회를 발견했다. 기름기와 살점이 조금이라도 붙어 있는 뼈는 한참을 끓이면 진하고 깊은 맛의 육수가 나왔다. 쌀이 풍부한 지역 특성상, 밀가루 대신 쌀로 만든 국수를 넣고, 여기에 허브와 고명을 올려 완성한 음식이 탄생했다. 흔히 쌀국수를 '베트남의 부대찌개'라고 부르는 이유도 여기에 있다. 식민지 군대가 버린 재료로 새로운 음식을 탄생시킨 셈이다.

쇠고기 쌀국수의 핵심은 무엇보다 육수다. 좋은 쌀국수는 깊고 맑은 국물에서 시작되는데, 이는 소뼈를 여러 시간 푹 고아 추출한 감칠맛에 향신료의 향이 더해지면서 완성된다. 기본 구성은 대체로 동일하다. 팔각·계피·생강, 그리고 직화로 그을린 양파를 넣어 뼈와 함께 끓여 감칠맛과 향을 동시에 채운다. 그러나 이 기본 틀 위에 어떤 재료를 더하느냐는 지역과 가게의 전통에 따라 달라진다. 어떤 집은 향을 더 은은하게 하려고 카다멈(thảo quả)이나 정향을 소량 넣고, 어떤 곳은 단맛을 강조하려고 무를 함께 넣어 끓인다.

육수의 감칠맛을 좌우하는 또 하나의 요소는 쇠고기 부위 선택이다. 가장 널리 사용되는 것은 양지머리와 사태(정강이 살)처럼 풍부한 젤라틴과 지방을 가진 부위다. 이 부위들은 뼈와 함께 장시간 끓이면 자연스럽게 깊은 농도의 국물이 나온다. 취향에 따라 소의 선지, 힘줄, 소꼬리, 혹은 더 독특한 부위들까지 넣어 풍미를 확장시키기도 한다. 일부 지역, 특히 남부에서는 황소의 생식기를 삶아 넣은 특이한 형태의 쌀국수도 있는데, 남성들 사이에서 이 쌀국수는 정력 강화에 좋다는 믿음이 있기 때문이다.

잘 우러난 육수 위에 올려지는 고명 또한 쌀국수를 특별하게 만드는 중요한 요소다. 쌀국수의 보급과 함께 베트남에서는 각종 재료를 고명으로 얹어 먹는 식문화가 본격적으로 자리 잡았다. 식당에 따라 다양한 토핑이 준비되며, 손님은 취향에 맞는 부위를 그릇에 담아 주문한다. 기본 구성은 쌀국수를 넓고 깊은 그릇에 담고, 뜨겁게 끓인 육수를 부어 국수와 향신료가 살아나게 한 뒤, 얇게 저민 쇠고기와 파, 고수를 올린다.

특히 신선한 생고기를 얇게 썰어 육수를 붓기 직전에 그릇에 올려 익히는 방식이 쇠고기 쌀국수의 핵심이다. 끓는 국물이 부어지는 순간 얇은 고기가 서서히 분홍빛으로 변하며 익어가는데, 이 짧은 순간이 쌀국수 특유의 부드럽고 풍부한 풍미를 결정짓는 핵심 과정이다. 이렇게 완성된 한 그릇의 쌀국수는 향채와 허브의 조화를 통해 베트남 요리의 정수를 보여주는 음식으로 자리 잡았다.

쌀국수를 뜻하는 '퍼(phở)'의 어원은 오늘날까지도 논쟁의 대상이다. [57] 가장 널리 알려진 설은 프랑스어 pot-au-feu(고기 수프)에서 비롯되었다는 주장으로, 발음이 축약·변형되며 '퍼'라는 이름으로 정착했다는 해석이다. 이에 따르면 프랑스 정착 이후 쇠고기 소비 문화가 베트남에 유입되면서, 본래 육식을 꺼리던 베트남인들이 쇠고기를 받아들이게 되었고 그 과정에서 퍼가 탄생했다는 설명이 가능하다. 다른 한편에서는 퍼가 1920~1930년대 하노이나 남딘 지역의 길거리 음식에서 발전했다고 보는데, 이 역시 프랑스 군인에게 제공되던 국수 요리의 영향을 전제로 한다는 점에서 프랑스 요리 문화와의 연관성을 공유한다.

그러나 퍼는 프랑스의 pot-au-feu와는 본질적으로 다른 음식이다. pot-au-feu가 고기와 채소를 함께 오래 끓여 먹는 스튜라면, 퍼는 가늘고 부드러운 쌀국수를 맑고 가벼운 국물에 담아낸 국수 요리다. 향신료의 구성과 허브 사용 방식도 다르며, 조리 시간과 가격 면에서도 퍼는 고기 스튜보다 훨씬 간편하고 저렴하다.

그러나 간단하고 싸고 쉽게 조리된다고 쌀국수를 폄하할 수는 없다. 그것은 쌀국수의 영혼인 육수는 누구도 쉽게 흉내낼 수 없고, 집집마다 비법이 다르기 때문이다. 인기 있는 쌀국수집은 육수를 내기 위해 하루를 온전히 소뼈와 고기를 우려내야 한다. 쌀국수 가게는 쉬워 보이지만 성공하기가 절대 쉽지 않다. 1934년, 하노이의 애국적 풍자 시인 응우웬 응옥 바오(Nguyễn Ngọc Bảo)는 《퍼의 송가 Phù Vân Ca》에서 "퍼를 시답잖은 음식이라 깔봐서는 안 된다"고 노래했다. 58) 한 그릇의 쌀국수는 육수의 깊이와 고기의 손질, 면의 굵기와 익힘 정도, 그리고 향채와 허브의 조화에 따라 맛의 차이가 하늘과 땅만큼 벌어진다.

쌀국수는 등장하자마자 베트남의 국민 음식이 되었다. 프랑스 식민지 시기 도입된 쇠고기 소비와 도축 과정에서 남은 뼈와 사골을 활용한 육수, 그리고 쌀면 문화가 결합해 탄생한 쌀국수는 하노이와 북부에서 선풍적인 인기를 얻고 1954년 이후 남부로 확산되며 다양한 조리법을 낳았다. 쌀국수의 확산은 음식의 진화에 그치지 않고, 식민지 경험과 문화적 접촉, 시장경제의 형성 과정을 잘 보여준다.

쌀국수와 시장경제

쌀국수가 베트남의 대표 음식이자 세계적인 요리로 자리 잡게 된 과정은 단순한 미식의 발전만으로 설명되기 어렵다. 그 이면에는 베트남 사회가 전통적인 농촌 봉건 사회에서 도시를 중심으로 한 시장경제로 옮겨가던 변화의 흐름이 고스란히 배어 있다. 이러한 전환의 맥락 속에서 쌀국수는 오늘날 우리가 떠올리는 식당 음식으로 출발하지 않았다. 그 첫 무대는 번듯한 가게가 아니라 거리였고, 그것도 한곳에 자리를 잡은 노점이 아니라 도시를 오가며 생계를 이어가던 도붓장수의 어깨 위였다.

무거운 짐을 지고 불을 다루어야 했기 때문에 쌀국수 도붓장수는 대체로 남자의 몫이었다. 그들은 양쪽 대나무 멜대(quang gánh)를 어깨에 걸고, 그 끝에

달린 두 개의 나무 상자를 이고 지며 하노이의 골목과 시장을 누볐다. 한쪽 상자에는 숯불 위에서 은근히 끓고 있는 뜨거운 육수가 있었고, 다른 상자에는 갓 삶아낸 국수, 얇게 저민 고기, 양파, 고수, 고추, 허브 등이 가지런히 정리돼 있었다. 손님이 부르면 도붓장수는 재빠르게 달려 나간다. 그리고 길가에 작은 받침대를 놓고, 김이 피어오르는 육수를 부어 한 그릇을 완성하면, 그 짧은 순간에 거리 한복판이 순식간에 향긋한 국물 냄새로 가득 찼다.

이처럼 쌀국수의 기원에는 이동식 노점이라는 소박한 공간, 그리고 도시의 삶을 떠받친 도붓장수의 노동과 민첩함이 있었다. 이것은 단순한 음식 판매를 넘어, 베트남 시장경제의 초기 형태라고 할 수 있다. 고정 비용도 없고, 수요가 있는 곳으로 몸을 움직여 찾아가는 구조, 상품(국수)의 품질이 곧 생계를 결정하는 구조, 경쟁으로 생존이 갈리는 구조는 시장경제의 초기 모습이다. 쌀국수를 판 이들 도붓장수는 시장경제의 확산을 가능하게 만든 자영업자이자 요리사였다. 쌀국수가 하노이의 여러 골목과 시장에 빠르게 퍼져나갈 수 있었던 것도 바로 이 자유로운 이동과 경쟁 덕분이었다.

쌀국수의 초기 고객층은 의외로 프랑스 군인들이었다. 프랑스가 베트남을 식민지화하는 과정에서, 하노이를 비롯해 북부와 중부의 여러 도시와 마을에는 항상 프랑스군이 주둔했다. 이 병사들이 업무가 끝나고 허기진 채 거리로 나오면,

전기조차 희미하던 어두운 식민지 도시의 골목에서 하나의 불빛이 유난히 눈에 띄었다. 그 불빛은 바로 쌀국수 도붓장수가 숯불로 육수를 데우는 빛이었다.

어둠 속에서 냄비 아래 타오르는 작은 불꽃은 멀리서도 금세 알아볼 수 있었다. 군인들은 따라나서며 "거기! 멈춰!"라고 외쳤을 것이다. 도붓장수가 다가오면 프랑스 군인은 쌀국수를 주문했을 것이다. 도붓장수는 짐을 내려놓고 작은 자리를 만들고, 그 자리에서 즉석으로 국수를 말아 내놓았다. 베트남 북부의 밤이 의외로 서늘하다는 점을 생각하면, 군인들에게 뜨끈한 국물 한 그릇은 꽤 매력적인 음식이었을 것이다. 지리와 물정에 익숙하지 않은 식민지에서 프랑스 군인들이 쉽게 한 끼를 해결할 수 있는 음식은 쌀국수였다.

시간이 흐르면서 쌀국수 도붓장수들은 프랑스 군인들이 이 음식을 부르는 말이 귀에 익히게 되었다. 프랑스 군인들은 쌀국수를 '고기 스프(pot-au-feu, 포토푀)'라고 불렀을 것이다. 그러나 이 낯설고 긴 발음을 그대로 따라 하기는 쉽지 않았다. 그래서 도붓장수들은 포토푀라는 말 전체 대신, 첫소리만 따서 '퍼'라고 부르게 되었을 가능성이 크다. 숯불 위에서 끓는 냄비를 가리키며 군인들이 반복해서 부르던 말이 점차 행상인들의 입에 옮겨붙고, 그 발음이 베트남식으로 굳어져 오늘날의 '퍼(phở)'로 굳혀지게 되었다.

쌀국수는 믿을 수 없을 만큼 큰 성공을 거두고 순식간에 하노이 전역으로 퍼졌다. 아침 출근 전에나, 야근을 마친 노동자들, 점심을 먹으러 나온 사람들, 퇴근을 마친 공무원들, 밤거리를 배회하는 사람들에게 뜨끈한 국물 한 그릇은 허기를 달래는 가장 손쉽고 저렴한 식사였다. 하노이 사람들은 원래 길거리에서 음식을 사 먹는 문화에 익숙하지 않았지만, 도시 인구가 빠르게 늘고, 야간 노동과 근대식 거리가 등장하면서 쌀국수는 이제 끼니 구분 없이 먹는 도시의 일상식으로 자리 잡았다.

하노이에서 시작된 쌀국수는 궁중 요리도, 프랑스가 갖고 온 요리도 아니고 평범한 민간에서 자연스럽게 탄생했다. 또한 이 음식을 도시 곳곳으로 전파한 것도 가게의 요리사가 아니라 행상인들이었다. 양쪽 바구니를 짊어진 도붓장수들은 시장과 마을, 철길과 골목 사이를 누비며 쌀국수를 팔았고, 이 이동성 덕분에 쌀국수는 하노이를 넘어 주변 지역에 빠르게 퍼져 나갈 수 있었다.

　　그러나 쌀국수가 베트남 전국구 음식이자 글로벌 요리로 도약하는 결정적 계기는 전쟁과 이주 때문이다. 1954년 제네바 협정 체결 이후, 북부에 공산 정권이 들어서자, 약 백만 명의 북부 주민이 공산주의를 피해 남부로 피난했다. 이들은 생계를 위해 자신들이 평소 맛있게 먹는 음식을 만들어 팔았는데, 그것이 쌀국수였다. 쌀국수는 등장하자마자 사이공을 비롯한 남부와 중부에서 선풍적인 인기를 얻게 되었다.

　　당시 베트남 남부에서는 중국식 면 요리가 인기를 끌었고, 많은 식당이 주로 화인들에 의해 운영되고 있었다. 자연스레 면 요리의 조리법도 중국식 취향에 맞춰 형성되어 있었지만, 쌀국수가 등장하자 상황은 빠르게 달라졌다. 여기에 남부의 전통 면 요리 방식이 도입되어 숙주와 향채를 듬뿍 넣어 한층 풍성한 식감의 쌀국수가 탄생했다. 남부식 쌀국수는 전통의 면 요리를 뿌리치고 가장 인기 있는 음식이 되었다.

　　여기에 사이공이라는 도시의 힘이 더해졌다. 당시 사이공은 경제 규모와 도시 소득 모두에서 하노이를 크게 앞선 부유한 대도시였다. 쌀국수 한 그릇의 거래가 이루어질 때마다 돈이 오가고, 작은 가게와 노점은 손님으로 붐볐으며, 그 활기와 소비는 다시 도시 전체의 에너지로 이어졌다. 쌀국수의 태생은 분명 베트남 북부였지만, 그것이 하나의 상품이자 산업으로 자리 잡고 자본화된 무대는 남부, 그중에서도 사이공이었다. 쌀국수는 그곳에서 비로소 음식 이상의 의미를 갖게 되었고, 베트남 근대 도시 문화의 상징으로 성장하기 시작했다.

　　1975년 통일 이후 공산화가 빠르게 진행되면서 베트남의 일상은 다시 한번 거센 변화를 맞았다. 정치·경제적 혼란 속에서 약 150만 명에 달하는 남부인과 화교들이 삶의 터전을 뒤로한 채 작은 배에 몸을 싣고 바다로 떠났다. 이른바 보트피플Boat People이라 불린 이들은 미국·프랑스·호주·캐나다 등지에 정착해 새로운 삶을 시작했다. 그러나 낯선 땅에서도 생계를 이어 가기 위한 첫걸음은 고향에서 하던 일을 반복하는 것이었다. 그들은 작은 식당과 노점, 푸드트럭을 열어 쌀국수를 팔기 시작했다. 전쟁이 만든 슬픈 디아스포라가 의도치 않게 베트남의 길거리 음식을 세계 무대로 확산시킨 것이다.

　　반세기 만에 베트남을 정복한 쌀국수답게 서구인들에게 쌀국수는 믿을 수 없을 만큼 빠르게 받아들여졌다. 서구인들은 쌀국수를 글루텐이 없고 소화가 잘되며 신선한 허브와 채소가 풍부해 '가벼운 건강식'으로 인식하였다. 그리고 무엇보다 몇 분만에 조리할 수 있다는 속도는 빠르게 변하는 도시 생활과 완벽하게 맞아떨어졌다. 어느 나라든 도시 중심부에는 쌀국수 전문점이 하나둘 자리 잡기 시작했고, 쌀국수는 더 이상 베트남만의 음식이 아니었다. 그것은 베트남이 만든 세계적인 음식, 하나의 글로벌 음식 브랜드로 성장했다. 한때 도붓장수의 멜대에 매달려 팔리던 소박한 국수가, 전쟁과 디아스포라를 거치면서 세계인의 식탁 위에 오르게 된 것이다.

돌아보면, 쌀국수의 길은 곧 베트남 현대사의 압축판이었다. 1907년 무렵 하노이의 거리 행상에서 시작된 쌀국수는 식민지 시절 프랑스군이 버리고 간 소뼈로 끓여낸 서민적 국물이었고, 1945년 대기근 이후에는 가장 저렴하게 단백질을 보충할 수 있는 생존 음식이었다. 1954년 분단 이후에는 전쟁 난민들의 생계를 떠받친 고마운 음식이였으며, 1975년 이후에는 디아스포라를 통해 세계로 뻗어 나간 글로벌 음식이 되었다. 쌀국수 한 그릇 안에는 시장경제의 형성, 식민지의 상흔, 전쟁과 분단, 이주와 도시의 성장까지, 베트남 근현대사의 굴곡이 고스란히 녹아 있다.

닭고기 쌀국수

베트남 쌀국수는 크게 몇 가지 기본 유형으로 나뉘는데, 그 차이는 고기의 종류와 조리 방식, 육수의 깊이다. 가장 널리 사랑받는 쌀국수는 퍼보(phở bò), 즉 쇠고기 쌀국수다. 쇠고기 쌀국수는 소뼈와 향신료를 오랜 시간 끓여낸 육수에 양지나 사태, 힘줄 같은 부위를 얇게 썰어 올리면 고기 향이 부드럽게 퍼지며 퍼의 정수를 보여준다.

쇠고기의 강렬하고 진득한 풍미보다 더 담백하고 정갈한 맛을 원하는 이들은 자연스레 닭고기 쌀국수, 퍼가(phở gà)를 찾게 된다. 닭고기 쌀국수가 세상에 모습을 드러낸 과정은 제법 흥미롭다. 1940년대에 접어들면 쇠고기 쌀국수의 인기가 폭발해 하노이에서는 일주일에 이틀이면 도살한 소가 모두 동이 났고, 쇠고기만으로는 늘어나는 수요를 도저히 감당할 수 없었다.

동시에 전통적인 관습도 문제였다. 오랜 세월 농업의 중심이었던 소는 귀중한 노동력이었기 때문에 무분별한 도살이 꺼려졌고, 사람들은 쉽게 쇠고기를 확보할 수 없었다. 그렇다고 쌀국수를 사랑하던 하노이 사람들이 하루라도 퍼 없이 지낼 리 없었다. 맛을 향한 집착과 필요가 맞물리면서 자연스럽게 새로운 해법이 등장했는데, 그것이 닭으로 국물을 낸 쌀국수이다. 처음에는 쇠고기 쌀국수 애호가들이 "퍼는 역시 소다"라며 고개를 저었지만, 닭고기 쌀국수는 특유의 가벼운 향과 속이 편안해지는 맛으로 빠르게 인기를 끌었다.

닭고기 쌀국수의 국물은 통째로 삶아낸 닭에서 우러난 향이 중심을 이루어 쇠고기 육수보다 훨씬 가볍고 부드러우며, 투명한 빛깔이 한눈에 깨끗함을 드러낸다. 이렇게 맑은 국물에 의외로 깊이가 느껴지는 이유는, 닭뼈만으로는 부족한 감칠맛을 보완하기 위해 돼지뼈를 적절한 비율로 더하는 혁신적인 조리 감각에서 비롯된다. 닭의 담백함과 돼지뼈의 은근한 농도가 만났을 때 비로소 국물은 기름지지 않으면서도 빈틈없는 풍미를 갖추게 되고, 마치 실험과 창조의 과정을 거친 작품처럼 가벼움과 깊이가 절묘한 균형을 이루는 맛이 완성된다.

맑은 국물 위에는 잘게 찢은 닭살이나 다진 고기가 포근하게 얹히고, 그 위로 파, 고수 같은 신선한 허브가 자연스럽게 흩뿌려지듯 놓인다. 입안에서는 닭고기의 부드럽고 순한 풍미가 먼저 퍼지고, 이어 허브의 산뜻한 향이 가볍게 번지며 국물 전체에 생기를 더한다. 닭고기 쌀국수는 바로 이 은은한 맛의 결이 조화롭게 맞물리며, 쇠고기 쌀국수와는 또 다른 방식으로 베트남 요리의 섬세함을 드러낸다.

또한, 닭고기 쌀국수의 면은 쇠고기 쌀국수에 쓰이는 면과도 미묘하게 결이 다르다. 훨씬 더 얇고 부

드러운 쌀면을 사용해 맑은 육수의 향을 그대로 받아들이며, 면발 자체가 국물의 가벼운 숨결을 고스란히 품는다. 젓가락으로 집어 올리면 면 사이로 김이 은은하게 새어 나오고, 한입 베어 물면 부담스러움 없이 경쾌하게 끊어지며 부드럽게 목으로 넘어간다. 이 섬세한 식감은 맑은 국물과 닭고기의 담백함을 방해하지 않고, 오히려 그 풍미를 또렷하게 드러내는 데 기여한다.

이렇듯 얇은 면, 은은한 국물, 순한 닭고기와 신선한 허브의 조합이 자연스럽게 어우러지면서 닭고기 쌀국수는 단정하고 정직한 맛을 지닌 하나의 독자적인 쌀국수 세계를 만들어낸다. 쇠고기 쌀국수의 묵직함과는 전혀 다른 결을 갖고 있지만, 바로 그 절제된 맛의 조화 속에서 베트남 요리의 섬세함과 품격이 또 한 번 드러난다.

쌀국수의 진화

베트남의 쌀국수는 한 가지 이름을 공유할 뿐, 지역과 기후, 재료와 조리 전통이 서로 다른 결을 만들어내는 다층적인 음식 세계다. 북부의 단정한 맑음에서 남부의 화사한 향까지 이어지는 맛의 스펙트럼은 한 나라의 지리와 삶의 방식이 어떻게 한 그릇 안에서 변주되는지를 보여준다. 어디서나 볼 수 있는 평범한 음식 같지만, 자세히 들여다보면 지역의 역사와 미식 감각이 고스란히 녹아 있는 작은 지도와도 같다.

같은 쇠고기 쌀국수라도 퍼따이(phở tái)는 그 조리 방식에서 독보적인 매력을 드러낸다. 신선한 쇠고기를 종잇장처럼 얇게 저며 주문 직전에 뜨거운 육수에 살짝 담가 익히는 방식 덕분에,

고기는 단단해지기 전의 부드러운 결을 그대로 간직하고, 육수의 향을 머금어 풍미가 한층 짙어진다. 베트남에서 쌀국수라고 말하면 자연스레 퍼따이를 떠올릴 만큼, 가장 대중적이면서도 기본형으로 사랑받는 메뉴다. 갓 익은 붉은 고기가 육수 속에서 은은하게 색을 바꾸는 순간, 퍼따이 특유의 신선한 맛이 완성된다.

반면 퍼찐(phở chín)은 오래도록 푹 삶아낸 고기를 올려 깊고 안정적인 풍미를 내는 버전으로, 부드러운 식감과 담백한 맛 덕분에 남녀노소 누구나 편하게 즐길 수 있다. 여기에 조금 더 풍성한 한 끼를 원한다면 퍼닥비엣(phở đặc biệt)이 제격이다. 양지·사태·힘줄·선지 등 여러 부위를 한 그릇에 담은 스페셜 쌀국수는 각기 다른 질감과 향이 입안에서 자연스럽게 어우러지며 다채로운 맛의 층위를 만들어낸다. 이 한 그릇을 통해 쇠고기의 다양한 결을 음미하는 동시에, 장시간 고아 낸 육수의 깊은 맛을 온전히 즐길 수 있다.

볶음 쌀국수(phở xào)는 1930년대 경제위기 이후 베트남 사람들이 한정된 재료 속에서 새로운 길을 모색하는 과정에서 탄생했다. 국물 요리로만 즐겨지던 퍼를 국수사리 형태 그대로 사용하되, 뜨거운 웍에서 쇠고기와 함께 빠르게 볶아내고, 향을 살려주는 미나리와 양파를 더해 불맛을 입히면 전혀 다른 매력이 생긴다. 여기에 아삭함을 더하는 양배추나 식초에 절인 당근을 넣어 볶으면 산뜻한 감칠맛이 살아나고, 풍미의 균형이 완성된다.

쌀국수의 생명은 육수이다. 한국에서도 육수 맛 하나로 가게의 명운이 갈릴 만큼 베트남의 쌀국수 역시 그 깊이를 결정짓는 핵심은 언제나 국물이다. 외국인의 눈에는 비슷비슷해 보일지 모르지만, 지역마다 기후와 재료, 조리 감각이 달라지면서 육수의 향과 맛도 전혀 다르게 변주된다. 북부의 담백하고 단단한 맛, 남부의 산뜻한 단맛이 감도는 풍미처럼 한 그릇의 쌀국수에는 그 지역 사람들이 오랜 시간 쌓아온 미각의 취향과 생활 방식이 자연스럽게 녹아 있다. 그래서 육수를 한 모금 떠먹는 순간, 그 맛이 어디에서 왔는지 알아차릴 수 있을 만큼 쌀국수의 세계는 섬세하고 넓다.

베트남에서 쌀국수 육수의 레시피는 집집마다 내려오는 비밀 그 자체다. 어떤 곳은 스무 가지가 넘는 향신료를 쓰고, 어떤 곳은 뼈를 우려내는 시간과 온도까지 철저히 숨긴다. 그래서 주방에선 가족 외에는 아무도 레시피를 들여다볼 수 없고, 주인장은 핵심 재료와 배합을 직원에게 절대 알려주지 않는다. 쌀국수집의 흥망은 결국 이 감춰진 육수 맛에 달려 있어 향이 한 번만 달라져도 손님이 줄어들고, 반대로 깊은 맛을 잡으면 작은 노점도 금세 전국구 맛집이 되곤 한다. 베트남에서 쌀국수의 경쟁력은 간판보다도, 인테리어보다도, 바로 이 '비법 육수'에 달린 셈이다.

쌀국수 육수는 소뼈나 돼지뼈, 닭뼈를 넣고 하루 이상 천천히 끓여 만든다. 그래서 국물은 맑으면서도 깊은 맛이 나고, 고기에서 나온 기름과 단백질이 어우러져 고소하고 감칠맛이 난다. 베트남 북부의 육수는 자극이 적고 담백한 맛이 중심이라 조미료를 거의 쓰지 않는다. 반면 남부의 육수는 살짝 단맛이 도는 부드러운 맛이 특징이다. 이런 차이는 단순한 요리법의 문제가 아니라, 지역의 기후와 재료, 그리고 사람들의 생활 방식에서 비롯된 것이다. 쌀국수 한 그릇의 국물에는 그 지역의 역사와 환경, 그리고 오래된 입맛의 전통이 함께 담겨 있다.

베트남 쌀국수의 원류로 꼽히는 하노이식 쌀국수는 퍼 하노이(phở Hà Nội)라는 고유한 이름으로 불린다. 하노이는 고수가 잘 자라지 않는 기후이기에 허브 대신 향이 은근한 쪽파를 사용하고, 육수 역시 불필요한 향을 덜어낸 담백함과 맑은 감칠맛을 지향한다. 이러한 깔끔한 풍미는 감칠맛에 민감한 한국인의 입맛에도 자연스럽게 맞아떨어진다. 퍼 하노이는 베트남 북부의 길거리와 가정 식탁에서 일상적으로 먹어 온 전통적 스타일로, 오늘날에도 정통 쌀국수로 평가받는다.

하노이 사람들의 퍼에 대한 자부심은 유별나다. 작가 타익 람(Thạch Lam)은 1943년 발표한 《하노이 36거리(Hà Nội ba mươi sáu phố phường)》에서

"퍼는 하노이의 특별한 선물이다. 다른 곳에도 퍼는 있지만, 하노이 퍼의 맛이 가장 뛰어나다"고 적었다. [59] 하노이 사람이 말하는 맛있는 퍼란 맑고 깊은 육수, 부드러우면서도 흐트러지지 않는 국수사리, 질기지 않고 연한 쇠고기, 그리고 레몬·고추·양파가 조화롭게 어우러진 한 그릇을 뜻한다. 이러한 미묘한 균형감이 '퍼 하노이'를 베트남 사람들에게는 고향의 맛으로, 방문객에게는 반드시 경험해야 할 도시의 상징으로 만들었다. 오늘날에도 "하노이에서 퍼를 먹어보지 않았다면, 하노이의 음식을 안다고 할 수 없다"라는 말이 자연스럽게 회자할 만큼, 퍼 하노이는 이 도시를 이해하는 하나의 관문이 되어 있다.

하노이 전통 쌀국수의 정신을 가장 극적으로 보여주는 가게로는 '퍼 자 쭈옌 바트단(Phở Gia Truyền Bát Đàn)'을 빼놓기 어렵다. 이 가게는 간판에 적힌 이름 그대로 '가전家傳', 즉 집안 대대로 이어진 퍼를 표방하며, 하노이 구시가지 바트단 거리에서 수십 년간 같은 방식으로 쌀국수를 내고 있다. 이 가게는 미쉐린 가이드 빕 구르망에 선정되어 세계적 주목을 받았지만, 그 인기는 새로움이 아니라 오래 지켜온 기준에서 비롯됐다.

이 집의 메뉴는 오직 쇠고기 퍼 한 가지뿐이다. 국물은 투명에 가깝게 맑으면서도 힘이 있고, 남부식 퍼와 견주면 허브의 사용은 놀라울 만큼 절제돼 있다. 바트단 퍼가 지켜온 미학은 더함이 아니라 덜어냄에 있다. MSG나 설탕에 기대지 않고, 소뼈와 양지, 사태, 생강과 양파, 소금만으로 국물을 끌어 올린다. 장식적인 요소를 모두 걷어낸 대신, 재료가 가진 본래의 맛과 시간의 축적이 국물 속에 고스란히 남는다. 담백하지만 가볍지 않고, 조용하지만 분명한 이 한 그릇은 하노이 사람들이 말하는 '퍼의 기준'을 과장 없이 증명한다.

하노이 최고의 맛집답게 이 집은 손님에게 일정한 규칙을 요구한다. 줄을 서서 차례를 기다리는 것이 그 시작이다. 자리에 앉아 주문하는 방식은 없고, 입구에서 직접 그릇을 받아 계산을 마친 뒤 뜨거운 퍼를 들고 스스로 자리를 찾아야 한다. 이 불편한 동선은 무성의한 서비스의 결과가 아니라, 퍼는 기다림 끝에 비로소 완성되는 음식이라는 오래된 하노이식 태도를 오늘까지 이어온 선택이다.

그러나 하노이 사람들에게 퍼가 완성된 미각의 기준이었다 해도, 모든 시대가 그 이상을 지킬 수 있었던 것은 아니다. 전쟁 이후의 하노이는 규범보다 생존이 앞서던 도시였고, 그 틈에서 전통을 비껴간 퍼들이 태어났다. 하노이의 작은 쌀국수 가게 퍼틴(Phở Thìn)이 그 대표적이다. 1970년대 말, 고기가 귀하던 시절 이 가게는 쇠고기를 한 번 볶아 넣는 방식의 퍼를 고안해 냈다. 고기를 볶으면 수분과 지방이 빠져나가 실제 사용되는 양은 자연스럽게 줄어들지만, 같은 양으로도 더 진한 풍미를 낼 수 있다. 궁핍 속에서 짜낸 이 현실적인 선택은 의도치 않게 새로운 맛을 만들어냈다. 불에 닿은 쇠고기에서 생긴 고소한 향과 깊은 감칠맛은 기존 퍼에서는 느낄 수 없는 맛이었다.

퍼틴의 쌀국수는 하노이 퍼의 정통 이미지와도 미묘하게 어긋난다. 맑고 담백하며 절제된 국물이 규범으로 여겨지던 북부에서, 이 가게의 국물은 탁하고 기름지며 마늘 향이 전면에 나선다. 뜨겁게 달군 팬에서 볶아낸 쇠고기와 마늘에서 우러난 기름이 국물 위에 퍼지며, 고소함과 육향, 불향이 한꺼번에 겹쳐진다. 퍼틴은 정통 퍼의 도시 하노이에서 기존의 규범을 벗어나, 쌀국수가 품을 수 있는 풍미의 지형을 과감하게 확장한 사례라 할 수 있다.

대부분의 유명 쌀국수집이 그렇듯, 퍼틴은 조리 과정의 핵심을 외부에 드러내지 않는다. 불의 세기와 기름의 사용법, 고기를 볶는 순서와 타이밍은 오직 가족 내부에서만 이어진다. 이 침묵은 곧바로 모방과 경쟁으로 이어지는 하노이의 치열한 경쟁에서 살아남기 위해서이다.

개혁·개방 이후 퍼틴은 국제적 명성을 얻었지만, 그 정체성은 여전히 하노이 로득 거리의 작은 공간에 뿌리내려 있다. 체인화와 세계화 속에서도 "진짜는 하노이에 있다"는 인식이 유지되는 이유는, 이 쌀국수가 단순한 맛을 넘어 전후의 결핍과 규범과 현실의 긴장, 사라지지 않은 지역성을 함께 담아내기 때문이다. 한국의 음식 평론가 황교익 역시 퍼틴을 '정통 하노이 퍼'의 이미지에서 벗어나 한 도시의 기억과 생활 감각이 응축된 한 그릇으로 평가했다. [60)]

하노이의 쌀국수 문화에서는 끊임없이 새로운 시도가 이어져 왔고, 그 흐름 속에서 국물 없이 즐기는 퍼꾸온(phở cuốn)이라는 독특한 변형 요리가 탄생했다. 이름 그대로 '퍼를 말아 먹는 음식'을 뜻하는 퍼꾸온은, 쌀국수면을 가늘게 뽑기 전 단계의 넓고 얇은 생면을 한 장씩 펼쳐 그 위에 쇠고기와 허브, 채소를 올려 돌돌 말아 먹는 방식에서 출발한다. 이 면은 얇지만 탄력이 살아 있어 쉽게 끊어지지 않고 부드럽게 이어지며, 국물에 의존하지 않고도 쌀면 특유의 담백한 풍미와 속재료의 고소함을 또렷하게 드러낸다. 퍼가 국물을 통해 맛의 깊이를 쌓아 올리는 음식이라면, 퍼꾸온은 면의 질감과 재료의 조합 그 자체를 즐기게 하는 쌀국수의 또 다른 얼굴이다.

퍼꾸온의 등장은 비교적 최근인 2003년 하노이에서 국수용 면이 남거나, 국물 퍼를 만들기 어려운 시간대에 간단히 먹을 수 있는 음식으로 자연스럽게 만들어지기 시작했다. 밤이 깊어지면 무겁지 않으면서도 든든한 음식을 찾던 하노이 사람들의 생활 리듬 속에서, 퍼꾸온은 밤참과 길거리 간식으로 자리를 잡았다. 이는 퍼가 가진 재료와 기술을 재활용해 전혀 다른 식사 경험을 만들어낸, 도시적이고 실용적인 변주라 할 수 있다.

이 요리를 전국적인 명물로 만든 가게로는 퍼꾸온 흐엉 마이(Hương Mai)를 빼놓기 어렵다. 하노이 응우사 지역의 작은 식당에서 시작한 이곳은 퍼꾸온을 전문 메뉴로 내세워, "퍼는 반드시 국물이 있어야 한다"는 고정관념을 가볍게 뒤집었다. 뜨거운 팬에서 빠르게 볶아낸 쇠고기와 신선한 허브, 그리고 막 뽑은 생면을 말아 새콤짭짤한 느억맘 소스에 찍어 먹는 방식은 단순하지만 중독성이 강하다. 이 가게는 퍼꾸온을 즉흥적인 간식에서 하나의 완성된 요리로 끌어올린 공간이자, 하노이가 왜 쌀국수 문화의 실험실이라 불리는지를 잘 보여주는 사례다.

쌀국수는 1954년 베트남이 남북으로 분단되면서 북부 이주민들을 따라 남쪽으로 본격적으로 퍼지기 시작했다. 문학평론가 당 띠엔(Đặng Tiến)은 그 이전의 남부 풍경을 이렇게 회상한다.

"그 당시 남부 사람들은 퍼를 거의 먹지 않았다. 베트남의 경도라 불리는 후에에도 판보이쩌우 거리의 퍼 탕롱(Phở Thăng Long)이라는 단 하나의 가게만 있었고, 다낭에는 식당조차 없어 퍼 행상이 전부였다. 사이공 역시 몇몇 작은 가게만 명맥을 유지할 뿐이었다."[61]

그러나 1954년 약 백만 명의 북부 주민이 남부로 이동하면서 상황은 급격히 달라졌다. 이들과 함께 퍼 문화가 후에와 다낭, 사이공은 물론이고 더 먼 지방 도시들까지 빠르게 확산되었고, 퍼는 남부 전역에서 공전의 히트를 기록하며 전국구 음식으로 자리 잡기 시작했다. 그러나 하노이식 쌀국수는 남부 사람들에게 여전히 낯선 음식이었고, 전쟁과 분단으로 국경이 생기고 서로 다른 경제와 재료 조건이 형성되면서 북부의 방식이 그대로 유지되기 어려웠다. 풍부한 농산물과 해산물이 넘치는 남부 지역에서 쌀국수는 기존의 틀을 넘어 새로운 적응을 요구받았고, 이러한 변화 속에서 쌀국수는 북부식 전통에 남부식 풍미를 갖추게 되었다.

사이공을 비롯한 남부 사람들은 북부식 쌀국수를 그대로 받아들이지 않고 자신들의 식문화와 기호에 맞춰 재해석했다. 향과 식감을 중시하는 남부 특성은 쌀국수를 보다 화사하고 입체적인 요리로 변모시켰다. 바질·숙주·라임·고추, 그리고 톱니 모양의 강한 향을 가진 고수를 더 해 풍미를 극대화했고, 국물에는 산미와 향신료의 향을 은은하게 보태 남부 특유의 활발한 맛을 완성했다.

하노이식 쌀국수를 남부식으로 재해석한 대표적인 가게는 호찌민의 퍼레(Phở Lê)이다. 1970년대 말, 호찌민 5군에서 문을 연 퍼레의 배경에는 하노이에서 남하한 한 가족의 이주사가 자리한다. 이들이 처음 선보인 전통 하노이 쌀국수는 호찌민에서 인기를 끌지 못했다. 퍼레는 살아남기 위해 과감한 변화를 시도했는데, 남부 스타일을 하노이 쌀국수에 입힌 것이다.

전통 하노이 쌀국수 특유의 담백했던 퍼레의 국물은 점차 더 진해졌고, 고기의 양은 넉넉해졌다. 하노이식 퍼의 기본 구조를 유지하되, 남부의 취향과 식사 감각을 흡수한 맛은 '배부르고 확실한 한 끼'를 원하는 손님들에게 신뢰를 쌓아갔다. 그렇게 퍼레는 정통을 고집하기보다 변화를 선택하여 하노이식 퍼를 바탕으로 한 독자적인 남부식 쌀국수를 만들어내면서 큰 인기를 얻게 되었다.

퍼레의 국물은 맑음보다는 농후함에 가깝다. 소뼈를 오래 고아 낸 깊은 바탕

위로 고기의 풍미가 분명하게 드러나고, 향신채와 허브가 하노이 퍼보다 더 많이 제공된다. 여백과 투명함을 중시하는 하노이식 퍼와 달리, 퍼레의 맛은 넉넉한 고기와 진한 국물은 하노이 퍼와는 풍미가 다른 사이공 특유의 식감을 제공한다.

퍼레의 사례에서 보듯, 남부식 쌀국수의 국물은 담백함보다는 고기의 풍부함과 은근한 단맛이 전면에 나온다. 이러한 풍미의 성향 탓에 호찌민에서는 하노이의 쌀국수집에서 흔히 볼 수 있는 튀긴 빵, 꽈이를 거의 찾아보기 어렵다. 북부식처럼 맑고 절제된 육수에 갓 튀긴 꽈이를 적셔 먹으면 바삭함과 쫀득함이 어우러져 맛의 결을 넓혀주지만, 남부식 국물에는 그런 보완이 필요하지 않다. 향신료의 존재감이 크고 달큰한 풍미가 이미 충분히 완성돼 있기 때문에, 남부의 쌀국수는 튀긴 빵의 식감이나 고소함 없이도 자신의 밀도로 한 그릇을 완성한다.

남부식 쌀국수가 북부에 비해 허브와 산미를 폭넓게 활용하며 보다 개방적인 풍미 구성을 보인다면, 푸꾸옥에서 볼 수 있는 퍼 하이산(phở hải sản)은 바다라는 환경 자체를 국물의 베이스로 삼았다. 퍼 하이산은 쇠고기나 닭고기를 중심으로 한 정통 퍼와 달리, 섬 지역 특성을 반영해 새우·오징어·조개·생선 등 해산물을 주재료로 삼는다. 국물은 육류 육수에 비해 상대적으로 가볍고 맑은 편이며, 해산물에서 우러난 감칠맛과 은은한 단맛, 바다 특유의 짭조름함이 중심을 이룬다. 곁들여지는 고수·파·숙주·라임 역시 남부식 퍼와 마찬가지로 해산물의 신선한 풍미를 보조하는 수준으로 사용된다.

베트남의 쌀국수는 지역과 재료, 조리 방식에 따라 전혀 다른 얼굴을 지닌다. 북부의 담백한 퍼 하노이부터 남부의 화려한 퍼 사이공, 바다의 풍미를 담은 퍼 하이산까지, 한 그릇의 국물에는 각 지역의 기후와 식문화, 그리고 사람들의 취향이 자연스럽게 스며들어 있다. 그럼에도 불구하고 베트남 사람들이 생각하는 퍼의 기준점과 상징은 여전히 하노이에 있다. 하노이의 쌀국수가 '퍼 하노이'라는 이름 아래 하나의 독자적 정체성을 공인받은 것과 달리, 남부식 쌀국수는 '퍼 사이공(phở Sài Gòn)'이라는 이름을 획득하지 못했다. 그것은 퍼가 하노이에서 형성되고 규범화되었으며, 담백한 국물과 절제된 구성으로 '퍼 다움'의 원형을 제시해 왔기 때문이다.

8. 면 음식

8. 면 음식

베트남 사람들이 쌀국수라고 말할 때 퍼만을 의미하지는 않는다. 베트남에서는 어떤 면을 사용했느냐가 음식의 정체성을 결정하기 때문에, 같은 쌀로 만든 면이라도 생김새와 굵기, 제조 방식에 따라 완전히 다른 범주로 나뉜다. 베트남에서 쌀국수를 뜻하는 대표적인 이름으로는 퍼(phở), 분(bún), 후띠우(hủ tiếu), 미엔(miến), 그리고 호이안 지역 특산인 까오러우(cao lầu) 등이 있다.

퍼(phở)의 면은 곱게 빻은 쌀가루에 물을 더해 반죽한 뒤, 이를 얇고 넓은 시트로 찐 다음 건조해 리본처럼 썰어 만든 납작한 면이다. 기본 구조는 동일하지만 북부에서는 폭이 좁아 다소 쫀득한 질감을, 남부에서는 폭이 넓어 한층 부드러운 식감을 선호한다. 전통적인 퍼 면은 쌀 100퍼센트만을 사용하기 때문에 글루텐이 없어 탄성이 적고, 대신 퍼 특유의 부드럽고 매끈한 식감이 살아난다.

분(bún)은 흰색과 가는 모양이 특징인 베트남의 대표적 쌀국수로, 쌀가루 반죽을 뽑아 만든다. 공정이 길고 까다롭기 때문에 집에서 직접 만드는 경우는 거의 없다. 제작 과정은 쌀을 물에 하룻밤 불린 뒤 곱게 갈아 반죽을 만드는 것에서 시작되며, 여기에 타피오카 전분을 약간 섞어 탄력과 부드러운 식감을 더하기도 한다. 완성된 반죽은 바닥에 여러 크기의 구멍이 뚫린 긴 튜브에 넣어 눌러 짜내는데, 이 구멍의 지름이 곧 분의 굵기와 종류를 결정한다. 반죽이 압력으로 밀려 나오면 가느다란 국수 가닥이 끓는 물 속으로 곧장 떨어지고, 익은 국수는 건져 대나무 바구니에서 물기를 뺀 뒤 식혀 서로 가볍게 꼬아 묶는다. 이렇게 말린 듯 부드럽게 감긴 분이 각종 국물 요리와 비빔 요리의 기본 재료가 된다.

분(bún)과 퍼(phở)는 모두 쌀을 원재료로 하지만 만드는 방식과 형태는 확연히 다르다. 퍼는 불린 쌀을 곱게 갈아 반죽을 만든 뒤, 뜨겁게 달군 판 위에 얇게 펼쳐 증기로 익혀 한 장 한 장 떼어낸 다음 이를 포개어 칼로 가늘게 썰어 만든다. 그래서 퍼는 자연스럽게 넓고 납작한 면발이 된다. 반면 분은 반죽을 구멍이 뚫린 기계나 틀에 넣어 직접 뽑아내는 방식이기 때문에 가느다란 실처럼 나오기도 하고, 구멍 크기에 따라 굵은 형태로 만들 수도 있다.

분은 모양만 보면 우동과 당면 사이 어디쯤 있는 듯하지만 식감은 훨씬 부드럽고 탄력이 높아 국물과 특히 잘 어울린다. 분은 중국 천년기에 중국 남부에서 베트남으로 전해졌으나[62] 오늘날에는 그 외래적 기원을 잊을 만큼 베트남화 되었다. 분은 베트남의 쌀면이라는 고유한 정체성을 획득했고, 지역에 따라 모양과 굵기가 천차만별이다.

가장 가느다란 분을 사용하는 대표적인 음식은 남부식 반호이(bánh hỏi)이다. 바느질 실처럼 곱게 뽑은 면발을 촘촘히 엮어 만든 이 섬세한 쌀면은 구운 돼지고기나 새우 등 거의 모든 고기 요리와 잘 어울린다. 반면 가장 굵은 분을 사용하는 대표 음식은 분보후에(bún bò Huế)로, 후에 지역에서 유래한 매운 쇠고기 국수이다. 도톰하고 탄력 있는 면발이 레몬그라스 향이 밴 진한 육수와 어우러져 깊고 묵직한 풍미를 만들어낸다.

전통적으로 분은 새벽에 신선하게 만들어 시장에 내다 팔던 가내 산업이자, 한때는 가족과 마을에 중요한 수입원이기도 했다. 그러나 최근에는 기계 제조가 늘어나면서 이 오래된 수제품은 쇠퇴하고 있다. 오늘날 시장에서는 신선한 분과 함께, 서양에서 스파게티를 사듯 다양한 형태로 건조된 분을 쉽게 찾아볼 수 있다.

신선한 분은 쌀을 물에 불리는 과정에서 가볍게 발효되기 때문에 특유의 산미가 돈다. 이 신맛은 뜨거운 물에 헹구면 어느 정도 사라지지만, 베트남의 습한 기후에서는 면이 금세 상하기 쉽다. 그래서 신선한 분은 보통 아침에만 팔리고, 저녁에는 잘 먹지 않는다. 오래된 분이 배탈을 일으킬 수 있다는 믿음도 이런 식습관을 굳혔다.

굵기와 모양이 달라도 분은 따뜻한 국물에 말아 먹어도 좋고, 느억맘·허브·고기·두부와 함께 차갑게 비벼 먹어도 훌륭해 활용 폭이 매우 넓다. 숯불 돼지고기와 함께 먹는 분짜처럼 비빔 형태가 있는가 하면, 분 팃 느엉(bún thịt nướng)처럼 국물 없이 비벼 먹는 요리도 흔하다. 한편, 생선 육수로 맛을 낸 분까(bún cá)처럼 지역의 특색이 뚜렷한 국물 요리도 존재해, 분은 쌀국수보다 훨씬 넓은 세계를 품고 있다.

분이 발효시킨 쌀가루로 뽑아 만드는 부드럽고 담백한 쌀면이라면, 후띠우는 남부와 메콩 삼각주 사람들이 특히 사랑하는 면으로 쌀가루에 타피오카 전분을 섞어 만든다. 이 때문에 후띠우는 한층 투명하고 탱글탱글하며, 말캉한 탄력이 특징적이다. 건면, 국물면, 비빔면 등 어떤 방식으로 조리해도 제맛을 내는데, 국물 없이 비벼 먹는 후띠우 코는 깔끔한 풍미가 돋보인다.

쌀과 타피오카를 섞는 후띠우나 순수 쌀면인 분과 달리 미엔(miến)은 재료부터 전혀 다르다. 고구마 전분이나 녹두 전분으로 만든 투명한 당면 계열로, 한국 당면보다 훨씬 더 얇고 부드럽고, 뜨거운 국물 속에서도 맑게 흐르듯 풀어지는 질감이 특징이다. 닭고기 국물과 특히 잘 어울려, 미엔 가(miến gà, 닭고기 당면 국수)가 가장 흔한 형태인데, 전분 특유의 미끈거림과 담백한 육수가 만나 속을 편안하게 풀어준다. 밥과 빵, 쌀국수 사이에서 든든한 한 끼를 원하는 날엔 후띠우가 잘 맞고, 속을 덜 부담스럽게 하고 싶은 날엔 미엔이 자연스레 선택된다.

여기에 호이안의 까오러우처럼 지역의 물과 전통으로 만들어진 독자적 면도 있다. 까오러우는 쌀면이지만 씹으면 탱글탱글하고 단단한 식감을 가지며, 국물을 붓기보다 졸인 소스를 끼얹어 비벼 먹는 스타일이다. 일본 우동과 중국 면 요리의 영향을 함께 받은 독특한 형태로, 호이안 지역에서만 생산된다.

이렇게 베트남의 면 요리는 단순히 쌀국수라는 이름만으로 묶기 어려울 만큼 폭넓고 다양하다. 쌀국수는 쌀국수대로, 분은 분대로 각기 다른 세계를 형성하며, 후띠우와 미엔까지 더하면 베트남의 면 문화는 지역 풍경만큼이나 다양한 모습을 보여준다. 그래서 베트남 사람들에게 쌀국수란 특정 음식을 가리키기보다, 어떤 면을 어떤 방식으로 조리했느냐가 더 중요한 분류 기준이 된다.

단맛과 짠맛·불맛의 하모니, 분짜(bún chả)

하노이의 오래된 골목을 걷다 보면, 아침부터 저녁까지 끊임없이 피어오르는 숯불 연기와 달콤 짭짤한 느억맘의 향이 공기를 타고 흐른다. 사람들은 그 냄새만 맡아도 어느 골목에서 굽고 있는지 금세 알아챌 만큼 익숙하다. 이 향의 주인공은 다름 아닌 분짜다. 하노이 사람들에게 분짜는 단순한 식사가 아니라, 도시의 리듬과 정서를 그대로 품고 있는 생활 문화이자 오래된 기억의 맛이다. 한낮의 분주한 노점 앞에서, 혹은 작은 플라스틱 의자 위에서 허겁지겁 먹는 분짜 한 그릇은 하노이가 살아 숨 쉬는 모습 그 자체다.

분짜의 기원을 정확하게 특정하기는 어렵지만, 이 요리는 오랫동안 하노이 거리에서 서민적이고 대중적인 음식으로 사랑받아 왔다. 특히 프랑스 식민지 시기 이후 도시 인구가 증가하고 시장과 골목 음식 문화가 활기를 띠면서, 숯불에 구운 돼지고기와 부드러운 쌀국수, 채소를 곁들여 먹는 형태가 자연스럽게 자리 잡았다. 고기를 삶거나 볶는 방식이 아닌 숯불에 직접 굽는 조리법은 고기의 풍미를 가장 강하게 끌어올려 분짜의 정체성이 되었다.

분짜의 구성은 한눈에 들어올 만큼 단순하다. 얇고 부드러운 분(면)은 뜨거운 국물 대신 재료들을 차분히 받아내는 바탕이 되고, 그 위에 짜(chả)라 불리는 돼지고기가 더해진다. 다진 돼지고기를 곱게 치대 넓적하게 빚은 패티 형 완자와 양념을 입혀 숯불에 바로 구운 고기가 함께 올라가는데, 그 풍경은 한국의 돼지 석쇠구이를 떠올리게 한다. 숯불 위로 기름이 떨어지며 불꽃이 일고, 고기가 황금빛으로 익어갈 때 비로소 분짜는 제 모습을 갖춘다. 이렇게 완성된 분짜는 전통적으로 대나무를 엮어 만든 둥글고 평평한 쟁반에, 작은 접시들을 나누어 담아내며 상에 오른다.

분짜를 더욱 돋보이게 만드는 또 하나의 요소는 느억맘이다. 이 생선 소스에 자신이 좋아하는 비율로 설탕·식초·라임·마늘·고추를 더해 새콤달콤하면서도 짭짤한 소스를 만든다. 이 소스는 단순히 양념이 아니라, 고기와 쌀국수, 채소를 한데 묶어주는 핵심적인 연결 고리다. 하노이 분짜가 남부의 달큰한 숯불 돼지고기 비빔면과 달리 담백하면서도 단맛이 절제된 이유가 바로 여기에 있다.

분짜는 반드시 신선한 허브와 향채를 함께해야 완성

된다. 상추·오이·고수·민트·바질 등이 함께 나오며, 식초에 절인 당근과 무까지 곁들여지면 다양한 식감과 향이 한 번에 입안에서 펼쳐진다. 베트남 음식 특유의 신선한 재료의 조화가 분짜 한 그릇에 압축된 셈이다. 이처럼 뜨거운 고기, 차가운 분, 상큼한 허브와 향채라는 대비가 분짜의 본질적인 매력이다.

분짜는 남부로 내려가면 이름도 방식도 달라지는데, 이곳에서는 같은 요리를 분팃느엉(bún thịt nướng, 숯불 돼지고기 비빔면)이라 부르며 돼지고기를 완자 형태로 굽고, 다진 땅콩과 절인 무, 그리고 당근을 더해 맛의 층위를 풍성하게 만든다. 북부에서 흔히 사용하는 나팔꽃 대신 아삭한 숙주를 넣는 점도 남부식의 뚜렷한 특징이다. 여러 접시에 나누어 내는 하노이식과 달리, 모든 재료를 한 그릇에 담고 느억맘을 부어 비벼 먹는 방식은 남부 특유의 개방적이고 실용적인 식문화를 반영한다. 그러나 베트남 사람들은 하노이의 전통 분짜와 남부식 분팃느엉을 명확히 구분하며, 호찌민에서도 '하노이 분짜'를 표방하는 가게들은 이를 간판에 명기하고 분팃느엉을 함께 팔지 않는 경우가 많다.

분짜는 외국인 여행객들이 가장 선호하는 분 계열 음식이다. 불향이 깊게 밴 돼지고기구이에 식초·설탕·느억맘과 어우러진 달콤새콤한 국물을 더하고, 거기에 신선한 생면을 넣어 먹으면 누구나 부담 없이 즐길 수 있다. 향이나 재료가 강하지 않아 처음 베트남 음식을 접하는 사람도 쉽게 만족하는 맛이다. 분보후에나 맘똠은 특유의 향과 풍미가 뚜렷해 외국인에게 다소 낯설어서 외국인들이 쉽게 젓가락을 들기 어렵다.

분짜가 세계적으로 이름을 알린 결정적 순간은 2016년, 미국 대통령 버락 오바마가 셰프 앤서니 부르댕과 함께 하노이의 분짜 흐엉 리엔(bún chả Hương Liên)이라는 조그마한 가게를 찾았을 때였다. 원래 이 식당은 1970년대 후반에 문을 연 작은 가족 운영 식당으로, 특별한 홍보 없이도 하노이 사람들이 사랑하는 분짜집으로 자리 잡아온 곳이다.

그러나 오바마와 부르댕이 소박한 플라스틱 테이블에 마주 앉아 분짜와 하노이 맥주를 즐기는 장면이 전 세계 언론을 통해 보도되면서, 평범한 골목 식당은 단숨에 국제적 명소가 되었다. 좁은 공간, 허름한 간판, 시끌벅적한 로컬의 공기가 그대로 전해지자, '오바마 분짜'라는 별칭이 붙으며 이 식당은 하노이의 상징을 넘어 베트남 음식 문화의 대표 아이콘으로 확고히 자리 잡았다.

흥미로운 것은 갑작스러운 유명세에도 불구하고 이 가게는 화려함을 좇기보다 오히려 본래의 소박함을 지켜냈다는 점이다. 오바마가 방문했던 당시의 플라스틱 테이블과 단출한 내부 분위기를 그대로 유지하며 정통 하노이식 분짜의 교과서적 맛을 고수하고 있다는 사실은, 이 식당이 단순한 관광 명소가 아니라 여전히 현지인이 신뢰하는 맛집으로 자리매김하도록 만드는 중요한 힘이 되었다.

분짜가 세계적으로 뜬 이후, 분짜는 다양한 방식으로 변화하고 있다. 분짜집들은 현지 취향에 맞춘 채식 분짜(두부와 버섯 사용), 해산물 분짜 같은 현대적 변주를 만들어냈다. 하노이의 전통적 분짜가 지닌 정체성을 유지하면서도, 시대와 시장의 흐름에 맞게 유연하게 변화할 수 있는 음식이라는 점은 분짜의 생명력을 증명하는 것이다.

분탕(bún thang)

분탕의 어원에서 탕(thang)은 한자어 '湯(탕)'에서 온 말로, 본래 약탕藥湯, 즉 약재를 넣어 맑고 정교하게 끓인 국물을 의미한다. 분탕은 약탕처럼 맑고 섬세하게 끓인 국물에 말아 먹는 국수라는 뜻이다. 이 탕이라는 말은 단순한 국물이 아니라, 재료를 얇게 다지고 정갈하게 손질해 층위 있는 맛을 낸 맑은 탕을 가리키며, 하노이의 궁중과 사대부 가문에서 즐기던 고급 음식에서 유래한다.

분탕은 닭고기·달걀지단·새우·햄 등을 실처럼 가늘게 찢어 고명으로 올리고, 국물은 맑고 은은한 감칠맛을 지니는데 그만큼 만들기가 쉽지 않다. 분탕은 분

요리 가운데 가장 섬세하고 손이 많이 간다. 분탕을 만들기 위해서는 좋은 닭고기 육수를 만드는 것이 첫 단계다. 보통 닭 한 마리를 삶고 여기에 말린 새우·오징어·돼지고기를 더해 깊고 맑은 감칠맛을 끌어낸다. 말린 해산물의 양은 비린내가 나지 않을 정도로 아주 정확해야 하며, 육수의 균형이 철저히 유지되어야 한다.

토핑 준비는 더욱 정교하다. 삶은 닭가슴살은 실처럼 가늘게 찢고, 돼지고기와 햄은 작은 정육면체나 종잇장처럼 얇게 썰어 올린다. 새우와 오징어는 다진 양파와 함께 짧게 볶아 감칠맛을 더하며, 달걀은 얇은 팬케이크처럼 부친 뒤 가는 채로 썰어 색과 결을 살린다. 분탕의 모든 재료는 잘게 손질하되 다지지 않는다는 원칙에 따라 각각의 식감과 풍미가 살아 있도록 섬세하게 준비된다.

면은 신선한 분을 사용한다. 가벼운 발효에서 비롯되는 산미를 걷어내기 위해 생강 조각을 넣은 끓는 물에 재빨리 헹군 뒤, 물기를 빼 그릇에 담는다. 그 위에는 노란 달걀과 흰 닭가슴살, 분홍빛 돼지고기, 소시지, 갈색의 돼지고기 토핑, 볶은 해산물을 색채가 살아나도록 질서 있게 배열한다. 중앙에는 잘게 다진 매운 민트를 소량 얹어 향을 더하고, 마지막으로 끓는 육수를 부어 한 그릇을 완성한다.

여기에 곁들임으로는 얇게 썬 신선한 고추를 올리거나, 취향에 따라 새우 반죽인 맘똠을 더하기도 한다. 과거에는 분탕에 다진 표고버섯을 볶아 넣어 풍미를 보태는 경우도 있었는데, 이러한 방식 역시 지역과 가정에 따라 조금씩 다르다. 맘똠 같은 강렬한 소스를 사용하고도 전체의 균형과 섬세함이 흐트러지지 않는다는 점은, 분탕이 지닌 독특한 매력 가운데 하나다.

분탕은 많은 정성과 손길이 필요한 음식으로, 예로부터 설이 지난 뒤 조상에게 올리는 상차림에 오르거나 명절에 온 가족이 함께 나누는 특별한 국수로 자리해 왔다. 동시에 제사와 명절에 쓰였던 고기와 달걀, 채소와 향신료를 허투루 버리지 않고 한 그릇으로 재구성한 음식이기도 하다. 어떤 집에서는 재료를 모두 따로 차려 손님이 원하는 대로 담아 먹도록 대접했는데, 이러한 방식은 각자의 취향을 존중하는 분탕 특유의 상차림 문화를 보여준다. 오늘날에는 이 같은 가정식 전통을 되살린 전문 식당들이 베트남 전역에 자리 잡으며, 분탕의 섬세하고 다층적인 맛을 다시금 경험할 수 있게 되었다.

분까(bún cá)

분까에서 '까(cá)'는 물고기, 즉 생선을 뜻해 분까는 말 그대로 생선국수다. 분까는 북부 강과 호수에서 잡히던 민물고기를 손질해 맑게 끓인 국물에 쌀국수를 말아 먹던 옛 방식에서 비롯되었다. 예로부터 농번기가 끝나고 강물이 잔잔해지는 계절이면 마을 사람들은 잡아 온 생선을 발라 가시를 제거한 뒤, 생강과 토마토, 딜을 넣어 시원한 국물을 끓였다. 육류가 귀했던 시절, 고기는 비싼 제사 음식이었지만 생선은 비교적 구하기 쉬웠고, 잡자마자 바로 끓여내면 신선한 단맛이 살아 있어 마을의 공용 식탁에서 자주 볼 수 있었다.

이러한 재료적 배경 덕분에 분까는 값비싼 육류 대신 민물고기와 향신 채소를 활용한 서민 음식으로 자리 잡았다. 특히 홍강 삼각주 일대에서는 강과 논에서 쉽게 구할 수 있는 생선을 국물의 중심 재료로 삼았고, 이는 지역별 조리법의 차이를 낳았다. 그 결과 분까는 오늘날 하이퐁과 남딘 등지에서 서로 다른 스타일로 발전해 왔다. 하이퐁에서는 붉은 공심채와 매콤한 고추기름을 더해 생선의 비린 맛을 잡는 방식이 특징이며, 남딘에서는 묵은장을 극소량 사용해 국물에 깊은 감칠맛을 더한다.

이처럼 지역마다 다른 재료와 조리법은 분까 국물의 맛에도 직접적인 영향을 준다. 분까의 국물은 한국인에게 다소 시큼하게 느껴질 수 있는데, 이는 생선 특유의 비린 향을 줄이고 국물을 한층 시원하게 만들기 위한 전통적인 조리 방식에서 비롯된다. 생선을 끓일 때 소량의 식초나 라임즙을

더하면 비린내는 사라지고 산뜻한 산미가 남는다. 일부 지역에서는 묵은장이나 가벼운 발효액을 아주 조금 넣어 감칠맛을 보완하는데, 이 과정에서 미세한 산미가 더해지기도 한다. 분까에 익숙해질수록 이 시큼함은 오히려 이 국수의 개성을 드러내는 요소로 받아들여진다.

민물농어 쌀국수(bún cá lóc đồng)

분까록동은 땅과 물, 논과 개울이 자연스럽게 이어진 하이즈엉을 비롯한 베트남 북부에서 시작된 음식이다. 음식의 이름이 곧 정체성을 말해주는데, '분'은 쌀국수, '까록'은 민물농어, '동'은 들판이나 시골을 뜻하는 말로, 이름 그대로 '들판에서 잡은 민물농어로 끓여낸 국수'다.

분까록동은 사계절 내내 먹을 수 있지만, 우기 이후 논과 수로가 풍성해지고 민물농어가 살이 오르는 시기가 가장 맛있다. 민물농어는 살이 단단하고 잡내가 적으며 지방이 많지 않아 맑은 국물에 잘 어울린다. 여기에 토마토와 파인애플 같은 산미 있는 재료가 더해지면서 북부 특유의 새콤달콤한 풍미가 만들어지고, 약간의 매콤함이 더해지면 생선 육수의 시원함이 한층 또렷해진다.

이 국물의 성격은 향신료와 육향이 중심이 되는 하노이의 쇠고기 쌀국수와 뚜렷하게 대비된다. 분까록동은 생선 단백질과 산미, 허브가 맛의 축을 이루는 국수로, 시원하면서도 복합적인 감칠맛이 특징이다. 생선은 튀기거나 쪄서 올리는데, 튀긴 농어는 바삭한 식감으로 대비를 주고, 찐 농어는 부드럽게 국물과 어우러진다. 어떤 집에서는 아예 살만 발라 넣어 한층 정갈하게 즐기기도 한다. 북부식 분 면과 함께 곁들여지는 죽순은 국물과 특히 잘 어울리는 별미로 여겨진다.

분까록동의 풍미를 완성하는 것은 고명이다. 생선 요리에 자주 쓰이는 딜은 향이 과하지 않으면서도 은근한 허브 향을 더해 주고, 여기에 튀긴 샬롯과 쪽파, 고수가 더해지며 향과 식감이 풍성해진다. 이 허브들의 비율에는 정해진 답이 없어 집집마다 손맛이 다르게 드러난다. 특히 하이즈엉 일대에서 분까록동은 여행자를 위한 별미라기보다, 논과 물길의 기억을 담은 '집밥 같은 국수'로 지금까지 이어지고 있다.

분리우(bún riêu)

분리우에서 리우(riêu)는 베트남어 고유어로, 게살·새우살·조갯살 등을 으깨 끓일 때 표면에 생기는 고운 응고물(부드럽게 굳은 살덩어리)을 가리킨다. 특히 민물게를 찧어 체에 걸러 끓일 때 솟아오르는 '게 응고'를 전통적으로 riêu cua 라고 불렀다. 분리우는 게살이 뭉근히 떠오른 국물에 말아 먹는 국수, 즉 '게 응고 국수'라고 할 수 있다.

분리우의 역사는 베트남 수로, 특히 수 세기 동안 민물게가 풍부했던 북부 삼각주에서 시작된다. 이 요리가 지금의 이름으로 알려지기 훨씬 전부터, 지역 주민들은 작지만 풍미 가득한 이 갑각류에서 최대한의 풍미와 영양을 추출하는 기술을 개발했다. 요리 사학자들은 베트남에 수 세기 동안 다양한 형태의 게탕이 존재해 왔으며, 이는 베트남 요리에 대한 기록이 존재하기 이전부터 존재했을 가능성이 높다고 본다.[63] 가장 초기의 게탕은 논이나 지역 하천에서 잡을 수 있는 작은 게를 재료로 한 간단한 조리법이었을 것이다.

우리가 지금 분리우라고 알고 있는 요리는 레 왕조 후기(15~18세기)에 지역

요리가 더욱 세분화되고 조리 기법이 정교해지면서 발전하였다. 이 무렵, 국수와 게 육수, 붉은색 게살 반죽을 기본으로 한 요리가 하노이를 중심으로 홍강 삼각주 전역에 퍼졌다. 강과 논이 많은 이 지역의 풍부한 민물게와 쌀 생산을 바탕으로, 이 음식은 지역 생활에 뿌리내린 대표적인 향토 음식이 되었다.

베트남 북부 농가에서는 오래전부터 논에서 잡히는 민물게를 이용해 국물을 우려냈고, 여기에 으깬 게살과 토마토를 함께 넣어 새콤하면서도 깊은 맛을 냈다. 이 전통 방식이 시대를 거치며 도시로 옮겨오면서, 분리우는 하노이의 거리 음식 문화에 자연스럽게 편입되었다. 고기보다 구하기 쉬운 민물게로 만든 국물은 가볍고 담백해 아침 식사로 적합했고, 직장인들에게는 빠르게 먹고 이동하기 좋은 실용적인 아침 한 끼가 되었다.

분리우의 면은 기본적으로 가늘고 부드러운 것을 사용하는데, 여기에 두부튀김, 돼지고기, 토마토 조각, 민물게로 만든 게살 패티, 그리고 신맛을 더하는 식초, 라임, 초절임 채소가 고명으로 더해진다. 북부 특유의 허브나 들깻잎이 곁들여져, 한입 뒤에 은은하게 퍼지는 향긋한 뒷맛을 완성한다.

분리우가 게살을 이용하기 때문에 비릿하다고 걱정하는 한국 사람이 많다. 그러나 분리우는 게탕이라기보다 토마토 국물 베이스의 시원한 육수에 게향이 가미된 맛에 가깝다. 입맛에 따라 라임즙을 조금 넣으면 산뜻함이 더해져, 비린 느낌이 완전히 사라진다. 분리우에 맘똠을 약간 넣는 경우도 있지만, 소량이어서 향이 은은할 정도지 맘똠처럼 자극적이지 않다.

분리우의 국물은 토마토가 풀리면서 은근한 산미가 더해지고, 게살에서 나온 감칠맛이 부드럽게 뒤를 잇는다. 이 조합은 쇠고기나 돼지뼈를 오래 우려내는 퍼와 달리 맑고 산뜻한 맛을 낸다. 한 숟가락 뜨면 기름지지 않으면서도 입안을 깨우는 상쾌함이 살아 있어, 무더운 북부의 여름에도 부담 없이 즐길 수 있다.

분리우는 베트남 중부로 전파되면서 더욱 강렬한 풍미를 더하기 시작했는데, 종종 해산물과 다양한 허브가 첨가되었다. 매운맛의 강도는 일반적으로 높아졌는데, 이는 베트남 중부 지역의 풍부한 맛과 매운맛을 반영한다. 후에와 다낭 지역에서는 분리우에 달팽이(ốc)를 넣는 경우가 많은데, 이를 '게와 달팽이를 넣은 분(bún riêu cua ốc)'이라고 한다. 여기서는 달팽이를 레몬그라스와 다른 향신료와 함께 볶은 후 수프에 넣어 식감과 독특한 허브 향을 더한다. 베트남 중부 지역의 분리우에는 일반적으로 베트남식 매운 고추기름을 첨가하여 더욱 강한 매운맛을 낸다.

분리우가 베트남 남부, 특히 물고기가 풍부한 메콩 삼각주 지역에 전해졌을 때, 이 요리는 더욱 변형되어 전통적인 게살 외에도 새우, 오징어, 어묵 등 다양한 단백질을 넣는 경우가 많다. 육수에는 보통 토마토가 더 많이 들어가 더 걸쭉하고 산미가 더 강해진다. 남부식 분리우는 콩나물·시금치·바나나꽃 등 신선한 허브와 채소를 풍부하게 사용한다.

분리우는 바쁜 직장인들의 아침 식사 메뉴가 된 이유는 단지 맛 때문만이 아니다. 뜨거운 국물로 속을 편안하게 만들고, 산뜻한 토마토 향으로 아침의 입맛을 되살리며, 무엇보다 조리 속도가 빠르기 때문이다. 작은 플라스틱 의자에 앉아 10분 만에 한 그릇 비우고 바로 출근하는 모습은 베트남의 일상 풍경이 되었다. 가격은 저렴하고 맛은 복합적이어서 특히 여성들이 선호하는 음식이며, 호찌민에서는 가장 인기 높은 아침 식사 메뉴 중 하나이다.

베트남의 짬뽕, 분보후에(bún bò Huế)

분보후에의 어원은 지명과 재료, 조리 방식이 그대로 결합된 전형적인 베트남식 명명법에서 나온다. 여기서 보(bò)는 쇠고기를 의미하며, 후에(Huế)는 베트남의 경주라고 불리는 고도 후에, 이 요리가 탄생하고 정착한 도시 이름이다. 분보후에는 '후에 스타일의 쇠고기 국수'라는 의미이다.

후에 지역에서 발전한 분보후에는 쌀국수의 일종이지만, 퍼와는 전혀 다른 계

보를 지닌다. 후에는 19세기까지 베트남 왕조의 수도였고, 궁중의 정교한 조리 전통이 일상 식문화에 깊게 스며들어 향신료 사용이 섬세하면서도 대담한 독자적 미각 체계를 형성했다. 여기에 강한 햇볕과 상대적으로 적은 강수량 덕에 매운 고추가 풍부했던 자연환경은 화끈한 분보후에의 맛을 만들었다.

분보후에는 본래 후에 지역의 마을 제의와 축제에서 제물을 바친 뒤 남은 쇠고기 뼈와 고기를 아끼기 위해 끓여 먹던 옛 국물 요리에서 비롯되었다. [64] 시간이 흐르며 이 소박한 국물은 후에 특유의 향신료와 조리법을 품게 되었고, 마침내 지역을 대표하는 상징적 음식으로 자리 잡았다. 특히 이 요리에 쓰이는 면은 400년 넘게 국수를 빚어 온 반꾸(Bàn cư) 마을의 면만을 고집하는데, 눈처럼 희고 탄력이 뛰어나 분보후에의 깊은 향과 탱글탱글한 식감을 완성하는 핵심 요소다. 이런 이유로 후에 사람들에게 분보후에는 단순한 면 요리가 아니라, 지역의 역사와 미식 전통을 상징하는 음식으로 인식된다.

이러한 형성 과정은 분보후에가 퍼와는 다른 계보에 놓여 있음을 분명히 한다. 퍼가 프랑스 식민지 시기라는 비교적 근대적 배경 아래 고기 육수와 쌀면의 결합으로 탄생했다면, 분보후에는 훨씬 오래된 토착 조리 전통에 뿌리를 두고 있다. 후에 지역에서는 오래전부터 레몬그라스, 고추, 새우액젓과 같은 강한 향신 재료가 일상적인 식재료로 사용되었고, 이러한 미각 체계가 분보후에의 기본 구조를 이뤘다. 돼지뼈와 소 사골을 장시간 끓여낸 육수에 향신료와 고추기름의 일종인 사테(sa tế Huế)을 더하는 방식이 정착되면서, 붉은빛을 띠는 국물과 강렬한 향을 지닌 분보후에의 특징이 확립되었다.

보후에에 사용되는 사테는 국물의 매운맛·향·색을 동시에 만드는 핵심 요소다. 레몬그라스, 마늘, 고추 등을 기름에 볶아 만든 사테는 고기의 누린내를 잡고 향신료의 풍미를 국물에 깊게 퍼뜨리며, 선명한 붉은빛과 함께 분보후에 특유의 얼얼하고 묵직한 매운맛을 완성한다. 이 사테가 분보후에를 베트남의 짬뽕으로 만든다.

분보후에의 면은 퍼보다 훨씬 굵고 쫄깃하다. 이것은 풍부한 고기와 고추기름, 강한 향신료를 견딜 수 있어야 하기 때문이다. 분보후에의 면은 뜨거운 국물 속에서도 쉽게 흐트러지지 않으며, 진한 육수의 향을 깊이 머금으면서도 형태를 고스란히 유지한다. 이런 이유로 베트남 사람들은 '분보(쇠고기 쌀국수)'와 분보후에는 완전히 다른 음식으로 생각한다.

무엇보다 정통 분보후에에는 맘루옥(mắm ruốc)이 빠질 수 없다. 이 발효 젓갈은 후에 사람들에게 '국물의 영혼'이라 불릴 만큼 강하고 깊은 향을 지닌 재료다. 소량만 더해도 육수의 성격이 분명히 달라지며, 국물은 단순한 쇠고기 맛을 넘어 중부 특유의 강렬한 풍미를 띠게 된다. 짙은 자줏빛의 맘루옥은 처음에는 냄새가 강하게 느껴질 수 있지만, 끓는 국물 속에서 고추기름과 어우러지면 은은한 단맛과 짭조름함이 살아난다. 이 특유의 톡 쏘는 향과 미묘한 단맛 덕분에 분보후에는 향만으로도 쉽게 구별되는 뚜렷한 개성을 갖는다.

이 때문에 후에의 장인들은 맘루옥을 넣는 타이밍을 무엇보다 중시한다. 젓갈을 너무 일찍 넣으면 비린 향이 부각되고, 너무 늦게 넣으면 풍미가 덜 스며든다. 보통 고기 뼈가 우러나 육수가 단단해지는 시점에 맘루옥을 풀어 넣어 향을 입히고, 마지막에 레몬그라스와 마늘·샬롯을 볶은 향유를 얹어 산뜻함을 더한다. 이러한 과정은 단순한 조리 기술을 넘어, 후에 사람들이 오랫동안 지켜온 조리 철학과 지역 정체성이 응축된 의식과도 같다. 정통 분보후에가 다른 국수와 차별되는 이유는 바로 이 특별한 맘루옥 젓갈 한 숟가락에 담긴 강렬한 맛의 균형감 때문이다.

완성된 분보후에 한 그릇에는 족발과 쇠고기, 때로는 선지를 굳혀 만든 피소시지, 후에 특유의 달콤한 돼지고기 소시지까지 넉넉하게 올라간다. 숙주·바나나꽃·붉은 양배추 같은 채소를 곁들이며, 단맛·짠맛·매운맛·신맛이 분보후에 한 그릇 안에서 균형을 이룬다. 레몬그라스가 깊은 향을 주고, 사테가 색과 매운맛을 만들며, 느억맘이 감칠맛을 올리고, 여기에 라임을 조금 더하면 산뜻한 여운이 살아난다. 이러한 맛의 구조가 완성되면 한국인의 입맛에도 맞는 묵직하고 풍부한 맛이 된다.

퍼가 맑고 정제된 맛으로 베트남의 음식을 대표한다면, 분보후에는 강렬하고 밀도 높은 풍미로 베트남 중부의 정체성을 선명하게 드러낸다. 분보후에는 베트남 음식 가운데서도 가장 대담한 매운맛을 지닌 요리로 꼽힌다. 이 매운맛은 단순한 자극에 머물지 않고, 고추의 강렬함 속에서 단맛과 신맛이 겹겹이 드러나며 식사 내내 화끈함과 얼얼함이 이어진다. 특히 국물에 녹아든 사테의 매운 기운은 입가를 붉게 물들이고 때로는 얼굴에 열감과 부기를 느끼게 할 만큼 강해, 식사 도중 눈물이 맺히는 경험도 드물지 않다.

이런 점에서 분보후에는 베트남의 짬뽕이라고 할 수 있다. 두 음식 모두 뜨겁고 매운 국물을 중심으로, 한입에 땀이 배어 나오는 열의 미학을 공유하며 단순히 맵다는 표현으로는 부족하다. 한국의 짬뽕은 해산물의 시원한 단맛과 볶음 향이 응축된 불맛, 그리고 고추기름의 직선적인 매운맛이 입안을 강렬하게 파고든 반면, 분보후에는 고추와 향신료가 만들어내는 복합적인 매운맛의 열기를 보여준다. 분보후에와 짬뽕은 모두 해장의 미학을 품고 있다. 국적은 다르지만, 숙취를 땀으로 밀어내는 뜨거운 국물 문화라는 점에서 놀랍도록 닮았다.

후에 사람들은 베트남인들 가운데서도 가장 내성적이고 말수가 적은 것으로 알려져 있다. 아마도 1885년 프랑스군에 의한 대학살과 1968년 베트남 전쟁 중 설날 공세 당시 대규모 민간인 학살 사건이 이들에게 큰 트라우마를 남겼을 것이다. 후에 사람들은 오랜 왕도의 주민답게 남에게 싫은 소리를 함부로 하지 않으며, 자신을 과시하는 태도도 거의 없다. 그래서 "후에 사람의 말은 음악처럼 느리고 조용하다"라는 말이 생길 만큼, 그들의 언어와 태도는 부드럽게 절제되어 있다. [65]

그러나 이러한 겉모습 아래에는 분보후에의 국물처럼 뜨겁고 강렬한 마음이 흐른다. 후에 사람들은 차분하고 무덤덤해 보일지라도 실제로는 속정이 깊고, 한 번 마음을 열면 묵묵히 끝까지 믿는 헌신적 기질을 지닌다. 가까운 사람에게는 놀랄 만큼 따뜻하고, 그 정성과 강인함이 겉으로 드러나지 않는다는 점에서 더욱 매력적이다. 바로 그 내면의 뜨거움과 절제된 품성이, 분보후에의 강력한 맛 속에 고스란히 녹아 있다.

분맘(bún mắm)

분맘의 '맘'은 발효한 생
선·새우·조개 등을 갈아 숙성
시킨 진한 젓갈류를 통칭하며,
따라서 분맘이란 문자 그대로
'맘을 풀어 끓인 국물에 말아
먹는 국수', 즉 젓갈 국수를 뜻
한다. 베트남 남부, 특히 메콩
삼각주와 같이 강물과 바닷물이 맞닿아 풍요로운 해산물이 넘쳐나는 지역에서
는 이 독특한 발효 해산물 문화가 식탁의 핵심을 이뤄 왔고, 분맘은 그러한 미각
체계가 가장 농축된 형태로 드러나는 대표적 요리다. 맘을 중심으로 끓여낸 국
물은 첫 숟가락부터 강렬한 향과 깊은 감칠맛을 뿜어내며, 메콩 삼각주 특유의
진하고 거침없는 풍미가 그대로 살아난다.

분맘의 시작은 빈롱·짜빈·속짱과 같은 메콩 중심부의 작은 도시들에서 시작되
었다. 이 지역은 예부터 강과 바다에서 잡아 올린 생선을 소금에 절여 발효시키
는 풍습이 발달했는데, 이렇게 만들어진 맘이 분맘의 국물 토대가 된다. 맘은 민
물고기나 멸치를 주로 사용해 감칠맛을 최대한 끌어내는 방식으로 만들어진다.
그 발효 과정에서 생기는 짭짤한 풍미와 깊은 향은 처음 접하는 이에게는 다소
강렬하게 느껴지지만, 일단 익숙해지면 다른 어떤 국물에서도 찾기 어려운 중독
성을 지닌다. 분맘은 남부 특유의 단맛과 신맛이 조화되는 독특한 풍미를 갖고
있는데, 메콩 삼각주 사람들은 이 발효 향을 고향의 맛으로 간주한다.

분맘을 만들려면 먼저 맘을 물에 풀어 천천히 우려내고, 여기에 돼지뼈나 닭
뼈로 만든 육수를 더해 깊이를 보완한다. 레몬그라스·마늘·샬롯·고추·타마린드
같은 재료로 향과 산미를 섬세하게 조절하는데, 이렇게 여러 재료가 겹겹이 더
해지면서 국물은 단순히 짭짤한 맛을 넘어, 단맛과 신맛이 은근히 깔린 복합적
인 맛으로 완성된다. 때로는 메콩 지역 특유의 풍부한 코코넛 밀크를 넣어 부드

럽고 크리미한 뉘앙스를 더하기도 한다. 완성된 국물은 약간 탁하고 묵직한 느낌을 주며, 맘의 향이 뜨거운 수증기와 함께 퍼질 때 비로소 분맘 특유의 존재감이 드러난다.

　부드러운 쌀면인 분은 이 향이 강한 국물을 가장 잘 받아내는 재료이다. 분맘에 사용되는 면은 얇고 순해 뜨거운 국물 속에서 풍미를 흡수하며 특유의 부드러운 질감을 유지한다. 이 조용한 면과 강렬한 국물의 대비가 분맘의 매력을 한층 도드라지게 하고, 남부 사람들에게는 익숙한 조화지만 여행자에게는 새롭고 다소 놀라운 경험이 되기도 한다. 맘의 강렬한 발효 향은 처음 접하는 사람에게 낯설 수 있지만, 이 향을 극복하면 깊은 맛에 매료될 가능성이 크다.

베트남의 홍어 삼합, 분더우 맘똠(bún đậu mắm tôm)

　분더우 맘똠의 어원은 이 음식의 실체를 구성 요소 하나하나로 정확히 드러낸다. '더우(đậu)'는 바삭하게 튀기거나 살짝 데친 두부를, '맘똠(mắm tôm)'은 강렬한 향과 짠맛을 지닌 보랏빛 발효 새우젓을 가리키며, 따라서 분더우 맘똠은 문자 그대로 '두부와 새우젓 소스를 곁들여 먹는 국수'를 뜻한다.

　이 음식은 하노이 골목의 소박한 서민 식탁에서 처음 모습을 드러냈다. 차갑게 식힌 국수 면과 겉은 바삭하고 속은 부드러운 두부, 그리고 깊고 독특한 향을 풍기는 맘똠이 어우러져 절제된 재료 속에서도 인상적인 풍미를 빚어낸다. 처음에는 발효 새우젓의 강한 향에 잠시 주저하게 되지만, 한 입 머금는 순간 담백한 면의 부드러움과 바삭한 두부의 식감, 짭짤하면서도 깊은

맘똠의 감칠맛이 서로 대비를 이루며 입안에서 층위를 쌓는다. 차가움과 고소함, 짠맛과 은은한 단맛이 교차하는 이 복합적인 조화는 이내 쉽게 빠져나오기 어려운 중독적인 매력으로 이어진다.

분더우 맘똠을 먹는 방식 또한 흥미롭다. 이 음식은 여러 재료를 한 상에 펼쳐 두고 맘똠 소스에 찍어 먹는 형식으로 즐긴다. 차갑게 삶은 쌀면과 갓 튀긴 두부, 삶은 돼지고기와 몇 가지 튀김이 한데 어우러진다. 여기에 상추와 각종 허브를 곁들여 먹으면 강렬한 맘똠의 향을 부드럽게 누그러뜨리며 균형을 더한다.

무엇보다 이 음식은 재료를 한데 모아 쌈처럼 싸서 먹는 데서 진가가 드러난다. 면과 두부, 고기와 허브를 한 장의 채소에 얹고 맘똠을 곁들여 한입에 넣으면, 서로 다른 식감과 향이 겹겹이 어우러지며 복합적인 풍미를 완성한다. 이러한 방식은 여러 재료를 함께 묶어 맛의 대비와 조화를 즐긴다는 점에서 한국의 홍어 삼합을 떠올리게도 한다.

분더우 맘똠에서 맘똠은 이 음식의 정체성을 규정하는 핵심 요소로, 작은 바다새우를 소금과 함께 오랫동안 발효해 만든 짙은 보라빛 페이스트다. 맘똠의 풍미는 강렬하고 짭조름하며, 익숙지 않은 이들에게는 비릿하게 느껴지지만 익숙해질수록 깊은 감칠맛이 혀끝에 남는다. 소스는 식당마다 조금씩 손을 달리하는데, 다진 마늘·고추·설탕·라임즙을 넣어 충분히 저어 거품을 세우면 향이 부드러워지고 맛이 더 살아난다. 때로는 뜨거운 기름을 한두 방울 떨어뜨려 고소한 향을 더하기도 한다.

완성된 맘똠에 쌀면이나 두부를 듬뿍 찍어 먹는 순간 비로소 이 음식의 매력이 드러난다. 단순한 조합이지만, 각 재료의 질감과 향이 발효 소스의 강렬함과 충돌하면서도 조화롭게 흘러가는 구조가 독특한 중독성을 만든다. 맘똠이 너무 부담스럽다면 느억맘이나 간장으로 대체할 수도 있지만, 하노이 사람들은 절대 맘똠을 포기하지 않는다.

"맛은 천국인데 냄새는 지옥 같다"라는 표현은 이 요리가 얼마나 강렬한 향을 지녔는지를 잘 보여준다. 그런 의미에서 종종 맘똠은 한국의 홍어와 비교된다. 발효 새우로 만든 맘똠의 냄새는 강렬하고 짠내가 나며, 외국인에게는 첫입에 기겁할 만큼 낯설다. 자연 발효를 통한 암모니아 향으로 유명한 한국의 홍어와 맘똠의 향기는 서양인에게 견디기 힘든 고통이기도 하다. 둘 다 발효의 미학을 극한까지 끌어올린 결과이며, 썩음과 숙성의 경계를 예술로 만든 음식이다.

흥미롭게도, 두 음식 모두 냄새로 차별받아 왔다. 맘똠은 냄새나는 음식으로 종종 배척되었고, 삭힌 홍어도 또한 전라도를 벗어나기가 쉽지 않았다. 그럼에도 이러한 음식들이 오히려 지역 정체성과 자부심의 상징으로 자리매김한 이유는, 사람들이 그 강렬한 냄새 속에서 낯섦이 아니라 자신에게 너무나 익숙한 고향의 풍경과 냄새를 발견하기 때문이다. 냄새는 배척해야 할 결함이 아니라, 한 공동체의 기억과 정서가 고스란히 응축된 신호에 가깝다.

분더우 맘똠은 특유의 강렬한 향에도 불구하고, 저렴한 가격, 중독성 있는 맛, 그리고 SNS 친화적인 비주얼 덕분에 베트남 젊은 세대가 가장 좋아하는 음식이 되고 있다. 대학가와 젊은 직장인 밀집 지역에서 특히 인기이며, 틱톡과 페이스북에서 관련 콘텐츠가 폭발적으로 확산되면서 Z세대의 대표 거리 식품으로 정착했다.

미꽝(mì qảng)

미꽝의 미(mì)는 중국어 면面에서 유래한 밀가루로 만든 면을 뜻하며, 쌀국수 계열인 분(bún)과 구별되며, 꽝(quảng)은 다낭과 호이안을 품은 베트남 중부의 지역명인 꽝남(Quảng Nam)을 가리킨다. 이름 그대로 '꽝남 지방식 밀가루 면 요리'인 미꽝은 강한 햇살과 메마른 기후, 농경지와 바다가 공존하는 이 지역

의 자연환경 속에서 주민들이 쉽게 구할 수 있는 재료로 만들어낸 소박한 생활 음식에서 출발했다. 시간이 지나며 고기와 해산물, 허브 등 사용되는 재료는 더욱 다

채로워지고 조리법도 정교해졌지만, 적은 양의 국물에 넓은 면을 담고 풍성한 향신채를 얹어 먹는 이 음식의 기본 구성과 토착 재료를 최대한 활용한다는 정신만큼은 변함없이 오늘까지 이어지고 있다.

미꽝의 가장 큰 특징은 국물이 많지 않다는 점이다. 쌀국수처럼 한 그릇 가득 국물을 붓는 방식이 아니라, 면과 고명을 적실 정도의 진한 육수만을 더해 면 위에 스며들도록 하는 것이 기본이다. 이런 형태는 이 지역 기후와 문화가 자연스럽게 만든 결과이다. 중부 지역은 덥고 습도가 낮아 국물이 많은 음식보다 수분이 적고 맛이 농밀한 요리를 선호해 왔다. 육수는 돼지뼈나 닭뼈, 때로는 해산물을 함께 우려 깊은 맛을 내지만, 양은 적어도 풍미만큼은 농축된 느낌을 준다.

미꽝의 면은 넓고 납작하며, 강황을 넣어 반죽한 노란빛의 면이 자주 사용된다. 이는 색을 내기 위한 목적뿐 아니라 강황 특유의 향과 건강 효과를 더하려는 전통적 조리 방식에서 비롯된 것이다. 면발은 부서지지 않도록 손으로 섬세하게 다루어 쫄깃한 식감을 살리고, 강황의 은은한 향이 고명과 함께 어우러질 때 미꽝 특유의 깊은 맛이 완성된다.

고명은 미꽝을 가장 풍성하게 만드는 요소 가운데 하나다. 땅콩·허브·숙주·부추 같은 신선한 채소는 물론, 돼지고기·새우·닭고기·생선 등 다양한 단백질이 들어간다. 지역에 따라 뱀장어나 메추리알이 올라가는 독특한 조합도 존재하는데, 이는 중부 지방의 특산물이 고스란히 반영된 결과다. 또한 바삭한 쌀 종이(라이스페이퍼)를 부숴 면과 함께 섞어 먹는 방식은 미꽝의 식감적 특징을 더욱 도드라지게 한다. 한 입 속에서 부드러운 면과 고기, 바삭한 쌀 종이의 대비가 이루어내는 층위는 이 지역에서만 경험할 수 있는 특별함이다.

미꽝의 양념은 단순하지만 향이 선명하다. 느억맘의 감칠맛과 라임의 산미, 고추의 매운 향이 더해지면서 고명과 육수가 완성하는 풍미를 균형 있게 잡아준다. 지역에 따라 조리 방식에 차이가 있어 꽝남에서는 돼지고기와 새우를 중심으로 전통적인 구성을 유지하는 반면, 다낭에서는 해산물이 더 풍부하게 들어가고 육수가 한층 가벼워지는 경향이 있다. 후에에 가까워지면 향신료와 매운맛의 비중이 높아지며, 때로는 뱀장어나 특색 있는 재료가 등장해 중부의 다양한 음식 문화와 맞닿는다.

미꽝은 중부 사람들의 삶과 환경이 만든 음식이다. 국물이 적지만 맛은 깊고, 재료는 단순하지만 조화는 풍부하다. 강한 햇살과 적은 빗속에서도 땅과 바다에서 얻을 수 있는 식재료를 최대한 활용해 한 그릇을 완성했던 지역 주민들의 실용적이면서도 따뜻한 정서가 고스란히 담겨 있다. 미꽝은 꽝남과 다낭이 지닌 문화적 뿌리를 한 그릇에 응축한 음식으로 자리 잡게 되었다.

까오러우(cao lầu)

한때 해양 실크로드이자 남방 교역의 중심지였던 호이안에는, 베트남 어디에서도 보기 힘든 독특한 까오러우라는 면 요리가 있다. 까오러우는 겉보기에는 평범한 쌀면 요리처럼 보이지만, 그 조리 방식과 식감은 일반적인 쌀국수와는 완전히 다른 세계에 속한다. 까오러우 맛의 기원을 따라가다 보면, 이 도시가 걸어온 이국적인 문화의 발자취가 자연스럽게 드러난다.

중부 베트남 꽝남 지방 투본강 하류에 자리 잡은 도시 호이안은 내륙과 바다를 잇는 천혜의 입지를 지녔다. 투본강은 오래전부터 쌀·목재·향신료·비단 등 내륙의 물자를 바다로 운반하는 주요 수로 역할을 해왔고, 하구는 깊고 조류가 완만해 소형 범선은 물론 대형 무역선까지 정박할 수 있었다. 이러한 자연조건 덕분에 호이안은 일찍이 동남아에서 손꼽히는 천연 항구로 발전할 수 있었다.

16세기에서 18세기에 이르러 호이안은 동서 교역의 교차점으로 자리 잡았다. 당시 베트남은 북쪽의 정 씨와 남쪽의 응우옌 씨로 나뉘어 있었는데, 남쪽을 다스리던 응우옌 정권은 외국과의 교역에 적극적이었다. 이들의 개방 정책 아래 호이안 항구에는 일본·중국·인도·포르투갈·네덜란드·프랑스 상선이 끊임없이 드나들었다. 상인들은 비단과 도자기·향신료·차·유리·은화· 무기 등을 실어 나르며 활발히 교역을 이어갔다. 특히 일본과의 관계는 각별해, 당시 세워진 일본 다리(Chùa Cầu)는 지금도 도시의 상징으로 남아 있다.

응우옌 정권은 외국 상인들에게 항만세를 낮추고, 토지와 거류지를 제공하며 치안을 보장했다. 그 덕분에 호이안에는 일본인 마을, 중국 회관, 인도 상인촌, 서양 선교사 숙소가 공존하는 다문화적 도시가 형성되었다. 이곳에서는 언어와 종교, 건축과 요리가 서로 섞이며 새로운 문화가 태어났다. 이러한 개방과 정치적 안정이 맞물리면서 호이안은 단순한 무역항을 넘어, 동서양의 문화가 교차하는 국제도시로 성장했다. 바다를 건너온 상인들은 각자의 음식과 조리법을 가져왔고, 이곳에서 서로의 향과 맛을 섞어가며 새로운 문화를 빚어냈다. 그렇게 호이안은 여러 나라의 음식 문화가 겹겹이 스며든 맛의 교차로가 되었다.

호이안의 쪽빛 강가에서는 오래전부터 한 그릇의 국수가 독특한 탄력과 색을 지니게 된 배경에 관한 여러 설이 전해 내려온다. 그중 가장 널리 알려진 이야기는 한 일본 상인이 현지 여인을 사랑하게 되면서, 그녀를 위해 일본식 소바를 국수로 재현하려고 했다는 전설이다. 그는 호이안의 전설적인 바레 우물(Giếng Bá Lễ)에서 길어온 물을 반죽에 사용했는데, 이 우물은 바닷물과 민물이 뒤섞여 독특한 미네랄 성분을 지닌 것으로 유명하다. 여기에 참나무 껍질을 태워 만든 잿물을 더하자 면은 자연스럽게 노르스름한 색을 띠며, 뜨거운 국물에도 쉽게 흐트러지지 않는 쫄깃한 탄력을 갖게 되었다. 씹을수록 은근한 고소함이 퍼지는 이 면은 일본의 메밀도 중국의 국수도 아닌, 단번에 호이안의 맛으로 기억되었다.

까오러우 면이 독보적인 식감을 지니는 이유는 그 유명한 바레 우물에서 출발한다. 풍부한 광물질 덕분에 반죽이 단단하게 잡히고, 쌀가루로 만들었음에도 일반 쌀국수와 달리 탄력이 강하며 쉽게 흐트러지지 않는다. 한입 베어 물면 우동의 힘과 탄탄면의 씹힘이 동시에 떠오르는 독특한 존재감을 남기는데, 베트남의 다른 어떤 면과도 뚜렷하게 구별된다.

국물도 베트남 쌀국수와는 방식이 달리,

까오러우는 퍼처럼 맑은 육수를 가득 붓지 않는다. 대신 돼지고기와 향신료를 졸여 만든 진한 소스를 면 위에 살짝 끼얹어 면에 향이 스며들도록 하고, 적당한 양의 고기와 허브, 채소를 한데 섞어 먹는 형태에 가깝다. 이는 국물을 중심으로 맛을 구성하는 베트남 북부의 쌀국수 문화와도 다르고, 진한 육수와 향채를 풍부하게 사용하는 남부식 쌀국수와도 전혀 다르다. 이렇게 졸인 소스는 농도 자체가 진하지만 양은 많지 않아, 면과 재료들이 깊은 맛을 갖되 무겁지 않게 유지되도록 한다.

까오러우라는 이름의 유래도 흥미롭다. 베트남어로 'cao'는 '높은', 'lầu'는 '누각' 혹은 '2층'을 뜻하는데, 과거 이 요리는 평민이 아닌 상류 상인과 관리들이 2층 누각에서 즐기던 특별한 음식이었다는 것이다. 높은 자리에 앉은 이들의 식사라는 뜻이 세월을 거치며 고유 명사로 굳어져 오늘의 이름이 되었다. 까오러우 한 그릇 안에는 바다를 건너온 상인들의 기억과 지역 우물의 물맛, 한때 국제도시로 번성했던 호이안의 기운이 겹겹이 스며 있다.

남부의 쌀국수, 후띠우(hủ tiếu)

쌀국수가 베트남 북부에서 탄생했다면, 후띠우는 남부에서 형성된 면 요리다. 후띠우는 쌀국수의 높은 인지도에 가려 상대적으로 덜 알려져 있지만, 풍미와 식감 면에서 결코 뒤지지 않는 완성도를 지닌다. 겉으로는 쌀국수의 한 갈래처럼 보이기 쉽지만, 면의 재료와 질감, 조리 방식, 국물의 성격까지 살펴보면 퍼와는 분명히 다른

계보의 음식이다.

쌀국수가 쌀만으로 만든 납작한 면을 사용하는 반면, 후띠우의 면은 쌀에 타피오카 전분을 섞어 만들기 때문에 탄력이 있다. 쌀국수는 향신료 향이 살아 있는 깊고 진한 국물인 반면, 후띠우의 굴물은 깔끔하고 은은한 단맛을 낸다. 쌀국수가 소뼈 육수에 향신료를 더해 주문 즉시 뜨거운 국물을 부어 면과 고기를 함께 완성하는 방식이라면, 후띠우는 면을 따로 데친 뒤 돼지고기나 해산물로 미리 우려낸 국물을 붓고, 고명을 얹어 낸다.

이러한 대비는 지역적·역사적 배경에서도 분명하게 드러난다. 베트남 북부가 쌀국수 문화의 중심지라면, 후띠우는 베트남 남부, 특히 메콩 삼각주와 호찌민 일대를 기반으로 발전해 왔다. 쌀국수가 프랑스 식문화의 영향을 받아 형성된 음식이라면, 후띠우는 16세기 이후 남부로 이주한 중국계 이민자들에 의해 발전한 면 요리이다. 화인들은 자신들의 면 문화에 베트남 남부 특유의 풍부한 식재료와 풍미를 결합하면서, 쌀국수와는 다른 계보의 독자적인 면 요리인 후띠우를 탄생시켰다.

후띠우의 역사는 베트남 남부에서 화인華人 디아스포라와 밀접하게 맞물려 있다. 16세기 후반부터 18세기 말까지 베트남에는 중국 남부, 특히 광둥과 푸젠 출신 이주민이 꾸준히 늘어났다. 이는 단순한 인구 이동이 아니라, 명나라 말기의 혼란과 청 왕조 성립 과정에서 이어진 전란, 남해 연안의 해금 정책과 반청 세력 탄압이 뒤섞인 역사적 압력의 결과였다.

인구는 빠르게 늘었지만, 토지는 부족했고, 해적 소탕과 상업 규제까지 겹치면서 남중국 연안의 많은 사람들은 생계와 안전을 찾아 자연스럽게 남쪽 바다로 시선을 돌렸다. 이들에게 베트남은 가까우면서도 기회가 많은 땅이었다. 이미 중국과 시암과 자바를 잇는 남중국해 상업 네트워크가 자리 잡았기 때문에, 바다에 익숙한 항해자와 상인들은 호이안과 후에, 그리고 이후에는 사이공으로 들어와 거점을 만들기 시작했다.

17세기 후반에는 명나라 잔존 세력 일부가 무장 집단을 이끌고 남하해 응우옌 정권에 귀순했는데, 이 사건은 화인 이주민 공동체가 본격적으로 남부에 뿌리내리는 계기가 되었다. 이들 가운데에는 상인과 기술자, 장인, 심지어 항해 전문가들까지 다양한 계층이 섞여 있었고, 시간이 지나면서 가족 단위의 이주가 늘어나 교방과 회관을 중심으로 한 정착 공동체가 형성되었다. 출신 지역과 시장을 중심으로 한 이 공동체는 베트남 남부 도시의 경제 구조에 자연스럽게 편입되었다. [66]

그들이 베트남에서 맡았던 역할은 단순한 상업 활동을 넘어섰다. 광둥 출신 상인들은 해상 무역과 환전업, 창고업을 주도하며 베트남을 국제 교역망 속으로 끌어올렸고, 푸젠 출신 장인들은 선박 건조와 도자기 기술, 금속 세공과 같은 전문 기술을 현지에 전파했다. 베트남인과의 혼인도 흔해져 두 문화가 자연스럽게 섞였고, 시장의 음식부터 장신구, 약재에 이르기까지 남부 고유의 혼합 문화가 태어났다. 특히 메콩 삼각주에서는 중국계 이주민의 노동력과 조직력이 큰 역할을 했는데, 하구와 수로를 정비하고 관개 시설을 구축하며 농지를 개척한 이들은 남부 농업 지형을 바꾸는 데 결정적인 영향을 미쳤다.

중국 남부계 이주민의 유입은 전쟁과 정치적 혼란이 낳은 난민 이동이자, 생계를 위한 탈출이었고, 동시에 남중국해 상업 네트워크가 확장되던 시기의 필연적인 흐름이기도 했다. 그 결과 베트남 남부는 점차 중국적 색채가 강해지면서 이름마저 '코친차이나'로 불리게 되었다. 오늘날까지 이어지는 남부 특유의 활기와 장사에 밝은 경제관념의 바탕에는 화인의 흔적이 깊이 배어 있다.

하노이에 차이나타운이 존재하지 않는다는 사실이 보여주듯, 화인들은 주로 베트남 남부에 집중해 거주했으며, 그 중심은 오늘날 호찌민에 통합된 5군의 쩔런(Chợ Lớn) 지역이었다. 베트남이 남북으로 분단된 이후에는 더 많은 화인이 남쪽으로 이동해 사이공과 쩔런에 정착했고, 1950년대의 쩔런은 다양한 중국 식당과 상업 시설이 밀집한 번화가로서 '작은 파리Petit Paris', 사이공 속의 '작은 광저우'라고 불릴 만큼 활기를 띠며 당시 홍콩보다도 큰 도시로 평가되었다. 1975년 베트남 전쟁 종결 이전 사이공의 인구는 약 230만 명으로 추정되며, 이 가운데 수십만 명의 화인이 차이나타운인 쩔런 일대에 집중되어 있었다. 그러나 통일 이후 사회주의적 경제 개편과 보트 피플 사태를 거치면서 베트남의 화인 인구는 급격히 감소했다. [67]

화인들은 베트남 남부에서 상업과 기술뿐 아니라 자신의 음식 문화까지 자연스럽게 접목시켰다. 그들이 만든 베트남식 중국 음식은 오래 끓여 깊은 맛을 낸 '광둥식 죽老火粥', 완탕, 미사오, 후띠우 등이다. 특히 후띠우는 중국 남부의 쫄 깃한 쌀국수 문화를 기반으로 하되, 베트남 현지의 재료와 향을 혼합하여 전혀 새로운 음식으로 탄생했다. 후띠우는 이름부터 베트남 고유어가 아니다. 중국 차 오저우 방언의 '궈디아오粿條'라는 말이 남해 무역망을 따라 전해지면서 발음이 바뀌어, 오늘날의 '후띠우'라는 이름이 되었다. [68] 본래 '쌀가루로 만든 넓은 면'을 뜻하는 남방계 단어가 베트남어로 바뀐 것이다.

후띠우의 면은 후띠우의 정체성을 가장 선명하게 보여준다. 쌀가루에 타피오 카 전분을 섞어 만든 면은 투명하고 탱글탱글하며, 끓을 때의 탄력이 퍼나 분 과는 완전히 다르다. 이 면은 국물 속에서도 쉽게 흐트러지지 않으며, 씹을 때 마다 부드럽게 밀려오는 탄성이 있어 남부 사람들은 이를 '미끈하게 넘어가는 맛'이라고 표현하곤 한다. 후띠우가 건면, 비빔, 국물 등 다양한 방식으로 조리될 수 있는 이유도 바로 이 탄력 있는 면발 덕분이다.

후띠우의 국물은 퍼처럼 고기 향을 깊이 끌어낸 맑은 육수도 아니고, 분보후 에처럼 매운 양념이 강조된 국물도 아니다. 기본적으로 돼지뼈를 오래 끓여 단맛 과 감칠맛을 중심으로 하는데, 남부 특유의 약간 달콤한 기운이 국물 깊숙이 배 어 있다. 어떤 집에서는 새우나 말린 오징어, 생선뼈를 함께 넣어 바다의 향을 더 하기도 하고, 중국식 향신료를 사용하는 가게들은 국물에 은은한 화향을 담아 내기도 한다. 이 복합적인 풍미는 메콩 삼각주의 다문화적 기원을 반영하며, 후 띠우만의 부드럽고 가벼운 인상을 완성한다.

고명은 지역과 조리 방식에 따라 다양하게 달라진다. 가장 기본적인 후띠우에 는 돼지고기 수육·다진 고기·새우·어묵 등이 올라가고, 여기에 숙주·부추·고수 같 은 신선한 채소가 곁들여진다. 남부의 음식답게 라임과 고추, 느억맘을 취향대로 더해 맛을 조절할 수 있어, 한 그릇 안에서 단맛·짠맛·신맛·매운맛의 균형이 자연 스럽게 이루어진다. 건면 형태의 후띠우는 국물 대신 조린 소스와 함께 버무려 먹기도 하는데, 이는 중국식 국수 요리의 흔적을 더 짙게 보여준다.

메콩 삼각주의 넓은 평원과 강줄기를 따라 이동하다 보면, 후띠우는 다시 여 러 갈래로 갈라진다. 같은 이름을 공유하지만 그 안에는 지역의 역사와 사람들의 취향이 스며 있어 지역마다 다른 이야기를 품고 있다. 그중에서도 가장 널리 알려진 것이 후띠우 남방(hủ tiếu Nam Vang)이다. 이름에서 알 수 있듯, 이 요리는 원래 베트남이 아니라 캄보디아 프놈펜에서 유래했다. 한때 베트남 남부로 이동해 온 캄보디아계와 중국계 상인들은 프놈펜식 쌀국수를 가져왔고, 그 레시피가 사이공과 메콩 삼각주에서 현지 입맛에 맞춰 변형되며 지금의 남방식 후띠우가 완성됐다. 그래서 후띠우 남방은 분명 베트남 요리지만, 그 바탕에는 동남아 강역을 오가던 교역의 그림자가 남아 있다.

후띠우 남방의 국물은 돼지뼈를 바탕으로 하되, 말린 오징어와 새우를 더하고 때로는 갑오징어나 민물 생선까지 함께 넣어 천천히 우려낸다. 이 덕분에 감칠맛은 깊지만 입에 남는 무게는 가볍다. 맑게 우러난 국물 위에는 돼지고기 수육과 간, 새우, 으깬 땅콩이 차분히 올라가고, 지역에 따라 오징어나 게살이 더해지기도 한다. 이렇게 풍성한 고명이 어우러지며 국물에는 여러 결의 풍미가 동시에 얹힌다. 한 그릇 안에서 베트남과 캄보디아, 중국식 맛의 기억이 겹겹이 포개지며 묘한 중층감을 이루는 것, 그것이 후띠우 남방이 지닌 가장 큰 매력이다.

이 남방식을 바탕으로 사이공은 자신들만의 후띠우를 만들어냈다. 후띠우 사이공(hủ tiếu Sài Gòn)은 도시의 활기와 상업적 감각이 반영된 국수로, 국물은 더 맑고 단맛이 또렷하며 고명은 한층 정돈되어 있다. 수육과 새우, 으깬 땅콩, 싱싱한 채소가 올라가고, 쌀면이나 쌀과 타피오카 혼합 면은 빠르고 정확한 조리로 탄력과 부드러움이 균형을 이룬다. 더운 기후에 맞춰 국물의 무게를 덜어낸 점 역시 후띠우 사이공의 특징이다.

베트남 남부의 바닷가 도시에 발을 들이면, 아침 공기 속에서 짭짤한 바다 향과 함께 가벼운 국물 냄새가 퍼진다. 그중에서도 가장 독특한 향은 바로 후띠우 오징어(hủ tiếu mực)가 내뿜는 향이다. 후띠우 오징어는 바다와 가까운 도시에서 자연스럽게 탄생한 또 다른 남부의 얼굴이다. 특히 바닷가 도시 붕따우·까마우·푸꾸옥 일대에서는 이 후띠우 오징어가 아침 식사의 상징처럼 자리 잡았다.

후띠우 오징어의 핵심은 면이 아니라 오징어 그 자체에서 시작된다. 남부 바다에서는 밤새 조업한 배들이 아침 일찍 항구로 돌아오고, 갓 잡아 올린 오징어는 탄력이 살아 있다. 이 신선도를 그대로 살리기 위해 오징어는 오래 익히지 않고,

살짝 데치거나 빠르게 삶아 식감이 탱탱하도록 유지한다. 부드럽게 풀리는 쌀국수 면과 달리, 후띠우 오징어에 쓰이는 면은 쌀과 타피오카 혼합되어 쫀득하고 투명해서 오징어의 단단함과 자연스럽게 조화를 이룬다.

후띠우 오징어의 국물은 기본적으로 돼지뼈 육수를 기반으로 한다. 남부 특유의 약한 단맛이 도는 국물에, 말린 오징어나 새우 껍질을 넣어 은은한 해산물 향을 더한다. 여기에 오징어에서 빠져나온 감칠맛이 더해지면, 맑고 가벼운데도 여운이 긴 국물이 완성된다. 쌀국수의 육향 중심의 깊은 국물이나, 분보후에의 매운 향과는 전혀 다른 맛을 느낄 수 있는데, 한 숟가락 떠보면 바닷바람의 느낌이 살짝 스쳐 가는 듯한 청량함이 있다.

후띠우 오징어의 고명은 단출하면서도 신선함을 강조한다. 오징어 통째 혹은 링 모양으로 썰어 올리고, 다진 돼지고기나 새우를 얹는 경우도 있다. 여기에 남부식 허브와 부추, 숙주, 튀긴 샬롯이 더해지면 향과 식감이 풍부해진다. 짜지 않도록 절제된 국물에 라임 한 조각을 짜 넣으면, 오징어의 단맛이 더 선명하게 살아난다. 어떤 지역에서는 칠리 소스나 해산물용 액젓을 소량 넣어 풍미를 강조하기도 한다.

후띠우의 진정한 매력을 드러내는 방식은 또 하나 있다. 바로 건면 스타일의 후띠우 코(hủ tiếu khô)이다. 여기에서 후띠우 코는 더 이상 국물 요리라기보다 비빔 국수에 가깝다. 면은 삶은 뒤 찬물에 헹궈 탱탱하게 식혀 내고, 그 위에 돼지고기, 달달하게 볶은 고기·새우·튀긴 샬롯·부추·숙주 등이 올라간다. 그리고 아주 진한 농축 소스를 면에 비비며 먹는데, 이 소스는 돼지뼈 육수를 졸여 만든 것에   간장·설탕·액젓·마늘·후추 등이 더해져 달고 짭짤하고 깊은 향을 낸다. 따로 작은 그릇에 뜨거운 국물이 함께 나오는데, 건면에 양념이 조금 과하게 느껴질 때 한 모금씩 국물

을 마시면 균형이 맞춰진다.

후띠우 코에 관한 유명한 일화가 있다. 메콩강이 느릿하게 휘돌아 흘러가는 미토에는 남부 전역에서 이름난 한 우물이 있었다. 마을 사람들은 그 물을 '강의 숨결을 품은 물'이라고 불렀다. 깊은 지하에서 솟아난 맑은 물은 미네랄이 풍부해, 이 물로 반죽한 쌀면은 다른 지역에서는 흉내 낼 수 없는 힘과 탄력을 지녔다. [69]

그 무렵 미토에는 쌀국수 제조업자인 하우라는 늙은 장인이 살고 있었다. 그는 새벽마다 갓 빻은 쌀을 가루로 만들어 우물물과 반죽한 뒤 직접 국수를 뽑았다. 그렇게 만든 면은 아무리 뜨거운 국물에 넣어도 쉽게 풀어지지 않고, 오히려 더 쫄깃해지는 힘을 지니고 있었다.

어느 날, 먼 길을 오가며 장사를 하던 상인들이 그의 집 문을 두드렸다. 뜨거운 국물에 말아 먹는 국수도 좋았지만, 그들은 장인에게 한 가지 다른 부탁을 건넸다. "국물은 따로, 면은 비벼 먹을 수 있게 해주시오." 더운 날씨에 면이 쉽게 퍼지는 것을 막기 위한, 길 위의 사람들다운 지혜였다. 하우는 잠시 고민한 끝에 면 위에 달콤짭짤한 소스를 끼얹고, 돼지고기와 새우를 볶아 올려 보았다. 국물은 맑게 우려 작은 그릇에 따로 담아 곁들였다. 상인들은 한 젓가락을 입에 넣는 순간, 익숙하면서도 전혀 새로운 맛에 놀라움을 감추지 못했다.

이렇게 해서 국물도, 비빔도 아닌 새로운 국수, 후띠우 코가 태어났다. 이 방식은 곧 미토 전역으로 퍼져 나갔고, 사람들은 국물과 면을 분리해 즐기는 이 독특한 스타일을 자연스럽게 '후띠우 코'라 부르게 되었다. 시장과 강가의 선착장을 거쳐 이 국수는 마침내 사이공까지 전해지며, 남부 국수 문화의 또 하나의 갈래로 자리 잡게 된다.

베트남 남부의 후띠우 문화는 단순한 면 요리의 변형이 아니라, 16~18세기 중국 남부계 이주민의 이동과 남중국해 상업 네트워크가 베트남 남부의 식재료와 어우러지며 태어난 다문화적 결과물이다. 광둥과 푸젠에서 건너온 이들은 무역과 기술뿐 아니라 음식까지 남부에 스며들게 했고, 그 영향 속에서 후띠우는 중국식 쫄깃한 면과 베트남의 현지 재료, 메콩 델타 특유의 향이 자연스럽게 섞여 독자적인 맛을 갖추게 되었다. 후띠우 남방, 후띠우 사이공, 후띠우 오징어, 후띠우 코 같은 다양한 분화는 남부의 개방적 기질과 더운 기후, 해안과 메콩강을 중심으로 발달한 생활 방식이 만들어낸 창의적 산물이다. 쌀국수가 하노이를 대표한다면 후띠우는 호찌민을 대표한다.

9. 쌀로 빚은 한 끼

9. 쌀로 빚은 한 끼

쌀 부족이 탄생시킨 베트남 남부의 맛, 껌땀(cơm tấm)

쌀의 나라라 불리는 베트남에서 쌀이 부족하여 수백만 명이 굶어 죽었다는 이 야기를 들으면 믿기지 않는다. 그러나 베트남 남부 메콩 삼각주의 풍요로운 대지와 온화한 기후도 자연재해 앞에서는 무력했고, 잘못된 정치는 곡창지대를 순식간에 기근의 땅으로 바꾸어 놓았다. 그렇게 쌀의 생산과 유통이 흔들리던 시절, 사람들은 끼니를 잇기 위해 부서진 쌀 한 톨까지도 버리지 않았다. 그 절박한 생존의 현장에서 태어난 음식이 껌땀이다.

껌땀의 시작은 믿기 어려울 만큼 가난하고 굶주린 시절에 시작되었다. 정미소에서 곧고 반듯한 쌀알만을 골라내면, 체 아래에는 부서진 쌀 조각(tấm)이 먼지처럼 떨어진다. 상품성이 없다는 이유로 누구도 눈여겨보지 않던, 말 그대로 쌀의 부산물이었다. 하지만 기근이 들고 창고가 텅 비자 상황은 뒤집혔다. 하루가 멀다 하고 쌀이 사라지던 그 시절, 사람들은 버려지던 이 깨진 쌀을 다시 주워 담았다. 긴급히 불을 올리고, 값싼 닭 한 조각이나 마른 생선, 혹은 절인 채소 한 줌을 곁들여 배를 채우기 위해 깨어진 쌀을 끓였다. 그때의 껌땀은 지금처럼 근사한 불향의 돼지갈비도, 화려한 반찬도 없었다. 그저 하루를 더 버티기 위한 몸부림이었다.

20세기 초부터 1950년대 중반까지 남부 베트남은 자연재해와 식민지 경제 구조, 전쟁이 겹쳐 끊임없는 식량 부족에 시달렸다. 프랑스령 인도차이나 시기(1860~1945) 동안 메콩 삼각주의 쌀 생산량은 증가했지만, 질 좋은 쌀 대부분이 조세와 공납이라는 식민 통치의 논리 속에서 외부로 유출되었다. 이후 일본군의 점령기(1940~1945), 1945년 대기근, 그리고 1946~1954년 1차 인도차이나 전쟁까지 이어지는 격변은 남부 농촌의 식량 기반을 더욱 약화시켰다. 생산량은 늘어도 정작 현지인들의 밥상에 오를 쌀은 부족해지는 모순적인 상황이 지속되었다.

그 결과 농민과 도시 노동자의 손에 남은 것은 도정 과정에서 떨어져 나온 부서진 쌀뿐이었다. 크기와 모양이 제각각이고 시장에서 값도 제대로 매겨지지 않던 이 쌀은 본래 버려지는 자투리에 가까웠지만, 많은 이들에게는 생존을 위해 선택할 수밖에 없는 마지막 자원이었다. 사람들은 이 쌀을 물에 오래 불리고 여러 번 헹궈 질감을 부드럽게 만드는 등 나름의 조리법을 고안하며 끼니를 이어갔다. 그렇게 부서진 쌀은 남부 서민들의 궁핍했던 삶을 상징하는 재료이자 껌땀이라는 새로운 음식 문화로 탄생하였다.

결핍의 시대라도 사람들은 더 맛있게 먹고 싶은 마음을 포기하지 않았다. 도시로 유입된 이주민들은 빠르게 끼니를 해결해야 했고, 금세 퍼지는 부서진 쌀은 짧은 조리 시간이라는 장점 덕분에 일상식으로 자리 잡았다. 여기에 프랑스 식민 시기를 거치며 유입된 다양한 조리법이 자연스럽게 결합하였다. 값싼 돼지고기를 두드려 양념해 숯불에 굽는 방식, 달걀을 풀어 오븐이나 숯불에서 익힌 오믈렛형 토핑(짜), 파향을 살린 기름, 설탕을 더한 달큰한 느억맘 등이 이 시기에 자리 잡으며, 소박했던 생존식이었던 껌땀은 점차 풍미를 갖춘 음식으로 변모해 갔다.

프랑스와의 독립 전쟁이 격화되자 사이공은 피란민과 값싼 일자리를 찾는 노동자들이 몰려들며 급속히 팽창했다. 인구 증가로 식량 사정은 더욱 악화되었고, 저렴하면서도 빠르게 허기를 달랠 수 있는 한 끼에 대한 수요가 크게 늘었다. 이러한 상황에서 껌땀은 짧은 시간에 조리할 수 있다는 실용성 덕분에 일상식으로 자리 잡았다.

껌땀이 '먼지 밥(cơm tấm bụi)'이라는 별명을 얻게 된 것도 이런 도시적 현실과 깊이 연결되어 있다. 껌땀은 오랫동안 시장 어귀, 공사장 주변, 버스정류장, 학교 앞 같은 노상의 먼지 속에서 팔렸고, 상인들은 숯불 그릴과 큰 밥솥을 길가에 두고 하루 종일 장사를 이어갔다. 손님들은 오토바이를 세워 둔 채 서서 한 숟가락씩 먹거나 낮은 플라스틱 의자에 앉아 바람과 흙먼지를 함께 맞으며 끼니를 해결했다. 뜨거운 밥에서 피어오르는 김 사이로 지나가는 차량이 흙먼지를 일으키는 풍경은 껌땀을 둘러싼 일상의 배경이 되었고, 사람들은 자연스럽게 이 음식을 '먼지 밥'이라 불렀다.

시간이 흐르며 상황은 역전되었다. 한때는 어쩔 수 없이 먹어야 했던 부서진 쌀이, 오늘날 베트남에서는 오히려 일반 쌀보다 비싸게 팔리기도 한다. 고슬고슬한 식감, 숯불 향, 달콤한 느억맘, 여러 고명이 어우러진 껌땀의 구성은 이제 가난의 기억이 아니라 남부 특유의 풍성함과 정체성을 대표하는 맛이 되었다. 과거의 생존식이 이제는 남부 베트남의 미식이 된 것이다.

껌땀은 겉보기엔 보잘것없는 깨진 쌀에서 오히려 고소하고 가벼운 식감을 끌어내며, 여기에 숯불 돼지갈비의 향과 느억맘의 달고 짠 감칠맛, 파기름과 달걀부침 같은 일상의 조미가 더해져 단순함 속에 풍미의 층위가 자연스럽게 형성된다. 고슬고슬한 밥 위에 돼지 껍질의 고소한 식감과 부드러운 달걀부침이 얹히고, 때로는 삶은 고기나 다진 고기, 어묵류가 균형을 잡아준다. 여기에 오이와 파파야 같은 생채가 상큼함을 더하고, 마지막으로 느억맘을 살짝 뿌리면 밥과 고명, 허브와 향유가 어우러져 껌땀 특유의 담백하면서도 깊은 맛이 완성된다.

사이공과 남부 골목에서 흔히 볼 수 있는 뷔페식 껌땀은, 손님이 쟁반을 들고 고명과 반찬을 직접 골라 담는 방식으로 판매된다. 기본은 따뜻한 부서진 쌀 한 숟가락을 접시에 담아주는 것이고, 손님이 어떤 고명을 선택하느냐에 따라 가격이 매겨진다. 오이와 토마토 같은 채소만 올리면 저렴한 한 끼가 되고, 여기에 달달하게 볶은 다진 돼지고기, 으깬 어묵, 삶은 돼지고기 몇 조각이 더해지면 가격이 한 단계 올라간다. 새우완자나 돈카츠, 오므라이스 스타일의 달걀 토핑처럼 단백질이 많고 손이 많이 가는 고명이 더해질수록 가격은 자연스럽게 높아진다. 선택하는 고명에 따라 가난한 한 접시가 상당히 풍성한 한 끼로 변모하는 유연함이 바로 뷔페식 껌땀의 매력이다.

호찌민이 가진 도시적 에너지 역시 껌땀의 매력을 강화한다. 아침마다 거리 곳곳에서 연기와 향이 피어오르고, 직장인과 학생이 서두르며 사 먹는 껌땀 한 접시는 빠르고 맛있고, 저렴하면서도 완성도 높은 남부 베트남 특유의 실용적 미식 문화를 보여준다. TasteAtlas가 껌땀을 높이 평가한 이유도 바로 이 점에 있다.[70] 단순히 맛의 문제가 아니라, 음식이 그 지역의 문화, 역사, 그리고 일상성과 얼마나 깊이 연결되어 있는가를 기준으로 보았을 때 껌땀은 남부 베트남의 정체성을 담아낸 대표적인 길거리 음식이기 때문이다.

돼지불고기 백반, 껌승(cơm sườn)

껌승은 '부서진 쌀밥 위에 올린 돼지갈비'라는 뜻으로, 이름 자체가 이 요리의 핵심을 정확히 보여준다. 껌땀은 도정 과정에서 잘게 부서진 작은 쌀알을 뜻하며, 승(sườn)은 돼지갈비를 의미한다. 잘게 부서진 쌀로 지은 고슬고슬한 밥에 숯불에 구운 돼지갈비를 얹어 먹는 음식이다. 돼지갈비를 간장·마늘·설탕·느억맘에 레몬그라스를 넣어 재운 뒤 숯불에 구워, 달콤하고 짭짤한 맛과 함께 껌승만의 향을 살린다.

새벽 햇살이 막 골목을 비추기 시작할 무렵, 껌승 집 앞에서는 먼저 냄새가 깨어난다. 숯불 위에 올려진 돼지갈비가 '찍'하고 숨을 내쉬면, 단내와 짭조름한 향이 뒤섞여 공기 속에서 천천히 피어오른다. 다진 레몬그라스가 들어간 양념이 불에 닿는 순간, 상큼한 향이 먼저 코끝을 스치고 곧이어 느억맘 특유의 짭짤한 감칠맛이 증기와 함께 골목 끝까지 퍼져 나간다.

돼지갈비는 불꽃과 맞닿으며 금세 표면이 반질반질하게 윤기를 머금고, 구워진 설탕이 캐러멜처럼 녹아들며 달콤한 그을음 냄새를 남긴다. 그러다 기름 한 방울이 숯 사이로 떨어지면, 연기는 다시 깊고 묵직한 갈색 냄새를 품고 올라와 사람들의 뱃속을 건드린다. 자동차, 오토바이, 먼지, 아침 공기 속에 뒤섞여야 할 것들은 모두 옆으로 밀려나고, 오직 숯불에서 배어 나오는 이 향만이 거리의 공기를 장악한다. 누구도 말하지 않아도, 그 냄새는 하루의 시작을 알리는 신호처럼 골목 전체를 깨운다.

호찌민 3군에는 지금도 회자되는 전설 같은 이야기가 있다. 지금은 사라졌지만, 한때 도시에서 가장 긴 줄을 세우던 껌승집이 있었고, 그 성공의 비밀은 놀랍게도 맛도, 비법 소스도 아닌 연기 한 줄기였다. 음식에는 자신이 있었지만 장사가 잘되지 않자 가게 주인은 주방 설비 기술자에게 하소연했다.

"왜 우리 집은 맛이 있는데도 손님이 안 올까?"

기술자는 가게를 한 바퀴 둘러본 뒤 한마디를 남겼다.

"문제는 맛이 아니라, 냄새가 안 나요."

그 말과 함께 기술자는 즉시 솜씨를 발휘했다. 숯불 통의 바람구멍 위치, 연기가 빠져나가는 각도, 팬의 세기까지 계산해 고기 굽는 향이 멀리 퍼지는 장치를 만들어낸 것이다. 그 장치는 마치 불향을 바람에 실어 쏘아 올리는 듯 연기를 골목 끝까지 밀어냈고, 고소한 냄새는 수십 미터 밖의 사람까지 붙잡아 끌어당겼다.

효과는 폭발적이었다. 하루 만에 지나가던 사람들이 연기 냄새를 따라 발길을 멈췄고, 점심시간 손님은 세 배로 늘어났다. 일주일 뒤, 그 가게는 3군의 명물로 떠올랐고, 이웃 가게 주인들은 농담 반, 진담 반으로 말했다.

"맛은 주방에서 만들고, 손님은 연기가 데려온다니까."

이렇게 완성된 한 접시의 껌승에는 갈비 외에도 달걀부침이나 달걀찜, 튀긴 어묵, 절인 채소, 신선한 허브와 오이, 상추 등이 곁들여져 색감과 식감의 균형을 이루고, 마지막으로 살짝 뿌려 먹는 느억맘이 전체의 맛을 하나로 묶어준다. 베트남 남부의 실용적이고 창의적인 음식 문화가 이 한 접시에 고스란히 담겨 있으며, 빠르고 든든하면서도 저렴해 아침과 점심시간에 특히 사랑받는다. 껌승은 노점에서부터 고급 레스토랑까지, 계층을 초월해 사랑받는 세련된 요리로 발전했다.

껌승은 한국 사람의 입맛에도 잘 맞는데, 가만히 보면 껌승은 한국의 돼지갈비 백반과 놀라울 만큼 닮았다. 둘 다 달콤하고 짭짤한 불향의 고기를 중심에 두고, 밥 한 그릇과 여러 곁들임이 한 상을 이루는 방식은 한국인에게 너무도 익숙한 맛의 구도다. 바로 이런 친근한 조합 덕분에 껌승은 베트남 음식 중에서도 가장 자연스럽게 한국인의 입맛에 맞는 메뉴가 되었다.

한국의 돼지갈비 백반이 간장·설탕·마늘을 바탕으로 숯불 향을 입혀 익숙하면서도 깊은 맛을 낸다면, 껌승의 돼지갈비는 여기에 느억맘과 레몬그라스를 보태 밑간한 고기가 불 위에서 캐러멜처럼 눅진하게 녹아들며 닮은 듯 다른 단짠과 그을음의 향을 만들어낸다. 먹는 방식 또한 크게 다르지 않다. 밥 위에 고기를 얹고 절인 채소와 오이, 허브 같은 곁들임을 보태 한 입씩 조합해 먹는다. 한국의 백반에서 김치와 나물, 장아찌 같은 소담한 반찬들이 밥의 리듬을 살려 주듯, 껌승의 반찬들 역시 서로 다른 식감과 향을 한 접시 안에 펼쳐 보이며 한 끼의 균형을 완성한다.

두 음식이 서민의 밥상에서 시작해 도시의 대표적인 대중 음식으로 성장했다는 점도 닮았다. 한국의 돼지갈비 백반이 돼지고기의 인기 없는 부위를 처치하기 위해 개발된 서민의 한 끼였다면, 껌승은 정미 과정에서 나온 부서진 쌀을 버리지 않기 위해 지어진, 생존의 음식이었다. 그러나 시간이 지나면서 둘 다 가난의 흔적이라는 출발점을 벗어나 누구라도 좋아하는 음식이 되었으며 지금은 노점부터 고급 식당까지 아우르는 넓은 스펙트럼의 음식으로 발전했다.

식사 문화에서도 두 음식은 흥미로운 공통점을 지닌다. 한국인들이 점심시간에 든든한 고기 백반으로 힘을 채우듯, 베트남 남부 사람들에게 껌승은 가장 사랑받는 점심 메뉴다. 껌승과 돼지갈비 백반은 형태와 나라만 다를 뿐, 밥과 고기를 한 상에 담아 하루를 버틸 에너지를 확보하려 했던 서민들의 지혜가 서로 다른 땅에서 빚어낸 두 버전의 같은 이야기라 할 만하다.

베트남의 치킨 라이스, 껌가(cơm gà)

껌가에서 '껌'은 밥, '가(gà)'는 닭을 뜻한다. 이름이 말해주듯 이 음식의 핵심은 밥과 닭이 조화를 이루는 데 있다. 밥은 찰기가 거의 없는 동남아산 장립종 쌀을 사용해 고슬고슬하게 지어야 한다. 일부 지역에서는 닭을 삶을 때 생긴 향유나 마가린을 조금 더해 밥에 은은한 고소함을 입힌다. 이렇게 완성된 밥이 껌가의 탄탄한 기반이 되고, 그 위에 올려지는 닭고기는 삶기, 튀기기, 숯불구이 등 조리 방식에 따라 전혀 다른 풍미를 낸다. 삶은 닭은 촉촉하고 담백하며, 튀긴 닭은 바삭하고 가볍고, 숯불에 구운 닭은 훈연 향과 고소함이 깊게 배어 있다.

여기에 신선한 채소가 더해져 전체 맛의 균형을 맞춘다. 오이와 당근 피클, 상추 같은 생채는 닭고기의 기름짐을 잡아주며 한 접시를 더욱 산뜻하게 만든다. 마지막으로 느억맘에 마늘·고추·라임·설탕을 풀어 만든 소스를 더해 맛의 흐름을 하나로 묶는다. 어떤 식당에서는 이 소스를 밥 위에 바로 뿌려 재료 간의 연결을 더욱 자연스럽게 살리기도 한다. 이렇게 고슬고슬한 밥, 조리법에 따라 달라지는 닭고기의 식감, 상큼한 채소, 거기에 균형을 잡는 느억참 소스가 어우러지며 껌가는 가볍지만 풍성한 한 끼라는 베트남 특유의 미학을 보여준다.

이처럼 밥의 질감과 향이 중요한 이유는 껌가가 껌땀과 달리 깨진 쌀을 사용하지 않기 때문이다. 껌가는 닭 육수와 닭기름이 밥알에 스며드는 조리 방식이 핵심이어서, 알이 길고 고슬고슬하게 퍼지는 장립종 쌀이 꼭 필요하다. 밥 전체가 닭 삶은 물과 파기름으로 코팅되어야 특유의 윤기와 향이 살아나는데, 깨진 쌀은 알이 작고 쉽게 눅눅해져 이러한 매력을 살리기 어렵다. 그래서 대부분의 식당과 가정에서는 향이 좋은 재스민 계열의 쌀을 기본으로 사용하고, 값싼 노점에서만 깨진 쌀을 대체재로 쓰는 경우가 있다. 이런 차이 덕분에 깨진 쌀의 특성을 중심으로 한 껌땀과 달리, 껌가는 향유와 육수가 밥알 속 깊이 배어드는 향미 중심의 밥 요리로서 독자적인 전통을 이어오고 있다.

또한 껌가에는 프랑스 식민지 시대의 영향이 자연스럽게 남아 있어, 달걀부침처럼 서양식 요소가 접시에 함께 오르기도 한다. 취향에 따라 달걀이나 달걀찜을 추가해 더욱 든든하게 먹는 방식도 흔하다. 길거리 노점부터 로컬 식당, 고급 레스토랑까지 베트남 어디서나 쉽게 만날 수 있는 음식이라는 점도 껌가의 매력이다. 지역에 따라 조리법과 맛의 성향도 조금씩 다른데, 남부에서는 단맛과 감칠맛이 강한 양념을 많이 쓰고, 북부로 갈수록 더 담백하고 깔끔한 맛이 강조되는 특징을 보인다.

'호이안 껌가(cơm gà Hội An)'는 베트남 중부의 오래된 항구 도시가 지닌 역사와 생활 문화가 같이 어우러져 탄생한 음식이다. 밥과 닭이라는 단순한 구성처럼 보이지만, 이 지역의 기후와 쌀의 특성, 그리고 오랜 무역항으로서의 배경이 더해져 다른 지역의 껌가보다 깊고 독특한 풍미를 만들어냈다.

호이안은 16세기부터 일본·중국·인도·동남아·유럽 상인들이 오가던 국제항이었다. 그 영향으로 다양한 조리법과 식재료가 자연스럽게 섞이며 독특한 음식 문화가 자리 잡았다. 닭고기를 삶아 찢어 허브와 함께 내는 방식은 중국 화난華南 지방의 조리법과 닮아 있고, 라임과 고수, 여러 향신 허브로 산뜻함을 더하는 방식은 동남아 음식의 감각과 맞닿아 있다. 이러한 다양한 문화권의 요소가 호이안의 전통적인 삶은 닭 문화와 결합하면서 지금의 호이안식 껌가가 완성되었다.

베트남 광남성 일대에는 잔칫날에 삶은 닭고기를 찢어 밥과 함께 먹는 오랜 풍습이 있었다. 그래서 고슬고슬하게 지은 밥 위에 부드럽게 찢은 닭고기와 허브를 올리는 조합은 매우 자연스러운 일상식이었다. 이 지역의 쌀은 찰기가 강하지 않으면서도 단단한 식감을 지니는데, 여기에 기름이나 닭 육수를 더해 밥을 지으면 특유의 고소함이 살아난다. 또한 호이안의 지하수는 미네랄이 풍부해 밥맛이 좋기로 유명한데, 이러한 자연환경 역시 껌가의 맛을 풍부하게 만드는 요소가 되었다.

프랑스 식민지 시기를 거치며 양파절임, 후추, 라임 같은 서양식 조리 감각이 껌가에 자연스럽게 스며들었다. 전통적인 닭고기와 허브 조합에 이러한 요소가 더해지면서, 호이안 껌가 특유의 산뜻하고 균형 잡힌 맛이 완성되었다. 이후 호이안이 유네스코 세계문화유산으로 지정되고 관광객이 크게 늘어나자, 이 단정하고 담백한 닭고기밥은 도시 이미지와 함께 지역을 대표하는 음식으로 자리 잡게 되었다.

오늘날 호이안 껌가는 지역을 대표하는 음식으로 널리 알려져 있으며, 그 중심에는 바 부오이(Bà Buội)와 바 응아(Bà Nga) 같은 오래된 가게들이 있다. 두 가게는 호이안에서 비교적 이른 시기부터 껌가를 전문적으로 판매해 왔고, 지금도 지역 명소로 손꼽힌다. 바 부오이 가게는 닭 육수로 지은 밥과 작은 토종닭을 사용한 메뉴로 유명하며, 밥에 닭기름을 더해 고소함을 살리는 방식이 시그니처로 자리 잡았다. 한편, 바 응아 가게는 향이 강한 닭고기와 허브, 고추, 느억맘을 조합한 뚜렷한 풍미로 알려져 있다.

두 가게가 실제로 경쟁 관계였다는 구체적 기록이 있는 것은 아니지만, 호이안 현지에서는 오랫동안 두 집을 비교하며 맛의 차이를 이야기하는 문화가 형성되어 왔다. 이러한 관심은 자연스럽게 가게들이 더 좋은 재료를 사용하고 조리 방식을 다듬도록 하는 요인으로 작용했고, 그 과정에서 호이안 껌가의 수준이 높아졌다. 호이안 껌가가 이 지역을 대표하는 음식으로 남아 있는 배경에는 이런 노포들이 오랜 시간 맛을 이어오며 만들어낸 치열한 경쟁 때문이다.

호이안 껌가는 종종 싱가포르의 하이난 치킨라이스와 비교된다. 두 음식 모두 닭고기와 밥이라는 단순한 구조를 갖지만, 각 지역의 기후와 식문화가 다르다 보니 전혀 다른 맛의 세계를 펼쳐낸다. 이런 차이는 조리 방식뿐 아니라 음식이 추구하는 방향성에서도 뚜렷하게 나타난다. 호이안 껌가가 삶은 닭고기를 잘게 찢어 허브·양파·라임과 함께 가볍게 비벼 먹는 방식인 반면, 싱가포르 치킨라이스는 훨씬 농도가 진한 방식으로 만들어진다.

치킨라이스는 닭을 삶은 육수에 닭기름과 향신료를 더해 밥을 짓기 때문에 밥알이 기름과 향을 깊이 머금고 있으며, 탱탱한 껍질을 유지한 통살 닭고기가 그대로 올려진다. 여기에 생강·마늘·칠리 소스·간장 소스를 취향대로 곁들여 먹는 방식이 일반적이다. 허브와 산미가 중심이 되는 껌가와 달리, 치킨라이스는 지방과 육수가 만들어내는 진한 감칠맛을 핵심으로 삼으며, 이 점이 두 음식의 방향성을 가장 뚜렷하게 가르는 요소가 된다.

이처럼 두 음식은 겉보기에는 닭고기와 밥을 함께 먹는다는 공통점을 갖지만, 밥의 성격부터 큰 차이를 보인다. 껌가의 밥은 담백함을 유지하며 닭고기와 허브의 향을 살려주는 역할에 충실하고, 치킨라이스의 밥은 닭고기와 동등한 비중을 가진 하나의 메인 요소로 자리한다. 이러한 차이는 곧 맛의 구조에서도 이어져 껌가는 산뜻하고 깔끔한 인상을, 치킨라이스는 밀도 높고 풍부한 맛을 완성한다. 껌가는 허브와 산미가 이끄는 가볍고 조화로운 구성으로, 치킨라이스는 기름과 감칠맛이 중심을 이루는 진한 구성으로 자리 잡으며 두 지역을 대표하는 각기 다른 음식 문화의 상징이 되었다.

베트남의 가정식 백반, 껌니에우(cơm niêu)

베트남에도 한국의 백반처럼 가정의 온기를 담은 집밥 문화가 존재한다. 베트남 집밥의 대명사 껌니에우는 단순한 쌀밥을 넘어 베트남 가정의 분위기와 삶의 방식을 가장 잘 보여주는 음식이다. 이름 속의 'niêu'는 도자기 항아리를 뜻하며, 전통의 항아리 냄비에 천천히 지어낸 밥은 부드럽고 고소하며, 바닥에 생기는 바삭한 누룽지가 특히 매력적이다.

껌니에우는 작은 흙 항아리 속에서 천천히 익어가는 밥이다. 두툼한 도기 그릇이 불을 머금으면, 쌀은 바닥부터 은근한 열을 받아 고슬고슬하게 익고, 표면에는 얇은 황금빛 누룽지가 자리 잡는다. 항아리 뚜껑을 열면 갓 지은 쌀밥의 따스한 김과 함께 흙냄새가 은은히 올라오고, 숯불의 향이 잔잔하게 배어 있다. 한 숟가락 뜨면 안쪽은 촉촉하고 부드럽고, 가장자리에는 고소하게 눌린 밥이 붙어 있어 한 번에 두 가지 식감을 느낄 수 있다. 도자기 냄비가 열을 고르게 전달해 주는 덕분에 밥알 하나하나가 은근한 불기운을 머금고 풍미를 깊게 담아낸다. 특히 누룽지는 그냥 먹어도 맛있지만, 느억참을 만들어 찍어 먹으면 고소함과 짭짤함이 조화되며 풍미가 배가 된다.

껌니에우의 기원을 이야기할 때, 베트남 중부 후에 사람들은 지

금도 한 도공의 작은 식당을 떠올린다.[71] 후에의 한적한 골목에서 시작된 이 집은 밥맛보다도 특유의 퍼포먼스로 유명해졌다. 밥을 내는 순간, 가게 주인은 도기 항아리의 뚜껑을 손님 앞에서 그대로 바닥으로 떨어뜨렸다. 단단한 흙 그릇이 깨지는 경쾌한 소리와 함께 따뜻한 김이 피어오르면, 갓 지은 밥의 향과 옅은 누룽지 냄새가 공간을 채웠다.

손님들은 처음엔 놀라움과 의아함을 감추지 못했지만, 사장은 늘 같은 말로 답했다고 한다. "하루 동안 밥을 품은 그릇은 그날로 제 역할을 다한 겁니다." 이 단순한 행동은 시간이 흐르며 식사 경험의 일부가 되었다. 사장은 또한 깨진 항아리 조각을 모아 뒤뜰에 길게 깔아두었는데, 비가 오면 조각 사이로 떨어지는 빗방울이 독특한 청아한 음색을 냈다. 사람들은 그 소리를 들으며 밥을 먹으러 왔고, 그 작은 울림은 후에의 느린 삶과 어딘가 맞닿아 있었다.

껌니에우는 중부에서 시작된 뒤 남부로 퍼지며 더욱 대중적인 음식으로 자리 잡았다. 특히 대형 음식점 브랜드들이 전통적인 조리 방식에서 착안한 '그릇 깨기' 퍼포먼스를 선보이기 시작하면서, 껌니에우의 이미지는 전국적으로 알려지게 되었다. 이러한 변화 속에서 껌니에우는 단순한 집밥을 넘어, 오래전부터 밥을 흙 항아리에 지어 식탁에 올리던 장인들의 정성을 떠올리게 된다.

껌니에우의 뿌리는 베트남 왕조의 터인 후에의 궁중 문화에서 시작되었다. 예부터 후에에서는 왕과 관리들을 위해 정성을 담아 음식을 지어 올렸는데, 쌀은 흙으로 빚은 그릇에 쌀을 넣고 천천히 불을 다스리며 밥을 지었다. 그 시간이 쌓여 항아리 밥이라는 형태가 탄생했다. 겉은 바삭하고 속은 부드러운 대비, 그리고 흙과 불이 만든 향은 현대 베트남에서도 특별한 집밥의 감성을 불러일으킨다. 외식 문화가 발달하고 전기밥솥이 대중화된 오늘날에도, 껌니에우는 '어머니가 불 앞에서 정성스럽게 지은 밥'이라는 상징처럼 남아 있다.

이런 껌니에우를 먹는 방법도 따로 있다. 과거처럼 항아리는 깨지지는 않지만, 먼저 항아리 뚜껑을 조심스레 열고, 숟가락으로 가장자리부터 안쪽까지 천천히 퍼낸다. 밥알을 흩트리지 않고 모아 한 덩이로 떠올려 작은 접시에 옮긴다. 그다음 곁들여 나온 반찬을 조금씩 곁들인다. 짭조름하고 달큰한 고기 조림, 진득한 생선 캐러멜 조림, 마늘 향을 품은 채소볶음, 새콤짭짤한 느억맘이 기본으로 나온다. 이렇게 차려진 반찬과 함께 뜨거운 밥 한 숟가락 위에 조린 생선을 올리고, 고추나 허브 잎을 한 조각 얹어 한입 넣으면 감칠맛과 단맛, 허브의 상쾌함이 어우러진다. 그리고 마지막에는 남은 누룽지 조각을 모아 바삭하게 씹으면, 고소함이 혀끝에 오래 머문다.

껌니에우는 지역마다 조금씩 개성이 다르다. 호찌민을 중심으로 한 남부에서는 달고 짭짤한 반찬과 함께, 누룽지를 소스에 푹 적셔 먹는 스타일이 인기다. 중부에서는 매콤하고 강렬한 반찬이 더 해지며 바삭한 누룽지를 강조하는 경우가 많고, 하노이를 중심으로 한 북부에서는 담백하고 정갈한 반찬이 곁들여져 전체적으로 절제된 맛이 선호된다. 같은 음식이지만 지역의 식문화에 따라 다양한 모습으로 변주되는 셈이다.

껌니에우가 특별하게 느껴지는 이유는 단순한 맛을 넘어, 그 안에 베트남 가정의 풍경과 기억이 자연스럽게 스며 있기 때문이다. 뜨겁게 데운 도자기 냄비를 식탁에 놓고 가족이 함께 밥을 나누어 먹는 모습, 냄비 바닥의 바삭한 누룽지를 두고 아이들이 웃으며 다투던 순간 같은 것들이 떠오른다. 그래서 껌니에우는 한 끼 식사를 넘어, 많은 베트남 사람들에게 가족의 온기와 일상의 따뜻함을 떠올리게 하는 음식이 된다.

베트남 볶음밥, 껌랑(cơm rang)과 껌치엔(cơm chiên)

아시아 어디서나 볶음밥은 흔한 음식이지만, 베트남의 볶음밥은 중국 볶음밥의 강한 불향이나 태국 볶음밥의 화려한 향신료와는 조금 다르다. 이러한 차이는 베트남 사람들의 생활 방식에서 비롯된다. 기름을 아끼고 재료를 절제하던 일상 속에서 남은 밥을 다시 살려내는 소박한 조리법이 자리 잡았고, 시간이 지나면서 그것이 베트남식 볶음밥의 정체성이 되었다. 불을 세게 달구지도, 라임과 고수를 듬뿍 넣지도 않지만, 바로 그런 절제 속에서 드러나는 가벼운 풍미가 베트남 볶음밥의 매력이다.

이 절제의 미학 뒤에는 베트남의 역사와 생활환경이 깊게 자리한다. 하노이에서는 예부터 쌀 한 톨을 아끼는 것이 생활철학처럼 여겨졌다. 전쟁과 기근을 겪은 세대에게 쌀은 단순한 식재료가 아니라 '복福'과 직결된 것이었고, 남은 밥을 버리면 복을 내쫓는다는 꾸지람도 그 감각에서 비롯되었다. 이런 사고방식 속에서 베트남 북부 가정에는 "전날 남은 밥은 내일 볶음밥으로 다시 태어난다"라는 말이 자연스럽게 자리 잡았다.

이 오래된 생활 감각은 전쟁 시기에도 그대로 이어졌다. 베트남 전쟁 당시 빠르게 먹을 수 있는 밥이 가장 중요했고, 군인들은 대부분 찬밥이나 죽으로 끼니를 때웠다. 기름이 귀하던 시절이었지만, 부대에 조금이라도 여유가 생기는 날이면 취사병들이 몰래 팬을 달궈 볶음밥을 만들어 주곤 했고, 병사들은 이를 전선에서 먹는 가장 고급스러운 음식으로 기억했다. 특히 달걀이 하나라도 들어가면 그것은 작은 축제처럼 느껴졌고, 지금도 많은 노년층이 당시의 달걀볶음밥(cơm rang trứng)을 잊지 못한다고 회상한다. [72]

이렇듯 볶음밥은 절약의 문화와 전쟁의 기억 속에서 자연스럽게 자리 잡았지만, 그 배경에는 지역별 차이도 있다. 따뜻한 남부에서는 밥이 금세 상해 남은 밥이라는 개념이 거의 없었던 반면, 겨울이 시원하거나 쌀쌀해지는 북부에서는 전날 밥을 다음 날 아침 식사로 데워 먹거나, 양파·마늘·달걀을 더해 볶아 먹는 방식이 일상적이었다. 이러한 생활환경의 차이가 지역별 볶음밥 문화의 차이를 만들어냈다.

베트남 볶음밥의 명칭은 지역에 따라 껌랑, 껌치엔으로 나뉘며, 두 표현은 각각의 어원을 명확히 보여준다. 'cơm'은 밥을 뜻하고, 'rang'은 기름을 거의 쓰지 않고 '마른 열로 볶다'라는 의미의 순수 베트남어 동사다. 따라서 cơm rang은 말 그대로 '건식 볶음밥'이며, 이러한 조리 방식이 흔한 하노이와 북부 지역에서 주로 쓰인다. 반면 'chiên'은 기름에 볶거나 튀긴다는 뜻으로, 중국어 煎(지앤)에서 영향을 받은 외래계 단어이다. 남부에서는 기름을 더 사용해 풍미를 끌어올리는 조리법이 발달해, 자연스럽게 'cơm chiên'이라는 표현이 널리 정착했다.

흥미로운 점은, 베트남에서는 볶음밥을 다른 요리와 함께 반찬처럼 곁들이는 경우가 매우 드물다는 것이다. 볶음밥은 이미 기름과 양념, 향이 충분히 들어 있는 완결된 한 끼로 여겨지기 때문에 다른 음식과 함께 먹으면 맛이 겹치거나 충돌한다고 느끼기 때문이다. 그만큼 베트남인들에게 볶음밥은 남은 밥을 활용한 대체 식사이면서도 그 자체로 하나의 독립된 요리였다.

베트남의 볶음밥은 화려한 기술보다 담백함과 재료의 균형으로 완성되는 집밥의 맛에 가깝다. 기본은 전날 남은 밥을 활용하는 데서 출발하며, 밥알이 서로 달라붙지 않도록 한 번 식혀 두는 과정이 중요하다. 볶을 때는 기름을 적게 쓰고, 가장 먼저 마늘을 볶아 은은한 향을 입힌 뒤 밥과 재료를 빠르게 섞어내는 방식이 일반적이다. 중국식에서 보이는 강한 불향이나 태국식에서 흔히 사용되는 강렬한 향신료는 전면에 나오지 않는다. 햄·새우·오징어·당근·완두콩·고추처럼 집에서 쉽게 준비할 수 있는 재료가 주를 이루며, 느억맘과 간장을 최소한으로 넣어 은근한 감칠맛을 더한다. 그래서 베트남 볶음밥은 자극적이지 않고, 담백함 속에 재료 각각의 맛이 살아 있는 조용한 풍미가 특징이다.

중국식 볶음밥과 비교하면 차이가 더 또렷해진다. 중국식은 뜨거운 웍을 강한 불에 달궈 재료를 순식간에 태우듯 볶아 불향을 입히는 데 중점을 둔다. 간장과 굴 소스, 라드(돼지기름) 등을 활용해 풍미를 깊게 만드는 경우가 많으며, 재료도 상대적으로 기름과 간이 세다. 호찌민시 5군의 차이나타운 지역의 볶음밥은 중국식과 베트남식이 뒤섞여 독특한 형태로 진화했는데, 한 노포 주인은 "중국 손님은 불향을 원하고, 베트남 손님은 담백함을 원한다"라며 두 버전의 팬을 따로 쓰는 비법을 전한다. 팬을 바꿔 쓸 시간조차 없이 바쁜 시간에는 손님이 베트남인인지 중국인인지 얼굴만 보고 바로 조리법을 선택했다고 한다.

태국식 볶음밥도 베트남에서는 인기이다. 태국식 볶음밥(카오팟)은 느억맘과 굴 소스로 기본 간을 하고, 라임즙을 넣어 상큼함을 더하며 고수잎은 마지막에 향을 살려준다. 잘게 썬 고추에 느억맘을 섞은 매운 소스를 곁들이면 짠맛·매운맛·감칠맛이 한꺼번에 살아나 태국 음식 특유의 강한 맛이 난다. 지역이나 가게에 따라 카레 가루를 넣어 노란색과 향신료 맛을 더하기도 한다. 이런 강한 향신료 맛에 익숙한 베트남 남부의 젊은 사람들 사이에서 카오팟은 인기가 많다.

반면, 베트남식 볶음밥은 중국식의 강한 불향도, 태국식의 선명한 향신료도 과하게 좇지 않는다. 불은 지나치게 세지 않게 다루고, 기름은 밥알이 살짝 반짝일 정도로만 사용하며, 향신료도 마늘·후추·파 정도로 절제한다. 그래서 베트남 볶음밥은 재료를 과격하게 변주하기보다 매일 먹어도 부담 없는 가벼운 볶음밥으로 자리 잡았다. 기름기 없이 부드럽게 풀리는 식감 덕분에 다른 반찬과도 훌륭하게 어울리고, 넣는 재료는 평범하지만 집집마다 사용하는 마늘의 볶음 정도, 파의 향, 간장의 양이 조금씩 달라져 각기 다른 손맛이 드러난다. 베트남 볶음밥은 화려함 대신 일상의 조용한 균형을 지향하며, 각 가정의 생활 방식과 식재료 취향이 고스란히 녹아 있는 소박한 가정식의 정수를 보여준다.

짜조(chả giò)

짜조와 반쎄오, 반깐은 고기나 해산물을 속재료로 사용하더라도, 음식의 정체성을 규정하는 핵심이 쌀 또는 쌀에서 비롯된 전분이라는 공통점을 지닌다. 반쎄오와 반깐은 밀가루 대신 쌀가루로 반죽을 만들어 부치거나 구워 형태를 이루며, 쌀 문화권을 대표하는 전분 재료의 성격을 분명히 드러낸다. 짜조 또한 속재료의 구성과 무관하게 쌀로 만든 쌀 종이가 음식의 구조를 떠받치는 핵심 요소로 작용한다.

짜조는 베트남 요리 가운데 가장 널리 사랑받는 음식이지만, 그 형성 과정은 단순하지 않다. 전통적인 쌀 조리 문화, 식민지 시대 서양 재료의 유입, 지역별 식재료 차이가 켜켜이 쌓여 짜조는 오늘날의 형태가 완성되었다. 오래전부터 베트남에는 얇게 펼친 쌀 종이, 반짱이 있었고, 이를 고기나 채소와 함께 찌고 굽고 튀기는 조리법이 존재했다. 그러나 우리가 익숙하게 아는 바삭한 튀김롤 형태의 짜조는 프랑스 식민지 시기 이후 더욱 정교해졌다. 감자·당근·양파

같은 서양 채소와 기름 조리법이 도입되면서 바삭하게 튀겨 속은 촉촉하고 겉은 고소하게 구분되는 특유의 조리 방식이 자리 잡은 것이다.

이 변화는 지역별 식문화와 만나 더욱 풍성해졌다. 북부는 돼지고기·목이버섯·당면·녹두를 넣어 담백한 조합을 선호했고, 남부로 내려오면 새우·게살·고구마·타로가 더해져 맛이 훨씬 다채롭고 달콤해졌다. 짜조의 모양 역시 지역에 따라 크기와 형태가 달랐으며, 북부에서는 '넴란(nem rán)'이라 부르는 짧고 단정한 형태가 일반적이었다. 반면 남부의 짜조는 길고 통통한 모양으로 한입에 베어 물기보다는 잘라 먹는 경우도 많았다. 소스 또한 지역마다 성격이 뚜렷했는데, 북부는 식초 향을 살린 담백한 느억참을, 중부는 마늘과 고추의 풍미가 강한 짜고 매운 스타일을, 남부는 달고 새콤한 맛이 강조된 넉넉한 느억참을 사용한다. 같은 짜조라도 소스 한 숟가락이면 어느 지역 스타일인지 짐작할 수 있을 정도다.

짜조의 매력은 무엇보다 식감의 대비에 있다. 기름에서 막 건져 올린 짜조는 얇은 반짱이 고온에서 바삭하게 변해 경쾌한 소리를 내며 부서지고, 그 안에는 고기·채소·당면이 촉촉하게 어우러져 전혀 다른 식감을 만든다. 목이버섯 특유의 탱글탱글함과 당면의 부드러움, 고기의 고소함이 함께 어우러져 한입에 여러 층의 맛이 살아난다. 베트남에서는 짜조를 단독으로 먹기보다는 상추와 신선한 허브에 싸서 달콤짭짤한 느억참에 찍어 먹는 방식이 일반적이다. 바삭함·신선함·감칠맛이 동시에 터지는 순간이 바로 짜조의 정수를 이루는 지점이다.

짜조의 기원은 중국의 춘권과 연결되지만, 베트남에서는 주식인 쌀을 활용한 반짱이 사용되면서 완전히 다른 정체성을 갖게 되었다. 중국식 춘권이 밀가루 반죽으로 속을 감싸 튀기거나 볶는 방식이었다면, 베트남식 짜조는 쌀 종이를 사용해 더욱 얇고 바삭한 식감을 만들었다. 뜨거운 기름에서 부서지듯 깨지는 반짱의 질감은 베트남식 짜조만이 가진 고유한 특징으로 자리 잡았다.

짜조는 만두와 놀라울 만큼 닮았다. 두 음식 모두 속을 채워 익히는 같은 조리 원리를 공유하지만, 재료 선택과 맛의 방향은 확연히 다르다. 만두가 돼지고기·두부·숙주·당면 등 다양한 재료를 밀가루 피로 단단히 감싸 찌거나 굽거나 튀기는 음식이라면, 짜조는 여기에 바다의 풍미가 더해진다. 돼지고기뿐 아니라 게

살과 새우살이 흔히 들어가고, 지역에 따라 고구마·타로·목이버섯 등을 넣어 식감을 풍성하게 만든다. 만두가 '육류 중심의 속'이라면 짜조는 '고기·해산물·채소가 어우러진 속'이라는 특징을 지닌다.

피의 재질에서도 차이가 뚜렷하다. 만두는 밀가루 반죽으로 형태를 안정적으로 잡지만, 짜조는 얇고 투명한 반짱을 사용해 조리 후 바삭하게 부서지는 독특한 식감을 만든다. 먹는 방식도 달라 만두는 간장·식초·고추 양념에 찍어 먹는 반면, 짜조는 달콤·짭조름·새콤한 느억참에 담가 향과 감칠맛을 더한다. 같은 구조에서 출발했지만, 피의 질감과 소스의 성격이 달라지며 두 음식은 전혀 다른 맛의 세계를 펼친다.

베트남의 파전, 반쎄오(bánh xèo)

반쎄오는 베트남 남부의 기후, 농업, 문화적 환경이 자연스럽게 만든 산물이다. 쌀농사가 일상과 삶의 중심이었던 메콩 삼각주에서는 쌀가루와 물, 약간의 강황가루만 있으면 금세 반죽을 만들 수 있었고, 넓고 얇게 부쳐낸 전처럼 바삭함과 촉촉함을 동시에 갖는 요리가 탄생했다. 강황 특유의 노란빛은 남부 요리의 생동감과 풍요를 상징하는 듯했고, 쌀가루 반죽이 뜨거운 기름과 맞닿으며 만들어내

는 '찌잉' 하는 소리는 반쎄오 이름의 유래가 되었다. '찌잉 울리는 소리'라는 뜻의 'xèo'가 바로 그것이다.

그러나 반쎄오 탄생에는 슬픈 역사가 있다.[73] 반쎄오는 언뜻 화려한 길거리 음식처럼 보이지만, 그 기원은 놀라울 만큼 가난하고 험난했던 시절에 닿아 있다. 오늘날에는 바삭하게 부친 쌀 반죽 위에 새우와 돼지고기, 숙주가 넉넉히 올라가지만, 이 음식이 처음 형태를 갖추기 시작한 때는 전쟁과 기근, 그리고 프랑스 식민지의 그늘 아래였다. '쎄오'라는 말이 반죽이 뜨거운 기름에 닿을 때 터져 나오는 지글거림을 가리키듯, 반쎄오는 화려함을 위한 요리가 아니라 결핍의 시대를 건너온 요리 지혜에서 태어났다.

쌀과 고기가 귀했던 시절, 남부 사람들은 쌀가루를 얇게 풀어 기름에 구워 허기를 달랬다. 속에 넣을 것이 없거나 부족하면 작은 새우 몇 마리, 혹은 남은 채소를 넣어 먹었다. 오늘날 반쎄오에 들어가는 강황 역시 태초부터 있던 재료가 아니었다. 값싼 향신료이면서 동시에 색을 내는 데 효과적이었기 때문에, 가난한 사람들이 적은 재료를 더 먹음직스럽게 보이게 하려는 작은 요령에서 비롯된 것이다. 노란빛을 띠게 하고 바삭함을 살리는 이 강황은 세월이 흐르며 반쎄오의 정체성이 되었다.

프랑스 식민지 시기에도 이 음식은 서민들의 허기를 달래주었다. 밀가루 대신 쌀가루를 쓰고, 버터 대신 코코넛 오일을 사용했으며, 비싼 고기 대신 작은 새우나 채소를 넣어 구웠다. 남부의 뜨거운 여름, 낮은 지붕 아래 부엌에서는 얇은 전이 지글지글 익어갔다. 그 시절 반쎄오는 단순한 음식이 아니라, 배고픔과 가난을 견디게 해주는 존재였다.

반쎄오가 사랑받게 된 데에는 이 음식이 가진 공간의 맛이 큰 역할을 했다. 화덕 위에 걸린 무쇠 팬에서 얇게 퍼지는 반죽, 즉석에서 튀듯 익어가는 향, 현지 농장에서 바로 가져온 숙주와 허브, 달큰한 새우와 쫄깃한 돼지고기가 한데 어우러지는 감각은 남부의 넉넉한 기후와 풍경을 그대로 담고 있었다. 특히 사이공 근교의 시골집에서 해 질 무렵마다 반쎄오 굽는 소리가 마당으로 퍼지자, 사람들은 팬을 중심으로 둘러앉아 갓 나온 반쎄오를 손으로 집어 상추에 싸 먹으며 하루를 정리했다.

반쎄오가 베트남 전국으로 퍼지면서 지역마다 서로 다른 레시피를 갖고 있다. 남부에서는 크고 바삭하며 안쪽에 속재료를 듬뿍 넣는 스타일이 주류로 자리 잡았지만, 중부 특히 후에 지역에서는 반죽은 더 두껍지만 크기는 줄이고, 겉은 바삭하면서도 속은 촉촉한 맛을 살린다. 허브의 향도 남부의 강렬함과 달리 북부에서는 절제되고 단정한 느낌을 준다. 이러한 차이는 각 지역의 기후와 식재료, 그리고 생활 방식이 음식에 반영된 결과라 할 수 있다.

반쎄오를 둘러싼 일화 중에는 프랑스 식민지 시기의 영향이 언급되기도 한다. 서양의 팬케이크나 크레프처럼 얇게 부쳐 먹는 요리와 비교되었고, 일부 프랑스인들은 처음 이 음식을 접했을 때 '노란 크레프yellow crêpe'라고 부르며 색다른 아시아식 향신료 풍미에 놀라워했다는 기록이 있다. [74] 그러나 정작 베트남 사람들은 반쎄오를 어디까지나 자신들의 자연스러운 일상 음식으로 여겼다. 외부 영향이 섞였다고 해도 그 본질은 베트남의 쌀과 허브, 농경 중심의 문화가 만들어 낸 고유한 정체성을 가진 음식이었다.

반쎄오는 한국의 파전과 유사하다. 두 음식은 쌀·밀·채소·해산물 같은 주변에서 쉽게 구할 수 있는 재료로 즉석에서 만들어내는 생활 음식이라는 공통점을 지닌다. 한국의 파전은 쌀 대신 밀가루 반죽에 파와 해산물 등을 넣어 지져내는 방식으로 완성된다. 형태와 두께는 다르지만, 반죽·채소·해산물·기름에 부침이라는 기본 원리는 거의 동일하다. 넉넉한 기름 소리, 넓은 팬, 즉석에서 바삭하게 익혀 나누는 과정 등은 동아시아 농경 문화권 특유의 따뜻한 생활 풍경을 반영한다. 입맛 까다로운 한국인이 베트남에서 가장 쉽게 먹을 수 있는 베트남 음식이 반쎄오이다.

반깐(bánh căn)

반깐은 베트남 중부 해안 도시에서 탄생한 음식이다. 작은 흙 냄비 팬에 동그랗게 파인 홈마다 쌀가루 반죽을 살짝 부어 넣고, 위에 새우·오징어·달걀 같은 싱싱한 재료를 올리면, 뜨겁게 달궈진 도기 팬이 반죽을 아래는 바삭하게, 위는 촉촉하게 익혀 준다. 'bánh'은 떡·케이크 등 밀가루와 쌀가루로 만든 음식을 의미하며, 'căn'은 작은 틀에 찍어 만드는 동그란 모양을 뜻한다. 이름 그대로 반깐은 '작게 찍어낸 뜨거운 케이크'이다.

반깐의 뿌리는 오래된 농경 문화와 바닷가 생활이 맞물려 형성된 간편식 전통에 있다. 논에서 수확한 쌀을 곱게 갈아 반죽을 만들고, 시장에서 바로 만난 해산물을 올려 조리하는 방식은 17~18세기부터 이미 중부 해안에서 자리 잡고 있었던 것으로 전해진다. 19세기에 들어서는 코코넛 우유를 넣어 반죽에 고소함을 더하는 방식이 정착했고, 각 가정과 노점은 자기만의 팬과 비율을 갖게 되었다. 도자기 팬 하나를 중심으로 집 앞 골목에 사람들이 모여 앉아 아침을 먹던 풍경은 지금도 판티엣과 무이네에서 흔히 볼 수 있다.

반깐은 포르투갈-마카오-홍콩을 잇는 식민지 교류의 산물인 에그타르트와 유사하다. 반깐과 에그타르트는 겉모습만 보면 작은 틀에 달걀을 부어 굽는다는 점에서 서로 닮았다. 에그타르트는 버터 향이 풍부한 얇은 빵 껍질 안에 달걀과 우유, 설탕을 섞어 만든 부드러운 크림을 넣어 오븐에 굽는 서양식 디저트인 반면, 반깐은 쌀가루 반죽 위에 달걀을 얹어 숯불에 구워내는 베트남의 쌀 간식이라는 뚜렷한 차이가 있다. 그러나 작은 틀에 반죽과 달걀을 부어 굽는 방식이 서양의 디저트와 겉모습에서 비슷하게 보이기 때문에, 일부 사람들은 반깐이 에그타르트와 닮았다고 느끼기도 한다. 하지만 이는 조리 전통이 닮아 보이는 데서 생긴 인상일 뿐, 반깐의 기원은 베트남 자체의 쌀 문화에 가깝다.

반깐의 매력은 단순한 팬케이크에 그치지 않는다. 갓 구워낸 반깐을 접시에 여러 개 담아 내면, 손님은 생채소와 허브를 곁에 두고 고소한 느억참이나 달짝지근한 땅콩 소스 중 하나를 골라 적셔 먹는다. 바삭함과 촉촉함이 동시에 살아 있는 독특한 식감 때문

에 한 입 넣으면 부서지는 반죽 사이로 코코넛 향, 바다 향 등이 얽혀 올라온다. 반깐은 디저트 음식이라기보다 이처럼 가벼운 아침 식사에 가깝다.

반깐은 지역에 따라 구성과 맛의 결이 조금씩 달라진다. 판티엣에서는 달걀을 통째로 떨어뜨려 노른자가 반죽 위에서 살짝 굳는 형태가 널리 알려져 있고, 나짱에서는 해산물 토핑에 진한 느억참을 곁들여 풍미를 더한다. 붕따우의 반깐은 코코넛 우유를 섞은 고소한 반죽 위에 대합과 새우 같은 신선한 해산물을 넉넉히 올려, 부드러움과 쫄깃함이 대비되는 식감을 강조한다.

10. 반미

10. 반미

반미 혁명

프랑스 식민지 시기에 베트남에서는 오늘날 세계적으로 사랑받는 또 하나의 음식이 탄생했다. 바로 프랑스식 바게트가 현지 입맛과 조리 감각을 만나 새롭게 재탄생한 반미(bánh mì)다. 'bánh'은 빵, 'mì' 밀을 뜻하며, 당시 남부 사이공에서는 서양식 밀가루빵 전체를 가리키는 말로 쓰였다. 반면 북부에서는 같은 빵을 반따이(bánh tây)라고 불렀는데, 여기서 'tây'는 서양을 의미한다.

프랑스인들이 사이공 거리에 처음 빵을 들고 왔을 때, 현지인들은 그 하얗고 단단한 밀가루 빵을 낯설게 바라보았다. 당시 베트남의 주식은 쌀이었고, 빵은 처음 보는 식품이었다. 프랑스 바게트는 초기에는 환영받지 못했다. 프랑스의 건조한 기후에서는 바삭한 껍질이 유지되었지만, 덥고 습한 베트남의 기후에서는 반죽이 쉽게 눅눅해지고 두꺼운 껍질은 금세 단단해져, 바게트를 하루 이상 신선하게 유지하기가 어려웠다.

그래서 베트남의 제빵사들은 하루에도 여러 번 빵을 새로 구워야 했다. 더 큰 문제는 프랑스식 바게트가 현지의 식감과 입맛에 잘 맞지 않았다는 점이었다. 두껍고 단단한 껍질과 밀도가 높은 속살은 덥고 습한 기후는 물론, 가볍게 끼니를 해결하던 베트남의 식문화와도 어긋났다. 이에 제빵사들은 밀가루 배합과 굽는 방식을 하나둘 바꾸기 시작했고, 그 결과 더 길고 가늘며 껍질은 가볍게 바삭하고 속은 공기층이 부드럽게 살아 있는 베트남식 바게트가 모습을 드러내기 시작했다.

처음 바게트는 커피와 함께 곁들이는 단순한 아침 식사용 빵에 불과했다. 바게트 한 조각에 마가린이나 버터를 얇게 바르고 설탕을 살짝 뿌려 먹었는데, 형편이 나은 사람들은 잼을 발라 먹었다. 그러나 20세기 초에 이르러 바게트는 한 차례 결정적인 맛의 혁명을 맞는다. 베트남 사람들은 이 서양 빵에 자신들의 식문화를 더하기 시작했고, 그 변화는 단순한 응용이 아니라 창조에 가까웠다.

전해지는 일화에 따르면, 사이공의 한 프랑스 빵집에서 일하던 젊은 베트남 점원은 매일 팔고 남은 바게트를 싸 들고 집으로 돌아왔다. 그러나 처음에는 그 빵을 먹는 사람이 없었다. 어머니는 "이건 우리 음식이 아니다"라며 손사래를 쳤고, 이웃들 역시 바게트에서 풍기는 낯설고 강한 냄새가 자신들이 익숙한 일상의 향과 어울리지 않는다며 외면했다.

하지만 그 점원은 포기하지 않았다. 그는 하루는 그 빵을 반으로 갈라, 남은 고기와 절인 채소, 마늘 소스를 넣어보았다. 그리고 식은 바게트를 숯불에 구워 따뜻하게 만들었다. 베트남 사람들은 태생적으로 차가운 음식을 좋아하지 않기 때문이다. 구운 바게트 향이 돼지갈비처럼 식감을 자극하자, 비로소 사람들은 빵에 관심을 가지기 시작했다.

그날 이후, 그 골목에서는 아침마다 바게트를 굽는 냄새가 피어올랐다. 프랑스 빵집의 흔한 바게트가 베트남에서는 뜨거운 음식으로 탄생한 것이다. 이 소박한 변주가 훗날 반미의 원형이 되었고, 프랑스의 식민 유산이 역설적이게도 베트남에 준 선물이 되었다.

이후 바게트 사이에 넣은 내용물로 갈수록 풍성해졌다. 돼지고기 햄과 간장에 졸인 고기, 아삭한 오이와 고수, 절인 당근과 무, 고수, 그리고 매운 고추까지 속을 채운 것이다. 바게트 속에 들어가는 재료는 점점 베트남화 되면서 새로운 조화를 이루었다. 이렇게 만들어진 빵은 더 이상 식민지에서 전해진 낯선 서양식 빵이 아니라, 언제든 손에 들고 먹을 수 있는 길거리 음식, 베트남식 샌드위치인 반미로 자리 잡았다. 이후 반미는 시장과 공장, 학교와 사무실로 퍼져 나갔다. 처음엔 낯설고, 비누 같다고 놀림당하기도 했던 바게트가 이제 하루를 여는 상징이 되었다. 베트남에서 반미는 점심과 저녁 식사의 따뜻한 밥을 대신하지는 못했지만, 아침 식사나 커피와 같이 먹는 간식이 된 것이다.

20세기 초, 사이공 전역에는 매일 아침 반미 노점이 들어서기 시작했다. 초창기 반미는 단출했다. 햄·고기·파테·소시지 정도가 전부였고, 빵이 너무 건조하지 않도록 절인 무와 당근, 오이 같은 채소를 곁들였다. 베트남 사람들은 마른 음식을 싫어해서 빵 속에 촉촉한 재료를 넣는 것은 거의 본능에 가까운 선택이었다. 시간이 흐르면서 반미는 점점 더 풍성해졌다. 속재료는 다양해지고, 양념은 강렬해졌으며, 빵의 모양도 길고 가는 모습으로 달라졌다.

프랑스인들이 베트남에서 철수하던 시기에는 이미 두 가지 반미 문화가 공존하고 있었다. 하나는 상점에서 판매되는 고급 반미, 또 하나는 거리의 노점 반미였다. 고급 반미는 작고 타원형의 롤빵에 마요네즈, 햄·양상추·토마토·파·구운 닭고기를 넣어 만들었다. 빵은 기름종이에 곱게 포장되어 있었고, 겉면에는 가게의 이름이 인쇄되어 있었다. 마요네즈는 당시 매우 비싼 재료였고, 약간의 달걀 향과 후추, 마늘이 들어간 베트남식 마요네즈는 빵을 촉촉하게 만들어 주는 동시에 신분의 상징이기도 했다. 그 풍미는 상류층의 미각을 사로잡았고, 그렇게 형성된 인기는 상점의 문턱을 넘어 거리로 확산되며 또 다른 반미 문화를 낳았다.

노점의 반미는 조금 달랐다. 긴 막대 모양의 바게트를 약 20센티미터 길이로 자르고 반으로 갈라 버터·마요네즈·파테를 얇게 바른 뒤, 그 위에 얇게 썬 햄·소시지·마늘 등을 겹겹이 올렸다. 또한 거기에다 절인 무·당근·오이 조각·고수·통고추·붉은 고추 등을 얹었다. 마지막에는 당시에는 마법으로 간주되는 마기 소스(간장 베이스 조미료) 몇 방울이 떨어졌다. 이 한 방울이 반미의 모든 맛을 하나로 묶어주는 비밀이었다.

완성된 반미는 노점 아래 작은 숯불 위에 잠시 올려 바삭함을 되살린 뒤, 신문지로 반쯤 감싸 고무줄로 묶었다. 손에 쥔 반미는 따뜻했고, 그 안에서 고기와 절임채, 허브와 소스가 어우러져 복합적인 향을 내뿜었다. 흥미롭게도 노점 반미의 가격에는 정가가 없었다. 손님이 지불할 의향이 있는 금액과 넣고 싶은 재료에 따라 반미의 조합과 가격이 달라졌다. 부유한 손님은 햄을 더 넣고 파테를 두껍게 발랐으며, 서민들은 절임채를 듬뿍 넣어 저렴한 가격을 선택했다.

1954년, 베트남 분단 이후 남부 베트남의 거리에는 새로운 형태의 반미가 등장했다. 그것은 바로 '반미 포 마이(bánh mì phô mai)'로 체더 치즈를 넣은 샌드위치였다. 'phô mai'는 프랑스어 fromage(치즈)에서 유래했지만, 정작 베트남 사람들에게 이 새로운 재료는 낯설고 의심스러웠다.

프랑스 식민지 시절 베트남 사람들은 래핑 카우 같은 부드럽고 순한 치즈에는 익숙했지만, 체더 치즈의 짙은 색과 강한 향은 그들에게 생소했다. 이 치즈가 베트남에 들어온 것은 식민의 흔적이 아니라 냉전 시대의 원조 물자 덕분이었다.

북부에서 남하한 약 백만 명의 실향민에게 식량을 제공하기 위해 서방이 보낸 구호품 속에 분유, 통조림 고기, 그리고 붉은빛 또는 주황빛의 체더 치즈가 포함되어 있었다. 문제는 이 치즈의 생김새였다. 길이 35~40센티미티 가량 되는 직사각형 블록형 치즈는 시골 사람들이 빨래할 때 쓰던 비누와 똑같이 생겼다. 처음 체더 치즈를 받은 난민들은 그것을 먹을 수 없는 비누 덩어리로 착각했고, 심지어 몇몇은 진짜 비누로 사용했다는 일화까지 전해진다.

그러나 남부의 도시 사람들은 조금 달랐다. 프랑스 통치 시절부터 유럽식 유제품에 익숙했던 그들은 체더 치즈를 낯설지만 흥미로운 재료로 받아들였다. 그러나 대다수 서민에게 체더 치즈는 여전히 맛보다 낯선 색의 식품 보조제로 여겨졌고, 결국 팔리지 못한 치즈는 값싸게 되팔리거나 거리의 반미 노점으로 흘러들었다. 노점 주인들은 이 재료를 버리지 않고 샌드위치 속에 넣어 판매했는데, 그것이 바로 '반미 포 마이'의 시작이었다. 안드레아 응우웬Andrea Nguyen은 베트남 반미의 치즈 문화는 프랑스보다는 베트남 전쟁 당시 이 가공 치즈의 영향이 더 크다고 설명한다. [75]

체더 치즈를 넣은 반미를 본 사람들의 반응은 처음에는 냉담했다. "빵에 비누를 넣었다"라는 농담까지 나올 정도였다. 그러나 치즈의 고소함과 짠맛이 파테나 햄과 어우러지면서, 이 새로운 조합은 점차 입소문을 타기 시작했다. 몇 달 뒤에는 학생들과 젊은 직장인들 사이에서 값싸고 든든한 간식으로 자리 잡았다. 그럼에도 체더 치즈는 오랫동안 이색적인 음식으로 간주되었고, 래핑 카우 치즈처럼 신뢰를 얻지는 못했다.

반미가 베트남인의 일상 속에 자리 잡기까지의 길은 순탄하지 않았다. 무엇보다 핵심 재료인 밀은 베트남 기후에 맞지 않아 거의 재배되지 않았고, 식민지 시절부터 반미용 밀가루는 프랑스가 아니라 미국과 호주에서 들여와야 했다. 문제는 제2차 세계대전이 발발하면서 수입망이 흔들린 것이다. 전쟁의 영향으로 밀가루 공급이 끊기자, 사이공의 수많은 빵집이 문을 닫았고, 반미는 사라질 위기에 놓였다.

하지만 이미 서양식 빵의 식감에 익숙해진 베트남 사람들에겐 이 새로운 맛을 포기한다는 것이 불가능한 일이었다. 결국 그들은 부족한 밀을 대신해 쌀가루를 섞는 방법을 스스로 찾아냈고, 잘 부풀지 않고 다소 단단했지만 기름과 설탕을 더해 먹을 만한 빵을 만들어내며 위기를 넘겼다. 이 작은 조정과 적응의 과정이 바로 오늘날 베트남식 바게트, 바삭하지만 속은 가볍고 쫄깃한, 반미 특유의 질감을 낳은 출발점이었다.

1975년 베트남전이 끝난 직후, 미국은 전쟁 패배에 대한 대응으로 베트남에 전면 금수 조치를 시행했다. 사회주의권 몇몇 국가를 제외한 거의 모든 교역이 차단되면서, 수입 밀가루에 의존하던 베트남의 반미 생산은 큰 위기에 직면했다. 이에 베트남 정부는 식량 부족을 해결하기 위해 국가 연구기관과 식품 기술자들을 총동원했고, 밀가루 없이도 반미를 만들 수 있는 방법을 찾는 데 집중했다.

연구진은 전국 어디서나 쉽게 구할 수 있는 쌀가루·옥수숫가루·고구마 전분 등을 조합해 새로운 제빵 방식을 개발했고, 수많은 시행착오 끝에, 마침내 오늘날 베트남식 반미의 원형이 완성되었다. 이 빵은 바삭한 껍질과 가볍고 부드러운 속살을 동시에 구현해 프랑스식 바게트와 비교해도 손색없는 품질을 갖추게 되었다. 전쟁과 고립이라는 어려움 속에서 탄생한 이 메이드 인 베트남 바게트는 이후 반미라는 베트남 고유의 샌드위치를 만드는 데 중요한 기반이 되었다.

반미 전쟁

호찌민시 3군 까오탕 거리 53번지 골목 초입에 자리한 반미 호아마(bánh mì Hòa Mã)는 외관의 소박함과 달리, 1950년대 후반부터 이어져 온 사이공 반미 문화의 출발점으로 평가받는 곳이다. 이 가게의 역사는 1958년, 하노이 출신 이주민 부부 레 민 응옥(Lê Minh Ngọc)과 응우옌 티 띤(Nguyễn Thị Tịnh)이 처음 문을 열면서 시작된다. 호아마라는 상호는 하노이 외곽의 한 마을 이름에서 따온 것으로, 부부가 자신의 출신지를 기념해 붙인 명칭이었다.

당시 사이공의 프랑스식 빵집들은 서양인을 주요 고객으로 삼아 바게트와 케이크를 판매하며, 햄은 빵과 별도로 취급하는 것이 일반적이었다. 그러나 북부에서 프랑스식 돼지 뒷다리 햄인 잠봉jambon을 납품하던 경험이 있던 부부는 남부 시장의 수요가 다르다는 점을 빠르게 파악했다. 아침 출근길에 들러 짧은 시간 안에 먹고 갈 수 있는, 보다 실용적인 형태의 빵이 필요했다.

이러한 흐름 속에서 부부는 빵과 햄을 한데 결합한 깟꿋(cát-cút)이라는 샌드위치를 선보였는데, 이는 프랑스어 'casse-croûte(간단한 한 끼 간식)'에서 파생된 표현으로 알려져 있다. 이 '깟꿋'은 오늘날의 반미 티엣(bánh mì thịt), 고기 반미)과 거의 유사한 형태를 갖추고 있었으며, 빵 속에 잠봉·차륵·파테·채소 등을 함께 넣는 방식으로 구성되었다. 당시로서는 새로운 조합이었지만, 이 반미는 곧바로 사이공 서민층의 아침 식사로 자리 잡을 만큼 실용성과 맛의 균형을 갖추었다.

호아마 반미는 사이공 스타일 반미의 초기 형식을 정립한 가게로 자주 언급되며, 반미의 대중화 흐름에서 중요한 이정표로 평가된다. 특히 프랑스식 빵과 베트남식 햄·파테를 결합한 조리 방식은 이후 수십 년간 사이공 반미의 표준이 되었고, 오늘날 전 세계로 확산한 사이공 바게트의 원형 가운데 하나로 남아 있다. [76)]

이 부부가 시작한 반미는 큰 인기를 끌며 곧 사이공 전역에 비슷한 반미 가게들이 생겨나는 계기가 되었다. 프랑스 식민지 시기를 거치며 제빵 기술이 널리 퍼져 있던 사이공에서는 바게트가 이미 흔한 재료였고, 반미에 들어가는 속재료 역시 쉽게 구할 수 있었다. 쌀국수는 육수를 내는 과정이 까다롭고 노동 강도가 높아 누구나 쉽게 가게를 열기 어려웠다. 반면 반미는 조리법이 비교적 단순해 레시피만 알면 누구나 창업할 수 있었다. 이러한 접근성 덕분에 사이공에서는 수많은 가게가 경쟁적으로 문을 열었고, 그 치열한 경쟁을 사람들은 마치 '총 없는 전쟁'에 비유하곤 했다.

1960년대 사이공의 새벽은 거리를 따라 바게트를 굽는 냄새가 퍼지면 생존 경쟁이 시작되었다. 반미는 이미 도시의 아침을 대표하는 음식이었고, 수십 개의 노점이 같은 거리에서 불과 몇 걸음 간격으로 늘어서 있었다. 그러나 이들 사이의 경쟁은 누가 더 싸게 파느냐, 누가 더 향기롭게, 더 요란하게, 더 사람의 시선을 붙잡느냐, 그리고 가장 먼저 열어 손님을 끌어오느냐 같은 세부 전략들이 성패를 갈랐다.

반미 가게들은 각자 다른 방식으로 자신만의 개성을 만들었다. 어떤 곳은 달콤한 남부식 파테를 강조했고, 다른 곳은 돼지고기 국물을 섞어 진한 풍미를 냈으며, 매운 고추절임을 추가해 차별화를 시도한 곳도 있었다. 또 어떤 노점은 '따뜻한 빵만 판다'는 원칙을 내세워 숯불 화덕에서 갓 데운 바게트를 제공해 손님을 끌어들였다. 그만큼 빵의 질과 신선도는 가게의 명성을 좌우하는 핵심 요소였으며, 더 좋은 바게트를 공급받기 위한 빵 배달 경쟁도 치열했다.

급속한 도시화로 인구가 늘어난 1960년대 사이공은 아침뿐 아니라 점심과 저녁까지 반미 수요가 증가했다. 이에 따라 노점들은 새벽부터 늦은 밤까지 영업하며 서로의 가격과 재료 수급 상황을 눈여겨보았고, 일부 인기 있는 노점에는 새벽 3시부터 줄지어 들어오는 빵 배달부들도 있었다. 이러한 경쟁 속에서 사이공 스타일 반미의 표준이 정립되었고, 빵·햄·파테·채소·고추가 조화롭게 들어가는 오늘날의 반미 형태가 이 시기를 거쳐 자리 잡았다.

현대의 호찌민시에서도 반미를 둘러싼 경쟁은 여전히 치열하다. 다만 1960년대처럼 새벽마다 숯불 연기가 골목을 메우고, 포장지 한 장으로 가게의 개성을 드러내던 시대와는 결이 달라졌다. 이제 승부는 얼마나 빠르게 줄이 생기느냐, SNS에서 얼마나 많이 공유되느냐에 따라 갈리며, 반미는 단순한 아침 식사를 넘어 도시 문화와 소비자 취향을 비추는 하나의 지표가 되었다.

호찌민에는 수십 년의 시간을 버텨온 전통 노점식 반미와, 표준화된 시스템으로 운영되는 현대식 체인 반미가 공존하며 도시의 변화된 소비문화를 상징적으로 보여준다. 노점은 여전히 숯불 화덕으로 빵을 데우며 손님이 원하는 대로 재료를 맞춰주는 유연함을 자랑하고, 반대편의 체인 매장은 유니폼을 갖춘 직원, 태블릿 주문, 자동 토스터 등 시스템화된

방식으로 세련된 이미지를 강조한다. 하지만 실제로 더 긴 줄이 생기는 곳은 의외로 오래된 노점인 경우가 많다. 노점은 '완전 주문형 반미'가 가능하지만, 가맹점은 정해진 레시피 안에서만 선택할 수 있어 손님의 다양한 욕구를 충족시키기 어렵기 때문이다.

그럼에도 위생 문제나 식중독 우려가 반복되면서, 최근 체인형 매장 쪽으로 기울어가고 있다. 체인형 반미는 속재료 구성도 훨씬 다채롭다. 예를 들어 bánh mì Huỳnh Hoa는 무려 13가지 속재료를 겹겹이 쌓은 풍성한 반미로 유명하다. 따뜻한 바게트 속에 파테·햄·구운 돼지고기·볶은 고기 등이 층층이 들어가고, 절인 채소와 고수가 더해지면서 한 끼 식사로도 충분한 깊은 맛을 완성한다.

호아마 반미에서 비롯된 사이공 반미의 역사는 이후 도시 전반으로 확산되며, 오늘날까지 이어지는 경쟁과 변화를 떠받치는 토대가 되었다. 1950~60년대 새벽 거리에서 숯불 냄새와 파테 향으로 손님을 불러 모으던 노점의 시대는 점차 저물었지만, 반미가 사이공의 일상을 움직이는 음식이라는 사실만큼은 변하지 않았다. 하노이가 쌀국수의 도시라면 호찌민은 반미의 도시이다.

베트남의 반미는 이름은 같아도 지역에 따라 전혀 다른 얼굴을 가진다. 바게트의 질감, 속재료의 구성, 양념의 농도까지 각 지역의 기후와 성격, 그리고 사람들의 생활 리듬이 자연스럽게 녹아들어 하나의 나라 안에서 서로 다른 맛의 세계를 만든다. 그중 북부 반미는 절제와 단아함의 미학을 따른다. 하노이에서는 작고 단단한 바게트에 파테·햄·오이·고수·마기 소스 몇 방울만 더해 간결함을 유지하며, 절임 채소와 마요네즈는 거의 사용하지 않는다. 단맛을 억누르고 파테의 깊고 짭짤한 풍미를 하노이식 반미는 화려한 간식이 아니라 절제된 일상의 일부로 자리한다.

중부로 내려오면 반미의 분위기는 확연히 달라진다. 후에와 다낭의 반미는 매운맛과 짠맛이 공존하며, 강렬한 향과 자극을 즐기는 지역적 취향이 그대로 반영된다. 고추기름·간장·마늘로 졸인 돼지고기에 아삭한 절임 채소와 생고추가 더해지고, 북부보다 두껍고 단단한 바게트는 한입 베어 물 때 바삭한 소리와 함께 얼얼한 육즙을 터뜨린다. 투박하지만 생동감 넘치는 힘이 이 지역 반미의 매력이다.

반미의 발상지이자 중심지인 남부 호찌민의 반미는 풍성함과 너그러움이 특징이다. 크고 속이 부드러운 바게트에 파테·햄·구운 돼지고기·오이·절인 무·당근·고수·생고추·마요네즈·마기 소스가 차곡차곡 겹겹이 쌓이며 묵직한 존재감을 만든다. 한입 베어 물면 달콤하고 짭짤한 맛, 기름의 고소함, 허브의 향이 동시에 터져 나와 입안을 가득 채운다. 사이공 사람들은 이 풍성한 조화를 '행복한 맛'이라 부르며, 반미를 단순한 간편식이 아니라 하루를 시작하게 해주는 작은 축복 같은 음식으로 여긴다.

반미 라롯(bánh mì lá lốt)

베트남의 남부와 중부 지역에서는 오래전부터 라롯잎(lá lốt)을 이용한 고기 요리가 사랑받아 왔다. 라롯잎은 베트남 사람들에게 낯익은 향초로, 불에 구우면 고소하면서도 은은한 흙냄새가 살아난다. 라롯잎은 베트남에서 고기 요리에 자주 쓰이는 허브잎으로, 은은한 후추 향과 풀내가 어우러져 기름진 맛을 정리해 주는 역할을 한다. 특히 돼지고기나 쇠고기를 잘게 다져 라롯잎에 돌돌 말아 숯불에 구운 돼지고기 라롯잎말이 구이(thịt heo cuộn lá lốt)는 가정식으로도, 길거리 음식으로도 널리 먹혔다. 그 기원은 분명치 않지만, 옛 베트남의 농가에서는 숯불에 고기를 굽기 전 라롯잎으로 감싸 수분을 지키고 풍미를 더했다는 이야기가 전해진다.

이 전통의 잎채소인 라롯이 반미와 만나 새로운 형태로 태어난 것이 바로 반미

라롯이다. 20세기 후반, 사이공과 중부 항구 도시의 거리에서는 고기 반미의 경쟁이 치열했다. 돼지고기 바비큐, 간장조림 고기, 파테 등 각기 다른 속재료가 넘쳐나는 가운데, 한 제빵사는 집에서 먹던 라롯잎 말이 구이를 빵 속에 넣어 팔아보기로 결심했다. 고기에서 흘러나온 육즙과 라롯잎의 향이 바삭한 바게트와 어울릴지 확신할 수 없었지만, 몇 번의 시도 끝에 놀라운 결과가 나왔다.

라롯잎이 구워지며 퍼지는 깊은 향과 돼지고기의 촉촉한 식감이 빵에 배어들었고, 절인 당근과 무, 상큼한 오이와 칠리 소스, 그리고 고수가 더해지자, 입안에서 복합적인 풍미가 폭발했다. 바삭한 바게트, 향기로운 라롯잎, 육즙 가득한 돼지고기, 신선한 채소가 어우러져 누구나 좋아할 만한 맛이 탄생한 것이다. 이 색다른 조합은 곧 주변 골목에서 입소문을 탔고, SNS가 발달한 시대가 되면서 지방 도시를 넘어 전국으로, 그리고 외국인 여행객들에게까지 알려지며 하나의 고유한 반미 스타일로 자리 잡았다.

오늘날의 반미 라롯은 단순히 빵 속에 라롯잎으로 구운 고기를 넣은 메뉴를 넘어선다. 이 한 조각의 빵에는 베트남 가정에서 오래도록 이어져 내려온 조리법과 길거리 음식 문화, 허브를 즐겨 사용하는 식습관이 자연스럽게 녹아 있다. 바삭한 바게트는 프랑스 식민지 시대의 흔적이지만, 그 속을 채우는 라롯잎의 향과 돼지고기의 구수함은 다른 어떤 나라에서도 그대로 재현하기 어려운 베트남 고유의 맛과 정체성을 보여준다.

반미 뜨엉(bánh mì thịt nướng)

남부 반미의 상징인 반미 뜨엉은 오늘날 베트남 반미 가운데 가장 대중적이면서도 남부 특유의 불맛 문화를 선명하게 드러낸다. 그 기원은 20세기 중반, 어디서든 작은 화로만 있으면 즉석에서 고기를 구워 먹던 남부의 길거리 바비큐 문화에서 출발한다. 설탕·느억맘·간장·레몬그라스·마늘·샬롯을 섞은 남부식 양념은 돼지고기를 촉촉하게 만들었고, 숯불 위에서 캐러멜화되면서 집집마다 다른 향

을 만들어냈다. 이 바비큐 방식은 남부 가정식의 중심이자 길거리 음식의 정체성을 형성하며, 훗날 반미 뜨엉의 맛을 규정하는 토대가 되었다.

1950년대 사이공의 한 가족이 저녁에 남은 숯불 돼지고기를 다음 날 바게트에 넣어 팔기 시작하면서, 이 바비큐 문화는 자연스럽게 샌드위치로 진화했다. 초기에는 고기와 빵을 단순히 함께 내는 방식에 불과했지만, 몇몇 상인들이 바게트를 숯불 위에서 살짝 그을리기 시작하며 새로운 전통이 자리 잡았다. 불에 데워진 빵이 고기 향을 머금자, 이 조합은 한층 깊어졌고, 이 소박한 발견이 순식간에 골목과 시장 전역으로 퍼져 사이공식 반미의 새로운 흐름을 만들어냈다.

사이공의 공장 지대에는 농촌에서 이주한 노동자가 몰려 있었고, 긴 노동시간과 짧은 점심시간 탓에 이들은 밥 대신 노점에서 팔던 돼지고기 숯불구이 꼬치를 사서 값싼 바게트에 끼워 먹곤 했다. 당시 바게트는 남부에서 매우 흔하고 저렴한 주식 대용이었는데, 어느 순간 일부 노점이 노동자들이 '고기 두 꼬치하고 빵 하나'를 함께 사는 패턴을 눈여겨보고, 아예 꼬치에서 고기를 발라 뜨거운 채로 빵 속에 넣어 주기 시작했다. 숯불고기의 기름과 양념이 자연스럽게 빵에 스며들어 맛이 훨씬 좋아지자 금세 주변으로 퍼졌고, 곧 몇몇 노점은 꼬치 대신 빵에 넣기 좋은 얇은 돼지고기를 직화로 굽는 방식으로 전환해 오늘날 반미 뜨엉의 기본 형태를 갖추게 되었다.

반미 뜨엉의 중심은 역시 불이다. 달콤한 양념을 입힌 얇은 돼지고기는 숯불 위에서 빠르게 익어 가장자리가 노릇하게 캐러멜화되고, 이 불향이 바삭한 바게트의 고소함과 만나면서 특유의 향미가 탄생한다. 여기에 절인 당근·무·오이·고수·칠리 소스가 더해져 맛의 균형을 이루며, 지역에 따라 달콤한 소스나 땅콩 소스를 곁들여 더욱 풍성한 맛을 내기도 한다. 다양한 고기구이를 이용한 변형들이 존재하지만, 불향이 가장 잘 살아나는 재료는 단연 숯불 돼지고기다.

이렇게 완성된 반미 뜨엉은 불향을 중시하고, 달콤·짭짤·새콤함을 조화시키며, 허브를 적극적으로 활용하는 남부인의 조리 감각이 하나의 빵 속에 응축된 결과물이다. 길가 화로에서 들려오는 고기 굽는 소리, 연기와 향이 얽힌 골목의 공기, 손바닥만 한 빵 속에 농축된 불맛까지 어우러지며, 반미 뜨엉은 단순한 샌드위치를 넘어 베트남이 만들어낸 독자적 바비큐 반미로 자리 잡았다.

반미 오플라(bánh mì ốp la)

반미 오플라는 베트남 반미 가운데 가장 단순하지만 가장 오랫동안 사랑받아 온 형태로, 프랑스 조식 문화가 베트남의 길거리 식문화와 자연스럽게 섞이며 탄생한 결과물

이다. Ốp la(오플라)는 본래 프랑스어 œufs au plat(달걀부침)이 베트남어식으로 굳어진 말로, 베트남에서는 주로 노른자를 반숙으로 살짝 익힌 프라이를 가리킨다. 식민지 시기 프랑스인의 조식 습관이 도시 가정과 카페 문화로 스며들면서 달걀부침은 가장 손쉬운 단백질 공급원이 되었고, 이 프라이가 바게트와 만나면서 오늘날의 반미 오플라가 자연스럽게 탄생했다.

초기의 반미는 고기나 다양한 속재료가 들어가지 않은 단출한 아침 식사였다. 베트남 사람들은 새벽 장터나 카페에서 갓 구운 바게트에 버터와 설탕을 뿌려 먹으며 하루를 시작했는데, 어느 순간 달걀을 곁들여 먹기 시작한 것이 반미 오플라의 첫 형태가 되었다. 값이 저렴하고 어디서든 구할 수 있는 달걀은 전쟁과 빈곤의 시기에도 변함없이 베트남 사람들의 식탁을 지켜준 재료였다.

바쁜 노동자들은 달걀을 접시에 담아 숟가락으로 떠먹는 대신 빵을 적셔 먹거나 달걀을 빵 위에 올려 간단히 먹기 시작했다. 특히 사이공에서는 알루미늄 팬에 달걀을 반숙으로 굽는 풍경이 흔했고, 카페 주인들은 손님들이 먹기 편하도록 팬째 내놓으며 오플라를 고유한 메뉴명으로 사용했다. 그 결과, 반미 오플라는 '서양식 달걀 요리'가 베트남식 길거리 문화와 결합해 만들어진 가장 단순하면서도 가장 베트남다운 아침 반미로 자리 잡게 되었다.

불판에 기름을 살짝 두르고 달걀을 그대로 깨뜨려 굽는 방식은 소박하지만, 여기에는 베트남 특유의 철판 조리 문화가 배어 있다. 노른자가 반쯤 익어 꾸덕꾸덕한 상태로 남아 있어야 하고, 흰자는 살짝 바삭하게 구워져야 제맛이 난다. 완성된 달걀부침에는 느억맘 몇 방울 또는 간장·후추·칠리 소스를 더해 풍미를 잡는다. 그 위에 오이·절인 당근·무·고수·파테를 더해 바게트와 함께 먹으면 간단하지만 깊은 맛을 느낄 수 있다.

반미 오플라는 베트남 전역에서 가장 단순한 달걀식 반미이지만, 지역마다 각기 다른 개성이 또렷하게 드러난다. 하노이에서는 단단한 바게트에 반숙으로 꾸덕하게 익힌 달걀 두 개를 넣고 간장 몇 방울만 떨어뜨린 담백하고 절제된 맛이 중심을 이룬다. 중부의 다낭과 후에로 내려가면 흰자가 바삭하게 구워지고 느억맘·라임·칠리를 섞은 짭짤하면서도 상큼한 소스가 더해져 맛의 선명함이 살아난다. 반면 남부 사이공의 반미 오플라는 넉넉한 달걀과 버터와 기름을 사용해 풍성하게 철판에서 조리되며, 간장·칠리·햄·소시지 등을 곁들여 작은 아침 식사 한 그릇을 완성한다. 이렇게 같은 달걀로 만든 반미라도 북부는 담백하게, 중부는 짭짤하고 또렷하게, 남부는 달콤하고 활기차게 변주되며, 지역의 기질과 생활 방식이 한 입속에서 자연스럽게 드러난다.

반미 오플라가 사랑받는 이유는 단순함뿐 아니라 자기 방식대로 먹는 자유 때문이다. 어떤 이는 매운 고추를 듬뿍 넣어 먹고, 어떤 이는 달걀을 빵에 직접 넣지 않고 접시에 놓인 달걀을 찍어 바게트를 먹는다. 또 어떤 가게는 소시지·햄·파테 등을 달걀과 함께 구워 반미에 넣는 등 점차 더욱 다양하게 진화하고 있다. 반미 오플라는 화려한 재료나 기술이 없어도, 바삭한 빵 한 조각과 따끈한 달걀 하나면 충분한 베트남 아침의 철학을 보여주는 음식이다.

반미 보코(bánh mì bò kho)

반미 보코는 베트남 사람들이 즐겨 먹는 쇠고기 스튜(bò kho)에 바게트를 곁들여 먹는 방식에서 발전한 반미로, 프랑스식 조리법과 베트남 향신료 문화가 만난 대표적인 혼종 요리다. 보코(bò kho)는 프랑스의 라구와 같은 스튜 조리법이 식민지 시기 베트남에 전해지면서, 현지 식재료와 결합하면서 만들어졌다. 프랑스식 스튜가 버터와 밀가루를 사용해 걸쭉하게 농도를 내는 것과 달리, 베트남 사람들은 향신료와 허브를 적극적으로 사용해 보다 가볍고 향이 깊은 방식으로 변주했다.

1960~1970년대 사이공 새벽 거리에서는 도매시장을 향하는 상인과 운전사들이 길가 노점에 들러 작은 양은그릇에 담긴 보코를 주문하곤 했다. 쇠고기가 귀하던 시절이라 큐브 모양의 고기 몇 조각과 진한 국물만 있어도 훌륭한 아침 식사로 여겨졌고, 손님들은 늘 "빵도 하나 같이 줘요. 찍어 먹게"라고 덧붙였다. 처음에는 빵을 따로 팔던 장사꾼들이었지만, 사이공 5군의 한 할머니는 손님 대부분이 결국 빵 조각을 국물 속에 넣어 비벼 먹는 모습을 보고 국물을 조금 더 조려 빵 속에 넣어도 흐르지 않을 정도의 점도를 만들고, 빵을 반으로 가른 뒤 그 안에 고기와 국물을 직접 채워 주기 시작했다. 바삭한 빵에 스튜의 향이 스며든 이 조합을 맛본 시장 상인이 "이건 국물에 빵을 찍어 먹는 게 아니라, 빵이 국물을 데리고 다니는 거네!"라고 말한 것이 입소문처럼 퍼지면서, 보코는 곧 찍어 먹는 스튜에서 빵에 담아 먹는 스튜 반미로 자리 잡게 되었다.

초기의 보코는 중부와 남부의 상류층이나 프랑스 군 장교 식탁에서나 볼 수 있는 요리에 가까웠다. 그러나 시간이 흐르면서 노동자들

에게도 인기가 퍼지기 시작했다. 노동자나 운전기사들은 새벽부터 속을 든든하게 채워야 했고, 향이 진하면서도 빵과 함께 쉽게 먹을 수 있는 보코는 그들의 아침 식사가 되었다. 국수를 삶기 어렵고 시간도 오래 걸렸던 시절, 갓 구운 바게트에 뜨끈한 보코를 푸짐하게 얹어 먹는 방식은 저렴하면서도 실용적이었다.

보코의 맛을 결정하는 것은 향신료의 조합이다. 레몬그라스·팔각·계피·마늘·샬롯·생강·카레 가루를 넣어 오래 끓이면 국물이 붉고 향이 풍부해진다. 서양의 스튜처럼 기름지지 않고, 베트남 특유의 상큼한 허브 향과 매콤한 뒷맛이 살아 있다. 다진 토마토나 곱게 간 토마토를 넣어 산미를 더하는 지역도 있으며, 당근을 큼직하게 썰어 넣어 부드러운 단맛을 내는 것이 전형적인 스타일이다.

반미 보코는 이 보코에 바삭한 바게트를 곁들여 먹는 방식으로, 국물에 빵을 적셔 먹는 순간 풍미가 최고조에 달한다. 빵 속이 공기층으로 가볍고 부드러운 베트남식 바게트는 향이 강한 보코 국물을 흠뻑 머금으며 서로 완벽한 궁합을 이룬다. 일부 지역에서는 바게트 속에 보코 고기를 직접 넣어 샌드위치처럼 만들기도 하며, 사이공에서는 달걀 프라이를 추가해 더욱 든든한 한 끼로 즐긴다. 지역에 따라 보코의 맛은 크게 달라진다.

오늘날 반미 보코는 단순한 빵과 스튜의 조합을 넘어선다. 서양의 조리 기술에 베트남의 향신료와 식문화가 스며들어 탄생한 이 음식은, 베트남이 외래 문화를 자기 방식으로 흡수하고 재창조하는 능력을 보여주는 상징적인 사례다. 특히 반미는 2023년 TasteAtlas 세계 스트리트푸드 순위에서 1위를 차지할 만큼 국제적으로 주목받으며, 베트남 음식의 세계화를 대표하는 아이콘으로 떠올랐다. 세대를 거치며 베트남인의 일상 속에 깊이 자리 잡은 반미는 이제 국경을 넘어 세계 곳곳에서 사랑받는 글로벌 음식이 되었다.

11. 채식 요리

11. 채식 요리

채식 요리의 배경

939년 중국의 지배에서 벗어나 독립을 이루었지만, 내부의 갈등과 권력 다툼이 이어지던 베트남은 1009년 리 왕조(1009~1225)의 성립과 함께 비로소 국가적 안정과 통합의 기반을 마련하게 되었다. 새 왕조는 흩어진 민심을 하나로 수습하고 국가의 정체성을 확립할 상징이 필요했고, 그 중심에 불교를 두기로 하였다. 이는 당시 베트남에서 유교가 지배 엘리트의 이념으로 자리하고 있었던 데 비해, 불교는 가장 널리 퍼져 있어 민중의 일상과 정신세계에 깊숙이 스며든 신앙이었기 때문이다.

리 왕조가 불교를 국교로 삼은 데는 역사적 배경도 작용했다. 초대 황제 리 타이또(Lý Thái Tổ)는 어려서 부모를 잃고 승려들에게 양육된 고아였으며, 그만큼 불교적 가치관이 삶과 통치 철학에 자연스럽게 스며 있었다. 왕조가 들어선 후 베트남 전역에는 사찰과 탑이 대거 건립되었고, 머리를 깎고 승려가 되는 일은 사회적 명예이자 개인의 덕성을 드러내는 길로 여겨졌다. [77]

이 시기 베트남 불교의 주류는 대승불교大乘佛教였다. 대승불교는 인간의 삶을 전생과 내생이 연결된 연속적 흐름으로 바라보며, 현재의 행위가 미래 세대의 삶을 결정한다는 인과적 세계관을 강조한다. 이러한 신념은 자연스럽게 자비와 절제, 그리고 생명을 해치지 않는 것을 중시하는 생활 방식으로 이어졌고, 그 결과 베트남 사찰에서는 채식을 중심으로 한 독특한 사찰 음식 문화가 발달하게 되었다.

그중 가장 뚜렷한 변화는 채식 요리에 대한 존중과 기술의 발전이었다. 불교의 가르침에 따라 살아 있는 생명체를 죽이는 것이 금기되었기 때문에 사찰에서 발전한 베트남식 채식은 엄격한 비건vegan 형태를 띠었다. 발효 생선을 기반으로 하는 느억맘조차 사용할 수 없어 대신 소금과 간장, 자연 발효 양념으로 맛을 내는 방식이 정착했다.

사원이 늘어나고 불교적 미덕이 사회 전반의 가치로 받아들여지면서, 채식은 더 이상 승려들만의 식사가 아니게 되었다. 사찰에서 왕실의 식탁에 이르기까지 채식 문화는 급속히 확산되며 베트남 고유의 미식 전통과 결합한 독자적인 사찰 채식 요리가 형성되었다. 이렇게 발전한 채식은 단순한 식습관을 넘어 신분과 지역을 초월하는 새로운 문화적 규범으로 자리 잡으며 베트남 사회에 깊은 흔적을 남겼다.

베트남에 채식 음식이 특히 발달한 이유는 동남아시아 어느 지역보다도 다양한 채소를 연중 쉽게 구할 수 있는 자연환경과 기후 덕분이다. 남부와 중부의 고온다습한 기후에서는 공심채·바질·고수·민트·모링가·바나나꽃·파파야잎처럼 수분과 향이 풍부한 채소가 사계절 자라며, 반면 북부 지역에서는 사계절의 변화가 뚜렷해 겨잣잎·쑥갓·갓·배추·무잎·토란대·연꽃줄기 같은 온대성 채소와 수생 식물이 풍부하게 재배된다. 이러한 지역별 채소의 다양성은 베트남 식탁에 자연스럽게 채식 요리를 자리 잡게 한 중요한 기반이 되었다.

중국 한의학 전통의 영향을 받은 베트남 식문화에서는 채소가 단순한 식재료를 넘어 몸을 다스리는 음식으로 인식됐다. 채소는 몸의 열을 내리고, 습기를 제거하며, 소화를 돕고 기혈의 흐름을 조절하는 효능을 지닌 것으로 여겨졌다. 여기에 불교의 절제와 금욕 문화가 더해지면서, 채소는 '고기를 대신하는 재료'가 아니라 몸과 마음의 균형을 회복하는 주된 음식으로 받아들여졌다. 이러한 인식이 축적되며 베트남의 채식 요리는 빈약한 대안이 아니라, 오랜 시간에 걸쳐 형성된 하나의 독자적인 미식 체계로 발전하게 되었다.

흥미로운 점은 베트남 채식 요리의 맛과 형태가 실제 고기 요리와 매우 흡사하게 재현되었다는 점이다. 채식 닭고기나 생선은 진짜 고기처럼 보였지만, 그 속은 두부·무·버섯·마·죽순 같은 재료로만 이루어져 있었다. 특히 물에 불린 두부를 고기처럼 결을 살려 말아내는 기술은 오랜 시간이 지나 베트남 채식 요리가 예술적 단계에 이르는 데 중요한 역할을 했다.

리 왕조 시대의 불교는 베트남의 정신세계를 재편했을 뿐 아니라, 사찰음식, 채식 문화, 발효 양념의 발전 등 음식 문화 전반에도 큰 변화를 불러왔다. 이 시기에 형성된 채식 전통은 오늘날까지도 베트남 요리의 중요한 축으로 남아 있으며, 고기 중심의 동남아 요리권 안에서 독특한 베트남 정체성을 이루는 중요한 뿌리가 되고 있다.

베트남에서 채식은 단순한 식습관의 한 갈래가 아니라, 최고위층의 식탁에서도 분명한 위상을 지닌 의례의 음식이었다. 특히 불교를 깊이 신봉했던 응우옌 왕조 시기(1802~1945)에는 황제와 왕족들조차 음력 초하루와 보름에 금욕을 실천해야 했고, 중요한 의식을 앞두고는 하루 이상 동물성 재료를 입에 대지 않는 것이 규범으로 자리 잡았다. 이런 규율은 자연스럽게 채식 요리를 왕실의 정교한 조리 예술로 끌어 올렸고, 궁중 요리사들은 고기나 생선을 쓰지 않고도 위엄 있고 완성도 높은 식탁을 차려 내야 했다.

응우옌 왕조 시기 채식이라고 해서 소박하거나 단출한 것은 아니었다. 왕실 식탁에 오르는 모든 요리는 평소의 육류와 해산물 요리와 동일한 정교함과 품격을 갖춰야 했고, 모양과 색감, 맛에서도 왕족이 누릴 만한 풍성함을 잃지 않았다. 조상 제례와 같은 중요한 날에는 더욱 극진한 채식 연회가 준비되었고, 초대받은 손님들에게는 그들의 취향에 맞춘 화려한 채식 만찬이 제공되었다. 흥미로운 점은 형식적으로는 채식이지만 돼지고기나 생선을 본뜬 모양의 요리도 등장했다는 점이다. 이는 순수하게 식물성 재료로 만들어진 모조 요리였으나, 그 외양과 맛은 당시 미식의 취향에 맞춰 정교하게 설계되었다.

왕실의 채식이 화려한 반면, 서민과 농촌 주민들에게 채식은 훨씬 현실적이고 소박했다. 대부분의 일상적인 채식 식사는 흰밥에 두부 몇 가지를 곁들인 수준이었다. 생두부와 말린 두부가 흔한 단백질원이었고, 고기가 없는 날에는 볶은 참깨, 다진 땅콩, 다양한 녹색 채소를 얹어 맛을 더했다. 시골에서는 국 대신 가벼운 채소 수프를 곁들이고, 절인 채소나 반찬을 함께 내어 식탁을 채웠다. 화려함보다는 절제와 실용, 그리고 자연스러운 풍미가 강조된 셈이다.

사찰에서 의식 때 내는 식사는 그 중간 정도에 해당한다. 장례나 기일, 기도 의식이 있을 때 승려들이 차리는 공양상은 보통 여덟 가지 이상의 채식 음식으로 이루어지며, 네 개의 접시와 네 개의 그릇을 기본으로 한다. 사용하는 재료는 모두 순식물성이지만, 담음새와 조리법이 단정하고 정성스러워 그 음식 자체가 공경의 뜻을 전한다.

이처럼 베트남의 채식 문화는 사회적 신분과 공간에 따라 다양한 얼굴을 지녔다. 왕실에서는 예술이 되었고, 사찰에서는 수행의 상징이었으며, 서민에게는 삶의 호흡과도 같았다. 그러나 그 이면에는 공통된 정신이 흐른다. 자연을 거스르지 않고, 속세의 번뇌를 잠시 내려두며, 음식이 곧 마음을 닦는 하나의 방식이라는 철학이다.

주요 채식 메뉴

현대 베트남의 채식 문화는 과거 불교 의식이나 특정일에 한정된 절식 풍습에서 벗어나, 건강과 환경, 라이프스타일을 중심으로 한 대중적 식문화로 변모하고 있다. 특히 호찌민시는 '채식의 수도'라는 표현이 나올 만큼 채식 식당이 급격히 증가한 지역으로, 젊은 세대의 건강 지향적 라이프스타일에 관광객 수요까지 더해지며, 채식은 이제 특별한 취향이 아니라 일상적인 식탁의 한 선택지로 자리 잡았다.

1995년 이후 베트남 경제가 본격적으로 성장하면서 채식 문화도 빠르게 퍼져나가서 이제는 전국 어디에서나 채식 식당을 쉽게 찾을 수 있다. 이러한 변화 속에서 채식 식당은 전통적인 불교식 채식, 세련된 인테리어와 서비스를 갖춘 현대적인 채식 레스토랑, 그리고 일상에서 가볍게 먹을 수 있는 길거리 채식 음식으로 나뉘었다. 채식은 더 이상 의례나 종교에만 국한되지 않고, 도시 식문화의 중요한 한 부분이 되었다.

무엇보다 채식 식당의 메뉴 구성은 훨씬 다양해졌다. 기존의 고기나 해산물 요리를 버섯, 두부, 채소, 표고 육수 등으로 바꾸고, 음식 이름 뒤에 'chay(채식)'라는 표기를 붙이는 방식이 자연스럽게 자리 잡았다. 예를 들어 고기 대신 버섯과 두부로 국물을 낸 phở chay(채식 쌀국수), 구운 두부와 채소 피클을 넣은 bánh mì chay(채식 반미)를 비롯해 채식 볶음밥, 카레, 쌀국수볶음 등이 많은 사랑을 받고 있다.

고기 식감을 모사하는 모조 단백질의 활용도 늘었는데, 북부 지역에서는 잭프루트를 이용해서 훈제 돼지고기 풍미를 재현하거나, 버섯과 혼합 견과류로 식물성 고기 특유의 고소한 질감을 만들어내기도 한다. 일부 레스토랑은 미가공 음식이나 슈퍼푸드 개념을 도입하며 채식 메뉴의 깊이와 다양성을 한층 넓히고 있다.

호찌민에서 젊은 직장인들이 채식을 찾기 시작한 계기는 의외로 점심값 인상이었다. 2010년대 초반, 회사 주변 식당 가격이 빠르게 오르자, 일부 직장인들은 근처 사찰에서 운영하는 채식으로 점심을 해결하기 시작했다. 2만~3만 동이면 여러 가지 반찬을 고를 수 있었고, 이 단출한 식사는 "값은 싸고 속은 편하다"라는 입소문을 타며 인근 사무실로 퍼져 나갔다. 이후 이를 눈여겨본 젊은 창업자들이 적은 자본으로 채식 뷔페식당을 열기 시작했고, SNS를 통해 "고기 없이도 충분히 맛있다"라는 후기가 퍼지면서 학생층까지 고객층이 넓어졌다. [78]

채식 식당의 공간과 서비스 역시 과거와 비교할 수 없을 만큼 업그레이드되었다. 단순히 고기가 없는 한 끼를 제공하는 수준이 아니라, 제철 유기농 채소나 로컬 생산물을 내세우고, 폐기물 제로를 추구하는 제로 웨이스트Zero Waste 철학, 자연광을 활용한 미니멀 인테리어, 카페형 식당 구조 등을 도입하여 레스토랑 자체를 하나의 경험으로 만든다. 이 변화로 채식 식당은 종교적 이유로 찾는 공간이 아니라 친구 모임, 데이트, 관광객 방문도 자연스럽게 이루어지는 세련된 외식 공간으로 자리 잡았다. 배달 앱과 SNS 홍보의 힘까지 더해져 채식에 대한 접근성은 크게 향상되었으며, 스트리트푸드에서도 채식 반미, 채식 반쎄오, 채소 스프링롤 등 가벼운 채식 메뉴가 흔해졌다. 도시 곳곳에는 채식 뷔페식 레스토랑도 등장해 다양한 채식 요리를 한 번에 즐길 수 있게 되었다.

이 같은 흐름은 단순히 식당 수가 늘어난다는 의미를 넘어선다. 채식이 건강, 윤리적 소비, 지속가능성을 중시하는 새로운 라이프스타일로 받아들여져 젊은 세대와 외국인 관광객에게 매력적인 식문화로 부상했고, 유기농과 지역 농산물 소비가 증가하면서 지역 생산자와 식당 사이의 연결도 강화되었다. 동시에 비건 여행객을 겨냥한 식당과 관광 코스도 늘어나 베트남의 관광 경쟁력 향상으로 이어지고 있다. 반면 채식 레스토랑이 급증하면서 경쟁이 치열해지고, 단순히 고기를 제외한 메뉴로는 차별화하기 어려워지며 맛, 창의성, 브랜드 전략의 중요성이 한층 커지고 있다는 과제 또한 드러나고 있다.

베트남에서 채식 식당과 비건 식당은 구별된다. 채식을 의미하는 'chay'라는 개념은 불교 의례에 따른 채식 관행에서 출발했기 때문에, 오늘날의 채식 식당도 그 뿌리가 불교적 전통과 가정식 관행에 깊이 닿아 있다. 이 때문에 베트남의 일반적인 채식 식당은 고기나 해산물을 쓰지 않는다는 점에서는 채식이지만, 조미료나 소스 구성에는 다소 유연한 경향을 보인다. 예를 들어 간장이나 조미료에 소량의 어류 성분이 포함된 경우가 있고, 지역에 따라서는 향미를 위해 극히 적은 양의 느억맘을 사용하는 사례도 존재한다.

반면 베트남의 비건 식당은 서구식 비건 기준을 따르며, 동물성 재료뿐 아니라 우유·달걀·꿀 같은 모든 동물성 성분을 철저히 배제한다. 조미료와 소스, 식용유의 원료까지 꼼꼼히 확인하고, 메뉴 구성 또한 식물성 고기·두부·콩·버섯을 기반으로 하여 전통 요리를 비건 형태로 재현하려는 시도가 많다. 베트남의 채식 식당이 오랜 식문화의 연장선에 있다면, 비건 식당은 글로벌 비건 트렌드를 현지화한 새로운 라이프스타일 공간에 가깝다. 베트남에서 'chay'는 넓은 의미의 채식을 아우르는 문화적 관습이고, '비건'은 그보다 더 엄격하고 국제적인 기준을 적용한 식단이라고 할 수 있다.

베트남의 채식 요리는 고기를 쓰지 않는 식단이 아니라, 자연의 순리를 따르고 몸과 마음을 맑히려는 문화가 오랜 세월에 걸쳐 축적된 결과물이다. 가장 대표적인 채식 요리는 채식 쌀국수(phở chay)다. 채식 쌀국수 자체는 오래전부터 절에서 먹던 음식이었으나 대중화는 훨씬 뒤에 일어났다. 호찌민의 한 절에서 운영하는 채식 식당에서 "고기 없이도 국물을 깊게 우려낼 수 있다"는 입소문이 퍼지면서, 일반 쌀국수집들이 버섯·무·사탕수수·말린 해조류로 식물성 육수를 개발하기 시작했다. 이때부터 채식 쌀국수는 종교적 음식이 아니라 속 편한 아침 메뉴로 자리 잡았다. 채식 쌀국수의 육수는 투명하면서도 단맛이 깊으며, 생면 위에 구운 두부와 향긋한 허브가 얹히면 한 그릇 안에서 고요하고도 담백한 풍미가 완성된다.

채식 밥(cơm chay) 또한 베트남 채식 문화를 대표한다. 기름에 바삭하게 튀긴 얇은 누룽지 위에 향긋한 볶음 채소와 두유로 만든 소스가 담기면 단순해 보이지만 놀랍도록 다채로운 식감이 펼쳐진다. 여기에 절인 파파야나 새콤달콤한 무·당근·피클이 곁들여져 입맛을 깔끔하게 정리해 준다. 이 음식은 절이나 사당 근처에서 쉽게 발견할 수 있는데, 수행자들뿐 아니라 속세의 사람들도 자주 찾는 편안한 한 끼이다.

거리 음식에서도 채식은 자연스럽게 녹아 있다. 하노이의 몇몇 학교 매점에서는 2010년대 중반, 학생들이 종종 "고기 말고 채소로만 만들어 달라"고 요청했다. 처음엔 기존 떡에서 고기만 빼 주는 수준이었지만, 나중에는 버섯·두부·당면을 넣은 전용 짭짤떡이 따로 생겼고, 이게 학생들 사이에서 기름지지 않은 간식으로 유행했다. 이후 동네 시장의 떡집들도 이를 모방하여 고기 대신 버섯·두부·채소를 잘게 다져 넣어 '짭짤한 채식 떡(bánh mặn chay)'을 만들었는데, 쫀득한 식감과 은근한 감칠맛이 매력적이다.

2000년대 초 호찌민 3군의 한 베트남 식당은 퇴근 시간마다 고기 대신 두부·상추·당면을 넣어 달라는 손님이 늘어나는 것을 보고, 아예 'chay(채식)' 표기를 붙인 월남쌈을 따로 팔기 시작했다. 회사원들이 "먹고 나서 속이 더 편하다"라며 SNS에 올리자, 인근 가게들이 즉시 따라 했고, 그렇게 채식 월남쌈(gỏi cuốn chay)은 가장 빠르게 퍼진 '도시형 채식 간편식'이 되었다. 채식 월남쌈은 채소와 두부, 쌀 종이만으로도 충분히 풍성한 맛을 내며, 땅콩 소스에 찍어 먹으면 시원한 허브 향과 고소함이 조화를 이룬다.

마찬가지로 2010년대 호찌민에서 보코의 고지방 버전이 부담스럽다는 젊은 층이 늘면서 몇몇 식당이 버섯·당근·무·두부를 활용한 식물성 스튜를 개발했다. 이

채식 보코(bò kho chay)는 빵에 찍어 먹어도 느끼하지 않아 아침 메뉴로 인기를 끌었고, 도심 카페에서 디톡스 스튜로 재해석되며 빠르게 퍼졌다.

또한, 2010년대 초, 반미 판매점에서 "고기 대

신 달걀이나 두부로 바꿔달라"는 주문이 늘어나자, 몇몇 가게가 아예 채식 반미(bánh mì chay)라는 이름을 붙여 고정 메뉴로 만들었다. 기존 재료 중 고기만 두부·버섯 패티로 대체해 원가 절감에도 도움이 되었고, 저렴한 반미 시장을 형성하여 채식 반미가 폭발적으로 확산되었다.

베트남 가정식을 상징하는 대표 채소 요리인 마늘 공심채 볶음(rau muống xào tỏi)은 단순한 조리법 속에 베트남식 볶음 요리의 섬세함이 고스란히 담겨 있다. 속이 비어 있어 공심채라 불리는 물시금치 줄기는 센불에서도 쉽게 흐물거리지 않아 아삭한 식감을 유지하며, 뜨거운 웍에 닿는 순간 퍼지는 채소 향과 진한 초록빛이 식욕을 자극한다. 여기에 마늘 향을 입혀 재빨리 볶아내는 방식은 겉보기에는 쉬워 보이지만, 불의 세기와 타이밍에 따라 맛이 크게 달라져 베트남 가정 요리가 지닌 절제된 기술과 미묘한 균형감을 잘 보여준다.

마늘 공심채 볶음은 담백하면서도 은근한 풍미 덕분에 흰쌀밥과의 궁합이 특히 좋아 베트남 전역에서 가장 보편적으로 식탁에 오르는 반찬이자, 외국인에게도 부담 없이 사랑받는 채소 요리로 자리 잡았다. 이러한 인기 덕분에 TasteAtlas의 세계 100대 볶음 요리 중 상위권(17위)에 오르기도 했는데, 이 순위는 간단한 재료와 짧은 조리 시간만으로도 깊은 맛을 내는 베트남식 채소 요리가 가진 매력을 잘 보여준다.

가정식이나 길거리 식당에서는 마늘 공심채 볶음의 감칠맛을 위해 간장이나 느억맘, 혹은 굴 소스를 소량 넣는 경우도 있어, 엄격한 비건 식단에서는 이러한 조미료 사용 여부를 확인하는 것이 관례다. 일부 조리법에서는 공심채를 한 번 데친 뒤 마늘·소금·설탕과 함께 볶고, 마지막에 느억맘을 더해 향을 풍부하게 마무리하는 방식도 쓰이기도 한다.

월남쌈(gỏi cuốn)

월남쌈은 'gỏi(샐러드)'와 'cuốn(말다)'라는 이름에서 알 수 있듯이 신선한 재료를 가볍게 감아 먹는 베트남식 스프링롤이다. 오늘날에는 건강한 베트남 음식의 대표로 세계 곳곳에서 사랑받지만, 그 뿌리는 놀라울 만큼 소박한 일상과 농경 사회의 식습관에서 비롯된다. 채소와 허브가 풍부했던 농촌 환경에서 베트남 사람들은 귀한 고기나 생선을 아끼기 위해 채소와 함께 싸 먹는 방식을 자연스럽게 받아들였다. 밥상 위의 재료를 한데 모아 한입 크기로 말아먹는 이 습관은 단순한 절약을 넘어, 서로 다른 향과 식감을 조화롭게 즐기기 위한 생활의 지혜였다.

기름에 볶거나 오래 조리하기보다 신선한 허브와 생채소를 곁들이는 조리 방식 역시 덥고 습한 베트남의 기후 조건과 맞닿아 있다. 쌀 종이에 채소와 허브, 쌀면을 올려 즉석에서 싸 먹는 방식은 조리 시간을 최소화하면서도 재료 본연의 맛을 살리는 데 유리했다. 월남쌈은 전통적으로 돼지고기나 새우를 곁들이기도 하지만, 기본 구조 자체가 쌀 종이와 채소류에 중심을 두고 있어 고기를 빼거나 대체하기가 어렵지 않다. 이러한 특성 덕분에 월남쌈은 베트남 전통 음식 가운데서도 채식으로의 전환이 가장 자연스러운 요리로 꼽히며, 채식 음식으로 분류해도 무리가 없다.

이러한 쌈 문화의 연장선에서, 쌀국수 면을 만들고 말리던 얇은 시트가 발전해 오늘날의 쌀 종이인 반짱(bánh tráng)이 등장했다. 짜조나 월남쌈을 감싸는 반짱만큼 베트남의 식문화를 상징하는 재료도 드물다. 반짱은 종잇장처

럼 얇아 거의 투명하게 보일 정도로, 바구니 짜임을 연상시키는 질감이 새겨져 있는 것이 특징이다. 반짱은 쌀가루에 물과 소량의 전분을 더해 젖었을 때 쉽게 찢어지지 않도록 배합한 뒤, 얇은 면포 위에 고르게 펴서 증기로 찌는 방식으로 만들어진다.

여러 종류의 반짱 중에

서도 특히 얇게 건조한 것이 월남쌈용으로 쓰이며, 마른 상태에서는 바삭하지만 젖은 천이나 물에 가볍게 적시면 금세 부드러워져 재료를 단정하게 감쌀 수 있다. 다만 이러한 전통식 반짱은 다루기 까다롭고 찢어지기 쉬워 시간이 많이 들기 때문에, 점차 물에 적실 필요가 없고 더 탄력 있는 밀가루 기반의 중국식 라이스페이퍼가 일부 시장에서 대체재로 자리 잡고 있다.

초기의 반짱은 음식을 오래 보관하기 위한 건조식품에 가까웠고, 이동이 잦은 농경사회와 전쟁 시기에 병사들이 휴대하기에 좋은 형태로 활용되었다. 물에 적셔 즉석에서 채소와 고기를 싸 먹는 방식은 특히 식량이 넉넉지 않던 전쟁 기간과 이후 혼란기 속에서 빠르게 확산되었다. 가볍고 휴대가 쉬우면서도 영양을 유지할 수 있었고, 여기에 남부 지방 특유의 풍부한 채소·허브·땅콩 소스 문화가 결합되면서 오늘날 우리가 알고 있는 월남쌈의 형태가 완성되었다.

월남쌈이 세계적으로 이름을 알리게 된 것은, 베트남 특유의 조리 방식과 식문화가 외국인의 눈에 유난히 신선하고 낯설게 다가갔기 때문이다. 베트남 전쟁 당시 외국 외교관과 사업가들이 사이공의 식당에서 처음 월남쌈을 마주했을 때, 얇은 종잇장처럼 바삭하던 라이스페이퍼가 물에 닿자마자 부드럽게 변해 각종 재료를 포근하게 감싸는 모습은 그 자체로 새로운 경험이었다. 한 프랑스 외교관은 "이 얇은 종이가 음식을 품고, 허브가 향을 더하며, 고기가 무게를 잡아 하나의 작은 세계를 만든다"고 감탄했다. [79]

게다가 월남쌈은 먹는 사람이 직접 재료를 고르고 조합해 말아 먹는 방식이라, 자연스럽게 각자의 취향이 드러난다. 바로 이 '참여형 식사법'이 외국인들에게 더욱 흥미롭고 매력적인 경험으로 다가왔다. 수많은 베트남 요리 중에서도 월남쌈이 특별한 이유는, 한 장의 라이스페이퍼 위에 어떤 허브를 올릴지, 고기를 얼마나 넣을지, 어떤 소스에 찍어 먹을지를 스스로 선택하는 과정 자체가 곧 한 끼의 이야기가 되기 때문이다.

월남쌈의 특징은 무엇보다 신선함과 조화에 있다. 라이스페이퍼는 얇아 거의 맛이 느껴지지 않지만, 속재료의 향을 살포시 감싸주는 역할을 한다. 안에는 익힌 고기·새우·허브·상추·향채 등이 들어가는데, 얇은 껍질이 모든 재료를 하나의 조화로운 맛으로 묶어낸다. 여기에 달콤한 땅콩 소스와 매콤한 칠리 소스, 그리고 느억맘을 바탕으로 한 지역별 소스가 더해지며 맛의 층위가 완성된다.

월남쌈은 쌀국수보다 먼저 한국에 알려진 베트남 음식이다. 그 배경에는 1990년대 후반 한국과 베트남의 외교 관계 정상화 이후 이어진 인적 교류가 자리하고 있다. 한국 기업들의 베트남 진출과 함께 수많은 주재원과 여행객이 현지를 오가며, 신선한 채소와 허브를 넉넉히 곁들여 먹는 월남쌈을 처음 접했고, 이 경험이 귀국과 함께 자연스럽게 전파됐다. 특히 라이스페이퍼에 고기와 채소를 직접 싸서 먹는 방식은 베트남의 식탁에서 한국인의 쌈 문화와 낯설지 않게 맞물리며 빠르게 받아들여졌다.

반면 쌀국수가 상대적으로 늦게 대중화된 데에는 몇 가지 현실적인 이유가 있었다. 쌀국수는 국물의 향과 맛이 음식의 핵심인 만큼, 현지에서 쓰이던 허브와 향신료, 장시간 우려내는 육수의 방식이 한국의 외식 환경에 그대로 옮겨 오기 어려웠다. 또한 고수와 향신료에 대한 거부감도 초기 확산을 더디게 했다. 그에 비해 월남쌈은 익숙한 '쌈'의 형식 안에서 각자의 취향에 따라 재료를 조절할 수 있었고, 이 점이 한국 사회에 먼저 안착하는 데 유리했다.

월남쌈은 한국에서 '고이꾸언'이라는 원래 이름 대신 고유한 한국식 명칭으로 불릴 만큼 빠르게 대중화됐다. 2000년대 중반 이후 서울 도심에 베트남 음식점이 늘어나면서, 기름을 거의 쓰지 않고 생채소를 중심으로 구성되는 조리 방식이 건강식·저칼로리 음식으로 주목받았다. 특히 라이스페이퍼에 원하는 재료를 직접 싸 먹는 방식은 취향에 맞춰 즐기는 한국의 식문화와 자연스럽게 맞물렸다. 가족이나 친구가 한자리에 모여 라이스페이퍼를 중심에 두고 각자의 쌈을 완성하는 풍경은 식사에 작은 참여의 즐거움을 더하며, 월남쌈을 함께 먹기 좋은 음식으로 자리 잡게 했다.

월남쌈이 한국에서 꾸준히 사랑받는 이유는 가벼운 만족감과 조리의 유연성에 있다. 고기를 듬뿍 넣어도 부담스럽지 않고, 채소 위주로 구성하면 깔끔한 채식 요리가 되며, 새우나 두부, 당면처럼 다양한 재료도 무리 없이 어우러진다. 라이스페이퍼를 적시는 손짓에서 허브 향이 먼저 스치고, 소스에 찍어 마무리하는 순간까지 이어지는 과정은 음식 그 자체를 하나의 경험으로 만든다.

12. 해산물 요리

12. 해산물 요리

나무 물고기

레 왕조 시기(1428~1789), 수도 탕롱은 베트남에서 가장 역동적이고 번화한 상업 도시로 거듭났다. 오늘날 올드쿼터Old Quarter의 기원이라 할 수 있는 36 거리에는 사방에서 모여든 상인들이 빽빽이 자리를 차지하였고, 강변의 항구에는 중국과 자바를 비롯한 각지의 상선이 쉼 없이 드나들었다. 도시의 눈부신 성장과 더불어 국가의 행정 체계 또한 중대한 전환점을 맞았다. 과거에는 국가 관직을 귀족과 호족층의 추천을 통해 채웠으나, 이 시기에는 과거제의 전면적 도입으로 인재 선발 방식이 획기적으로 재편된 것이다.

이전의 쩐 왕조 시기, 몽골 사절단을 응대하며 대외 협상을 주도하며 국정을 안정적으로 운영하기 위해 유능한 인재의 확보가 절실했다. 이러한 시대적 요구가 과거제 도입의 중요한 배경이 되었으며, 이를 토대로 레 왕조는 과거제를 한층 정교하고 체계적으로 정비하여 다양한 사회 계층에서 훌륭한 인재를 폭넓게 등용할 수 있는 기반을 마련하였다.

과거 시험은 시골 출신의 젊은 유생들에게 관직으로 나아갈 수 있는 일생일대의 기회였으며, 동시에 가문과 마을의 명예를 높일 수 있는 무대였다. 그러나 기대와 희망이 커질수록 현실의 벽도 함께 높아졌다. 과거 준비에 드는 책값과 여비, 숙식 비용 등은 시골 유생들에게 결코 가볍지 않은 짐이었고, 한 집안의 살림을 송두리째 흔들 만큼 큰 부담이 되었다.

과거 시험이 당시 수도 탕롱에서 치러졌던 만큼, 시골에서 상경한 유생들은 며칠씩 말을 타거나 걸어서 험한 길을 이어가야 했다. 어렵사리 도착한 뒤에도 넉넉지 않은 살림은 그들을 시험장 주변에 천막을 치고 머무는 야영 생활로 내몰았다. 이들은 길고 고단한 여정과 열악한 생활 환경에 대비해 말린 생선과 쌀, 절인 채소, 느억맘 같은 저장식품을 빠짐없이 챙겨 다녔다. 좁은 야영지에 천막이 빽빽하게 들어선 탓으로 식사 모습은 자연스레 서로의 눈에 띄었고, 유생들의 처지와 품위는 바로 이 식사 시간에 드러나 평가되곤 했다.

문제는 형편이 넉넉지 못한 유생들이었다. 장거리 이동에 이미 적잖은 비용을 쓴 데다 생활비까지 빠듯해, 제대로 된 음식을 마련하지 못하는 경우가 허다하였다. 그들이 택한 방식은 체면을 지키기 위한, 어쩌면 마지막 남은 고육지책이었다. 실제 생선 대신 정교하게 깎아 만든 나무 생선을 챙겨 오는 것이었다. 멀리서 보면 진짜와 다를 바 없는 그 나무 생선에는 가난을 드러내지 않으려는 그들의 절박함과 애잔한 자존심이 고스란히 배어 있었다.

식사 시간이 되면 가난한 유생들은 반찬이 없는 사실을 숨기기 위해, 나무로 깎은 작은 물고기 모형을 그릇에 살짝 찍어 먹는 시늉을 하곤 했다. 실제 식사는 밥 한 그릇에 느억맘 몇 방울이 전부였지만, 겉으로 보기에는 생선을 곁들여 먹는 것처럼 보였다. 식사 후에는 그 나무 물고기를 깨끗이 닦아 다시 숨겨두었고, 합격한 날이 올 때까지 조심스럽게 간직했다.

다행히 과거에 붙은 이들은 더는 그 가짜 물고기를 꺼낼 필요가 없었지만, 떨어진 이들은 다음 시험을 기약하며 그것을 다시 품에 넣었다. 이렇게 탄생한 '나무 물고기' 이야기는 가난 속에서도 자존심을 지키려 했던 당시 사람들의 체면 문화를 잘 보여준다. [80]

또한 이 일화가 더욱 흥미로운 이유는, 당시 물고기가 단순한 식재료가 아니라 체면을 지켜주는 비싼 음식이라는 사실이다. 레 왕조 시기에는 어업 기술이 아직 발전하지 않아, 근해에서 작은 배로 잡아 올린 생선이 식탁 대부분을 차지했다. 여기에 냉장 기술은 물론 신속한 운송 수단도 전무했으니, 산지에서 조금만 멀어져도 생선의 값은 금세 치솟았다. 자연히 생선은 귀한 대접을 받았고, 특히 말린 생선은 장거리 이동과 장기 보관이 가능하다는 이유로 더욱 값비싼 식량으로 통했다. 이런 유통 환경 속에서 생선 한 토막은 일반 백성이나 시골 유생에게는 조금은 부담스러운 음식이고 남에게 과시할 수 있는 사치재였다.

베트남의 바다와 해산물

베트남은 남북으로 길게 뻗은 S자형 국토 전체가 바다와 밀접하게 닿아 있어, 해안선은 무려 3,260킬로미터에 달한다. 이 길고 복잡한 해안선은 북부의 만灣, 중부의 절벽이 드러나는 드라마틱한 연안, 남부의 완만한 삼각주 해안이 서로 다른 표정을 이룬다. 북부 하롱만 일대의 카르스트 섬들은 바다가 땅을 잠식하며 만든 독특한 풍경이고, 중부는 산맥이 곧장 바다로 떨어지듯 이어져 좁은 해안 평야와 깊은 항구를 동시에 만들어냈다. 남부 메콩 삼각주에 이르면 바다는 다시 넓고 낮은 삼각주 지대로 바뀌어, 수로와 진흙 갯벌이 거대한 어장을 이루는 완만한 지형이 펼쳐진다. 이런 해안의 복합성은 어업, 농업, 교역, 선박 운항 방식 등 베트남의 생계 구조 전반에 영향을 미쳤고, 지역마다 서로 다른 지역 특산 해산물을 만들어냈다.

국토를 사선으로 가로지르며 흘러가는 강 또한 베트남의 생활과 경제를 지탱해 온 근간이다. 북쪽에는 홍강이 광활한 충적지를 만들며 하노이 일대를 비옥하게 만들었고, 이 강의 지류들은 역사적으로 왕조의 수도와 농경지를 이어주는 생명줄 역할을 했다. 중부는 강의 규모가 작고 흐름이 가파른 편이라 홍수와 가뭄이 반복되지만, 이러한 조건 속에서도 농업과 수공업이 생존할 수 있는 독특한 수로 문화를 만들어냈다. 남부로 내려갈수록 메콩강은 그물처럼 얽힌 수로망으로 풀어지며, 그 물길 위에서 수상시장과 양식장, 수로 농업이 발달했다.

베트남의 지리는 다양하고 풍부한 해산물이라는 축복을 주었지만, 이것을 본격적으로 이용하기 위해서는 근대적 기술이 필요했다. 어업 기술이 아직 발달하지 않았던 시기, 베트남 사람들이 가장 손쉽게 얻을 수 있었던 해산물은 넓고 얕은 연안과 강 하구에서 풍부하게 서식하는 연체동물이었다. 베트남에서는 바다와 강이 만나는 곳마다 조개와 달팽이, 꼬막류가 지천으로 널려 있었다. 이들은 굳이 먼바다로 나가지 않아도 손쉽게 얻을 수 있는, 풍요로운 단백질의 원천이었다. 베트남인들은 이러한 조개류를 통칭해 ốc(달팽이)이라 부르고, 그중에서도 둥글고 살이 단단한 종류는 nghêu(바지락) 또는 hến(재첩)이라는 이름으로 구분해 왔다. 수 세기, 어쩌면 수천 년에 걸쳐 이 연체동물들은 베트남 식문화 곳곳에 스며들어, 궁중의 정교한 요리에서부터 농가의 소박한 반찬까지 폭넓게 활용되었다.

조개류는 비교적 쉽게 구할 수 있었지만, 종류에 따라 채취 방식과 손질법은 달랐다. 진흙 속에 사는 조개는 손을 깊이 넣어 캐야 했고, 나무뿌리나 기둥에 붙어 자라는 달팽이류는 하나씩 떼어내야 했다. 꼬막은 종류에 따라 살을 골라내거나 단단한 껍데기를 깨는 방식으로 손질했으며, 논이나 웅덩이에 사는 달팽이는 살이 통통해 별미로 여겨졌다. 이러한 채취와 손질의 차이는 오랜 시간 생활 속에서 축적되어 세대를 거쳐 전해졌다.

연체동물은 오래전부터 베트남 거리 음식의 중심이기도 했다. 시장과 길가에는 각종 조개류를 다양한 양념과 조리법으로 준비해 파는 상인들이 줄지어 섰고, 저녁이 되면 꼬막과 달팽이를 담은 바구니를 들고 다니는 행상인들이 골목마다 등장했다. 사람들은 그들을 불러 세워 쪼그리고 앉아, 코코넛 밀크와 향긋한 바질로 조리한 조개를 한 접시씩 나눠 먹으며 부드럽고 쫄깃한 살점을 뽀족한 핀으로 골라냈다.

이런 풍경은 오늘날에도 거의 변함없이 이어지고 있어, 연체동물이 베트남인의 일상에서 얼마나 오래된 친숙한 먹거리인지를 보여준다. 어업 기술이 부족하던 시절, 연체동물은 쉽게 잡을 수 있고 조리 방식도 다양하며 저장도 비교적 쉬워, 베트남인의 식탁을 가장 안정적으로 지탱해 준 해산물이었다.

조개와 달팽이를 먹기 좋게 발라내는 방식은 시대에 따라 조금씩 변해왔다. 전통적으로는 잘게 다듬은 레몬이나 라임의 가시를 사용해 조개 속살을 꺼냈는데, 이 작은 가지는 날카로움을 제공함과 동시에 조갯살에 은은한 감귤 향을 더해 조리 과정 자체가 냄새를 입히는 기능을 겸했다. 그러나 현대에 들어서면서 철제 핀이 주된 도구가 되었고, 사람들은 조개 한 점을 꺼내는 단순한 동작에서도 나름의 재미를 느끼곤 한다. 때로는 달팽이가 너무 작아 핀 끝보다 조금 클 뿐인 경우도 있지만, 맛은 대부분 양념 국물이나 조개 육수에 응축되어 있어 크기와 상관없이 즐길 수 있다. 반대로 일부 달팽이는 지나치게 커서 입을 크게 벌리지 않으면 한입에 넣기 어려울 만큼 통통하고 쫄깃한 덩어리를 이루기도 한다.

조개류와 달팽이는 그 자체로 쫄깃한 식감을 즐기기 좋은 재료이지만, 소스를 곁들일 때 풍미가 더욱 살아난다. 다진 생강과 고추를 넣은 생선 소스에 찍어 먹기도 하고, 어패류는 소금·후추·라임즙을 섞은 간단한 소스와 짝을 이룬다. 그중에서도 미식가들은 달팽이를 최고로 친다. 오염되지 않은 맑은 산속 하천에서 잡히는 달팽이는 잡기도 어렵고 양도 적어 귀하게 취급되며, 시장에서도 높은 가격에 거래된다.

저녁 무렵이 되면 달팽이와 조개류는 베트남 사람들의 식탁에 올라간다. 맥주 한 잔과 함께 조개구이나 찜을 나눠 먹으며 시간을 보내는 풍경은 베트남의 도시 어디에서든 쉽게 볼 수 있다. 특히 하노이에서는 서호 주변이 달팽이 가게로 유명한데, 이곳에서는 인근 논과 진흙탕에서 잡아 온 신선한 논달팽이가 인기 메뉴로 자리 잡고 있다.

조개류는 통째로 조리하는 방법만 있는 것은 아니다. 작은 달팽이는 살을 잘게 다져 다진 돼지고기·표고버섯·생강 등을 섞어 만든 소를 다시 껍데기 속에 채운 뒤 쪄낸다. 손님은 껍데기 입구를 덮은 생강잎을 빼내고 속재료를 꺼내 먹는데, 이 생강잎은 달팽이 특유의 흙냄새를 잡아주며 신선한 향미를 남기는 중요한 역할을 한다. 생강잎이 없을 때는 대나뭇잎을 사용하기도 하며, 이러한 방식으로 만든 속을 채운 달팽이 요리는 지금도 하노이 여러 식당에서 즐길 수 있는 대표적인 전통 별미로 이어지고 있다.

생선

오랜 세월 동안 베트남의 바다와 강에서 가장 손쉽게 얻을 수 있었던 수산물은 조개, 달팽이 같은 껍데기를 지닌 작은 해산물들이었고, 사람들은 그에 맞는 소박한 조리법을 발달시켜 왔다. 그러나 19세기 후반에서 20세기 초에 걸쳐 근대적 어업 기술이 도입되고, 더 멀리, 더 깊은 바다로 나갈 수 있는 배가 등장하면서 베트남의 식탁은 이전과 전혀 다른 단백질원을 맞이하게 되었다. 연안에서 손쉽게 채취하던 조개류가 생존에 가까운 식재료였던 시기가 지나 이제는 넓은 바다로 나가 대형 어종을 잡아 오는 시대가 열린 것이다.

먼바다로 향하는 어선이 늘면서 가장 먼저 달라진 것은 생선의 종류였다. 연안에서 잡히던 작은 흰살생선, 메기류, 잔챙이 고기뿐 아니라 참치·전갱이·고등어·삼치 같은 회유성 어종이 본격적으로 시장으로 유입되었다. 이에 따라 이전에는 귀한 손님을 맞을 때나 특별한 날에나 맛볼 수 있었던 생선 요리가, 점차 일상 속 반찬으로 자리 잡기 시작했다. 시장의 풍경도 크게 바뀌어, 이른 새벽이면 먼바다에서 돌아온 어부들이 갓 잡아 올린 생선을 부두에 가득 풀어놓고 판매했고, 신선한 생선을 손쉽게 구입할 수 있게 되자 생선 요리법도 더욱 다양해졌다.

생선을 다루는 방식 역시 변화했다. 전통적으로 베트남은 생선을 말리거나 젓갈을 담아 보존하는 기술이 발달했지만, 근대적 어업과 함께 얼음의 저장과 운반이 가능해지면서 생선을 바로 조리하는 문화가 시작되었다. 생선을 통째로 찌거나 구워 먹는 방식은 물론, 토막을 내어 캐러멜 소스와 생강을 넣고 천천히 졸이는 남부 스타일의 요리가 널리 퍼졌다. 북부에서는 식초·생강·사탕수수즙을 더해 뼈까지 부드럽게 졸이는 방식이 발달했고, 중부에서는 매운 고추와 레몬그라스를 넣은 생선탕이 인기를 끌었다.

생선의 신선도가 높아지자, 베트남 전역에서는 이전보다 훨씬 다양한 생선 요리가 자리 잡기 시작했다. 하노이의 '짜까(chả cá)'는 생선을 튀기거나 굽는 대신 강황·새우젓·갈랑갈(riềng)로 양념한 뒤, 허브와 파를 듬뿍 넣고 테이블에서 직접 볶아 먹는 방식이 특징이다. 생선의 비린 맛을 강한 향의 향신료로 잡아내는 이 조리법은 북부의 미각을 잘 보여준다.

남부에서는 기름진 생선에 코코넛의 부드러움이 자연스럽게 어우러지는 생선탕이 인기를 끌었다. 코코넛의 은은한 단맛 위에 라임과 고추가 더해져 상큼한 뒷맛을 이루었고, 이런 시원하면서도 포근한 풍미 덕분에 남부 사람들은 하루를 생선탕과 밥 한 그릇으로 시작하곤 했다.

근대적 어업의 도입은 지역별 조리법의 확산을 한층 더 가속했다. 얼음 저장과 운반 기술이 퍼지자, 예전처럼 말리거나 젓갈로만 보관하던 방식에서 벗어나, 잡은 생선을 신선한 상태로 이동하고 유통할 수 있게 되었고 그 결과 조림·탕·구이 같은 생선의 본래 맛을 살리는 조리법이 본격적으로 자리 잡았다. 신선한 생선을 쉽게 구할 수 있게 되자, 각 지역의 향신료와 허브 조합도 더욱 다양해지며 새로운 생선 요리가 빠르게 등장했다.

생선조림은 지역마다 고유한 맛의 흐름을 이루며 발전했다. 북부는 생강과 식초를 사용해 담백하고 단정한 맛을 추구하며, 은은한 향을 살린 북부식 '생강·식초 생선조림(vá cá kho tộ)'이 자리 잡았다. 중부는 젓갈과 레몬그라스를 더해 짭짤하고 강렬한 풍미를 내는 '매운 젓갈 생선조림(cá hú kho rim)'이 사랑받았고, 남부는 사탕수수 시럽이나 코코넛 워터를 넣어 달고 짭조름하며 감칠맛이 살아 있는 남부식 '달콤·짭조름 생선조림(cá kho lạt)'이 특히 인기를 끌었다.

생선탕 또한 지역에 따라 뚜렷한 차이를 보였다. 북부에는 토마토와 파인애플, 식초 등을 이용해 산뜻하게 끓여내는 '북부식 새콤 생선탕(canh chua cá kiểu Bắc)'이 자리 잡았고, 중부는 맵고 짠 조합으로 향을 강하게 살린 '생강·레몬 칼칼 생선탕(canh cá gừng sả)'과 '라임잎 신맛 생선탕(canh cá lá giang)'이 사람들의 입맛을 사로잡았다. 남부는 단맛과 허브 향을 동시에 강조해 풍부하고 다층적인 맛을 내는 '남부식 새콤한 생선탕(canh chua Nam Bộ)'이 널리 애용되었다.

구이 요리는 단순해 보이지만 지역별 개성은 뚜렷하다. 북부는 강황과 딜로 생선의 향을 돋운 '강황·딜 향미 생선구이(chả cá Lã Vọng)'가 유명하며, 중부는 고추·마늘·레몬그라스를 바른 생선을 숯불에 직접 굽는 '매운 레몬그라스 생선구이(cá nướng sả ớt)' 방식이 흔하다. 남부는 바나나잎이나 호일에 생선을 싸 코코넛 오일과 허브로 부드럽게 익히는 '바나나잎 촉촉 생선구이(cá nướng lá chuối)'와 회유성 어종을 큼직하게 구워 풍성한 맛을 내는 '메콩식 통구이 생선(cá bống/Mê Kông nướng)'을 즐긴다.

이처럼 기후와 재료의 차이가 조리 방식에 스며들며, 같은 생선이라도 어디에서 먹느냐에 따라 전혀 다른 맛의 세계가 펼쳐지게 되었다. 그 결과 베트남의 생선 요리는 단순한 지역 음식이 아니라, 각 지방의 기후와 풍토, 그리고 취향이 응축된 일종의 미각 지도처럼 다채로워졌다.

갑각류

　근대적 어업의 확장에 이어 새우, 크랩 등 양식 어업이 본격적으로 도입되면서, 베트남의 해산물 식탁은 한 단계 더 발전했다. 자연이 제공하는 만큼만 먹을 수 있었던 과거와 달리, 양식 수산물이 등장하면서 해산물은 계절과 지역의 한계를 넘어서 일상적인 재료가 되었고, 요리는 더욱 다양해졌다.

　특히 베트남 남부의 메콩 삼각주는 강과 운하가 많고 물이 풍부해서 새우와 게를 기르기 좋은 곳이었다. 바다에서 잡는 어업은 계절과 물때에 따라 수확이 들쭉날쭉했으나 양식은 생산량이 비교적 안정적이다. 그 결과 해산물 가격이 안정되고, 지역 경제도 더 튼튼해졌다. 예전에는 부자들이나 특별한 날에만 먹던 새우·가재·게 같은 고급 해산물도, 점점 누구나 먹을 수 있는 음식이 되었다.

　새우 양식이 자리 잡자 요리 방식도 변화했다. 자연산 새우는 크기와 품종이 일정하지 않아 조리법이 제한적이었지만, 양식 새우는 크기가 균일하고 공급이 안정적이어서 다양한 요리를 시도할 수 있었다. 그 결과 새우를 버터·마늘·고추로 볶아낸 남부식 요리부터, 생강과 레몬그라스를 넣은 매운 중부식 탕, 그리고 북부식의 얇게 코팅해 바삭하게 튀기는 조리법까지, 새우는 베트남 전국구 해산물이 되었다.

　새우는 살 속에 유리 아미노산과 당이 농축돼 있어 조리하면 음식이 갈색으로 익으며 특유의 풍미가 나는 마이야르 반응이 잘 일어난다. 소금 한 줌을 바닥에 깔고 그대로 올려 구워도, 잠깐 삶아내거나 찌기만 해도, 껍질 속 깊이 숨겨져 있던 달콤하고 고소한 풍미가 뜨겁게 치솟아 입안을 가득 채운다. 또한 한국의 영향을 받아 살아 있는 새우를 즉시 손질해 라임과 소금, 고추를 곁들여 신선한 단맛과 상큼한 향을 즐기는 새우 사시미도 큰 인기를 얻고 있다. 새우의 대중화는 베트남 해산물 요리의 접근성을 크게 넓혔고, 식당 메뉴판에는 새우가 기본 재료로 자리 잡았다.

　크랩 양식은 요리 방식에도 변화를 불러왔다. 자연산 크랩은 보통 크기가 작고 들쭉날쭉해 가격이 비싸고 요리하기도 까다로웠다. 하지만 양식이 보편화되면서 크기가 일정한 크랩을 꾸준히 구할 수 있게 되었고, 그 덕분에 찜·볶음·카레처럼 다양한 크랩 요리가 만들어졌다. 특히 베트남 최남단 맹그로브 숲 습지에서 자라는 까마우 크랩(cua Cà Mau)은 살이 단단하고 맛이 진해, 베트남에서 가장 뛰어난 머드 크랩으로 꼽힌다. 이 크랩은 바다와 습지의 짠맛과 은은한 단맛이 배어 있어 어떤 양념을 써도 맛이 잘 살아난다.

지역별로도 크랩 요리는 다르게 발전했다. 남부에서는 살이 꽉 찬 크랩을 찌거나 볶아 달콤하고 진한 양념으로 즐기는 요리가 특히 사랑받는다. 중부에서는 매운 양념으로 볶은 크랩이 인기를 끌었고, 북부에서는 쌀국수 면과 함께 먹는 분리우(bún riêu cua)가 널리 퍼졌다. 크랩의 풍부한 육즙은 베트남 요리 특유의 단맛·짠맛·감칠맛과 잘 어울리며, 많은 사람들에게 사랑받고 있다.

수산 양식의 도입은 단지 조리법의 확대에만 그치지 않았다. 새우·민물가재·크랩의 대규모 생산은 지역 간 격차를 줄이고, 수산물 수출 산업을 성장시키는 밑거름이 되었으며, 이는 다시 국내 소비와 조리 문화의 풍요로움으로 이어졌다. 어느 지역에서나 비슷한 품질의 해산물을 구할 수 있게 되면서, 과거처럼 특정 지역이 특정 해산물을 독점하지 않게 되었고, 맛의 교류가 활발해졌다. 주방에서는 더 이상 자연산의 불규칙함에 의존하지 않아도 되었고, 해산물 기반의 새로운 창작 요리들이 등장할 수 있는 기반이 형성되었다.

베트남에는 랍스터가 없다!

베트남에서도 랍스터를 만날 수 있다. 베트남에서는 자연산 랍스터는 없지만 바닷가재의 한 갈래인 가시바닷가재(Spiny lobster)라는 양식 랍스터가 생산되고 있다. 이 바닷가재는 길게 뻗은 더듬이를 지녔을 뿐 큼직한 집게발은 없어, 우리가 흔히 떠올리는 자연산 바닷가재와는 분류와 형태에서부터 분명히 구별된다. 그럼에도 단단한 갑각 속에 알차게 여문 살은 치밀하고 탄력이 뛰어나며 단맛 또한 또렷해 미식가들의 입맛을 사로잡기에 충분하다.

베트남에서 가시바닷가재 양식은 1992년경 중부 연안 칸호아성에서 해상 가두리 방식으로 본격화되었으며, 이후 인근 해역으로 퍼져 나가 하나의 산업으로 자리 잡았다. 그러나 가시바닷가재는 생산 규모에 비해 수출 비중이 높고 현지 소비는 높은 가격 때문에 활발한 편이 아니다. 베트남산 양식 가시바닷가재는 국내에서 길러지면서도 정작 일상에서는 쉽게 만나기 어려운 해산물로 남아 있다.

그러나 외국인이 처음 베트남의 수산물 가게에 들어서면 누구나 한 번쯤 믿기 어려울 만큼 저렴한 랍스터 가격에 놀라게 된다. 그러나 주인이 영어로 적어둔 'lobster'는 우리가 알고 있는 진짜 자연산 바닷가재가 아니라, 베트남에서 대량으로 양식되는 가시바닷가재나 민물가재일 가능성이 높다. 두 어종은 생태와 맛이 뚜렷하게 다르지만, 베트남에서는 관행적으로 같은 범주로 취급되고 가게 주인들 역시 자연스럽게 '랍스터'라 부르기 때문에, 한국인을 포함한 많은 외국인 여행자들은 베트남에서 바닷가재가 대량 생산되는 것으로 오해하곤 한다.

하지만 해산물 가게 주인이 말하는 랍스터는 사실 우리가 아는 바닷가재lobster가 아니라 가시바닷가재이거나 민물가재crayfish이다. 특히 크레이피시(tôm hùm đất)는 외형이 바닷가재를 축소해 놓은 듯 비슷해 보이지만, 랍스터와는 서식 환경도 다르고 성장 방식 역시 전혀 다른 종이다. 민물가재 크레이피시는 본래 강과 늪, 얕은 습지에 서식하며, 자연 상태에서는 흐르는 물가의 진흙 속에 굴을 파고 산다. 장마철이 되면 먹이가 풍부한 논과 하천으로 이동해 번식하는데, 이러한 생태적 습성이 현대의 양식 기술과 결합되면서 오늘날 흔히 볼 수 있는 농장형 크레이피시 양식 산업으로 발전했다.

20세기 중반 미국 남부와 중국에서 본격화된 크레이피시 양식은, 민물에서 빠르게 번식하고 사료 효율이 높으며 좁은 공간에서도 생존력이 강한 이 갑각류의 특성을 바탕으로 확산되었다. 특히 영양분이 풍부한 논과 소규모 연못을 활용한 양식 방식이 보편화되면서 생산량이 폭발

적으로 증가했고, 저렴하면서도 맛 좋은 단백질원으로 세계 시장에 빠르게 퍼져 나갔다. 그 결과 비용 대비 수익성이 높은 양식업으로 자리 잡았고, 대량 공급이 가능해지자 크레이피시는 자연스럽게 대도시의 외식 문화 속으로도 스며들었다.

그러나 크레이피시와 랍스터는 전혀 다르다. 두 생물은 외형은 비슷하지만 애초에 서식 환경부터 다르다. 랍스터는 차갑고 깊은 바다에서 수년 동안 서서히 자라는 해양 갑각류인 반면, 크레이피시는 따뜻한 민물에서 짧은 주기로 빠르게 성장한다. 랍스터의 껍데기는 두텁고 단단해 깊은 바닷물의 압력과 천적을 버티기 위해 진화했지만, 크레이피시의 껍질은 상대적으로 얇고 탈피 주기가 빨라 위험한 환경에서도 민첩하게 대응할 수 있다.

맛에서도 차이가 있는데, 랍스터는 지방이 적으면서도 감칠맛과 단맛이 깊게 배어 있어 풍부하고 부드러운 식감이 특징이라면 크레이피시는 단맛이 더 선명하고 꼬릿살이 탱탱하게 조여 있으며, 소스나 양념을 흡수하는 능력이 뛰어나 강한 맛과 잘 어울린다. 이러한 특성 때문에 랍스터는 한 마리의 '큰 맛'을 즐기는 식재료로 대접받고, 크레이피시는 향신료·버터·고추·허브 등 다양한 양념과 함께 산뜻하게 조리되는 경우가 많다.

크레이피시가 본격적으로 베트남에 등장한 시기는 2000년대 초반으로, 중국 남부와 국경을 접하는 북부 라오까이와 랑선 지역을 통해 자연 유입되거나 양식 기술이 전해진 것이 출발점이었다. [81] 당시에는 생태계 교란에 대한 인식이 높지 않았고, 단기간에 빠르게 증식하는 특성 덕분에 소규모 농가들이 부담 없이 시험해 볼 수 있는 양식 종으로 받아들였다. 시간이 흐르며 농촌 지역에서 논의 배수로와 개울, 인공 연못을 활용한 양식이 보급되었고, 이에 따라 하노이 등 대도시의 수요가 폭발하면서 상업적 양식의 규모 역시 점차 커졌다.

베트남에서 크레이피시가 가장 활발히 생산되는 곳은 여전히 북부의 산악과 평야 지대이다. 라오까이·선라·옌바이·박장 지역은 물길이 잦고 진흙과 자갈층이 잘 발달해 있어 크레이피시가 서식하기 좋은 곳으로 꼽힌다. 남부 메콩 삼각주처럼 물이 풍부한 지역에서도 시도된 적은 있지만, 생태 문제와 관리 난이도로 인해 대규모 확장은 이루어지지 않았다. 반면 북부는 중국과 인접해 유통과 수요가 빠르게 늘어나면서 크레이피시의 주요 생산지로 자리 잡았고, 지금도 베트남에서 유통되는 상당수가 북부 산지에서 공급된다.

크레이피시가 베트남 음식 문화 속에서 자리를 잡은 것은 도시의 음식 트렌드가 세계와 동시에 움직이기 시작한 2010년대 이후의 일이다. 미국식 '크레이피시 보일'이 SNS를 통해 퍼지면서, 호찌민과 하노이에서는 마늘버터나 케이준, 칠리 소스 등 다양한 양념을 입힌 요리가 등장했다. 특히 마늘·고추·파기름 등을 강하게 볶아 향을 낸 뒤 크레이피시를 통째로 볶아내는 방식은 베트남식 해산물 조리와도 잘 맞아 빠르게 대중화되었다. 하노이 거리에서는 중국식 얼얼한 마라 소스를 사용한 매운 크레이피시 찜이 유행했고, 사이공에서는 미국식 버터 갈릭 보일이 젊은 층의 야식 메뉴로 사랑받았다. 크레이피시는 베트남의 전통 요리는 아니지만, 베트남 특유의 조리 문화 덕분에 새우와 더불어 가장 인기 있는 해산물 요리 중 하나가 되었다.

세계 수출 2위, 베트남 새우

크레이피시는 인기는 높지만, 가격이 만만치 않아 서민들이 일상적으로 사서 먹기에는 부담스러운 음식이다. 그런 면에서 베트남에서 가장 가성비 좋은 해산물은 단연 새우다. 베트남의 새우 양식은 원래 해안 어민들이 자연산 흰다리새우와 블랙타이거 새우를 잡아 올리던 작은 생업에서 출발했지만, 1980년대 후반 개방 정책과 함께 '새우는 쌀보다 비싼 외화 자원'이라는 인식이 자리 잡으면서 급격히 산업화했다.

특히 남부 메콩 삼각주는 삼각주 특유의 풍부한 민물과 염수가 뒤섞이는 지형 덕분에 새우 양식에 최적의 환경을 갖추고 있었고, 정부의 적극적인 지원이 더해지면서 논을 개조한 반자연식 양식장과 연못이 우후죽순처럼 생겨났다. 1990년대 후반 국제 시장에서 베트남산 블랙타이거 새우의 품질이 안정적으로 인정받기 시작하자 외국계 기업들이 가공 공장과 구매망을 구축했고, 이때부터 껀터, 까마우 같은 남부 농촌 지대는 '새우 마을'이라 불릴 만큼 새로운 경제 지형을 만들어내기에 이르렀다.

새우 양식이 더욱 본격화된 것은 흰다리 새우whiteleg shrimp 품종이 도입된 2000년대 초반부터다. 이 품종은 블랙타이거보다 성장 속도가 빠르고 사육 밀도도 높게 설정할 수 있어 생산성이 뛰어났다. 메콩 삼각주 전역에 양식장이 퍼져 나갔고, 소규모 가족 단위 양식장부터 수백 헥타르 규모의 기업형 농장까지 다양한 형태가 등장했다. 이후 바닷물을 끌어와 배양지에 순환시키고, 산소 공급 장치를 설치하며, 전용 사료를 사용하는 현대적 양식 방식이 도입되자 베트남은 단숨에 동남아 최대의 새우 생산국 중 하나로 올라섰다. 이 과정에서 까마우와 껀터 지역은 새우 양식으로 부를 쌓아 지역 경제 전체가 변화했고, 국가 수출액에서 새우가 차지하는 비중도 쌀과 커피 못지않은 위치로 올라섰다.

1990년대 후반까지만 해도 베트남 새우는 일본이나 한국 같은 동아시아 시장에 소규모로 들어가는 수준이었지만, 2000년대 초 흰다리새우 품종이 도입되면서 생산량이 늘고 품질이 일정해지자 미국·유럽·중국으로 수출 시장을 넓혀갔다. 흰다리새우는 대량 생산에 적합해 미국과 유럽 시장에서 선호되고, 블랙타이거 새우는 맛과 식감이 뛰어나 한국과 일본 등 고급 레스토랑 중심으로 수요가 이어진다. 베트남 농가들은 염도 조절과 순환식 사육 기술을 통해 스트레스를 줄여 성장률을 높이고, 항생제 사용을 줄이는 방식으로 국제 기준에 맞추어 경쟁력을 확보했다. 그 결과 베트남 새우는 지금도 세계 시장에서 인도·태국·에콰도르와 경쟁하는 주요 수출품으로 자리 잡고 있다.

조리법에서도 베트남 새우는 그 지역의 식문화와 함께 발전했다. 북부는 생강과 식초로 깔끔하게 찐 새우가 사랑받고, 중부는 건고추와 레몬그라스를 넣어 화끈하게 볶아내며, 남부는 버터와 마늘과 함께 볶아낸다. 남부에서는 뚝배기에 넣어 느억참과 설탕을 졸여 만든 '새우 캐러멜 조림(kho tôm)'은 풍부한 허브를 곁들여 매콤·달콤·짭짤한 맛을 동시에 즐긴다. 중부에서는 고추와 마늘, 레몬그라스를 강하게 볶아 향을 내는 매운 새우볶음이 유명하고, 북부는 담백한 육수에 생새우를 살짝 데쳐 먹는 방식이 선호된다. 최근에는 마늘버터구이, 타마린드 소스볶음, 사시미 스타일 등 새로운 조리법이 등장하며 베트남 새우는 길거리 식당에서 고급 레스토랑까지 폭넓게 응용되는 식재료로 자리 잡았다.

2024년 기준, 베트남은 세계 새우 시장에서 여전히 확고한 수출 강국의 위치를 유지하고 있다. 전 세계 새우 수출량의 약 14퍼센트를 차지하며 사실상 세계 2위 수출국으로 평가되는데, 이는 베트남의 기후와 지리적 조건과 양식 인프라, 상대적으로 낮은 노동 비용 등이 결합한 경쟁력을 잘 보여준다. 한국 시장에서도 2024년 기준 전체 새우 수입에서 베트남이 차지하는 비중은 약 46퍼센트로 1위를 기록했다. 메콩 삼각주의 풍부한 수량과 따뜻한 열대 기후, 저비용 생산 구조가 결합하면서 베트남은 세계 시장에서도 강력한 새우 가격 경쟁력을 갖추게 되었다.

베트남에는 왜 사시미가 없을까?

베트남에서는 날것의 생선을 그대로 맛보는 사시미 문화가 널리 자리 잡지 못한 이유는 사철 무덥고 습한 열대 기후 때문이다. 이런 환경에서는 생선을 날것으로 오래 보관하기가 쉽지 않았고, 냉장 기술이 보편화되기 전에는 잡은 생선이 몇 시간 만에 상하거나 기생충과 세균의 위험에 노출되기 일쑤였다. 그 결과 생선을 익혀 먹는 방식이 가장 안전하고 합리적인 선택으로 자리 잡았다. 이는 기온이 낮고 사계절이 뚜렷해 생선 보관이 상대적으로 수월했던 한국의 환경과는 출발 조건부터 달랐던 셈이다.

또 하나의 이유는 지리와 어종의 특성에 있다. 베트남은 해안선이 길지만 얕은 연안과 강과 하구가 많아 흰살의 온대성 해양어(참치·방어·광어 등)보다 기생충 위험이 상대적으로 높은 민물고기와 연안어가 훨씬 흔했다. 한국의 사시미 문화가 깊고 차가운 바다에서 잡히는 대형 어종을 기반으로 발달한 것과 달리, 베트남은 태생적으로 그와 반대되는 환경을 가진 셈이다. 자연환경 자체가 사시미에 적합한 어류 구성을 갖추지 못했다.

여기에 전통적인 식습관의 차이도 크다. 베트남 요리에서 중요한 것은 향신료와 느억맘을 중심으로 한 풍미의 조합이지, 생선 자체의 미세한 맛 차이를 가리는 생식 문화가 아니다. 강한 햇볕 아래에서 자란 허브·레몬그라스·생강·고추·라임 등을 사용해 비린내를 잡고 향을 더하는 방식이 기본이었고, 자연스럽게 열을 가해 익힌 생선 요리가 주류가 되었다. 이러한 조리 전통은 베트남의 기후와 지리와 맞물리며 오랜 시간 동안 굳건한 음식 문화로 자리 잡았다.

베트남에서 사시미는 찾기 힘든 반면 스시는 대중화되었다. 베트남에서 스시는 2010년대 중반 이후 급격히 대중화되며 주요 대도시 외식 트렌드의 한 축으로 자리 잡았다. 호찌민과 하노이를 중심으로 일본식 레스토랑, 회전초밥 체인, 프랜차이즈 스시 가게가 빠르게 늘었고, 2020년대 들어 젊은 층을 중심으로 SNS 인증 문화가 확산되면서 스시는 트렌디한 외식의 상징처럼 소비되고 있다.

호찌민 등 베트남 전역에서는 일본 음식점이 빠르게 늘어나면서 스시 중심의 외식 문화가 안정적으로 자리 잡고 있다. 냉장 및 냉동 유통망 확충되고 항공 화물 유통 속도가 빨라지면서, 과거에는 쉽게 구할 수 없던 수입 생선도 꾸준히 공급되기 시작했다. 이에 따라 일부 고급 레스토랑은 일본산 참치, 노르웨이산 연어, 캐나다산 가리비 등을 직접 들여오며 품질 경쟁을 펼치고 있다. 예전처럼 베트남에서는 생선회를 제대로 즐기기 어렵다는 인식은 점점 희미해지고 있다. 중산층 소비 증가와 글로벌 외식 트렌드가 맞물리며 스시는 하나의 확실한 성장 시장으로 부상했고, 현지의 식문화 지형도 그에 맞춰 빠르게 변화하고 있다.

베트남 스시 시장에서 가장 널리 사용되는 어종은 여전히 수입 연어이다. 가격 변동이 비교적 적고 풍부한 지방 덕분에 초보자도 부담 없이 즐길 수 있어, 전체 스시와 사시미 판매의 절반가량을 차지한다. 참치는 주로 일본과 필리핀에서 수입되며, 방어·삼치 등 온대성 어종도 냉장 물류의 발달과 함께 메뉴 비중이 꾸준히 늘고 있다. 현지 어종 가운데에서는 나짱과 판티엣 연안에서 잡히는 다금바리·돌돔·문어·고양이상어 등이 일부 사용되지만, 활용 폭은 아직 제한적이다.

베트남의 연근해 자원은 분명 다양성을 갖추고 있음에도, 스시에 적합한 선도 유지형 어종을 충분히 확보하기 어렵고, 냉장과 가공 인프라 역시 일본이나 한국에 비해 미비해 고급 활어의 질적 균일성을 유지하는데 한계가 따른다. 특히 베트남산 민물고기와 연안 어종은 기생충 위험으로 인해 대부분 생으로 사용하지 못하고, 고온 처리 후 살짝 익힌 형태로 제공되는 경우가 많다. 이러한 조건 속에서도 베트남의 스시 문화는 전통 해산물 조리법과 일본식 조리 기술이 결합하며 새로운 식문화을 만들어가고 있으며, 향후 냉장 기술, 수입 인프라, 소비자 취향 변화에 따라 한층 더 정교하게 발전해 갈 것이다.

베트남 해산물 포장마차, 꽌옥(quán ốc)

한국의 포장마차가 저녁 식사를 마친 이들에게 가볍고 매콤한 술안주를 내어놓듯, 베트남에서도 해가 저물면 거리 곳곳에 포장마차의 따스한 불빛이 하나둘 켜지기 시작한다. 그중에서도 해산물 전문 포장마차인 꽌옥은 베트남의 풍요로운 바다 향을 가장 생생하게 마주할 수 있는 공간으로, 현지인과 여행객 모두가 발걸음을 멈추는 밤 문화의 상징처럼 자리 잡았다.

꽌옥은 간단한 길거리 노점에서부터 플라스틱 의자를 잔뜩 늘어놓은 야외 식당, 그리고 야시장과 골목 사이에 숨어 있는 작은 술집까지 그 형태가 실로 다양하다. 빗물에 닳아 반질거리는 작은 테이블과 목욕탕 의자를 닮은 낮은 플라스틱 의자에 걸터앉아, 바람에 실려 오는 불향을 맡으며 저렴한 가격으로 온갖 해산물을 즐기는 것이 이곳 특유의 매력이다.

'옥(ốc)'이라는 단어는 본래 달팽이류를 뜻하지만, 꽌옥의 메뉴판을 펼치는 순간 그 의미는 훨씬 넓어진다. 새우와 게, 작은 문어, 크랩, 다양한 달팽이류까지 거의 모든 해산물이 불판과 냄비를 거쳐 손님의 테이블로 올라온다. 베트남 특유의 느억맘·고추·레몬그라스·타마린드·버터·마늘 등으로 만든 양념은 재료마다 서로 다른 표정을 만들어내고, 손님들은 찌거나 굽거나 볶은 해산물을 시원한 맥주 한 잔과 함께 편안히 즐긴다.

그중에서도 가장 대중적인 조리법은 레몬그라스의 향에 마늘과 고추를 더하고 버터로 마무리한 '버터 마늘 볶음(ốc xào bơ tỏi)'이다. 서구 식재료인 버터가 베트남식 향신과 결합한 이 방식은 꽌옥을 대표하는 메뉴로 자리 잡았다. 여기에 고추·소금·후추만으로 간결하게 맛을 낸 '소금·고추 볶음(xào muối ớt)'은 재료 본연의 풍미를 살리는 조리법으로 인기가 높다.

또한 골뱅이나 꼬막 같은 작은 조개류는 주로 찜(ốc hấp)으로 조리해 제맛을 살린다. 대표적인 '레몬그라스 조개찜(nghêu hấp sả)'은 레몬그라스 줄기를 두툼하게 잘라 넣고 조개를 살짝 쪄 허브 향이 국물에 은은하게 스며들게 한 요리다. 여기에 감칠맛이 강한 느억참을 한두 방울 더해 잡내를 잡고, 마지막에 라임 한 조각을 떨어뜨리면 시원하면서도 깨끗한 풍미가 살아나 더운 날씨에도 부담 없이 즐기기 좋다.

대형 조개·키조개·홍합처럼 식감이 좋은 재료는 숯불 위에서 버터·땅콩·파기름을 올려 구워낸다. '굴구이(hàu nướng mỡ hành)'는 싱싱한 굴을 껍데기째 숯불에 올려 굽고, 파기름과 땅콩을 얹어 향과 고소함을 더한 요리로, 굴의 깊은 풍미와 파기름의 부드러운 단맛이 어우러져 한국인에게도 친숙한 맛을 낸다. 한 편 '문어구이(bạch tuộc nướng)'는 통오징어나 작은 문어를 그대로 숯불에서 굽는 방식으로, 표면은 살짝 그을리고 속은 탱글탱글하게 익어, 매콤한 칠리 소스나 라임 소금에 찍어 먹으면 오징어의 고소함과 불향이 함께 느껴진다.

해산물의 신선함을 가장 단순하게 표현하는 조리 방식은 삶기(luộc)인데, 라임과 고추를 섞은 소스에 찍어 먹으면 바다 향이 은은하게 올라온다. 그 밖에도 달팽이를 고추 레몬그라스 국물에 넣고 끓인 찜 바지락, 새콤달콤한 타마린드 소스 볶음, 바삭하게 튀긴 소라 튀김 등 꽌옥의 메뉴는 무궁무진하다.

해산물 포장마차 꽌옥은 호찌민 4군 해산물 거리에 집중적으로 몰려 있다. 사이공강과 운하에 둘러싸인 이 지역은 항만 노동자와 수산업 종사자들이 모여 살던 곳으로, 1980~90년대에는 값싸고 신선한 조개·달팽이류를 빠르게 조리해 내는 서민적 노점들이 자연스럽게 밀집했다. 이후 2000년대 초중반, 도시 재개발과 관광 동선 정비를 계기로 특정 골목들이 '해산물 거리'로 알려지기 시작했고, 1군과 가까운 입지 덕분에 외국인 관광객도 쉽게 찾는 밤거리 코스로 자리 잡았다. 삶거나 볶는 단순한 조리법에 레몬그라스와 고추, 마늘, 느억맘을 더해 강한 향을 살리는 방식, 늦은 밤까지 이어지는 영업과 길가의 낮은 플라스틱 의자 풍경은 여전히 이곳의 상징이다.

꽌옥은 단순히 해산물을 먹는 장소가 아니라, 친구와 연인, 동료들이 모여 저녁 바람을 맞으며 술잔을 나

누는 베트남식 포장마차 문화의 중심이다. 북적이는 소리와 열기, 그 자체가 꽌옥의 가장 큰 매력으로, 더운 날씨 속에서 시원한 맥주와 함께하는 해산물 한 접시는 하루의 피로를 씻어내는 작은 축제처럼 느껴진다. 최근에는 한국산 소주까지 메뉴에 오르며, 가볍게 2차로 들르기에도 더없이 좋은 밤거리 코스로 자리 잡았다.

짜까 라봉(chả cá Lã Vọng)

베트남의 해산물 요리는 길게 뻗은 해안선과 강·하구가 어우러진 자연환경 속에서 풍부하게 발전해 왔다. 지역마다 개성이 뚜렷하고 조리 방식도 다채롭지만, 그 중에서도 베트남을 대표한다고 할 만한  몇몇 요리는 이미 전국적인 지명도를 얻고 있다. 그중 으뜸으로 꼽히는 것이 바로 홍강 삼각주의 전통에서 이어져 내려온 짜까 라봉이다.

짜까 라봉의 조리 과정은 흰살 생선을 곱게 손질한 뒤 강황과 딜을 넉넉히 입히는 단계에서 시작된다. 이때 생선 속으로 은은한 노란 기운과 풀향이 배어들며 특유의 기본 풍미가 형성되고, 이를 숯불 위에서 살짝 그을려 내면 고요한 불향이 더해져 풍미의 층위가 한층 깊어진다. 이어 파기름과 허브를 넣어 팬에서 한 번 더 볶아내는 과정은 숯불에서 형성된 향을 흩뜨리지 않으면서도 북부 특유의 절제된 향미를 극대화하는 핵심 단계다.

이렇게 완성된 생선 위에는 따뜻한 강황 향과 산뜻한 딜 향이 부드럽게 스며들어, 한입마다 은근하면서도 고급스러운 감각을 일으킨다. 여기에 쌀국수와 땅콩, 라임, 여러 허브를 더해 비벼 먹으면 처음에는 느슨하게 퍼지던 향들이 다시 조밀하게 응축되며, 짜까 라봉 특유의 균형 잡힌 풍미가 완성된다.

짜까 라봉의 역사는 19세기 말 프랑스 식민기 하노이로 거슬러 올라간다. 라봉(La Vọng) 가문이 홍강 삼각주에서 전해 내려오던 생선구이 조리법을 개량해 작은 노점에서 판매하기 시작한 것이 그 출발점이다. [82] 당시 하노이는 상인과 관료, 유학생들이 모여드는 지역의 중심이었고, 이들은 기름지거나 무거운 식사보다 가볍고 향긋한 북부식 생선 요리를 선호했다. 라봉의 식당은 생선에 강황과 딜을 더해 비린내를 없애고, 숯불에 가볍게 그을려 은은한 향을 더한 다음, 손님 앞에서 다시 한 번 볶아 내는 독특한 방식으로 사람들의 관심을 사로잡았다. 이 '두 번 조리' 방식은 생선의 섬세한 풍미를 해치지 않으면서도 불향과 허브향을 극대화하는 혁신적 조리법이었다.

20세기 초, 프랑스 관리와 지식인들이 짜까 라봉을 즐겨 찾으면서 이 음식은 하노이 36거리(올드쿼터)를 대표하는 요리가 되었다. 라봉 가문은 가게 이름에 중국 전설 속 충신인 강태공의 이름을 붙였는데, 이는 전통과 신뢰를 상징하는 의미로 받아들여졌다. 이런 이미지는 음식의 명성이 높아질수록 더욱 굳어졌다. 시간이 지나면서 하노이 사람들 사이에서는 '외지 손님이 오면 데려가는 집'으로 짜까 라봉이 자연스럽게 자리 잡게 되었다.

짜까 라봉을 독립된 음식으로 정의하는 요소는 조리법뿐 아니라 테이블 조리 방식에 있다. 생선을 미리 절반 정도 익혀 가져온 뒤, 손님 앞에서 뜨거운 파기름에 딜·파·각종 허브를 넣어 즉석에서 볶아내는 방식은 하노이 특유의 '음식에 대한 신뢰'와 '향의 통제'를 상징한다.

파기름이 끓어오르며 허브 향이 순식간에 퍼지는 순간, 단순한 생선 요리에서 벗어나 하나의 퍼포먼스가 된다. 고객은 생선이 완전히 익어가는 과정을 보며 향과 순간의 온도를 직접 경험한다. 또한 하노이에서는 생선을 날로 먹는 사시미 문화가 일반적이지 않았기 때문에, 생선을 충분히 익혀 먹는 조리 방식 자체가 신선함과 안전함을 상징한다. 이 전통이 지금까지 이어지며, 짜까 라봉은 단순한 메뉴가 아닌 하노이 식문화의 정체성으로 발전했다.

신맛 생선 수프, 깐쭈어(canh chua)

깐쭈어는 베트남 남부 메콩 삼각주의 덥고 습한 기후가 빚어낸 대표적인 신맛 생선 수프로, 더운 날씨에 지친 입맛을 깨우기 위해 자연스럽게 발전한 음식이다. 베트남어에서 canh은 맑은 국물, chua는 새콤함을 뜻하지만 사람들에게 깐쭈어는 단순한 조리법을 넘어 '남부의 생선탕'이라는 상징적 의미를 지닌다. 강에서 갓 건져 올린 생선을 타마린드·파인애플·토마토로 산미를 낸 육수에 풀어 넣고, 강변에서 쉽게 구할 수 있는 오크라okra·콩나물·허브를 더하면 남부 음식 특유의 달콤·새콤·짭짤함이 자연스럽게 균형을 이루는 깐쭈어의 기본 풍미가 완성된다. 타마린드의 은은한 산미와 파인애플의 달콤한 향이 함께 살아 있어 국물 한 숟가락만으로도 메콩강의 햇빛과 습기를 떠올리는 듯한 느낌을 준다.

깐쭈어의 기원은 강과 함께 살아온 메콩 삼각주 농민들의 생활 방식과 직결된다. 냉장 기술이 없던 시절, 더운 기후에서 금세 상하는 생선을 오래 보관할 방법이 없었기에 열대 과일의 산미로 비린 맛을 가리고 재료의 신선함을 살리는 지혜가 자연스럽게 자리 잡았다. 전쟁과 도시화 속에서도 이 음식의 본질은 거의 변하지 않았다. 프랑스 식민기 이후 새로운 채소와 조리법이 유입되었지만, 깐쭈어는 여전히 시골 시장과 가정식 식탁에서 생선을 즉석에서 손질하고 허브를 뜯어 넣어 끓여내던 옛 풍경을 그대로 간직하고 있다. 그래서 도시 레스토랑보다 농가와 강가 마을에서 더 강한 정체성을 지닌 요리로 기억된다.

잘 끓여진 깐쭈어는 여러 맛이 겹겹이 쌓여 조화를 이루며, 그 중심에는 타마린드의 산미가 있다. 여기에 파인애플의 부드러운 단맛, 토마토의 은근한 산미, 오크라와 콩나물이 주는 담백한 식감이 더해지고, 마지막에는 딜·고수·생양파가 향을 올리며 수프의 풍미를 완성한다. 생선은 메기·잉어 같은 민물고기가 흔

히 쓰이지만, 지역에 따라 뱀장어나 연어가 들어가기도 하며, 생선의 기름진 고소함과 산뜻한 국물이 만나 부담스럽지 않으면서도 깊은 여운을 남긴다. 따끈한 국물을 흰밥 위에 부어 먹으면 달콤·새콤·짭짤한 맛이 자연스럽게 이어져 하루의 피로가 풀리는 듯한 편안함을 준다. 그래서 남부 사람들은 깐쭈어를 '더운 계절의 국'이라고 부르고, 고향을 떠난 이들은 '몸이 지친 날 문득 떠오르는 고향의 맛'이라 말하곤 한다. 김치찌개·부대찌개처럼 산미 있는 국물에 익숙한 한국인에게도 깐쭈어는 비교적 쉽게 다가오는 음식이다.

이 밖에도 베트남의 생선 요리는 지역과 환경만큼이나 다채롭다. 토마토의 산뜻한 산미와 생강의 은은한 매운 향이 어우러진 국물이 특징인 '민물게 토마토 국수(riêu cua)'는, 찧은 민물게로 우려내서 생긴 고소함이 더해져 남부 특유의 해산물 중심 식문화를 가장 직접적으로 드러내는 맛을 선사한다. 한 그릇 안에서 풍부한 갑각류의 향, 가벼운 산미, 허브의 향긋함이 절묘하게 만나며, 베트남 사람들이 이 요리를 '가벼운 날에 찾는 편안한 국수'로 즐기는 이유가 자연스럽게 드러난다.

가장 널리 알려진 생선조림인 남부식 '캐러멜 생선조림(kho cá tộ)'은 설탕을 천천히 녹여 만든 캐러멜의 달큰한 향에 느억참의 깊고 짙은 풍미가 더해져, 남부 베트남 고유의 '단짠 조화'를 고스란히 품은 전통 요리다. 뚝배기처럼 열을 오래 머금는 뚝배기에 생선을 넣고 간장·캐러멜·느억참을 섞은 양념을 부어 은근하게 졸여내면, 양념이 생선 살 구석구석에 스며들어 밥 한 숟가락만 얹어도 깊고 풍성한 맛이 완성된다. 달콤함과 짭조름함이 동시에 밀려오는 이 감각은 남부 가정식의 정수를 보여준다.

조개와 홍합, 가리비 등 각종 해산물을 숯불 위에서 굽는 '해산물 숯불구이(nướng hải sản)'는 단순하지만 향미가 뛰어난 대표적인 구이 요리다. 손질한 조개 위에 파기름을 두르거나 땅콩 소스, 녹인 버터를 올려 굽기만 해도 불에서 올라오는 은은한 그을음과 양념의 고소함이 자연스럽게 배어들어, 씹을수록 감칠맛이 진하게 살아난다. 해산물 튀김으로는 껍질째 바삭하게 튀겨내 식감이 뛰어난 '베베 튀김(bề bề chiên)'이 유명하며, 문어볶음, 새우구이, 해산물 모둠

국수, 조개죽 등도 도시와 지역마다 서로 다른 방식으로 조리되어 각지의 풍미를 드러낸다.

베트남의 해산물 요리는 '재료의 신선함을 어떻게 표현할 것인가'라는 질문에 대한 각 지역의 대답이며, 바다와 강이 길러낸 식문화와 삶의 풍경이 한 끼의 식탁 안에서 생생하게 드러나는 증거이기도 하다. 북부의 찬 바람 속에서 건져 올린 맑은 민물 생선은 담백함과 은은한 향을 살려 조리되고, 중부의 거친 파도와 강한 햇빛 아래에서 자란 해산물은 매콤하고 진한 양념으로 특유의 힘 있는 맛을 드러낸다. 남부 메콩 삼각주의 넉넉한 강물과 열대 과일은 새콤달콤하면서도 풍부한 국물 요리를 만들어, 지역마다 전혀 다른 바다와 강의 풍경이 맛으로 되살아난다.

특히 해산물의 신선함에 대한 집착은 베트남이 끝내 포기하지 않은 조리 철학이자 삶의 태도에 가깝다. 활어를 즉시 손질해 끓이거나 굽고, 새우와 게를 살아 있는 상태로 주방에 들이는 관행은 냉장 기술 이전의 생존 전략에서 비롯됐지만, 오늘날에는 시간에 대한 감각으로 남아 있다. 베트남에서 해산물은 가능한 한 물 밖으로 나온 시간이 짧을수록 가치가 높아지며, 이 기준은 조리의 정교함보다 앞선다. 맛은 기술로 다듬을 수 있지만, 시간은 되돌릴 수 없다는 인식이 음식에 스며들어 있기 때문이다.

13. 명절과 제례 음식

13. 명절과 제례 음식

　전통적으로 베트남 사람들은 서양처럼 친구를 집으로 초대해 격식을 갖춘 저녁 식사를 대접하는 문화는 별로 없다. 대신 집에서 가족이 둘러앉는 시간만큼은 그 어떤 모임보다 귀하고 의미 있는 자리로 여겨진다. 생일, 설날(Tết), 결혼식과 장례식, 조상의 기일처럼 특별한 날이 다가오면, 멀리 흩어져 지내던 가족과 친척들이 자연스레 한자리에 모여 식사를 나눈다. 이는 단순한 식사 이상의 의미를 지니며, 세대를 잇는 의례이자 가족 공동체의 결속을 확인하는 소중한 전통으로 이어져 왔다.

　그만큼 명절과 제례 음식은 격을 갖추고 하나하나가 의미를 지녀야 한다. 하노이를 비롯한 북부 베트남에서는 최소 여덟 가지 요리를 갖추는 것이 바람직한 상차림으로 여겨진다. 중국어에서 숫자 8은 '바(八, bā)'로 발음되며, '부와 번영을 뜻하는 발(發/发, fā)'과 소리가 비슷해 길한 숫자로 여겨진다. 이러한 인식은 역사적으로 중국의 영향을 받아온 베트남 문화에도 반영되어 명절 음식이나 의례에서 숫자 8이 상징적으로 사용되기도 한다.

　여덟 가지 요리 가운데 네 가지는 접시에 담아내는 음식(món dĩa)이고, 나머지 네 가지는 그릇에 담아 올리는 음식(món tô)으로 구분된다.[83] 이것은 단순히 그릇 형태의 차이를 뜻하는 것이 아니라, 음陰과 양陽의 균형을 맞춰 상차림 전체의 조화를 완성하려는 관념에서 비롯된다. 접시는 공간의 펼침을, 그릇은 깊이를 상징해 식탁 위에 서로 다른 기운이 어우러지도록 하는 것이다. 이런 상징적 구성 원칙은 베트남의 제의·제사 상차림을 의미하는 전통 제사상에 뿌리를 두고 있으며, 오늘날에도 명절이나 가족 기념일이 되면 자연스럽게 그 규범이 이어진다.

　명절과 제례에 사용되는 밥은 일반 쌀보다는 찹쌀을 사용한다. 찹쌀은 특히 결혼과 장례 같은 중요한 의식에 반드시 등장했다. 홍방 왕조 시대의 풍습에 따르면, 결혼을 앞둔 남녀는 서로에게 소금과 가축을 선물해 결혼의 진정성을 보여주었고, 결혼식 밤에는 찹쌀밥을 나누어 먹으며 부부의 결합을 기원했다. 장례식에서도 찹쌀밥은 고인의 혼을 위로하는 필수 제물이었다.

명절과 제례 음식에 올리는 요리는 집집마다 조금씩 다르지만, 그 뼈대는 크게 변하지 않는다. 단단하게 쪄낸 돼지고기 햄이나 다진 고기를 빚어 만든 완자류 같은 베트남식 찬 고기 요리가 기본을 이루고, 여기에 중국계 소시지인 랍청이 더해져 짭짤하고 깊은 풍미를 보탠다. 껍질은 고소하게 바삭하고 속은 촉촉한 돼지고기 구이나 불향이 은은히 밴 차슈류의 구이 요리들이 상을 풍성하게 채우며, 잔칫상에 빠지지 않는 삶은 닭이나 오리도 거의 예외 없이 오른다. 때로는 소금에 절인 달걀이나 불에 직접 그슬려낸 달걀처럼 단출한 음식이 곁들여지기도 하는데, 이러한 여러 접시가 어우러져 명절상 특유의 정갈하면서도 넉넉한 분위기를 완성한다.

명절과 제례 음식에는 술이 빠지지 않는다. 집안의 남성들이 식전주나 쌀 술 혹은 맥주를 가볍게 곁들일 수 있도록 짭짤하게 양념한 돼지고기나 향신료를 넣어 볶아낸 요리가 하나쯤 추가되기도 한다. 마지막으로 샐러드나 절임류가 꼭 곁들여지는데, 이는 기름진 요리가 많은 상차림에서 느끼함을 잡고 전체 맛의 흐름을 조화롭게 맞추기 위한 섬세한 구성이다.

가족들은 보통 같은 세대끼리 모여 앉아 준비된 음식을 함께 나눈다. 가장 좋은 자리는 대개 집안에서 나이가 가장 많은 할아버지나 장손이 앉는다. 자리 배치는 매우 중요하게 여겨져, 어른과 아이를 같은 자리에 앉히는 것은 예의에 어긋난다고 생각한다. 이렇게 자리에 의미를 두는 이유는, 가족이 함께 식사하는 시간이 단순히 밥을 먹는 자리가 아니라 조상에서 현재, 그리고 다음 세대로 이어지는 가족 질서를 확인하는 중요한 의식이기 때문이다.

베트남 사람들은 식탁에 앉기 전에 먼저 모든 요리에서 작은 몫을 덜어 제단에 올려 조상에게 감사드리는 풍습이 있다. 이는 단순한 의례적 형식이 아니라, 지금 이 순간의 삶이 조상의 땀과 희생 위에 놓여 있다는 사실을 기억하는 행위이며, 살아 있는 가족과 이미 떠난 조상의 세계를 잇는 상징적 다리 역할을 한다. 제단 위로 피어오르는 향 냄새와 함께 음식의 온기가 더해지면, 조상도 이 자리에 함께 앉아 식탁을 지켜보고 있다는 믿음이 자연스럽게 자리 잡는다.

설날 음식

베트남은 중국 유교 문화의 영향을 받아 설이 가장 큰 명절이다. 설날 당일은 물론, 보통 일주일 정도를 쉬며 가족과 함께 시간을 보낸다. 설이 되면 가족들이 모여 조상 묘를 찾아가 청소하고, 꽃을 놓고 향을 피우며 예를 갖춘다. 베트남 설에는 한국과 달리 집 안을 꽃으로 장식하는 전통이 있다. 설을 앞두고 붉은색이나 노란색 꽃, 그리고 호접란 같은 고급 난초를 집이나 불단 앞에 두기 위해 꽃을 사는 사람이 크게 늘어난다. 또 설 기간에는 고마운 사람에게 꽃을 선물하는 풍습도 있다.

베트남의 명절 음식은 지역에 따라 조리법과 재료가 조금씩 달라지지만, 가족이 모여 한 해의 풍요와 안녕을 기원하며 음식을 나눈다는 마음만큼은 변함이 없다. 그중에서도 가장 상징적인 음식은 반쯩이다. 반쯩은 찹쌀에 녹두와 돼지고기를 넣어 바나나잎 또는 동잎(lá dong)으로 정성스럽게 싸고, 장시간 천천히 삶아 만드는 전통 떡이다.

반쯩은 베트남 북부에서 땅을 상징하는 네모난 형태로 빚어지는 반면, 남부에서는 하늘을 뜻하는 원통형의 반뗏이 전해진다. 이는 땅과 하늘을 음식의 형태로 표현했다는 오래된 설화에서 비롯된 것이다. 모양과 지역은 다르지만, 두 떡이 지닌 의미와 재료는 거의 같다. 설날이 되면 가족들은 부엌과 마당에 모여 반쯩을 삶으며 밤새 이야기를 나누고, 완성된 떡을 함께 나누어 먹으며 서로의 건강과 복을 기원한다. 이 찹쌀떡에는 베트남의 정체성과 명절 문화가 고스란히 담겨 있다.

반쯩은 단순한 명절 음식이 아니라, 가족을 묶어주는 베트남 설의 상징적 음식이다. 이런 이유로 반쯩은 대부분의 베트남인에게 고향의 맛으로 간주된다. 특히 도시로 떠난 젊은 세대에게 반쯩은 설날 고향에 돌아왔음을 실감하게 해주는 음식이며, 엄마가 만들어 준 설 음식이라는 강한 향수와 연결된다. 이 떡은 그대로 잘라 먹기도 하지만 며칠이 지나 약간 식고 굳으면 팬에 기름을 두르고 바삭하게 지져 먹기도 한다. 겉면이 노릇하게 구워지면 속은 여전히 쫄깃하고 고소해져 전혀 다른 매력을 보여준다. 여기에 삶은 돼지고기 소시지(giò lụa)를 곁들이거나,

절인 양배추나 새콤한 피클을 함께 먹어 느끼함을 없애준다.

설날 상차림에는 삶은 닭을 비롯해 돼지고기 족발을 졸여 만든 수육, 새우를 말려 볶아낸 작은 반찬, 그리고 굴·고기·해산물을 듬뿍 넣어 투명한 당면으로 만든 잡채 요리인 미엔(miến dong) 등이 빠지지 않는다. 북부 사람들은 담백하고 절제된 조리법을 선호해, 삶은 닭에 향긋한 레몬잎을 올려 향을 더하거나, 돼지고기와 돼지 껍질을 천천히 졸여 굳힌 돼지고기 머릿고기 편육을 자주 상에 올린다. 반면 남부에서는 단맛과 향신료가 두드러진 요리를 즐기는데, 새우·고기·달걀을 풍성하게 올려 바삭하게 부쳐낸 반쎄오, 달궈진 냄비에서 졸여가며 먹는 달콤·짭짤한 돼지고기 조림 같은 진한 맛의 요리들이 명절 상을 더욱 풍성하게 만든다.

설날 음식의 먹는 법 역시 단순히 음식을 섭취하는 행위를 넘어 새해의 행운을 맞이하기 위한 의례적 의미를 지닌다. 설 전날에는 무엇보다 먼저 조상신에게 올릴 제사상을 차리는 것으로 하루가 시작되는데, 이는 조상으로부터 새해의 축복과 평안을 청하는 가장 중요한 절차로 여겨진다. 제례가 끝나면 비로소 가족들이 둘러앉아 음식을 나누어 먹는다. 이때 반쫑, 삶은 고기, 절임류 등을 한 접시에 함께 담아 한입에 맛보는 방식이 널리 자리 잡고 있다. 각각의 맛을 따로 먹기보다, 짭짤함·담백함·새콤함을 한 번에 어우러지게 해 풍요와 균형을 함께 음미하는 것이 베트남 설날 식사의 전통이다.

결혼 음식

베트남의 결혼 음식과 문화는 단순히 두 사람이 혼례를 올리는 절차를 넘어 가족과 공동체를 모두 아우르는 전통적 세계관이 고스란히 반영되어 있다. 결혼식에서 준비되는 음식은 혼인의 축복을 표현하는 언어로 이해되며, 상차림을 구성하는 재료와 요리 하나에도 의미가 담겨 있다. 따라서 결혼 음식은 맛이나 화려함보다, 그 음식이 지닌 상징성과 의미, 그리고 메시지가 더 중요하다.

베트남의 혼례 절차는 크게 청혼 의례와 결혼식의 두 단계로 이루어진다. 먼저 진행되는 청혼 의례는 남자 측 가족이 신붓집을 찾아가 혼인을 정식으로 청하는 절차로, 이때 남자 측은 붉은 보자기로 덮은 여러 개의 예물 쟁반(mâm quả)에 선물과 제물을 정성껏 담아 가져간다. 이러한 쟁반에 올리는 음식과 물건들은 단순한 예물이 아니라 혼인의 길상을 기원하는 상징물로 여겨지며, 각각 고유한 의미가 부여되어 있다.

전통적인 베트남 혼례 예물 가운데 중요한 것은 단연 베텔잎과 빈랑 열매(trầu cau)이다. 이 두 식물은 오래전부터 사랑과 정절, 부부의 결속을 상징하는 존재로 여겨져 왔으며, 베트남의 혼례 문화 전반을 관통하는 핵심 상징물이다. 고대 설화에서는 베텔과 빈랑이 형제애와 의리, 그리고 변치 않는 사랑을 품은 식물로 등장하는데, 여기서 비롯된 "두 사람이 하나가 된다"라는 뜻이 오늘날 혼례 의식에 그대로 이어져 내려온 것이다.

베텔잎은 그 자체로도 깊은 상징성을 지닌다. 심장 모양의 짙은 녹색 잎과 은은한 향을 가진 이 덩굴식물은 베트남에서 오랜 세월 인연과 결속의 표징으로 사용되었다. 사람들은 베텔잎에 빈랑을 넣어 씹는 풍습을 이어왔고, 씹을 때 입안이 붉게물드는 색은 애정과 장수를 나타내는 길상으로 여겨졌다. 시골 장터에서 흔히 보이는 할머니들의 붉게 물든 잇몸은 이 전통의 오랜 흔적이다. 또한 빈랑에는 아레콜린이라는 성분이 들어 있는데, 이 물질은 신경계에 작용하여 심박수를 높이고 땀 분비를 증가시키는 등 일시적인 각성과 흥분 상태를 유발한다.

결혼식 상차림은 두 집안의 번영과 새 가정의 풍요를 기원하는 상징적인 음식으로 구성된다. 그중에서도 가장 대표적인 것이 닭 요리로, 베트남 혼례에서 거의 예외 없이 등장한다. 닭은 행운과 새출발을 뜻하며, 특히 머리와 발까지 온전히 갖춘 삶은 닭은 '가문이 굳건히 서고 자손이 번성하라'는 축원을 담은 길상吉祥 음식이다. 족발과 다양한 돼지고기 요리 역시 풍요와 건강, 그리고 집안에 끊이지 않는 먹을거리와 행운을 상징한다. 지방에 따라 껍데기가 바삭하게 구워진 돼지고기나 달콤짭짤하게 조린 돼지고기, 혹은 얇게 썬 족발 등이 올라가는데, 이것은 살림이 넉넉하고 집안이 안정되기를 바라는 마음을 표현하는 음식이다.

결혼식에 빠지지 않는 또 하나의 중요한 음식은 커다란 둥근 찹쌀떡인 '부부떡(bánh phu thê)'이다. 이 떡은 이름 그대로 부부의 인연을 오래도록 굳건하게 묶어준다는 뜻을 지니며, 혼례 상차림에서 상징적 비중이 매우 크다. 찹쌀로 만든 반투명한 외피는 부부가 서로에게 숨김없이 마음을 드러낸다는 정직함과 신뢰를 나타내고, 속을 채운 녹두와 코코넛의 달콤한 맛은 앞으로의 삶이 부드럽고 조화롭게 이어지기를 바라는 축원의 의미를 담는다. 지역에 따라 모양이나 포장 방식에 조금씩 차이가 있지만, 부부떡은 혼례 음식 가운데 가장 따뜻하고 애틋한 의미를 지닌 전통 음식으로 꼽힌다.

현대 베트남 결혼식의 메인 요리는 지역마다 분위기와 음식이 다르다. 북부에서는 닭국수나 버섯과 해산물로 만든 국물 요리가 주로 나오며, 맛이 담백하고 단정한 편이다. 중부, 특히 후에 지역은 왕실 문화의 영향으로 궁중식에 가까운 화려한 요리가 등장하고, 새우와 게, 채소를 넣은 진한 국물 요리가 많다. 남부는 기후가 따뜻하고 재료가 풍부해 달콤하고 푸짐한 음식이 중심이다. 새우튀김, 후띠우, 큰 생선을 통째로 쪄낸 요리 등이 나오며, 결혼식 분위기도 밝고 자유로운 편이다.

베트남 결혼식에서는 음식뿐 아니라 식사 방식도 문화적 상징을 담는다. 전통적으로 손님은 여러 둥근 식탁에 나누어 앉아 가족과 친척, 친구들이 어울려 즐기는 공동 식사 방식을 유지하는데, 이는 결혼이 단지 두 사람의 결합이 아니라 두 가문과 공동체의 결합임을 보여준다. 반찬을 공유하며 잔을 부딪치고 서로 축복을 나누는 일은 베트남 특유의 공동체성을 가장 잘 드러내는 장면이다.

음식의 상징성은 결혼식의 마지막 순간까지 이어진다. 신부와 신랑이 양가 부모에게 차를 올리는 차 예식에서는 향긋한 차와 함께 과일이 정갈하게 차려지는데, 이는 부모의 은혜에 대한 깊은 감사와 더불어 조상에게 새로운 인연을 알리는 가장 성스러운 인사로 여겨진다. 차의 따뜻함은 부모의 보살핌을, 과일의 단맛은 앞으로의 길이 평안하고 조화롭기를 바라는 축원을 상징한다. 이처럼 결혼식에 등장하는 모든 음식은 단순한 접대나 장식을 넘어, '감사-화합-기원'이라는 하나의 흐름으로 귀결된다.

장례 음식

베트남의 시골을 걷다 보면 논밭 사이사이에 흩어져 있거나 작은 사당처럼 모여 선 묘지들을 어렵지 않게 마주하게 된다. 농부들은 조상의 묘 곁에서 소를 몰아 밭을 갈고, 풀을 뽑으며 평소와 다름없는 하루를 이어간다. 이렇게 조상의 묘가 삶의 풍경 속에 자연스럽게 스며들어 있어, 산 자와 죽은 자 사이의 경계는 거의 의식되지 않는다. 이는 조상을 늘 곁에 두고 함께 살아간다고 여기는 베트남 특유의 조상 숭배 문화에서 비롯된 모습이다. [84]

베트남에서 죽음은 혼이 떠나는 순간으로 이해된다. 마지막 숨과 함께 혼과 백이 분리되며, 혼은 신령이 거두고 백은 집에 남는다고 여긴다. 이를 붙잡기 위해 시신을 비단으로 덮는데, 이 비단을 혼백이라 하며 지붕 위로 올려 함께 날려 보낸다. 죽어서도 혼과 백이 함께하길 바라는 믿음 때문이다.

장례는 보통 3~5일 동안 망자의 집에서 치러지고, 친척과 이웃들이 찾아와 애도한다. 장지로 향하는 길에는 비교적 흥겨운 분위기가 이어지기도 하지만, 이는 죽음을 삶의 연장선으로 받아들이는 인식에서 비롯된 것이다. 매장 후 약 3년이 지나면 이장을 통해 유골을 다시 모시는데, 이 과정은 망자가 비로소 조상으로 자리 잡는 중요한 의례로 여겨진다. 이러한 관습 속에서 묘지는 단순한 무덤이 아니라, 조상과 후손을 이어주는 지속적인 돌봄의 공간으로 관리된다.

베트남의 장례 음식은 화려함이나 축하의 의미와는 거리가 멀고, 고인을 기리고 조상에게 예를 올리는 의례적 행위에 초점이 맞춰져 있다. 결혼식의 상차림이 새출발과 번영을 상징한다면, 장례식의 음식은 더욱 절제되고 차분한 분위기 속에서 망자의 영혼을 편안히 보내고, 남은 가족이 조상에게 예를 다한다는 뜻을 담는다. 따라서 장례 음식은 단순한 식사가 아니라, 삶과 죽음의 경계를 잇는 조용한 의식이자, 공동체가 한마음으로 고인을 추모하고 예를 갖추는 상징적 행위이다.

전통적인 베트남 장례에서는 제물의 순서와 의미가 세심하게 구성된다. 장례식 초반에는 먼저 향을 피우고, 차·과일·찹쌀떡 같은 단 음식을 제물로 올리는데, 이는 고인의 영혼이 이승을 떠나는 첫 순간을 부드럽고 평안하게 인도해 달라는 뜻을 담고 있다. 단맛은 따뜻한 환송의 정서를 상징하며, 차의 맑은 기운은 혼령의 길을 깨끗하게 비춰 주기를 바라는 마음을 담는다.

이어지는 제사의 핵심에는 거의 빠짐없이 삶은 닭이 오른다. 베트남 문화에서 닭은 오랜 세월 신성한 제물로 여겨졌으며, 특히 머리와 발까지 온전히 갖춘 한 마리를 바치는 것은 '고인의 영혼을 안전한 길로 인도하고, 조상들이 그를 받아들여 달라'는 깊은 기원을 상징한다. 닭의 머리를 제단 정면으로 향하게 두는 방식 또한 혼령에게 올바른 길을 제시한다는 상징적 의미를 지닌 의례적 행위다. 이러한 절차는 생전의 정성으로 고인을 섬기고, 죽음 이후에도 그 영혼이 무사히 조상들의 세계로 들어가기를 바라는 베트남 장례 문화의 핵심적 정신을 잘 보여준다.

또한 흰죽은 베트남 장례식에서 빼놓을 수 없는 핵심 제물이다. 기름기나 향신료가 거의 없는 단순하고 소박한 음식이라는 점 때문에, 흰죽은 가장 순수한 형태의 공양으로 간주한다. 흰죽의 담백함은 고인의 영혼이 번거로움 없이 편안하게 길 떠나기를 바라는 마음을 상징한다.

장례의 초반부, 초혼(혼령을 부르는 의식)을 할 때 죽을 그릇에 담아 문밖에 두는 풍습이 있다. 이는 고인의 영혼이 집으로 돌아올 수 있도록 길잡이를 놓아두는 행위이자, 떠나기 전 마지막으로 마음을 편히 하라는 상징적 메시지를 담는다. 장례 절차가 끝난 뒤에는 이 죽을 가난한 사람들에게 나누어주는 데, 이는 고인이 생전 나누었던 마음씨와 덕을 남은 이들이 대신 이어준다는 의미를 지닌다. 이처럼 흰죽은 단순한 음식 이상의 역할을 하며, 베트남 장례 문화가 지닌 연민, 배려, 조상에 대한 예의를 고스란히 담아내는 상징적 제물이다.

장례식의 마지막 날, 혹은 화장과 매장 절차가 끝난 뒤에는 친족과 조문객에게 정갈한 음식을 대접하는데, 이 식사는 화려함보다 절제와 예의를 중시하는 차분한 상차림으로 마련된다. 기름지고 자극적인 음식은 피하고, 생선조림처럼 담백하게 간을 한 요리나, 맑은국, 단순하게 삶은 채소 등이 중심을 이룬다. 여기에 돼지고기 편육처럼 기름기 적은 고기가 곁들여져, 소박하면서도 손님에 대한 예의를 잃지 않는 상차림을 완성한다.

이러한 식사는 고인을 떠나보낸 뒤 남은 사람들이 함께 마음을 가라앉히고,

조용하게 위로받는 시간을 마련한다는 점에서 중요한 의미를 지닌다. 화려함을 배제한 담백한 음식들 속에는, 슬픔을 지나 다시 일상으로 돌아가려는 가족들의 마음가짐과 공동체가 함께 나누는 배려가 담겨 있다.

제사 음식

베트남에서 제사를 중시하는 문화는 고대 농경사회에서 조상과 자연신을 함께 섬기던 시기부터 이미 자리 잡기 시작했다. 이후 기원전 111년 중국 한나라의 지배 이후 유교적 조상 숭배가 본격적으로 전래되면서 제사는 더욱 체계화되고 강화되었다. 이렇게 토착 신앙과 유교적 제례가 결합하면서 제사를 중시하는 전통은 수천 년 동안 베트남 문화의 핵심으로 유지되었다.

응우옌 왕조(1802~1945)의 국가 의례 가운데 가장 중대한 행사로 꼽히는 것이 바로 남남자오(Nam Giao,南郊祭) 제사였다. [85] 이 의식은 단순한 제례를 넘어, 황제가 조상과 천상 세계의 존재들 앞에 직접 나아가 지난 정사를 아뢰고 나라의 안녕과 왕권의 정당성을 다시금 확인받는 신성한 순간으로 여겨졌다. 준비에만 수개월이 걸릴 만큼 엄중하게 치러졌으며, 의식 당일이 되면 새벽 두 시, 흐엉강 남쪽 기슭에서 후에 도성과 향강을 굽어보는 높은 제단 위에서 모든 절차가 시작되었다. 촛불과 향 연기만이 어둠을 가르는 고요 속에서, 황제는 정교하게 짜인 예법을 따라 조상에게 지난 한 해의 치적과 앞으로의 국정을 고하며 한 걸음 한 절마다 경건함을 온몸으로 드러냈다.

제단 한쪽에서는 소·물소·염소·닭 같은 제물들이 의식을 위해 직전에 잡혀 불에 올려 구워졌다. 이 고기는 빠르게 타오르는 큰 화로에서 정성스럽게 구워졌고, 그 향과 증기가 하늘로 곧게 치솟아 올라 조상신과 천상 존재들에게 닿는다고 믿어졌다. 이는 지상의 제물이 신령의 세계에 받아들여지는 상징적 순간이었으며, 제물의 정수가 연기와 함께 위로 오르는 것이 곧 왕조의 번영과 황제의 덕이 하늘로부터 인정받고 있다는 표징으로 이해되었다.

베트남 사람들이 제사를 대하는 태도는 한국과 이처럼 닮아 있으면서도 그 결이 조금 다르다. 그들에게 죽은 조상은 저 멀리 떠난 존재가 아니라, 여전히 집안을 지켜주고 어려운 일을 막아주는 보호자에 가깝다. 그래서 많은 가정에서는 집 입구에 제단을 두고 조상의 사진을 모시며, 아침저녁으로 향을 피우고 인사를 드린다. 조상이 집을 지켜보고 있다는 전제 아래 하루를 시작하고 마무리하는 셈이다.

시골로 가면 이러한 믿음이 더욱 뚜렷해진다. 드넓은 논밭 사이에 작게 사당처럼 모여 있는 가족 묘지들이 눈에 띄는데, 베트남 사람들은 집에서 멀리 떨어지지 않은 곳에 조상을 모시는 것을 당연하게 여긴다. 베트남에서는 삶과 죽음의 경계가 분리된 두 세계가 아니라 서로 겹쳐 있는 영역처럼 받아들여진다. 제사 역시 죽은 이를 위한 의식이라기보다, 집안의 기둥이었던 조상이 여전히 곁에 있다는 사실을 확인하는 행위에 가깝다.

베트남의 제사 음식은 바로 이러한 조상 의식이 그대로 배어 있다. 음식은 반드시 고기·해산물·채식이 섞여 풍성하게 구성되며, 특히 삶은 닭을 통째로 올려 머리를 위로 향하게 하는 것은 조상의 가호와 가정의 앞날을 상징한다. 과일은 색깔과 모양을 다섯 가지로 조합해 장식적 의미를 강조하며, 밥 대신 찹쌀밥이 중심을 이룬다.

가장 먼저 놓이는 것은 삶은 닭인데, 깨끗이 손질한 토종닭을 통째로 삶아 윤기 나는 노란색 껍질을 그대로 유지한 채 올린다. 닭은 행운과 시작을 상징하며, 머리를 위로 향하게 두는 방식은 가족의 앞길이 밝기를 비는 의미를 담고 있다. 닭 옆에는 편육 소시지나 돼지머리 고기가 놓이는데, 단단한 모양과 은은한 고기 향은 안정과 결속을 상징한다.

제사상에는 찹쌀밥이나 반쯩이 꼭 올라간다. 쫀득한 찹쌀은 풍요와 가족 간의 끈끈한 정을 뜻하고, 떡의 네모난 모양은 땅을 상징한다. 또 제사상 앞에는 과일을 담은 쟁반을 놓는다. 바나나·자몽·귤·배·망고 등 제철 과일을 다섯 가지 색과 모양으로 올려 복과 좋은 운을 빌기 위함이다. 과일은 조상의 혼이 먼저 먹는다고 믿기 때문에, 향이 좋고 깨끗하게 손질해 정성껏 준비한다.

국이나 탕도 빠지지 않는데, 북부에서는 맑은 고깃국이나 닭 육수로 만든 간단한 탕을 올리고, 남부에서는 달큰한 양념이 들어간 고기 조림이나 새우탕이 등장하는 경우도 있다. 나물과 절임류는 기름진 음식을 정리해 주는 역할을 하며, 각각 다른 식감을 가진 반찬을 함께 올려 전체적인 조화가 느껴지도록 한다.

제사 음식을 먹는 방식은 의례의 흐름과 연결된다. 먼저 조상에게 향을 올리고 축원을 드린 뒤, 일정 시간이 지나 제사상을 내리면 가족들이 음식을 나눠 먹는다. 먹는 순서는 특별히 정해져 있지 않지만, 떡·고기·국을 한 그릇에 균형 있게 조합해 먹는 것이 흔한 방식이다. 삶은 닭은 조각내어 고기와 껍질을 함께 맛보고, 편육과 떡은 얇게 썰어 곁들이면 입안에 고소함과 담백함이 고르게 퍼진다. 과일은 마지막에 디저트처럼 먹어 마무리하는데, 상 위에 올렸던 과일은 길운을 나누는 의미가 있어 가족 모두가 함께 맛보는 것이 중요하다.

베트남과 한국의 제사 음식은 모두 조상의 보살핌을 빌고 가문의 번영을 기원한다는 점에서 닮았다. 고기와 국, 떡, 과일 같은 여러 음식을 차리고, 제사가 끝난 뒤에는 가족이 함께 나눠 먹는 전통도 공통적이다. 하지만 상차림의 구성과 의미에서는 차이가 분명하다. 베트남은 삶은 닭을 통째로 올려 머리를 위로 향하게 두는 상징적인 음식을 중심에 놓고, 찹쌀밥과 전통 떡, 다섯 가지 색과 모양을 갖춘 과일처럼 복과 길운을 뜻하는 음식을 중요하게 여긴다. 반면 한국은 어적·육적·탕·나물·전·과일 등 정해진 품목 체계를 갖추며, 산적이나 지진 생선처럼 기름을 많이 쓰지 않는 담백하고 절제된 조리법이 특징이다.

베트남에서 제사는 단지 가족 구성원만을 위한 것으로 여기지 않는다. 사망한 날짜를 알 수 없는 이들, 후손이 없어 기억해 줄 사람조차 없는 익명의 영혼들을 위해서도 정성을 다해 제사를 지낸다. 베트남 사람들은 고인의 영혼을 기리는 일을 삶에서 가장 중요한 의무 가운데 하나로 여기며, 굶주린 영혼은 불안해지고 결국 산 사람의 삶에도 불행을 가져올 수 있다고 믿는다. 그래서 모든 가족은 조상의 기일을 정확히 지키고, 만약 정확한 사망일을 모를 경우에는 특별한 날을 정해 더 깊은 마음으로 제사를 올린다.

가족이 없는 떠도는 영혼들도 이때 한 상을 받는다. 음식을 바칠 가족도 없기 때문에 끊임없이 배고픔과 외로움 속에서 이승을 떠돈다고 생각하는 이 영혼들이 분노하거나 슬픔에 잠기면 산 사람들에게 해를 끼치기도 한다고 믿기 때문이다. 이 날은 산 사람과 죽은 자가 서로 갈등하지 않도록, 지상의 평화를 지키기 위한 공적인 의례로 여겨지며 온 나라가 엄숙하게 따르는 관습이 되었다. 음식은 집 안이 아닌 집 밖에 차려두어, 떠돌이 영혼들이 쉽게 다가와 음식을 받을 수 있도록 한다.

이 풍경은 지금도 후에에서 이어지고 있다. 1885년 프랑스군에 의해 응우옌 왕조의 수도였던 후에가 함락되고, 수천 명이 목숨을 잃었다. 그 비극 이후, '떠도는 영혼의 날'은 도시 전체가 함께 슬픔을 기리는 중요한 의례가 되었다. 음력 5월 23일이 되면 후에의 모든 집에서는 아침부터 늦은 오후까지 음식을 밖에 내놓고 향을 피우며, 해가 지면 등잔을 문 앞에 밝혀 둔다. 이 작은 불빛은 길을 잃은 영혼을 잔치가 차려진 집으로 이끄는 등불이자, 산 자들이 고통받는 영혼을 위로하는 마지막 연대의 표식이 된다.

반쯩(bánh chưng)과 반떳(bánh tét)

반쯩의 기원은 훙왕 시대에 전해지는 오래된 전설에서 비롯된다. [86] 훙방 왕조 시대는 나라가 태평했고 백성들도 평온하게 살아가던 시기였다. 훙왕은 어느 날 자신의 22명의 아들들을 불러 모아 새해가 되기 전, 즉 음력 12월 말까지 세상에서 가장 훌륭한 음식을 바치는 자에게 왕위를 물려주겠다고 선언했다. 그러자 21명의 왕자는 앞다투어 진귀한 재료를 구하기 위해 떠났다. 희귀한 식물과 과일을 찾아 헤매고, 깊은 산에서 보기 드문 짐승을 사냥하며, 강과 바다에서는 화려한 물고기를 그물로 건져 올렸다. 모두가 화려함과 희

소성을 뽐낼 수 있는 음식만이 왕의 마음을 움직일 수 있다고 믿었다.

그러나 막내 왕자 랑 리우는 무엇을 해야 할지 알 수 없었다. 그는 어머니를 일찍 여의었고, 부유하지 않아 값비싼 재료를 구입할 수도 없었다. 며칠 동안 고민만 거듭하다 어느 날 지쳐 잠이 들었는데, 꿈속에서 한 현자가 모습을 드러냈다. 현자는 조용히 그에게 말했다.

"세상에서 가장 귀한 것은 바로 쌀이다. 쌀은 백성의 생명이며, 누구도 쌀에 싫증을 내지 않는다. 찹쌀로 네모난 떡을 만들고 속을 좋은 재료로 채워 잎으로 싸면 땅을 상징하게 된다. 또 찹쌀가루로 반죽을 만들어 둥글게 하면 하늘을 상징한다. 쌀을 택한다면 결코 실패하지 않을 것이다."

랑 리우는 꿈에서 깨어나 현자의 말을 그대로 따랐다. 그는 찹쌀을 씻고, 녹두와 돼지고기를 준비해 네모난 떡을 만들었다. 그리고 초록빛 잎으로 단단히 싸 땅을 닮은 모습을 완성했다. 또 하나는 찹쌀가루로 반죽을 빚어 둥글게 만들어, 하늘처럼 하얗고 깨끗한 모양을 만들었다.

심사하는 날이 되자 21명의 왕자는 수레에 가득한 이국적이고 값비싼 음식들을 차례로 펼쳐 놓았다. 보기만 해도 눈이 어지러울 만큼 화려하고 풍성한 진미들이었다. 반면, 랑 리우가 내놓은 것은 작고 소박한 쟁반 하나뿐이었다. 그 위에는 초록빛으로 싼 네모난 떡과 순백의 둥근 떡, 단 두 개가 놓여 있었다.

홍왕은 처음엔 의아했지만, 호기심에 떡을 맛보았다. 한입 베어 무는 순간 입안에 퍼지는 담백하면서도 깊은 맛, 그리고 떡에 담긴 뜻을 들은 왕은 크게 감동했다. 그는 그 자리에서 랑 리우를 후계자로 임명하며 "백성을 아는 자가 왕이 되어야 한다"고 말했다.

이후 랑 리우는 홍방 왕조의 새로운 왕이 되었고, 백성과 함께하는 마음을 잃지 않은 채 평생 나라를 평화롭게 다스렸다고 전해진다. 이 전설은 오늘날까지도 반쯩(땅을 상징하는 네모난 떡)과 반떳(하늘을 상징하는 둥근 떡)의 기원으로 이어져, 베트남 설날 문화의 핵심으로 남아 있다.

반쯩은 빠질 수 없는 설날 음식이자 떠이선의 난(1771년)에서 디엔비엔푸 전투(1954년), 나아가 베트남전쟁(1954~75년)에 이르기까지 오랜 기간 군량으로서 중요한 역할을 했다. 보존과 휴대가 용이하고 영양과 열량이 풍부했을 뿐 아니라, 베트남을 상징하는 음식으로 인식되었기 때문에 병사들에게는 단순한 식량을 넘어 심리적 위안을 제공했다.

반쯩을 만드는 과정은 세월이 흘러도 거의 변함없다. 쌀을 씻어 동잎(lá dong)에 곱게 싸고, 그 안에 녹두와 돼지고기를 넣어 단단히 묶은 뒤 밤새도록 고운 불에 삶아내는 방식은 예나 지금이나 같다. 속재료는 기본적으로 담백하게 간 녹두와 비계가 적절히 섞인 돼지고기를 사용하는 것이 기본이지만, 지역에 따라서는 단맛을 더한 녹두를 넣거나 바나나, 혹은 코코넛과 판단잎 같은 재료를 더해 풍미에 변화를 주기도 한다.

이 전통 떡의 맛을 결정짓는 핵심은 재료의 비율이다. 대체로 쌀 한 컵에 익혀 으깬 녹두 한 컵 정도를 맞추는 것이 이상적이라고 여겨지는데, 가정마다 약간씩 달라지더라도 이 균형이 무너지면 맛이 쉽게 흐트러진다. 찹쌀의 담백함 속에 녹두의 고소함이 부드럽게 스며들고, 돼지고기의 풍미가 지나치지 않게 받쳐주는 맛의 조화가 바로 좋은 반쯩을 가르는 기준이다.

반쯩의 조리 과정은 꾸밈없이 소박하지만 손이 많이 간다. 이러한 번거로움과 긴 조리 시간 때문에 요즘에는 직접 만들기보다 전문 식품점에서 완성된 반쯩을 구입하는 경우가 많다. 그럼에도 한겨울 찬 바람 속에서 장작불을 지피며 반쯩을 삶던 옛 풍경은 여전히 설날의 정서로 남아 있다.

베트남 시골에서 설을 앞둔 반쯩 준비는 요리가 아니라 축제이다. 축제가 시작되면 마을은 하나의 거대한 부엌이자 장터가 된다. 낮에는 돼지를 잡고 불 위에서 고기를 굽는 연기가 피어오르고, 손끝이 야무진 이들이 줄지어 앉아 반쯩을 싼다. 그들이 만든 반쯩은 모양부터 달랐다. 모든 준비가 끝나면 이미 해는 기울고, 반쯩은 누군가의 뒷마당에서 밤새 불 위에 올려진다. 젊은 남녀들이 자청해 거대한 솥을 지키며 불을 살피고, 물을 부어 반쯩 위로 항상 물이 넘치게 한다.

장작 타는 냄새와 웃음소리가 어우러진 가운데 반쯩이 완성되어 가는 시간은 단순한 음식 준비를 넘어 마을과 가족이 함께하는 축제이다. 외지에서 살아가는 베트남인들이 설날마다 힘들어도 고향을 찾고 싶어 하는 마음에는 반쯩에 얽힌 추억이 깊이 자리하고 있다. 반쯩을 싸고 삶는 동안 가족과 친구들은 밤바람과 따뜻한 불길 곁에서 노래를 부르고 이야기를 나누며 웃음을 나눈다. 그렇게 함께했던 얼굴들, 장작불의 냄새, 밤새 떡을 지켜보던 시간은 가장 행복한 유년의 기억으로 남는다.

삶은 닭고기

결혼과 장례 그리고 제사에서 빠지지 않는 베트남 음식은 삶은 닭고기(gà luộc)이다. 이 음식은 중국 전통 조리법의 영향을 받았지만 세월을 거치며 북부 사람들의 정서와 의례 속에 깊이 스며들어, 이제는 명절과 제사의 상징적인 음식으로 자리 잡았다. 특히 음력 설날, 사람들이 새해의 복과 번영을 기원하며 차리는 상 위에는 반드시 삶은 닭 한 마리가 오른다. 온전한 형태 그대로 삶아낸 닭은 '원만함'과 '충만함'을 뜻하고, 잘 익어 빛나는 황금빛 껍질은 새해의 행운과 풍요를 상징한다. TasteAtlas가 '아시아 최고의 닭 요리 65가지' 중 하나로 꼽은 것도 이 음식의 상징성과 고유한 깔끔한 맛을 잘 보여준다.

삶은 닭고기의 조리 과정은 단순하지만 세밀함과 정성이 필요한데, 이는 북부 음식의 고유한 미감을 그대로 반영한다. 닭 한 마리를 통째로 깨끗이 손질해 생강·소금·파·강황 가루를 넣은 맑은 물에 천천히 삶아내면, 닭은 속까지 부드럽고 촉촉하게 익는다. 강황은 닭 껍질에 은은한 금빛을 더해 외관에서부터 특별한 격식을 만들어 준다. 닭을 꺼낸 뒤 즉시 얼음물에 담가 열을 식혀주면 겉면이 탱글탱글하게 조여져 모양이 흐트러지지 않고, 절기 음식 특유의 정갈함이 완성된다.

북부에서는 이 삶은 닭고기를 찹쌀밥과 함께 내는 경우가 많다. 쫀득한 찹쌀과 담백한 닭고기가 잘 어울려, 명절상에 푸근한 조화를 추가한

다. 여기에 소금·후추·라임을 섞은 간단한 소스를 곁들이면, 산뜻한 산미와 알싸함이 더해져 삶은 닭의 순수한 맛이 한층 살아난다. 기름지지 않고 투박하지도 않은 채, 담백함 속에서 깊은 풍미가 스며 나오는 것이 북부식 삶은 닭고기가 가진 매력이다. 삶은 닭고기는 단순히 삶은 닭이 아니라, 새해의 첫날부터 결혼과 장례에 이르기까지 가족의 건강과 집안의 화합을 기원하는 마음이 담긴 요리다.

14. 향채와 과일

14. 향채와 과일

　베트남은 향채의 나라이다. 덥고 습한 기후 속에서 자라난 고수, 바질, 민트, 깻잎, 레몬그라스와 같은 향채는 특별한 부재료가 아니라 일상적인 기본 식재료에 가깝다. 태국이나 인도네시아 역시 향채를 사용하지만, 이를 주로 말리거나 갈아 양념으로 활용하는 경우가 많은 반면, 베트남에서는 향채를 신선한 상태 그대로 먹는다는 점에서 뚜렷한 차이를 보인다. 그것도 단순히 음식 위에 약간 얹는 수준이 아니라, 한 접시를 가득 채울 만큼 넉넉히 곁들여 맛과 향의 균형을 맞춘다. 이로 인해 베트남 음식은 전반적으로 상큼하고 가벼우며, 신선한 향채가 음식의 성격을 결정하는 핵심 요소가 된다. [87)]

　향채 중심의 식문화는 베트남의 자연환경과도 깊이 연결되어 있다. 비가 많고 따뜻한 날씨 덕분에 식물은 빠르게 자라며, 논과 강이 많아 물이 풍부해 채소와 향채를 연중 재배할 수 있다. 그 결과 공심채, 겨자채, 청경채 같은 잎채소와 함께 각종 향채가 늘 식탁에 오르게 된다. 특히 더운 기후로 인해 음식이 자칫 무겁게 느껴질 수 있는데, 신선한 향채의 향과 맛이 이를 부드럽게 잡아주어 채소와 향채는 베트남 음식에서 빠지지 않는 조합이 된다.

　이때 채소와 향채는 역할 면에서 분명히 구분된다. 채소는 비교적 많은 양으로 먹으며 음식의 기본을 이루고 영양을 담당하는 재료라면, 향채는 소량으로도 강한 향과 맛을 더해 전체 풍미를 완성한다. 다시 말해 채소가 음식의 중심을 잡는 주재료라면, 향채는 맛의 방향을 정리해 주는 조연이라 할 수 있으며, 이 조화가 바로 베트남 음식의 가장 큰 매력이다.

　이러한 특징은 쌀국수에서 가장 잘 드러난다. 쌀국수는 담백한 국물과 면을 기본으로 하지만, 여기에 숙주·허브·고수·바질·라임 등을 취향에 맞게 듬뿍 넣어 먹으면서 비로소 완성된다. 국물과 면이 음식의 골격을 이룬다면, 향채는 향과 상큼함을 더해 맛의 균형을 잡아주는 역할을 한다. 비슷하게 분짜 역시 구운 고기와 면만으로는 무겁게 느껴질 수 있지만, 각종 채소와 향채를 함께 곁들이면서 느끼함을 줄이고 한층 가볍고 산뜻한 맛을 만들어낸다.

베트남 요리에서 식물성 식재료는 대부분 생으로, 혹은 아주 짧게 조리해 본래의 향과 식감을 최대한 살리는 방식으로 사용된다. 향채는 한 줌씩 넉넉히 넣어 음식에 향을 입히고, 잎채소는 숨이 살짝 죽을 만큼만 데쳐 상큼함을 유지한다. 이는 열대 기후 속에서 신선할 때 먹어야 맛과 영양이 가장 좋다는 오랜 농경 사회의 경험이 축적된 결과이며, 동시에 뜨거운 날씨 속에서 풀·향·산미를 더해 음식에 새로운 층위를 부여하는 지혜이기도 하다.

향채를 적극적으로 사용하는 베트남의 조리 방식은 주변 아시아 국가들과 뚜렷한 차이를 보인다. 중국에서는 향채를 주로 맛을 더하는 조미료처럼 소량 사용하고, 일본은 전반적으로 채소와 향채의 사용량이 많지 않다. 한국은 김치처럼 발효와 숙성을 거친 채소가 식문화의 중심을 이루며, 태국은 고추와 향신료의 강한 맛이 요리의 핵심이 된다. 이에 비해 베트남은 신선한 향채를 그대로 듬뿍 사용해 음식에 상큼함과 가벼움을 더하는 점이 가장 큰 특징이다.

베트남은 생태적으로 풍부한 향채 식물을 그대로 식탁의 중심에 올려 음식의 성격을 완성하는 핵심 요소로 삼는다. 특히 채소를 접시 가득 내놓는 풍경, 허브를 국수·고기·튀김에 곁들여 향을 완성하는 습관, 풋망고·풋파파야를 야채처럼 쓰는 전통, 수련줄기·토란대 같은 물가 식생을 그대로 활용하는 방식은 베트남만의 독자적이고 생생한 식탁 풍경을 만들어낸다.

베트남 민요와 민담에는 어떤 향채가 어떤 고기나 생선에 어울리는지 알려주는 내용이 가득하다. 예를 들어, 가장 인기 있는 노래 중 하나이자 모든 베트남인이 외우는 구전 민요 《Con gà mà đòi lá chanh》 노래는 다음과 같다.

닭은 라임잎(lá chanh)을 달라고 하고
돼지는 양파(hành)를 사 달라 꿀꿀거리며
개는 서럽게 울면서,
"아주머니, 갈랑갈(riềng) 한 푼어치만 사 주세요"라고 말합니다.

베트남 요리에서 향채는 무작위로 선택되는 재료가 아니라, 각 요리와 전통적으로 결합된 사용 규칙을 지닌다. 위의 민요 가사에 등장하듯, 삶은 닭고기는 대개 잘게 썬 라임잎과 함께 제공되는데, 이는 닭 특유의 냄새를 잡고 풍미를 완성하는 역할을 한다. 달팽이 요리에는 생강과 마늘이 기본적으로 쓰이고, 지역과 취향에 따라 갈랑갈이 더해지며, 보라색 잎채소인 띠아또(tía tô)가 곁들여지는 경우가 많다. 분보후에는 매운 고추 향과 어울리는 다진 민트류 향채로 마무리되는 것이 전형적이다. 한편, 어떤 요리는 두 가지 이상의 향채가 함께 쓰여야 완성되는데, 하노이식 구운 생선 요리는 신선한 딜과 파를 듬뿍 사용해야 하며, 이들은 상추와 다른 향채와 함께 싸 먹는 방식으로 제공된다.

또한 베트남에서는 향채를 단순한 조미 재료가 아니라 몸을 다스리는 약재이자 기능성 식품으로 여긴다. 더운 기후 속에서 몸에 쌓이기 쉬운 열과 습기를 풀어주고 소화를 돕는 역할을 한다고 믿기 때문에, 식사 때마다 자연스럽게 향채를 곁들인다. 고수는 속을 편안하게 하고 비린내를 잡아주는 재료로, 라우마는 열을 내려 주고 갈증을 해소하는 풀로, 라우럼이나 레몬그라스는 몸을 따뜻하게 하고 혈액순환을 돕는 식물로 인식된다.

베트남에서는 몸이 불편할 때 상황에 맞는 향채를 골라 먹는 것이 자연스러운 생활 지혜로 여겨진다. 감기 기운이 있거나 몸이 으슬으슬할 때는 땀을 내고 기운을 돋운다고 여겨지는 라우럼이나 레몬그라스를 국이나 삶은 고기에 곁들여 먹고, 더위로 지치고 열이 오를 때는 라우마를 생즙이나 국으로 먹어 몸을 식힌다. 소화가 안 되거나 속이 더부룩할 때는 고수를 더해 위장을 편안하게 하고, 비린내가 강한 음식을 먹은 뒤에는 입안을 정리하는 데도 쓰인다. 기름진 음식을 먹고 느끼할 때는 띠아또를 곁들여 더부룩함을 줄이고, 몸이 무겁고 습기가 찬 느낌이 들 때는 어성초를 먹어 몸을 가볍게 한다고 믿는다. 이처럼 베트남에서 향채는 '아플 때 챙겨 먹는 음식'으로 인식되며, 병이 나기 전 몸의 균형을 조절하는 예방적 식재료로도 중요하게 여겨진다.

베트남의 음식 풍경을 가장 선명하게 드러내는 것은 향채다. 그러나 그 향의 결은 지역에 따라 뚜렷이 달라진다. 가장 기본이 되는 향채는 고수는 모든 국수와 고기 요리에 등장해 베트남 음식의 공통된 향의 뼈대를 이룬다. 그 위에 북부는 사계절의 변화 속에서 자라난 향이 강하고 흙내가 살아 있는 향채가 더해지고, 중부는 바람과 염분을 머금은 땅에서 짧고 선명한 향을 지닌 향채를 선호한다. 남부로 내려가면 물길과 열대의 볕이 키운 부드럽고 촉촉한 향채와 수생식물이 식탁을 채운다.

북부의 향채는 대체로 향이 강하고 존재감이 뚜렷하다. 하노이 골목의 기억을 떠올리게 하는 어성초(diếp cá)는 흙과 물의 냄새를 그대로 품은 향채로, 호불호는 갈리지만 찬 국수나 생채 요리에서 북부 특유의 야생적인 풍미를 책임진다. 여기에 고수는 비교적 절제된 양으로 쓰이며, 다른 강한 향채들 사이에서 맛의 중심을 잡는 역할을 한다. 붉은 테를 지닌 띠아또는 산뜻한 풀향과 은은한 단내로 분짜나 튀김 요리에 스며들어 기름진 맛을 정리한다. 사파 지역에서 자라는 라롯잎(lá lốt)은 씹을수록 은은한 단맛이 퍼져, 고기나 생선 요리 곁에서 산지의 담백함을 전한다. 북부 요리에서 향채는 강한 냄새를 가리고 맛의 결을 다듬는 조율자의 역할을 맡는다.

중부에 이르면 향채의 성격은 한층 더 날렵해진다. 척박한 토양과 거센 바람 속에서 자란 향채들은 잎이 얇고 식감이 단단하며, 향은 짧지만 또렷하게 터진다. 고수 역시 이 지역에서는 과하지 않게 쓰여, 다른 향채와 풋과일의 맛을 연결하는 매개가 된다. 강가에서 자라는 라우넛(rau nhút)은 물맛을 맑게 정리해 주는 향채로 생선탕에 잘 어울리고, 쌉쌀한 라우당(rau đắng)은 해산물 샐러드에 더해져 바다의 단맛을 또렷하게 끌어낸다. 풋망고(xoài xanh)와 풋파파야(đu đủ xanh) 같은 풋과일 역시 향채처럼 활용되어, 중부식 생선 샐러드에서는 신맛과 쓴맛이 균형을 이룬다.

남부로 내려오면 향채는 다시 부드러워지고 넉넉해진다. 메콩강 유역의 비옥한 토양에서 자란 향채와 수생식물은 수분이 많고 단맛이 살아 있어, 씹는 순간 촉촉한 신선함을 전한다. 고수는 이 지역에서 가장 풍성하게 사용되며, 한 접시 가득 곁들여져 국물과 고기의 맛을 시원하게 열어 준다. 남부 사람들에게 일종의 생명수와 같은 존재인 라우마는 생즙으로 마시거나 국물 요리에 넣어 풋풋한 향과 청량함을 유지하게 하며, 고기 요리에 곁들여질 때에는 육향을 부드럽게 누그러뜨리고 입안의 열기를 식혀 주는 역할을 한다. 여기에 고수보다 향이 강한 라우럼은 톡 쏘는 향과 은근한 매운 기운으로 닭이나 오리고기와 잘 어울리고, 띠아또는 가볍고 달큰한 풀향으로 튀김과 분짜 속에 자연스럽게 스며든다.

고수(rau mùi/ngò rí)

베트남에서 고수의 이름은 북부에서는 rau mùi, 남부에서는 ngò rí라고 부른다. 고수는 베트남 식문화의 가장 기본이 되는 향채로, 그 사용 역사는 오래되었다. 동남아 전역에 널리 퍼진 이 식물은 인도와 중동 지역에서 시작되어 무역과 이주를 통해 베트남에 전해진 것으로 알려져 있다. 베트남에서는 왕실 음식부터 서민의 일상식까지 폭넓게 쓰이며, 특히 국수와 국물 요리, 고기 요리에 빠지지 않는 재료로 자리 잡았다. 지역에 따라 사용법은 조금씩 다르지만, 고수는 베트남 음식의 공통된 향의 기준점이 되어 왔다.

고수의 가장 큰 특징은 신선할 때 가장 또렷하게 드러나는 풋풋하고 시원한 향이다. 잎은 부드럽고 가늘며, 줄기까지 함께 사용해 향을 극대화한다. 베트남에서는 음식에 넣어 끓이기보다는 완성 직전에 얹거나 생으로 곁들여 향을 살리는 경우가 많다. 이렇게 사용된 고수는 국물의 비린내를 잡고 고기나 해산물의 맛을 정리해 주며, 다른 향채들과 조화를 이루는 중심축 역할을 한다.

효능 면에서 고수는 단순한 향채를 넘어 기능성 식품으로 인식된다. 소화를 돕고 속을 편안하게 해주며, 더운 날씨로 인한 열을 식히는 데도 좋다고 여겨진다. 감기 기운이 있을 때는 따뜻한 국물에 고수를 듬뿍 넣어 먹고, 기름진 음식을 먹은 뒤에는 입안을 정리하고 더부룩함을 줄이는 데 활용한다. 이처럼 고수는 맛과 향, 그리고 몸의 균형을 함께 고려하는 베트남 식생활의 철학을 잘 보여주는 향채다.

한국인에게 고수는 종종 비누나 약초 같은 맛으로 느껴져 강한 거부감을 불러일으킨다. 이는 향에 민감한 개인차와 익숙하지 않은 식문화에서 비롯된 반응이다. 이를 극복하려면 처음부터 많이 먹기보다 국물에 살짝

띄워 향만 느끼거나, 레몬이나 고기처럼 강한 맛의 재료와 함께 먹는 것이 도움이 된다. 점차 양을 늘려가다 보면 고수의 상큼함과 뒷맛의 시원함을 이해하게 되고, 어느 순간 베트남 음식의 맛을 완성하는 핵심 요소로 받아들이게 된다.

라우마(rau má)

라우마는 베트남에서 가장 일상적이면서도 상징적인 향채 중 하나로, 논두렁이나 물가, 집 주변의 습한 땅에서 흔히 자라며 오래전부터 사람들의 삶 가까이에 있어 왔다. 더운 기후 속에서 몸을 식히는 풀로 자연스럽게 자리 잡았고, 특별한 조리법 없이도 먹을 수 있어 농촌과 도시를 가리지 않고 세대를 넘어 전해졌다. 라우마는 음식이자 약, 그리고 여름을 견디게 해주는 생활 식물로 베트남의 일상에 깊이 스며들어 있다.

라우마의 특징은 둥근 잎과 연한 줄기, 그리고 매우 은은한 향에 있다. 냄새는 갓 깎은 풀처럼 날카롭지 않고, 물기를 머금은 잎에서 올라오는 서늘하고 촉촉한 풀 내음에 가깝다. 흙내가 아주 옅게 섞여 있지만 코를 찌르지 않으며, 맡고 나면 입안이 시원해질 것 같은 느낌을 준다. 이런 성격 덕분에 라우마는 고수나 어성초처럼 강한 호불호를 만들지 않고, 생으로 먹거나 갈아 마셔도 부담이 적다.

효능 면에서 라우마는 '몸의 열을 내려 주는 풀'로 널리 알려져 있다. 더위로 인한 갈증과 피로를 풀어 주고, 몸이 무겁고 붓는 느낌을 가볍게 해준다고 여겨진다. 감기 기운이나 염증이 있을 때도 속을 편안하게 하는 데 도움을 주는 식물로 인식되며, 아이부터 노인까지 비교적 안전하게 먹을 수 있는 향채로 신뢰를 받아 왔다. 이러한 인식 때문에 라우마는 향채이자 약재, 기능성 식품의 경계를 자연스럽게 넘나든다.

라우마에는 베트남 사람들의 일상이 고스란히 스며 있다. 형편이 넉넉지 않던 시절에도 쉽게 구할 수 있어 국이나 반찬, 음료로 두루 활용되었고, 무더운 날에는 라우마를 갈아 만든 한 잔의 즙이 여름을 견디는 가장 확실한 방법이 되곤 했다. 오늘날에도 길거리 주스 가게에서 라우마 음료를 마시는 풍경은 여전히 낯설지 않은데, 이는 새로운 유행이라기보다 어린 시절의 기억과 가족의 돌봄이 자연스럽게 이어진 결과에 가깝다. 이렇게 라우마는 베트남에서 단순한 식재료를 넘어, 몸을 식히고 삶을 지탱해 준 풀로 오래도록 기억되고 있다.

공심채(rau muống)

향채는 아니지만, 공심채는 한국인이 가장 좋아하는 베트남 채소이다. 베트남의 늪지와 강가, 논두렁에 지천으로 자라는 공심채는 비와 햇볕만 있으면 하루가 다르게 뻗어 나가는 생명력을 지녔는데, 베트남 사람들은 오래전부터 이 질긴 줄기채소를 마늘과 함께 볶아 간단한 찬으로 먹었다. 전쟁과 가난의 시기에는 공심채는 더욱 빛나는 먹거리였다. 쌀이 부족해도, 고기가 귀해도, 강가에서 한 줌 뜯어온 공심채와 마늘 한 톨이면 가

족의 밥상은 풍성해졌다.

공심채를 뜯을 때 특유의 '뚝' 하고 끊어지는 소리, 그리고 손끝에 남는 차가운 수분은 베트남의 더운 계절을 함께 견뎌온 가장 일상적인 자연의 감각이다. 달궈진 팬에 마늘을 넣어 향을 낸 뒤 공심채를 단숨에 볶아내면, 잎은 부드럽게 가라앉고 줄기는 아삭함을 유지한 채 푸른 향을 가득 머금는다. 짭조름한 느억맘이나 굴 소스가 마지막에 더해지면 베트남 가정집 특유의 짧고 강한 불맛이 완성되는데, 그 맛은 단순하면서도 강렬하다. 한입 먹으면 물기 어린 식감과 마늘 향이 동시에 터지며, 더운 날씨에 지친 몸을 안쪽에서 식혀 주는 듯한 가벼움이 퍼진다.

남부 사람들은 지금도 공심채 볶음을 할 때 마늘을 아낌없이 넣는데, 마늘을 '맛의 뼈대'라 부르며 향이 충분히 올라올 때까지 기름을 천천히 달군다. 북부에서는 보다 담백하게, 중부에서는 더 매콤하게 양념을 더 하며, 지역마다 미묘한 차이를 보여준다. 그러나 어디에서 먹든 공심채 볶음은 베트남의 삶과 땅을 그대로 품은 음식이다. 값비싼 재료도, 긴 조리도 필요하지 않지만, 한 접시 안에 베트남의 비와 흙, 강가의 바람, 그리고 가난과 풍요를 오가며 살아온 사람들의 이야기가 그대로 스며 있다.

공심채 볶음의 다른 이름은 모닝글로리이다. 같은 공심채를 사용하지만 태국의 모닝글로리는 굴 소스와 고추, 태국식 된장 등을 넣어 불맛을 강하게 살려 보다 향이 진하고 자극적인 편이며, 중국 남부에서는 공심채를 삶아 마늘 기름에 버무리거나 발효 두부 소스로 무치는 등 훨씬 담백한 스타일이 많다. 베트남에서는 공심채를가 깔끔하고 시원한 맛으로 채소 본연의 향을 살리는 데 비해, 태국과 중국 요리는 양념과 불맛을 강조하는 방향으로 변주되며 같은 재료라도 국가별 조리 전통과 식문화의 차이가 분명하다.

바나나꽃(bông chuối)

향채는 아니지만, 베트남 사람들에게 바나나는 과일 이전에 채소에 가깝다. 정확히 말하면 바나나는 나무가 아니라 여러해살이풀(초본식물)이라서, 베트남

에서는 오래전부터 바나나를 '키워 수확하는 채소'로 인식해 왔다. 그들은 바나나 나무의 열매뿐 아니라 꽃과 줄기, 심지어 뿌리까지도 버릴 것이 없는 자연의 선물로 여겼다. 특히 바나나꽃은 논과 밭의 경계를 장식하는 익숙한 풍경이었고, 붉은 꽃잎이 서서히 열릴 무렵이면 마을 부엌마다 은은한 단내가 감돌았다.

베트남 농가에서는 바나나꽃으로 샐러드를 만들어 먹는다. 바나나꽃을 얇게 채 써는 순간, 보랏빛과 흰빛이 겹겹이 드러나며 재료가 지닌 생명력이 그대로 살아난다. 여기에 삶은 돼지고기와 새우, 고추, 향이 강한 향채를 더하고 라임과 느억맘을 섞은 드레싱을 끼얹으면 흙과 바람, 햇살의 기운이 한 그릇에 담긴다. 바나나꽃의 아삭한 식감은 양배추와 비슷하면서도 훨씬 가볍고 은근하다. 한입 베어 물면 입안이 시원하게 열리고, 뒤이어 새콤함과 짭짤함, 은은한 단맛이 부드럽게 번진다.

바나나꽃 샐러드가 오랫동안 사랑받아 온 이유는 이 음식이 베트남 사람들의 생활 방식을 고스란히 보여주기 때문이다. 남부처럼 기후가 더운 지역의 장터에 가면, 노점 아주머니들이 바나나꽃을 여러 다발 걸어두고 손님을 맞는 모습을 흔히 볼 수 있다. 예전에는 라임이 귀해 식초에 설탕을 섞어 신맛을 대신 냈다는 이야기도 전해지고, 집안 형편이 넉넉할수록 고기와 새우를 아낌없이 넣어 손님을 대접했다.

전쟁과 흉년이 닥쳤을 때, 비교적 오래 두어도 상하지 않는 바나나꽃은 굶주림을 견디게 해준 소중한 식재료였다. 시간이 흐르면서 이 음식은 결혼식과 제사상에 오르는 행운과 축복의 상징이 되었다. 그래서 지금도 베트남 사람들은 바나나꽃 샐러드를 먹을 때마다, 땅에서 난 이 식물이 어떻게 일상과 고난, 그리고 풍요의 시간을 함께 지켜왔는지를 자연스럽게 떠올린다. 바나나꽃은 더 이상 열매의 부산물이 아니라, 베트남에서 하나의 독립된 채소로 당당히 자리 잡은 식재료다.

소금에 찍어 먹는 베트남 과일

베트남의 과일은 그 땅의 지리와 생태가 만든 자연의 선물이다. 베트남은 나라 전체가 길게 뻗은 S자 모양의 지형을 이루고 있어, 북부의 온화한 아열대 기후와 중부의 건조하고 뜨거운 해풍, 남부의 풍부한 일조량과 메콩 삼각주의 비옥한 충적토가 서로 다른 과일의 표정을 만들어낸다. 특히 남부로 내려갈수록 기온은 높고 습도는 짙어지며, 크고 작은 강들이 만들어낸 습윤한 환경 속에서 열대 과일이 폭발적인 생명력으로 자라난다. 이 때문에 베트남 시장에 들어서면 다양한 크기, 색과 향을 가진 과일이 산처럼 쌓여 있다. 베트남인들은 무게보다 향과 당도를 기준으로 과일을 고를 줄 아는 법을 어린 시절부터 배운다. 베트남이 과일의 천국이라 불리는 것도 이러한 기후와 생태적 조건이 빚어낸 자연스러운 결과다.

베트남 과일은 지역에 따라 맛과 종류가 다르다. 북부는 사계절이 뚜렷해 계절마다 과일이 확실히 바뀐다. 가을에는 향이 진한 용안이 나오고, 겨울에는 오렌지와 자몽, 봄에는 감과 배, 여름에는 리치와 복숭아가 제철이다. 북부 과일은 과육이 단단하고 향이 과하지 않아, 담백한 맛을 좋아하는 북부 사람들의 입맛과 잘 맞는다.

중부로 내려가면 산이 많고 바닷바람이 강해 과일의 단맛이 더 농축된다. 강한 햇볕 아래 자란 용과(thanh long)는 색이 진하고, 파파야와 망고는 살이 부드럽고 향이 풍부하다. 특히 후에와 다낭 근처에서는 바다에서 불어오는 바람 덕분에 감귤류가 상큼하고 또렷한 향을 갖게 된다.

남부는 베트남 과일 문화의 중심지라 할 만큼 풍요롭다. 메콩 삼각주의 깊은 진흙층은 해마다 강이 실어 나르는 비옥한 영양분으로 가득 차 있으며, 이곳에서 자란 코코넛, 자몽, 두리안, 망고, 망고스틴 같은 열대 과일은 맛이 진하고 과즙이 넘친다. 특히 벤째의 코코넛, 띠엔장의 자몽, 끼엔장의 바나나는 지역의 이름을 따서 브랜드처럼 취급될 만큼 인기가 높다.

베트남에서 과일을 소금에 찍어 먹는 문화는 한국인에게는 다소 낯설어 보일 수 있다. 그린 망고, 구아바, cóc(깝, 인도자두), roi/rosette(로제트·왁스애플) 등과 같은 과일은 단맛보다는 담백하고 심심한 풍미를 가진 경우가 많다. 그래서 베트남 사람들은 과일 본연의 담백함을 깨우기 위해 소금, 때로는 고춧가루와 소금을 섞은 고추 소금(muối ớt)을 곁들인다. 소금이 과일의 은근한 단맛을 끌어올려, 씹을수록 과일이 더 달고 향긋하게 느껴진다.

과일을 소금에 찍어 먹는 문화는 단순한 간식 습관이 아니라 더운 기후와 밀접한 관련이 있다. 열대지방에서는 땀으로 미네랄 손실이 많아 소금 섭취가 자연스럽게 몸에 맞고, 달기만 한 과일보다는 시원하고 짭조름한 대비가 있는 맛을 선호하게 된다. 또한 베트남의 길거리 음식 문화 속에서 과일은 언제 어디서나 쉽게 사 먹을 수 있는 즉석 간식인데, 푸석하거나 덜 익은 과일도 소금과 함께 먹으면 풍미가 보완되어 더 맛있게 즐길 수 있다.

한국에서는 과일을 주로 달콤한 간식으로 먹지만, 베트남에서는 과일을 소금과 향신료로 맛을 더한 하나의 요리처럼 즐긴다. 처음에는 낯설 수 있지만, 익숙해지면 더운 날씨에 이 조합이 얼마나 매력적인지 알게 된다. 소금에 찍어 먹는 그린망고의 아삭한 식감, 고추 소금을 묻힌 구아바의 달콤하고 짭짤한 맛은 베트남 길거리에서 흔히 만나는, 일상 그대로의 맛이다.

바나나(trại chuối)

최근 고고학과 생물고고학 연구에 따르면, 바나나는 동남아시아에서 가장 먼저 길러진 작물 중 하나로, 그 흔적은 기원전 약 8천 년에 이른다. 베트남에서 바나나가 문헌에 뚜렷이 등장하는 최초의 기록은 반半신화적 설화집인 《Lĩnh Nam Chích Quái》에는 "아기가 태어나면 바나나잎 위에 올려두었다"고 했다. [88] 또한 바나나잎은 반쯩과 같은 고대 음식 전설에도 등장한다. 기원전부터 만들어진 이 떡을 감싸는 포장재가 바나나였다. 이러한 기록은 바나나의 사용법이 이미 고대 베트남 문화 속에 깊숙이 스며 있었다는 점을 보여준다.

바나나가 처음 재배된 목적은 오늘날처럼 과일을 먹기 위해서가 아니라 생활에 필요한 자재 확보였을 것이다. 야생 바나나의 열매는 작고 씨가 가득해 먹기에는 적합하지 않았기 때문에, 당시 사람들은 넓은 잎을 지붕덮개로 쓰거나 강한 섬유질을 활용해 줄이나 밧줄을 만드는 데 바나나 나무를 키웠다는 것이다. 시간이 지나 재배와 선택이 반복되면서 바나나 열매는 점차 커지고 씨앗은 사라졌고, 우리가 알고 있는 달콤한 바나나 품종이 형성되었다.

베트남의 바나나는 각 지역의 기후와 식성에 맞춰 다양한 품종으로 분화되었다. 대표적으로 길고 노랗고 달콤한 바나나, 갈색과 분홍빛 껍질을 가진 짧고 통통한 바나나, 엄지손가락만 한 작은 노란 바나나 등이 있다. 노랗고 달콤한 바나나는 왕실에서 즐겨 먹었다고 하여 '왕실 바나나(chuối ngự)'로도 불린다. 녹색 상태의 바나나는 녹말이 풍부해 짭짤한 요리와 달콤한 요리에 모두 쓰이며, 삶거나 쪄서 식재료로 활용하기도 한다.

바나나는 과일뿐 아니라 식재료로서도 베트남 요리에 중요한 자리를 차지한다. 특히 바나나꽃은 겹겹이 쌓인 보랏빛 잎 사이에 어린 바나나 송이를 품고 있는 형태로, 뾰족한 양배추처럼 단단한 구조를 지닌다. 베트남에서는 이 전체를 하나의 채소처럼 다루며 널리 사랑한다. 바나나꽃을 얇게 채 썰어 느억맘과 버무리면 고유의 쓴쓸함과 아삭함이 살아 있는 샐러드가 되고, 분옥(bún ốc)같은 새콤한 쌀국수에 함께 곁들여 먹으면 풍미가 훨씬 더 깊어진다. 녹색 바나나는 잘 익기 전 단단한 상태에서 생으로 샐러드에 넣거나 찜 요리에 활용하는 등 다양한 방식으로 다뤄진다.

수박(dưa hấu)

수박은 아프리카와 인도가 원산지이지만 오래전 해상 교역과 육로를 따라 중국 남방을 거쳐 베트남으로 전해졌다. 베트남의 뜨거운 태양과 강물의 숨결이 고스란히 배어 있는 수박은 단순한 여름 과일이 아니라 풍요와 길상을 상징한다.

베트남의 구전 전통에 따르면 수박이 베트남에 등장한 시기는 훙방 왕조 시대로 거슬러 올라간다. 전설 속 주인공 안 띠엠(An Tiêm)은 왕자의 신분이었지만 부와 권력을 중히 여기지 않아 왕의 눈 밖에 나고 결국 가족과 함께 외딴 무인도로 추방된다. 척박한 모래섬에서 근근이 살아가던 어느 날, 해변에 날아온 새가 붉고 초록빛을 띤 기묘한 열매를 떨어뜨렸고, 안 띠엠은 그 과일에서 씨앗을 모아 심었다. 메마른 모래밭에서도 강하게 뻗어 나가는 덩굴은 곧 크고 단단한 녹색 껍질 속에 새빨간 과육을 품은 달콤한 열매를 맺었다. 안 띠엠은 과일 껍질에 섬의 위치를 새겨 바다에 띄워 보냈고, 그 신비로운 과일은 먼바다를 건너 상인들에게 전해지며 섬으로 향하는 배가 늘어났다. 결국 이 과일이 궁정에도 바쳐지자, 왕은 그 맛에 감탄했고, 과일의 출처가 자신이 추방했던 아들의 섬이라는 사실을 알고 크게 놀라 그를 다시 불러들이고 공을 치하했다. [89]

이 전설은 오늘날까지도 이어져, 설 명절에 붉은 속살의 수박을 잘라 상 위에 올리는 풍습으로 남아 있다. 붉은 속살은 행운을, 둥근 모양은 온전함과 조화를 뜻하며, 잘 익은 수박의 달콤함은 한 해의 길조와 번영을 의미한다. 이후 수박은 훙방 왕조가 소중히 여긴 과일이자 부의 상징으로 자리 잡았다.

수박의 신선한 과육은 여름 더위를 달래는 별미가 되었고, 얇게 썬 과육을 질그릇 속 고기나 다른 재료와 어우러지게 넣으면 대나무의 향이 은은하게 스며들어 독특한 풍미를 냈다. 또한 수박을 소금물이나 식초에 절이거나 햇볕에 말리는 방식으로 보존하면, 신선한 수박과는 전혀 다른 깊은 맛을 만들어낸다.

베트남에서 수박은 여름 더위를 식혀 주는 가장 흔한 과일이다. 시장에서는 수박을 반으로 잘라 붉은 속을 그대로 보여 주며 손님을 끌고, 길거리에서는 얇게 썬 수박을 얼음 위에 올려 팔기도 한다. 북부에서는 단맛이 강하지 않은 수박을 가늘게 썰어 말린 고기나 레몬 소스와 곁들여 담백하게 먹는다.

리치(vải)

리치의 원산지는 중국 남부이지만, 천 년 넘는 교역과 이주를 통해 베트남의 북부, 박장과 하이즈엉에서 깊이 뿌리내렸다. 전설에 따르면 리치는 당나라 시절 양귀비가 사랑한 과일로, 멀리 광둥과 교지에서 황궁까지 급하게 실어 나르느라 말발굽이 닳았다는 이야기가 전해지는데, 베트남에서는 이를 변형해 "여름 첫 리치를 먹어야 운이 열린다"라는 속담으로 남아 있다.

매년 5~6월, 리치가 탐스럽게 붉어지는 철이 되면 베트남 북부의 랑선성과 꽝닌성 국경지대에는 중국으로 향하는 화물트럭이 끝없이 줄을 선다. 몽까이와 동당 같은 베트남-중국 출입국 지점에는 새벽부터 트럭 행렬이 길게 늘어서고, 신선도를 잃지 않기 위해 냉동탑차들은 거의 쉬지 않고 엔진을 돌린다. 천 년 전 황제가 역마를 달려 리치를 궁궐로 들여보냈다면, 오늘날에는 수백 대의 화물트럭이 국경 너머로 리치를 실어 나르며 그 전설을 새로운 모습으로 이어가고 있다.

겨울의 냉기와 여름의 강렬한 햇볕을 동시에 갖고 있는 베트남 북부는 리치가 달고 향기롭게 익는 데 최적의 조건을 제공한다. 박장의 리치는 특히 명성이 높아, 한때 프랑스 식민 정부가 이 지역의 리치를 유럽 귀족들에게 헌상하며 '동양의 진주'라 소개했다는 기록도 남아 있다.

리치는 베트남의 여름을 알리는 가장 화려한 과일이다. 베트남에서 리치의 맛은 단순한 단맛이 아니라 여름의 향으로 기억된다. 껍질을 살짝 눌러 까면 붉은 비늘 같은 껍데기 아래 투명한 과육이 방울처럼 드러나고, 한입 베어 물면 꽃향기와 꿀물이 섞인 듯한 달콤함이 입안 가득 퍼진다. 북부에서는 냉장고에서 차갑게 식힌 리치를 아침 햇살 아래 먹는 것이 여름의 작은 의식처럼 여겨지고, 남부에서는 리치를 얼음과 섞어 갈아 만든 시원한 리치 스무디가 더운 오후의 열기를 달랜다.

파파야(đu đủ)

파파야는 베트남의 뜨거운 햇살과 촉촉한 바람을 그대로 머금고 자라는 과일이다. 비옥한 메콩 삼각주와 해풍이 스치는 중부 해안지대에서 파파야 나무는 마치 마을 사람들과 함께 살아가는 생명체처럼 늘 길가와 정원 곳곳에 서 있다. 원래 파파야는 아메리카 열대 지역이 원산이지만, 17~18세기 무역선과 항로를 따라 아시아로 들어와 베트남 기후에 완벽히 적응했다. 뿌리를 내리기만 하면 금세 하늘로 곧게 자라 열매를 달기 시작했기에, 베트남 사람들은 파파야를 '풍요를 주는 나무'라고 불렀다. 특히 농가에서는 설날 제사상에 파파야를 올려 "모자람 없이 가득하라"라는 뜻을 담았고, 노란 파파야가 익어가는 모습을 풍성한 한 해의 징조로 받아들였다.

자이언트 파파야는 베트남 시골 어디서나 볼 수 있는 소박한 과일로, 완전히 익으면 특유의 달콤하고 부드러운 향이 올라와 시골 사람들의 아침 식사나 간단한 디저트로 사랑받는다. 그러나 아직 푸르고 단단할 때는 전혀 다른 방식으로 활용되는데, 풋파파야의 신선한 향과 아삭한 속살을 길게 채 썰어 느억참

소스와 가볍게 버무리면 특유의 상큼함과 은근한 감칠맛이 살아난다. 여기에 삶은 돼지고기, 닭고기, 혹은 탱글탱글한 새우 조각을 더 하면 단순한 과일이 한순간에 풍부한 식감과 균형 잡힌 맛을 갖춘 본격

적인 샐러드로 변하며, 베트남 농가의 소박한 식탁에 깔끔하면서도 산뜻한 풍미를 더해 준다.

파파야는 익은 과육의 달콤함뿐 아니라 '덜 익었을 때'의 식감으로도 사랑받는다. 베트남의 '파파야 샐러드(gỏi đu đủ)'는 녹색 파파야를 가늘게 채 썰어 말린 쇠고기, 땅콩, 허브, 라임 소스와 함께 버무리는데, 아삭함 속에서 은은한 단맛이 뒤따르며 더운 날씨에 입맛을 단번에 깨운다. 파파야 노점상은 "오늘 강바람이 좋아서 파파야가 더 시원하다"고 말했는데, 실제로 바람이 좋은 날의 파파야는 수분이 많아 향이 살아난다. 남부에서는 잘 익은 파파야를 얼음과 코코넛 밀크에 섞어 만든 후식이 인기가 있는데, 부드럽고 향긋한 과육이 입안에서 사르르 녹아내리는 순간 열대지방의 햇살이 스며드는 듯한 기분이 든다.

망고(xoài)

베트남 열대과일 중에 한국인이 가장 사랑하는 망고의 원산지는 남아시아지만, 오래전 항해와 교역을 따라 베트남 남부로 흘러 들어와 이 지역 기후와 토양에 완벽히 적응해 자리를 잡았다. 메콩 삼각주의 비옥한 흙과 수분을 머금은 강바람은 망고가 자라기에 최적의 환경을 제공했는데, 베트남 사람들은 망고나무를 "씨앗 하나로 집안의 그늘을 만든다"라며 복을 부르는 나무로 여겼다. 농가에서는 설 무렵 초록빛 망고가 열리면 한 해가 든든하다는 징조로 삼았고, 어린 열매가 바람에 떨어질 때 들리는 둔탁한 소리를 '여름이 문턱을 넘어오는 소리'라고 표현한다. [90]

망고 품종은 지역에 따라 다양해, 중부의 건조한 바람 속에서 자란 망고는 향이 깊고 단단하며, 남부의 덥고 습한 땅에서 자란 망고는 과즙이 풍부하고 부드럽다. 베트남에서 망고를 즐기는 방식은 계절과 기분, 지역에 따라 달라진다. 막 익은 노란 망고는 부드럽고 달콤해 그 자체로 훌륭한 디저트가 되고, 잘 익은 과육을 얼음과 블렌더에 갈아 마시면 한 모금만으로 열대의 바람이 스쳐 지나가는 듯한 상쾌함이 밀려온다. 반대로 완전히 익기 전의 초록 망고는 다른 매력을 지닌다. 씹으면 바삭하고 산뜻한 신맛이 입안을 깨우는데, 이 맛을 좋아하는 베트남 사람들은 길거리에서 초록 망고를 얇게 썰어 고추 소금에 찍어 먹으며 더위를 식힌다.

달콤하게 익은 망고는 그 자체로 훌륭한 과일이지만, 아직 녹색일 때는 완전히 다른 매력으로 태어나 상큼한 샐러드나 새콤한 국물 요리의 재료로 쓰인다. 다만 망고는 파파야보다 훨씬 비싼 편이어서, 풋망고 샐러드는 주로 식당에서만 맛볼 수 있고 가정에서는 특별한 간식처럼 간혹 준비되는 정도다. 잘게 채 썬 풋망고를 느억참 한 그릇에 살짝 담가 새콤달콤한 풍미를 더하는 방식도 즐겨 사용되며, 특히 베트남식 튀긴 생선과 함께 내면 상큼함과 고소함이 어우러져 색다른 맛을 선사한다.

한국인은 베트남의 열대 과일 가운데서도 특히 망고를 가장 선호한다. 말린 망고를 선물로 챙기기도 하지만, 현지에서 맛보는 망고빙수의 신선함과 풍성함은 미식 여행의 필수 코스이다. 잘 익은 망고의 진한 단맛과 향이 곱게 간 얼음 위에서 시원하게 퍼지며, 한 숟갈마다 열대의 햇살이 녹아드는 듯한 풍성하고 부드러운 맛을 남긴다. 게다가 베트남은 망고의 원산지답게 과일 값 자체가 한국과는 비교할 수 없을 만큼 저렴하다. 잘 익은 생망고를 아낌없이 올린 빙수 한 그릇을 먹다보면 베트남에 왔다는 것을 실감할 수 있다.

망고스틴(măng cụt)

망고스틴의 원산지는 말레이반도 일대이지만, 오래전부터 메콩 삼각주를 따라 북상하며 베트남 남부의 풍토에 뿌리내렸다. 뜨거운 햇살 아래에서도 자신을 보호하듯 두

껍고 보랏빛의 단단한 껍질을 두르고 자라기 때문에, 베트남 사람들은 망고스틴을 '숲이 내놓는 보석'이라고 불렀다. 열매가 달리는 계절이 되면 나무 아래에서는 '툭' 떨어지는 작은 울림이 들려와 농부들이 숲이 열매를 깨운다고 말한다.

프랑스 식민 시절, 망고스틴은 유럽 외교관들에게도 귀한 과일로 여겨져 상자째로 사이공 항구에서 본국으로 보내졌고, '동양의 여왕'이라고 불렀다. 진한 보랏빛 껍질 속에 순백의 과육이 숨어 있는 대비는 베트남 사람들에게 오래전부터 축복과 순수를 상징하는 이미지로 남아, 어떤 지역에서는 신혼부부에게 망고스틴을 선물하며 단맛이 오래가기를 기원하는 풍습도 이어져 왔다.

망고스틴의 맛은 한 조각만으로 설명하기 어려운 매력을 지닌다. 밤색의 두꺼운 껍질을 까면 하얀 과육이 조심스레 드러나고, 이를 한입 베어 물면 달콤함·새콤함·은은한 쌉쌀함이 조화롭게 밀려와 입안을 가득 채운다. 베트남 남부에서는 더운 오후에 잘 냉장한 망고스틴을 먹는 것이 여름의 작은 사치로 여긴다. 남부 노점에서는 망고스틴의 하얀 조각을 얼음과 함께 컵에 담아 과일 칵테일처럼 내는데, 과육이 차가워질수록 향이 더 또렷해져 관광객들이 가장 좋아하는 여름 간식이 된다. 농가에서는 비가 많이 온 해에 망고스틴이 더 달아진다고 믿으며, 나무 아래 떨어지지 않고 단단히 붙어 있는 열매가 많으면 그해 농사가 풍년이라 여긴다.

코코넛(trại dừa)

코코넛은 베트남의 강과 바닷바람, 햇살이 만들어낸 자연의 상징이자, 오랜 세월 사람들의 생활과 식탁을 지탱해 온 열대의 선물이다. 인도·태평양 지역이 기원지로 알려진 코코넛은 바닷물을 두려워하지 않는 나무였다. 소금을 머금은 바람에도 견디고, 씨앗이 바다를 떠다니다 새로운 섬과 해안에 스스로 뿌리내릴 만큼 생명력이 강했다. 바로 이러한 특성은 베트남 남부, 특히 벤쩨을 중심으로 한 메콩 삼각주의 환경과 절묘하게 맞아떨어졌다. 메콩강이 바다로 흘러드는 드넓은 삼각주는 물과 흙, 바람이 어우러져 코코넛 재배에 최적의 환경을 이루었고, 그 결과 벤쩨는 '코코넛의 고향'이라 불리게 되었다.

코코넛은 단순한 과일이 아니라, 집을 짓는 자재가 되고, 껍질과 줄기는 배를 묶는 밧줄이 되고, 바구니와 그릇이 되어 인간의 생활과 밀착해 왔다. 코코넛 과육은 단단하면서도 깔끔한 단맛을 지니고, 코코넛 밀크는 요리에 감칠맛과 부드러움을 더한다. 전쟁과 가난 속에서도 코코넛 한 개로 물·음식·기름을 모두 해결했다는 일화가 남아 있을 정도로, 코코넛은 생존과 풍요의 상징이다.

코코넛의 맛은 베트남 사람들에게 특별한 기억을 남긴다. 막 잘라낸 코코넛을 들고 빨대를 꽂아 마시면, 달콤한 물맛 안에 해풍의 향과 열대 햇살의 온기까지 스며든 듯한 청량함이 퍼진다. 남부에서는 코코넛 물을 얼음과 라임, 연유와 섞어 만든 코코넛 커피(cà phê dừa)나 코코넛 스무디가 더위를 이기는 비장의 무기가 되고, 중부에서는 코코넛 크림을 전통 디저트나 카레에 넣어 깊고 은은한 향을 살린다.

두리안(sầu riêng)

두리안의 원산지는 말레이반도와 인도네시아이지만, 동남아 전역으로 널리 퍼지면서 베트남에서도 남부 지방, 특히 띠엔장·벤쩨·럼동 등을 중심으로 19세기부터 본격 재배가 시작되었다. 두리안 나무는 베트남의 뜨겁고 습한 공기를 좋아해, 장맛비가 연달아 내리기 시작하면 나무 밑동에서 달콤하고 진한 향이 피어오르며 열매가 익어간다. 베트남 사람들 사이에는 "두리안 향이 골목을 채우면 여름이 완성된다"라는 말도 있다. 과거에도 지금과 마찬가지로 귀한

과일로 대접받아 큰 잔칫날이나 명절에만 꺼내 먹었고, 프랑스 식민 시절에는 사이공의 고급 호텔과 관저에서 향미가 강한 동양의 진귀 과일로 소개되었다. 딱딱한 가시 껍질 안에 황금빛 과육이 숨어 있는 모습 때문에, 베트남에서는 두리안을 '숲이 내놓는 금덩이'라 부른다. [91]

베트남에서 재배되는 두리안은 품종에 따라 맛과 향, 식감이 뚜렷하게 갈린다. 가장 널리 알려진 Ri6은 짙은 황금색 과육과 버터처럼 진득한 식감, 강한 향을 지녀 두리안 본연의 풍미를 좋아하는 이들이 특히 선호한다. 이에 비해 몬통(monthong)은 태국에서 유래했지만 베트남에서도 대량 재배되며, 향이 순하고 부드러우며 섬유질이 적어 두리안 초심자에게 적합하다. 더 강렬한 풍미를 원하는 사람들은 쭈웅보(chuồng bò)를 찾는데, 이 품종은 과육의 색이 짙고 점성이 강하며 풍미가 깊어 마니아층의 사랑을 받는다. 그에 비해 까이먼(Cái Mơn)은 얇은 껍질에 작은 씨, 균형 잡힌 고소함과 단맛을 지녀 소규모 생산임에도 안정적인 품질로 평가받는다. 일부 지역에서는 고급 시장을 겨냥해 말레이시아산 무상킹musang king도 재배되지만 그 수준이 떨어지는 것으로 알려져 있다.

두리안은 지독한 냄새 때문에 처음엔 누구나 망설이지만, 한 번 맛을 들이면 쉽게 빠져나오지 못하는 강력한 중독성을 지닌 과일이다. 단단한 껍질을 갈라 열어보면 마치 방귀와 암모니아를 섞어 놓은 듯한 냄새가 공기 중에 확 퍼져, 초심자라면 뚜껑을 닫고 도망가고 싶을 정도다. 그러나 용기를 내어 과육을 한입 베어 물면 이야기는 완전히 달라진다. 크림처럼 부드럽게 녹아내리는 질감과 깊고 농밀한 단맛이 입안을 꽉 채우며, 그 강렬함이 순간 모든 불쾌한 향을 잊게 만든다. 더군다나 두리안은 비타민·미네랄·식이섬유가 풍부해 달콤한 맛에 비해 영양도 높아, 조금만 먹어도 진짜 밥 한 끼를 대신할 만큼 강한 포만감을 주는 열대의 괴력 과일로 불린다.

두리안에는 이런 말이 따라붙는다. "두리안을 먹은 날은 키스하지 말라." 한 번 먹으면 그 강렬한 향이 입안은 물론 위장 깊숙이까지 남아, 다음 날까지도 은근히 새어 나오는 탓이다. 그래서일까, 동남아의 호텔 로비에는 종종 이런 경고문이 붙어 있다. "두리안 반입 시 청소비를 청구합니다." 과일 하나 들고 들어갔을 뿐인데 방 안에 며칠씩 향이 머물러, 청소 직원도 고개를 절레절레 흔든다는 것이다. 더욱 엄격한 곳은 싱가포르다. 이 나라에서는 두리안을 들고 지하철에 탔다가 적발되면 곧바로 벌금이 부과된다. 그만큼 두리안의 향은 사랑과 혐오 사이를 넘나드는, 동남아의 가장 강렬한 문화적 존재감을 가진 과일이다.

2000년 이전까지만 해도 두리안은 특유의 향 때문에 소수의 마니아만 찾는 도전적 과일 취급을 받았지만, 지금은 중국에서 폭발적인 인기를 누리며 단숨에 스타 과일로 떠올랐다. 현재 중국이 베트남에서 가장 많이 수입하는 과일 1위가 바로 두리안이며, 수확 철이면 베트남-중국 국경 검문소 앞에 두리안 화물트럭이 끝없이 늘어서는 진풍경이 벌어진다. 중국인들은 두리안 한 통의 영양가가 닭 세 마리와 맞먹는다고 믿을 정도로 이를 귀한 보양식으로 여기며, 부모님께 드리는 최고의 효도 선물로 꼽는다. 그 덕분에 예전에는 냄새 때문에 외면받던 과일이 이제는 황금빛 껍질만 보여도 사람들의 지갑을 열게 만드는, 명실상부한 과일의 왕으로 군림하고 있다.

중국과 한국에서 두리안 수입이 폭증하자 베트남 전역에서는 두리안 재배 열풍이 거세게 번지고 있다. 농가들은 기존에 키우던 오렌지와 잭프루트 과수원을 서둘러 갈아엎고 앞다투어 두리안 묘목을 심고 있으며, 심지어 안정적인 수익원으로 여겨지던 커피 농가들까지 커피나무를 베어내고 두리안으로 전환할 정도다. 하지만 이런 열풍 뒤에는 불안도 존재한다. 중국 정부가 정치적 이유나 시장 조절을 명분으로 베트남산 두리안의 통관을 갑작스레 중단하는 일이 반복되고 있어, 언제든 '수입 중단'이라는 신호 하나에 수출길이 막힐 수 있다. 자칫 중국의 수요 변화가 농가 생계를 뒤흔들 수 있다는 점에서, 베트남은 두리안 수출을 한국·일본·대만 등 더 다양한 시장으로 넓히는 전략을 추진하고 있다.

베트남 국민 간식 쩨(chè)

베트남에서 과일로 만든 대표적인 간식은 쩨다. 쩨는 본래 옛 농가의 부엌에서 시작된 음식으로, 콩과 잡곡, 열대 과일에 연근이나 고구마, 타피오카 같은 재료를 더해 달콤한 물에 끓여 먹었다. 쌀과 콩을 귀하게 여기던 농촌에서는 수확

철마다 작은 솥을 걸고 쩨의 재료를 천천히 졸이며 "단맛으로 한 해의 고생을 씻는다"고 말하곤 했다.

이 소박한 농가의 음식은 프랑스 식민 시기를 거치며 설탕 소비가 늘고, 도시의 거리 문화가 자리 잡으면서 점차 농촌의 간식에서 도시의 디저트로 확장되었다. 하노이의 오래된 골목에서는 얼음을 가득 채운 유리컵에 옥수수·검은콩·코코넛 밀크를 층층이 쌓아 올려 내고, 사이공의 뜨거운 거리에서는 열대 과일과 젤리를 섞은 화려한 쩨가 유리 진열장을 가득 채웠다. 지역마다 조금씩 다른 재료와 조리법이 생겨나 북부의 단정한 맛, 중부 후에의 섬세함, 남부 호찌민과 붕따우의 화려함이 자연스럽게 갈라지게 되었다.

쩨의 세계는 한마디로 다채로운 풍미의 집합체다. 어떤 쩨는 콩의 담백함이 고요하게 퍼지고, 또 어떤 쩨는 새콤한 열대 과일 향이 밝게 솟아오르며, 코코넛 밀크가 더해진 쩨는 부드럽고 농도 짙은 단맛이 입안에서 천천히 녹아내린다. 그래서 쩨는 단순한 길거리 음식을 넘어, 더위에 지친 일상을 달래고 점심 이후 느슨해진 시간을 깨워주는 작은 휴식처럼 자리 잡았다.

이 가운데 가장 시선을 사로잡는 것은 단연 쩨바마우(chè ba màu)다. 이름 그대로 '세 가지 색'이 층을 이루는 이 디저트는 붉은 팥, 노란 녹두, 초록 판단 젤리가 투명한 컵 안에서 남부 해안의 노을처럼 고운 색채를 만들어낸다. 얼음 위로 코코넛 밀크가 흐르며 향이 은은하게 퍼지고, 경우에 따라 더해지는 타피오카 알갱이가 씹는 재미와 고소함을 보태 한 모금 한 모금이 여름바람처럼 시원하게 지나간다.

여기에 땅콩을 살짝 뿌려 풍미를 더하기도 하며, 따뜻하게 먹으면 콩의 고소함이 살아나고, 차갑게 먹으면 뜨거운 날씨가 순식간에 가시는 상쾌함을 준다. 무겹지 않은 단맛과 화사한 색감 덕분에 쩨바마우는 직장인에게는 점심 이후의 작은 사치, 여행객에게는 베트남의 색채와 질감을 한 컵에 담아내는 특별한 경험이 되었고, TasteAtlas가 선정한 아시아 디저트 100선에서 82위를 기록할 만큼 국제적으로도 인정받는다.

보다 상큼한 단맛을 찾는 이들에게는 '타이식 쩨(chè Thái)'가 제격이다. 잭프루트의 향, 리치·롱간의 과즙, 코코넛 밀크의 부드러움이 한데 모여 열대 과일의 향기를 가득 담아낸 한 컵이 된다. 태국식 디저트에서 영감을 받아 탄생한 만큼 색감과 향미가 화려하고, 어느 카페에나 있어 바쁜 직장인들이 플라스틱 컵 하나 들고 사무실로 돌아가는 모습을 쉽게 볼 수 있다.

반면 단정하고 고전적인 맛을 원하는 사람들에게는 '흰콩 단팥죽(chè đậu trắng)'이나 '팥 단팥죽(chè đậu đỏ)'이 있다. 흰콩 또는 팥을 푹 삶아 코코넛 밀크와 설탕을 더한 단순한 조합이지만, 고소함이 은은하게 배어 있고 따뜻하게 먹으면 아침 간식처럼 든든하다. 북부식 풍미가 강하지만 남부에서도 꾸준히 사랑받아 작은 카페에서도 손쉽게 만날 수 있다.

부드럽고 고소한 맛을 좋아한다면 '옥수수 단팥죽(chè bắp)'이 적당하다. 후에에서 태어난 이 디저트는 찹쌀과 옥수수를 천천히 끓여 자연스러운 단맛을 살리고, 마지막에 코코넛 밀크를 두르면 바람처럼 가볍고 포근한 향이 감돈다. 그리고 여름의 열기를 식히는 데 가장 인기가 많은 것은 '허브 젤리 디저트(chè sương sáo)'이다. 검은 풀 젤리의 탱글탱글한 식감, 설탕 시럽, 얼음 위로 흐르는 코코넛 밀크가 어우러져 한입 먹는 순간, 후끈한 열기가 사라지는 듯한 청량감을 선사한다.

15. 커피

15. 커피

베트남의 차 문화

커피가 베트남에 들어오기 전, 이 땅을 지배하던 음료는 단연 차(trà)였다. 베트남의 차 문화는 중국의 영향과 토착 신앙, 농경사회의 생활 방식이 뒤섞이며 형성되었고, 차는 단순히 목을 적시는 음료가 아니라 계절과 시간, 인간관계와 예절을 담아내는 그릇이었다. 농가에서는 동틀 무렵 작은 찻주전자에 뜨거운 물을 부어 하루의 복을 기원했고, 왕실과 사대부 계층에서는 찻향과 물길, 손의 움직임까지 엄격히 따지는 차도를 통해 마음을 다스리는 수양의 도구로 삼았다.

베트남에서 가장 오래도록 사랑받은 차는 녹차(trà xanh)다. 베트남의 녹차는 중국의 은은한 우롱차나 일본의 부드러운 센차煎茶와 달리, 쓴맛이 분명하고 향이 진한 편이다. 뜨거운 물을 부으면 찻잎에서 강한 풀향이 올라오고, 처음 마실 때는 혀에 쌉싸름한 맛이 느껴진다. 하지만 잠시 뒤 목 안에서 은은한 단맛이 남는다. 베트남 사람들은 이 남는 단맛을 '달콤한 여운'이라고 부르며, 이를 통해 차의 좋고 나쁨을 구별해 왔다.

베트남 사람들은 아침이면 시골 마당에서 작은 찻주전자에 뜨거운 물을 부어 하루를 열었다. 뜨거운 찻물과 갓 지은 쌀밥, 단순한 반찬 몇 가지가 놓인 식탁은 베트남 농가의 평범한 풍경이었다. 길거리나 시장에서도 찻주전자와 찻잔은 흔하게 볼 수 있었고, 차는 일하는 사람들의 갈증을 달래면서도 정신을 집중시키는 음료로 사랑받았다.

특히 연꽃차(trà sen)는 베트남 특유의 정서를 담은 대표적인 향차였다. 여름 새벽 호수에서 연꽃 봉오리를 따서 그 속에 찻잎을 넣어 둔 뒤, 연꽃 향이 찻잎에 배어들도록 하는 전통 방식은 시간이 오래 걸리지만, 완성된 차는 달콤하고 은은한 꽃향기가 코끝을 감싸는 특별한 풍미를 자랑했다. 이 차는 왕실과 상류층에서 귀하게 쓰였으며, 중요한 손님을 맞이하거나 제례와 혼례 같은 큰 행사에도 빠지지 않았다.

차를 마시는 방식에도 베트남만의 정취가 있었다. 작은 도자기 찻잔을 두 손으로 감싸안아 온기를 느끼고, 한 번에 들이키지 않고 작게 음미하며, 손님이 오면 먼저 잔을 내어주는 것이 기본적인 예의였다. 차는 말문을 열어 주는 음료였고, 오래된 친구와는 말없이도 한 주전자씩 비우며 시간을 보낼 수 있는 존재였다.

또한 베트남의 차 문화는 농경과 기후와도 밀접했다. 덥고 습한 날씨 속에서 차는 몸의 열을 가라앉히는 음료이자, 긴 노동으로 지친 몸을 풀어주는 일상적 휴식이었다. 특히 남부에서는 신선한 찻잎을 통째로 넣어 고온으로 우린 뒤 차갑게 식혀 마시기도 했는데, 강렬한 쓴맛이 오히려 더위를 식히는 역할을 했다.

19세기 후반, 프랑스에 의해 커피가 베트남에 전해지면서 베트남의 음료 문화는 새로운 전환점을 맞이했다. 차가 여전히 일상의 중심에 자리했음에도 불구하고, 커피는 도시를 중심으로 새로운 활력과 감각을 불어넣으며 빠르게 자리 잡았다. 처음에는 상류층과 지식인들이 즐기는 세련된 음료로 받아들여졌지만, 곧 일반 대중에게까지 확산되며 베트남인의 취향을 바꾸어 놓았다. 그렇게 커피는 차의 자리를 자연스럽게 대신하며, 오늘날 베트남을 상징하는 대표적인 음료 문화로 성장하게 되었다.

그렇다고 차가 밀려난 것은 아니었다. 오히려 커피의 강렬함이 대중화되면서 차는 더 부드럽고 가벼운 자리에서 새로운 역할을 찾았다. 커피를 마시지 않는 노년층과 농촌에서는 여전히 차가 가장 신뢰받는 음료였고, 호찌민과 하노이의 오래된 카페에서는 커피와 함께 작은 찻잔을 곁들여 입안을 정리하는 전통이 남았다. 현대에 들어서도 베트남인들은 식후에 뜨거운 차로 기름진 음식의 여운을 씻어내고, 커피를 마신 뒤에도 은은한 차 한 잔으로 입맛을 정리한다. 특히 북부에서는 녹차의 떫은맛을 '입을 다스리는 맛'이라 부르며 여전히 즐겨 마신다.

베트남에서 차의 자리는 어느 식당에 가더라도 가장 먼저 내어주는 짜다(trà đá)에서 분명히 드러난다. 짜다는 얼음을 듬뿍 넣어 만든 베트남식 아이스티에 가까운 음료지만, 그 의미는 단순한 음료를 훨씬 넘어선다. 베트남에서는 짜다가 무료이거나 아주 저렴하게 제공되며, 어떤 식당이든 주문하기 전 테이블에 먼저 놓이는 것이 바로 이 한 컵의 차다. 화려한 향도, 복잡한 맛도 없지만 연하게 우린 녹차나 재스민차에 얼음을 잔뜩 부어 만든 이 음료는 습하고 무더운 날씨 속에서 먼저 갈증을 풀어주며, 베트남인의 환대와 일상의 리듬을 자연스레 느끼게 해준다.

베트남 커피의 역사

프랑스 식민 지배가 남긴 유산 가운데 오늘날 베트남에 가장 강력한 영향을 미치는 것은 단연 커피다. 19세기 중엽 프랑스가 인도차이나를 점령한 뒤, 가톨릭 선교사들은 성당이 자리한 고원의 비옥한 땅을 활용해 아라비카 커피 묘목을 심기 시작했다. 우연처럼 보였던 이 선택은 곧 거대한 변화의 씨앗이 되었는데, 현재 베트남 커피의 심장부로 꼽히는 럼동과 닥락의 고원지대는 이 낯선 작물과 놀라울 만큼 잘 맞아떨어졌다. 서늘한 기온, 풍부한 일조량, 배수가 좋은 화산토가 커피 재배에 최적의 조건을 갖추고 있었기 때문이다. 그 결과 커피나무는 빠르게 재배 면적을 넓혀 갔고, 커피는 베트남 농업 구조와 일상적 소비 문화 전반에 깊이 자리 잡게 되었다.

프랑스 식민 정부는 커피를 인도차이나 경제의 핵심 플랜테이션 작물로 지정하고, 재배 확대를 위해 세금 감면과 토지 제공, 장기 임대 같은 각종 특혜를 부여했다. 이 정책은 즉시 효과를 발휘해 수많은 프랑스 기업가와 군인 출신 정착민들이 베트남 중부 고원으로 몰려들었고, 고원의 비옥한 화산토와 서늘한 기후는 아라비카 커피가 뿌리내리기 좋은 환경이었다. 럼동·닥락·닥농을 중심으로 대농장이 연이어 세워졌고, 프랑스풍의 석조 농장 건물, 체리 건조장, 창고 시설이 고원 전역에 들어섰다. 지금도 이 지역을 여행하다 보면 붉은 기와와 아치형 창문을 지닌 낡은 저택들이 군데군데 남아 있는데, 이는 커피 산업이 프랑스 식민지 경영 전략의 중심축이었다는 사실을 증언한다. [92]

그러나 당시 커피 농장의 화려한 외관 뒤에는 전혀 다른 세계가 존재했다. 언덕 정상에 우뚝 선 프랑스 농장주의 저택은 발코니와 난간, 굴뚝까지 정교한 유럽식 양식을 따르고 있었지만, 그 아래로 내려가면 낮게 지은 판잣집과 초가가 끝없이 이어졌다. 베트남 농부들은 새벽이 밝기도 전에 언덕을 올라 커피콩을 따고, 해가 진 뒤에도 분류와 운반 작업을 계속해야 했다. 커피콩의 붉은 색소는 손바닥에 깊게 스며들어 지워지지 않았고, 하루 종일 구부린 탓에 허리는 늘 굽어 있었다. 이들의 노동 없이는 프랑스 농장은 유지될 수 없었으며, 커피가 식민지 경제의 환금 작물로 불리던 그 시절, 그 부를 떠받친 것은 고원의 자연과 농부들의 몸이었다. 이러한 이중적 풍경은 커피 향에 가려졌던 식민지 현실을 고스란히 보여주는 생생한 기록이자, 오늘날 베트남 커피 산업의 역사적 출발점을 이룬다.

커피는 식민지 베트남 사회에도 퍼졌다. 당시 시내에는 프랑스식 커피숍과 찻집, 제과점이 줄지어 섰고, 커피는 프랑스 관리들과 부유한 베트남 상류층의 취향을 반영하는 사치품이었다. 그러나 커피의 향은 서서히 농장 노동자와 서민들에게도 스며들기 시작했다. 프랑스인들은 강한 로부스타 원두를 철제 필터로 천천히 추출해 쌉쌀한 블랙커피를 마셨고, 베트남인들은 자신들만의 방식으로 커피 문화를 만들어 나갔다.

커피를 지역 농장에서 비교적 손쉽게 조달할 수 있게 되자, 이 음료는 프랑스 식민지 시기의 도시 공간을 중심으로 빠르게 확산되었다. 시장 입구나 큰길 모서리, 버스정류장 근처마다 소박한 커피 가판대가 하나둘 들어섰고, 사람들은 이동 중에 잠시 발걸음을 멈춰 진한 한 잔을 마시며 숨을 골랐다. 이렇게 커피는 특별한 기호품이라기보다 도시의 일상 속에 자연스럽게 스며든 음료로 자리 잡아 갔다.

이 시기 커피는 지금처럼 개별 추출 방식이 아니라, 면포로 만든 큰 주머니에 커피 가루를 한꺼번에 담아 우려내는 방식이었는데, 그 모양이 양말과 비슷하다고 하여 '양말 커피(cà phê vợt)'라는 별명이 붙었다. 양말 커피는 베트남 커피 문화에서 가장 오래된 추출 방식 중 하나로, 오늘날의 드립 커피나 거름 방식의 기원이 되는 형태라 할 수 있다. 이후 프랑스식 금속 필터가 도입되면서 양말 커피는 점차 '핀 커피(cà phê phin)'로 대체되었지만, 남부 일부 지역에서는 여전히 옛 방식의 향수를 간직한 채 명맥을 이어가고 있다.

걸쭉하고 투박한 맛이 특징인 양말 커피는 값이 저렴해 노동자와 가난한 사람들의 하루를 지탱하는 음료가 되었다. 인력

거 운전사, 노점상, 아침 시장을 찾는 손님들까지 모두 가판대 옆 낮은 플라스틱 의자에 앉거나 혹은 그냥 서서 이 진한 커피 한 잔으로 오전 시간을 시작했다. 오늘날에도 호찌민 3군의 '쩌오레오 카페(Cheo Leo Café)'나 5군의 '바러 카페(Cà phê Ba Lù)'처럼, 양말 커피 전통을 그대로 이어가는 가게들이 여전히 존재한다.

1940년대 프랑스와의 독립 전쟁이 시작되면서(제1차 인도차이나 전쟁), 이어 1955년부터 1975년까지 계속된 베트남 전쟁은 국토 전체를 폐허로 만들었다. 커피 플랜테이션 역시 예외가 아니었다. 프랑스 식민자들이 중부 고원, 닥락과 럼동 등에 구축해 놓은 넓은 농장은 폭격과 전투로 잿더미가 되었고, 한때 식민지 경제의 핵심이던 커피 생산량은 급격히 추락했으며, 전쟁 기간 베트남의 커피 수출은 사실상 멈춰 섰다.

하지만 놀라운 점은 그 혼란 속에서도 커피 문화의 뿌리가 완전히 뽑히지 않았다는 사실이다. 프랑스가 1900년대 초에 들여온 로부스타 품종은 병충해에 강하고 척박한 환경에도 버티는 특성이 있어, 아라비카 품종보다 훨씬 생명력이 강했다. 열대 기후와 화산토가 깔린 베트남 중부 고원에서는 로부스타가 더 잘 자랐고, 전쟁 와중에도 일부 농민들은 작은 밭을 지키며 커피나무를 돌봤다. 이 커피는 외부에 팔려나갈 수 없었지만, 피로한 병사나 피난민들에게 잠시 숨을 돌리게 해주는 한 모금의 위안이 되었다. 그렇게 커피는 멈춰 있는 듯한 전쟁의 시간 속에서도 조용히, 그러나 꾸준히 뿌리를 내렸다.

또한 이 시기에 금속 핀 필터로 커피를 천천히 추출하는 방식이 대중화되기 시작했다. 이는 프랑스의 드립 커피 문화에서 비롯된 것이지만, 베트남식으로 재해석되며 전혀 다른 정체성을 갖게 되었다. 뜨거운 물이 금속 필터를 통과해서 한 방울씩 아래로 떨어지는 느린 추출 과정은, 전쟁과 혼란의 시대 속에서 잠시 멈춰 숨을 고르는 의식처럼 받아들여졌다. 베트남 사람들은 급하게 쏟아지는 커피보다 이 느린 리듬을 더 사랑했는데, 이는 빠름보다 끈기와 여유를 중시하는 베트남 특유의 생활 감성과도 자연스럽게 맞아떨어졌다. 핀 커피가 단순한 추출 도구가 아니라 베트남식 기다림의 문화를 상징하게 된 것도 이 때문이다.

1975년 전쟁이 끝나고 베트남이 통일되자, 나라는 새로운 체제 아래 재정비를 시작했다. 사회주의 정부는 농업 전반을 집단화하며 계획경제에 기반한 체계를 구축했지만, 이는 기대와 달리 생산성을 떨어뜨리고 농가의 의욕을 꺾었다. 커피 재배도 예외가 아니었다. 전쟁으로 이미 폐허가 된 커피 농장은 집단화의 비효율까지 겹쳐 회복의 기미가 보이지 않았다. 한때 중부 고원에 울창하게 뻗어 있던 커피나무는 방치되거나 생산량이 미미해졌고, 베트남의 커피 산업은 사실상 정체 상태에 머물렀다.

그러나 1986년, 베트남 정부가 도이모이 개혁을 실시하면서 폐쇄적 경제 체제는 점차 시장경제의 요소를 받아들이기 시작했다. 사유농 경영이 다시 허용되고 외국 자본이 문을 두드리자, 가장 먼저 활기를 되찾은 분야가 바로 커피였다. 농민들은 오랜만에 스스로 경작지를 선택하고, 노력한 만큼 수입을 얻을 수 있는 자유를 되찾았고, 이는 곧 중부 고원 전체를 움직이는 거대한 동력이 되었다. 마침 이 지역의 붉은 바살트 화산토는 원래부터 로부스타 재배에 최적화된 땅이었다. 가난한 농가에게 관리가 까다롭고 실패 위험이 큰 아라비카보다, 병충해에 강하고 비료와 관리 비용이 적게 들며 단위 면적당 생산량이 두 배 가까이 높은 로부스타는 훨씬 현실적인 선택이었다. 이렇게 로부스타가 대표 작물로 자리 잡으며 수많은 농민을 커피 재배로 끌어들였고, 베트남 커피 산업의 폭발적인 성장의 토대가 되었다.

그 결과는 말 그대로 폭발적이었다. 1980년대 후반부터 베트남의 커피 생산량은 가파른 상승 곡선을 그리기 시작했는데, 1995년 3,900만 킬로그램 수준이던 수출량은 불과 네 해 만에 1억 1,200만 킬로그램을 돌파했다. 마침 1989년 국제 커피 협정이 붕괴되면서 세계 커피 시장이 혼란에 빠졌지만, 베트남의 대량 생산 구조를 가진 로부스타는 그 공백을 정확히 파고들었다. 이 시점을 기점으로 베트남은 세계 로부스타 시장의 실질적 주도권을 손에 넣었고, 오늘날에는 전 세계 로부스타의 40퍼센트 이상을 책임지는 거대한 공급국이자 브라질에 이어 세계 2위 커피 생산국으로 당당히 자리매김했다. 전쟁과 가난, 폐허와 혼란을 버텨 내며 새로운 길을 선택한 국민의 회복력, 그리고 그것을 가능케 한 도이머이 개혁의 힘이 만들어낸 기적 같은 도약이었다.

경제적 부흥과 더불어 커피를 둘러싼 문화적 변화도 빠르게 일어났다. 호찌민과 다낭 같은 대도시에서는 2010년대 이후 세계적 스페셜티 커피 흐름이 본격적으로 유입되면서, 감각적인 인테리어와 정교한 로스팅을 내세운 세련된 카페들이 속속 등장했다. 로부스타에 익숙했던 베트남인들은 이제 아라비카의 부드러운 산미와 단일 원두 특유의 섬세한 향을 탐색하기 시작했고, 동시에 고품질 로부스타라는 새로운 영역 또한 빠르게 성장했다. 한때 저급 원두로 취급되던 로부스타가 스페셜티 시장에 진입해 재평가되는 흐름은 베트남 커피 산업이 단순히 양적 확대를 넘어 질적 성숙 단계에 접어들었음을 보여주는 중요한 이정표가 되었다.

베트남의 젊은 세대는 이 변화의 중심에서 커피 문화를 다시 쓰고 있다. 그들에게 커피는 삶의 리듬을 조율하는 음료이자 소셜 미디어를 통해 공유하는 스타일이고, 전통과 현대를 동시에 품은 정체성의 일부다. 오래된 양말 커피와 핀 커피, 연유 커피를 여전히 사랑하면서도, 아메리카노나 콜드브루 같은 새로운 방식도 자연스럽게 받아들이는 태도는 베트남 커피 문화가 얼마나 유연하고 개방적인지 잘 보여준다. 콩까페처럼 전쟁 시기의 레트로 감성을 재해석한 카페가 젊은 층에게 인기를 끄는 것도, 전통을 지우지 않으면서 미래를 향해 나아가는 베트남만의 방식이다.

이제 베트남 커피의 영향은 국경을 넘어 세계로 확산되고 있다. 베트남산 로부스타는 글로벌 커피 브랜드들의 블렌드에 널리 사용되며, 미국을 비롯한 서구권 대도시에서는 연유 커피나 코코넛 커피 같은 베트남식 메뉴가 점차 소개되고 있다. 제국주의와 반식민 투쟁, 전쟁과 가난, 개혁과 성장, 그리고 젊은 세대의 창의성이 축적된 베트남 커피는 오늘날 하나의 음료를 넘어, 지난 세기의 역사와 사회적 변화를 반영하는 문화적 산물로 자리하고 있다.

핀(phin)의 발명과 연유 커피의 탄생

20세기 초 베트남의 커피 문화는 식민지 상태라는 특수한 사회경제적 맥락 속에서 독자적인 변형을 겪으며 자리 잡았다. 당시 프랑스 관리층이 즐기던 커피는 본래 유럽식 드립 혹은 프렌치 프레스를 기반으로 한 방식이었다. 이 방식은 정밀한 금속 장비, 일정한 물 온도, 안정적인 우유 공급 등 여러 조건을 필요로 했기 때문에, 도시 노동자나 상인이 접근하기에는 비용적·기술적 장벽이 컸다. 이러한 제약은 혁신을 촉발하는 결정적 기제가 되었다. 값비싼 장비를 대체하기 위해 면포 주머니를 이용해 한꺼번에 커피를 우려내는 방식이 고안되었고, 이것이 바로 양말 커피의 탄생으로 이어졌다.

양말 커피는 값이 싸고 만들기 쉬웠지만 단점도 많았다. 맛 농도가 일정하지 않고, 위생 관리가 어렵고, 한 번에 많이 뽑는 방식이라 개인 취향을 맞추기 힘들었다. 이런 불편함이 새로운 커피 추출 방식에 대한 필요를 키웠고, 그 결과 등장한 것이 바로 핀 필터다.

핀 필터는 금속 조각이나 버려진 캔처럼 주변에서 구할 수 있는 재료로 만들어졌다. 비싼 커피를 사 마시기 어려웠던 서민들에게는 큰 도움이 되는 도구였다. 구조가 단순하고 유지비도 거의 들지 않는다. 강한 압력이나 복잡한 기계 없이 천천히 커피를 내리는 방식은 로부스타 커피의 진한 맛과 잘 어울렸다.

핀이 확산되면서 천천히 떨어지는 커피 한 방울의 리듬은 베트남 커피 문화의 정체성을 형성했다. 이는 단순한 기술적 편의의 문제가 아니라, 소비 시간의 구조, 도시인의 사회적 교류 방식, 길거리 카페의 사회적 기능을 재구성한 문화적 사건으로 이해할 수 있다. 즉 핀은 베트남의 도시적 공공성을 만들고 유지하는 하나의 장치로 기능했다. 지금도 대형 베트남 커피 가맹점에서는 고압 머신이 아닌 전통적 핀 추출을 시그니처로 유지하고 있다.

두 번째 전환점은 연유

(sữa đặc)의 재해석이다. 20세기 전반 베트남에서는 신선한 우유의 안정적 공급이 거의 불가능했다. 우유 냉장 체계가 없었고, 젖소 사육 또한 식민지 경제 체제에서는 주변적 위치에 머물렀다. 이러한 조건 속에서 연유는 원래 프랑스인의 식탁을 위한 보조재였으나, 커피와의 결합을 통해 완전히 새로운 감각적 조합이 탄생했다.

베트남인이 창조한 연유 커피(cà phê sữa đá)는 우연한 맛의 조합이 아니라, 식민기부터 도이머이에 이르는 장기간의 제약과 적응 속에서 형성된 고유한 문화적 산물이다. 로부스타의 높은 카페인 함량과 강한 쓴맛은 더운 기후와 긴 노동시간에 맞는 기능적 음료로 자리 잡았고, 신선한 우유를 구하기 어려운 조건 속에서 채택된 연유는 단순한 대체재를 넘어 새로운 미각 구조를 창출했다. 이 조합은 얼음을 사용하는 남부의 생활환경과 함께 정착하며, 뜨거운 날씨 속에서 차갑게 내려 마실 때 비로소 최적의 균형과 풍미를 드러냈다. 즉 연유 커피는 경제적·기후적 제약 속에서 쓴맛과 단맛의 상호 보완을 통해 새로운 감각 경험을 체계화한 베트남적 혁신이었다. [93]

핀과 연유로 대표되는 베트남 커피 문화는 서구 방식을 단순히 모방한 결과가 아니라, 베트남의 자연환경과 경제적 조건, 그리고 사회적 관계망 속에서 재창조된 독립적 문화 형태임을 보여준다. 필터인 핀이 만들어낸 느리고 여유로운 추출의 시간성, 그리고 연유가 더하는 묵직하고 강렬한 단맛의 조화는 베트남 커피를 세계적으로 주목받게 한 핵심 요소였다. 무엇보다 이 혁신적 음료 문화는 전쟁과 사회주의 시기의 격변 속에서도 꿋꿋이 살아남아, 커피를 식민지 시대의 수입품이 아닌 베트남인의 일상과 정체성을 새롭게 조직하는 생활 기술로 자리매김하게 했다는 것이다.

연유 커피의 뿌리는 베트남을 대표하는 커피 원두인 로부스타이다. 전 세계 고급 커피 시장을 이끄는 아라비카와 달리, 로부스타는 아라비카의 두 배에 가까운 카페인에서 비롯되는 강한 쓴맛을 가지고 있어 블랙커피로는 마시기 곤란할 지경이다. 그러나 베트남은 이런 로부스타의 특성을 최대한 활용하여 자신들만의 독창적인 커피를 만들어냈다. 로부스타의 강렬한 풍미는 달콤한 연유와 만나 균형을 이루며 비로소 완성된다.

연유와 로부스타의 결합은 우연이 아니라, 베트남의 역사적·환경적 조건 속에서 형성된 선택이었다. 프랑스 식민지 시기 베트남은 커피 재배지로 개발되었지만, 고온다습한 기후와 냉장 유통 인프라의 부재로 신선한 우유를 안정적으로 구하기 어려웠다. 이에 장기 보관이 가능한 연유가 우유의 대안으로 사용되었고, 이는 자연스럽게 로부스타 특유의 강한 쓴맛을 부드럽게 완화하는 역할을 했다. 이 조합이 연유 커피로 탄생되었다.

연유 커피는 곱게 분쇄한 원두를 금속 필터인 핀에 담고, 그 위에 뜨거운 물을 부어 천천히 추출해 만든다. 베트남 사람들은 한 방울씩 떨어지는 커피를 바라보는 기다림마저 즐거움으로 받아들이며, 커피가 식지 않도록 잔을 뜨거운 물에 담가 두기도 한다. 이렇게 천천히 내려진 진한 커피가 컵 바닥의 연유 위로 스며들면, 열기에 녹은 연유가 잔 속에서 은은한 마블링을 만들어 내고, 여기에 얼음을 채워 가볍게 저어 올리면 달콤한 연유가 캐러멜 빛으로 퍼지며 커피와 자연스럽게 어우러진다. 느린 시간과 진한 풍미, 부드러운 단맛이 한 잔 안에서 차분히 겹치는 이 과정이 바로 베트남 연유 커피의 매력이다.

이 커피를 한 모금 마시면 먼저 연유의 달콤한 맛이 느껴지고, 곧 로부스타 커피의 진하고 쌉쌀한 향이 따라와 단맛을 잡아준다. 이 달콤함과 쌉쌀함의 대비가 연유 커피의 가장 큰 매력이고, 마지막에 남는 묵직한 맛은 쉽게 잊히지 않는다. 유리컵 아래에 고인 금빛 연유, 그 위에 쌓인 짙은 커피, 얼음에 맺힌 물방울까지, 한 잔의 연유 커피에는 베트남의 더위와 거리의 활기, 달콤한 에너지가 그대로 담겨 있다.

박시우(bạc xỉu)

많은 외국인은 연유 커피와 박시우를 구별하기 힘들어한다. 박시우는 베트남식 달콤한 우유 커피지만, 그 탄생 배경과 마시는 방식, 그리고 잔에 스며 있는 분위기까지 따라가 보면 연유 커피와는 전혀 다른 세계를 품고 있다. 베트남 사람들에게 왜 두 음료가 다르냐고 물으면 대부분 "연유와 우유의 비율이 달라요"라고 말하지만, 실제 차이는 훨씬 깊다.

연유 커피가 진한 커피에 연유를 더한 음료라면, 박시우는 그 반대다. 우유와 달콤함이 주인공이고, 커피는 마지막에 살짝 고명을 얹듯 첨가되는 조용한 존재다. 그래서 입안에서 느껴지는 무게도 다르다. 연유 커피가 묵직한 쌉쌀함과 달콤함이 맞부딪히며 여름을 깨우는 맛이라면, 박시우는 새벽의 눈꺼풀을 천천히 여는 빛처럼 부드럽고 순하다.

박시우는 연유, 뜨거운 우유, 그리고 아주 조금의 커피로 만든 음료다. 투명한 유리컵 바닥에는 금빛 연유가 가라앉고, 그 위로 따뜻한 우유가 부어지며 층을 이룬다. 마지막에 커피를 천천히 떨어뜨리면, 하얀 우유 속으로 갈색이 서서히 번지며 자연스러운 색의 층이 생긴다. 숟가락으로 바닥을 살짝 저으면 연유가 천천히 퍼져 우유와 섞이고, 따뜻한 향이 올라온다. 첫 맛은 디저트처럼 달콤하지만 곧 커피의 은은한 쌉쌀함이 따라와 전체 맛을 잡아 주며 이 음료만의 깊은 매력을 만든다.

이 다정한 음료의 뿌리는 호찌민, 옛 사이공의 거리다. 프랑스 식민 시절 커피 문화가 자리 잡았지만 커피는 어디까지나 어른들의 영역이었고, 아이나 젊은 학생들이 마시기엔 너무 쓰고 강했다. 이때 또 베트남 사람의 창의적인 정신이 발휘되었다. '커피는 조금만, 우유는 듬뿍'이라는 방식으로 새로운 커피를 창조했는데, 그것이 박시우이다.

그렇다고 해서 박시우를 단순히 연유 많은 라테라고 부르기엔 아쉽다. 라테는 커피가 주연이고 우유가 조연이지만, 박시우는 그 역할이 뒤바뀐 음료다. 커피의 존재는 은은하게 남아 음료를 지탱하지만, 가장 먼저 다가오는 것은 언제나 우유의 따스함과 연유의 부드러운 달콤함이다. 그래서 박시우는 '아이들이 어른 커피의 세계로 들어가기 전, 가장 먼저 만나는 커피'라 불린다.

에그 커피(cà phê trứng)

진한 로부스타 커피 위에 따뜻한 달걀 거품이 부드럽게 얹힌다. 잔을 들면 먼저 은은한 커피 향이 느껴지고, 곧 달걀노른자의 고소하고 달콤한 향이 뒤따라 올라온다. 위에 올린 크림은 촉촉하고 부드러워, 숟가락으로 떠 보면 천천히 흘러내릴 만큼 매끈하다. 한 입 먹으면 진한 단맛이 먼저 퍼지고, 이어서 커피 특유의 쌉쌀한 맛이 따라오며 균형을 잡는다. 이것이 바로 베트남의 에그 커피다.

이 독특한 음료는 1940년대 하노이에서 태어났다. 전쟁과 빈곤이 일상처럼 드리워진 시절, 신선한 우유는 귀했고 달걀은 상대적으로 손에 넣기 쉬웠다. 이 음료는 하노이의 유명 호텔에서 바텐더로 일하던 응우옌 반 지앙(Nguyen Van Giang)이 고안했다. [94] 그는 손님에게 따뜻한 커피 한 잔이라도 제대로 대접하고 싶다는 마음으로 부족한 우유를 대신해 달걀노른자, 설탕, 연유를 섞어 커피 위에 크리미한 거품층을 만들었다. 그가 만든 한 잔의 에그 커피는 전쟁의 그림자 아래 놓인 하노이 사람들에게 작은 위로가 되어주었고, 궁핍했던 시대 속에서 새로운 커피의 풍미를 만들어냈다.

그가 시도한 에그 커피는 손님들에게 큰 인기를 끌었다. 지앙은 1946년에 '카페 지앙(Café Giang)'을 열어 본격적으로 에그 커피를 판매하기 시작했는데, 이 카페는 지금도 하노이의 골목을 차지하고 있다. 에그 커피는 그 독특함과 맛 덕분에 현지인뿐 아니라 여행객들에게도 입소문을 타며 빠르게 명성을 얻었다. 이후, 이 음료는 하노이의 전통적인 커피 문화로 자리 잡았으며, 강한 로부스타 원두와 부드럽고 달콤한 달걀 크림의 조합으로 베트남을 대표하는 커피 음료 중 하나가 되었다.

에그 커피의 잔을 즐기는 방식 역시 조금은 느긋하다. 먼저 위층의 크림을 숟가락으로 조심스레 떠서 맛보면, 따뜻한 단맛이 입안을 천천히 가득 채운다. 그다음엔 숟가락을 깊숙이 넣어 아래층의 진한 커피와 황금빛 크림을 가

볍게 섞는다. 완전히 한 색으로 섞기보다는 두 층이 은근히 어우러질 만큼만 저으면, 달콤함과 쌉싸름함이 균형을 찾으며 부드러운 여운을 남긴다. 천천히 마셔도 되고, 층을 남긴 채 조금씩 떠먹어도 좋다. 중요한 것은 어떤 방식이든 서둘지 않는 것이다. 따뜻함이 입술과 혀를 천천히 지나가며 마음속 어딘가를 데우도록 시간을 주는 것이 이 커피를 즐기는 방법이다.

그러나 아쉽게도 소금 커피만큼은 아니지만 에그 커피를 파는 카페도 그리 많지 않다. 에그 커피가 베트남의 대형 커피 가맹점에서 빠진 가장 큰 이유는 위생 관리가 까다롭고 생달걀 사용에 따른 식품 안전 리스크가 크기 때문이다. 또한 매장과 바리스타마다 제조 편차가 커서 대형 체인이 요구하는 균일한 품질을 유지하기 어렵다. 더구나 생달걀 크림을 얹은 특유의 진하고 달콤한 맛은 무더운 남부 지역이나 젊은 소비층이 선호하는 시원하고 가벼운 커피 스타일과 거리가 있어 소비층이 제한적이다. 가맹점 입장에서도 별도의 교육과 공정을 투입해도 고객 기반이 넓지 않은 메뉴를 안정적으로 표준화하기는 어렵기 때문에, 아쉽게도 에그 커피는 소규모 카페나 하노이에서만 쉽게 찾아볼 수 있다.

한국에서 오래된 다방식 커피에 달걀을 풀어 마시던 세대라면, 베트남의 에그 커피 앞에서 묘한 향수를 느끼지 않을 수 없다. 1960~80년대 한국의 다방과 선술집에서는 커피에 날달걀이나 노른자를 풀어 넣어 따뜻하게 마시는 풍경이 드물지 않았다. 영양을 보충하고 기운을 돋운다는 마음으로 설탕과 크림, 그리고 귀한 달걀 한 알을 넣어 만든, 이른바 '보양 커피'는 정확한 레시피도 없이 그저 손맛과 순간의 감각에 따라 완성되곤 했다. 부드럽게 풀린 달걀이 커피의 쓴맛을 감싸며 만들어내던 그 따스한 질감은 지금의 에그 커피가 지닌 달콤하고 진한 풍미와 자연스레 겹치며, 한국과 베트남 두 문화가 전혀 다른 길을 걸어왔음에도 커피 한 잔 안에서 놀라울 만큼 닮았음을 깨닫게 한다.

단짠의 진수, 소금 커피(cà phê muối)

소금을 섞어 만든 커피라는 설명만으로는 카페 무어이(소금 커피)의 매력을 다

담아낼 수 없다. 이 음료는 한 모금 안에서 달콤함과 짭조름함, 그리고 커피 특유의 깊은 쓴맛이 차례로 모습을 드러내며, 마치 두 세계가 충돌했다가 곧 화해하는 듯한 독특한 여운을 남긴다. 잔 위를 덮은 크림은 순백의 물결처럼 부드럽게 흔들리고, 아래에는 어둑하게 잠긴 로부스타 커피가 묵직하게 가라앉아 있다. 크림 표면에 뿌려진 소금 알갱이들은 거의 보이지 않을 만큼 미세하지만 숟가락 끝이 닿는 순간 조용히 녹아들며 단맛을 깨우기 시작한다.

소금 커피를 입에 머금으면 먼저 크림의 부드러운 단맛이 퍼지고, 곧이어 짭조름함이 뒤따라 단맛에 윤곽을 더한다. 마지막에는 로부스타의 쌉싸래한 향이 미묘하게 더해져, 소금 커피 전체 풍미를 단단히 닫아준다. 짭조름함이 단맛과 쓴맛 사이의 숨은 층위를 끌어올리며, 한 모금 안에서 부드러움과 감칠맛, 구운 향이 차례로 피어오르는 독특한 입체감을 완성한다.

소금 커피가 태어난 곳은 베트남 중부의 도시 후에이다. 왕조의 흔적과 귀족적 기품이 남아 있는 이곳은, 담백하고 미묘한 풍미를 중시하는 미식 문화를 지니고 있다. 국물 요리에도 새우젓이나 소금을 섬세하게 조절해 넣는 도시답게, 달고 짠 조합의 절묘한 균형을 즐겨왔고, 그러한 감각이 다양한 실험을 거쳐 하나의 커피로 완성된 것이 소금 커피이다.

소금 커피의 원조는 후에의 Nguyễn Lương Bằng 거리의 작은 카페 'Cà Phê Muối'에서 처음 선보인 것으로 전해진다. [95] 이곳에서 전통적인 베트남 커피에 연유와 소금을 섞어 만든 크리미한 토핑을 추가하는 방식이 처음 고안되었고, 후에 사람들의 미묘한 입맛과 해풍의 기운이 스며 있는 이 한 잔은 곧 여행객들의 입소문을 타고 전국으로 퍼져 나갔다. 소금 커피는 2010년경 등장한 비교적 새로운 음료이지만, 그 인기가 후에를 넘어 베트남 전역으로 확산되며 오늘날 대표적인 베

트남 커피 스타일 중 하나로 자리 잡게 되었다.

소금 커피를 마시는 방법은 서두르지 않아야 한다. 긴 숟가락으로 크림과 커피를 부드럽게 섞어 옅은 황갈색이 될 때까지 돌리되, 크림이 조금 남아 있을 정도로만 섞는 것이 가장 이상적이다. 첫 모금을 작게 머금으면 달콤함이 가장 먼저 느껴지고, 이어 소금의 짭조름함이 맛의 균형을 잡아준다. 마지막에는 커피 특유의 은근한 쓸쓸함이 올라오며, 남아 있던 소금 알갱이가 다시 단맛을 살짝 밀어 올린다. 이 '단맛–짠맛–쓴맛'의 흐름이 반복되면서 소금 커피는 단순한 음료가 아니라 맛의 층위를 차례로 경험하는 독특한 조합이 된다.

후에를 벗어나면 소금 커피를 전문적으로 내는 카페를 찾기 쉽지 않다. 그 이유는 이 음료가 본래 후에에서 탄생한 지역 특산 메뉴일 뿐만 아니라 소금·크림·커피의 미묘한 균형을 맞추기가 까다로워 대형 체인에서 요구하는 '어디서나 같은 맛'을 구현하기 어렵기 때문이다. 비율이 아주 조금만 달라도 맛이 금세 무너지고, 남부나 대도시에서 선호하는 시원하고 단순한 커피 스타일과 달리 소금 커피는 짭짤함과 고소함, 쌉싸래함이 동시에 겹치는 복합적인 맛을 지녀 대중적 취향과는 다소 거리가 있다. 이런 까닭에 소금 커피는 전국적 확산보다는 후에 지역의 카페에서만 묵묵히 자리를 지켜온 로컬의 맛으로 남아 있다. 그래서 후에를 찾게 되거나, 우연이라도 소금 커피를 파는 카페를 발견한다면, 다른 커피는 잠시 미루고 이 특별한 커피 한 잔을 꼭 맛봐야 한다.

코코넛 커피(cà phê dừa)

한국인이 가장 사랑하는 베트남 커피는 코코넛 커피이다. 코코넛은 호찌민을 비롯한 베트남 남부를 대표하는 과일로, 오래전부터 디저트와 음료 전반에 폭넓게 활용되어 왔다. 특히 더운 기후 속에서 시원하고 달콤한 코코넛 음료는 젊은 세대를 중심으로 꾸준한 인기를 얻어 왔으며, 이는 남부 지역의 일상적인 음료 문화로 자리 잡았다.

이러한 지역적 취향과 소비 흐름 속에서 베트남 커피 가게들은 남부 특유의 코코넛 문화를 로부스타 커피와 결합한 새로운 형태의 베트남식 라테를 선보였다. 진하게 추출한 핀 커피에 코코넛 크림을 더해 갈아낸 이 음료는 강렬한 커피의 묵직한 바디감 위에 코코넛의 부드러움이 겹겹이 어우러지며, 기존의 베트남 커피와는 다른 시원하고 매끄러운 개성을 완성한다.

이 음료의 매력은 코코넛의 향과 질감이 로부스타 커피의 깊은 풍미와 자연스럽게 포개지는 데 있다. 코코넛 밀크와 크림이 잔 위에서 은은한 달콤함을 만들고, 그 아래에서는 로부스타 특유의 묵직한 맛이 차분히 받쳐주며 두 재료가 하나의 풍경처럼 층을 이룬다. 잘게 간 얼음은 뜨거운 공기를 식혀 주는 듯 소복하게 올라가고, 숟가락으로 젓는 순간 코코넛 향이 퍼지며 커피의 쌉쌀함과 함께 잔 전체를 채운다. 한 모금을 머금으면 시원함이 먼저 혀끝을 두드리고, 이어 코코넛의 달콤하고 담백한 풍미가 부드럽게 퍼지며 로부스타의 여운을 감싼다. 마지막에는 초콜릿을 닮은 은근한 쓴맛이 남아, 이것이 커피라는 것을 확인해준다.

코코넛 커피는 전쟁과 자원의 부족 속에서 탄생한 북부의 에그 커피와 달리, 호찌민의 활기찬 도시 풍경 속에서 만들어진 현대적인 산물이다. 열대 과일이 풍부한 남부의 식재료 문화와 값싸고 강렬한 로부스타 커피가 자연스럽게 결합해 처음에는 단순한 길거리 음료이었지만, 시간이 흐르며 각 카페가 자신만의 비율과 방식으로 재해석한 결과 세련된 시그니처 메뉴로 성장했다. 코코넛 밀크·연유·설탕·로부스타 커피를 얼음과 함께 갈아 만드는 기본 틀은 비슷하지만 어떤 카페는 코코넛 향을 더욱 강조하고, 또 다른 곳은 커피의 존재감을 힘있게 살려내며 이 커피에 남부 특유의 여유와 활기를 담아낸다.

코코넛 커피를 즐기는 방식은 제각각이다. 천천히 한 모금을 들이켜 코코넛의 달콤함과 로부스타의 은은한 쓴맛이 차례로 퍼지는 흐름을 느끼는 사람도 있고, 빨대로 시원함을 단번에 마시거나 살얼음을 떠먹으며 맛의 변화를 천천히 음미하는 사람도 있다. 방식은 다르지만, 코코넛의 부드러움과 커피의 진함이 만나주는 짧은 휴식만큼은 모두 같다. 뜨거운 거리 한복판에서도 이 한 잔은 잠시 숨을 고르게 하는 상쾌한 여유를 만들어 주며, 마지막 얼음이 녹은 뒤에도 코코넛 향과 커피의 뒷맛이 오래 남아 남부 사람들이 왜 이 음료를 즐겨 찾는지 자연스럽게 보여준다.

베트남에 아메리카노가 인기 없는 이유

한국인들은 베트남 로컬 카페에 가면 아메리카노가 메뉴판에 없다는 사실에 많이 놀란다. 간신히 찾은 블랙커피도 우리가 익히 알고 있는 산뜻한 아메리카노와는 전혀 다른 세계다. 문제는 단순히 메뉴 구성이 아니라, 베트남 사람들이 아메리카노 자체를 별로 좋아하지 않는다는 점이다. 이는 취향 이상의 문화적 맥락에서 비롯된다. 베트남 커피 문화는 로부스타가 만들어내는 강렬한 향, 연유의 압도적인 단맛, 그리고 핀의 느린 추출 속도가 만들어온 진하고 달콤하며 묵직한 커피라는 집단적 경험 위에서 형성되었다.

어린 시절부터 로부스타 특유의 깊고 쌉쌀한 풍미에 길든 베트남인의 혀에 아라비카를 물로 넉넉히 희석한 아메리카노는 종종 맛이 비고, 심심하고, 힘이 없는 음료로 느껴진다. 베트남식 커피가 한 모금만으로도 몸을 깨우는 직선적 충격을 준다면, 아메리카노는 기분만 살짝 흔드는 미풍에 가깝다. 그래서 베트남의 로컬 카페에서 아메리카노는 늘 주변부에 머물고, 대신 로부스타 기반의 달콤하고 진득한 커피가 사람들의 일상을 지배한다. 이는 베트남 커피가 단지 다른 커피가 아니라, 전혀 다른 미각과 문화 속에서 자라난 하나의 세계임을 보여준다.

또한 베트남의 커피는 언제나 연유와 함께 존재해 왔다. 연유는 로부스타의 거칠고 강한 쓴맛을 부드럽게 다듬고, 노동과 이동으로 지친 사람들에게 한 모금의 달콤한 위로를 건네준다. 이렇게 만들어진 연유 커피는 진하고 고소한 단맛이 입안에 오래 남으며 베트남 커피의 표준으로 굳어졌다. 그래서 우유도 없고 연유도 없는 아메리카노는 베트남인의 감각에서는 맛의 균형이 무너진, 빈약한 커피처럼 느껴진다. 단맛이 식문화의 한 축을 이루고, 커피는 일종의 에너지 음료이자 휴식의 상징이었던 베트남에서는, 물처럼 가벼운 아메리카노는 미완의 커피, 풍미가 빠져나간 음료로 받아들여질 수밖에 없다.

추출 방식 역시 두 문화의 간극을 넓힌다. 베트남의 핀 커피는 뜨거운 물이 천천히 떨어지며 향과 맛을 응축하는 과정 그 자체가 하나의 의식처럼 자리 잡았다. 작은 필터 위로 커피 방울이 천천히 스며들고, 그 진한 액체가 유리컵 바닥에 쌓여 갈 때까지의 기다림은 베트남식 커피가 가진 리듬이다. 반면 에스프레소 머신으로 빠르게 내려 곧바로 물을 섞어 마시는 아메리카노는 전통적 감각과는 너무 멀다. 게다가 양이 적고 가격이 높아, 저렴하게 진한 커피 한 잔을 즐기던 소비 습관과도 맞지 않는다.

그러나 시대는 변하고 있다. 베트남의 젊은 세대는 더 다양한 맛을 찾고, 서구식 카페 문화를 자연스럽게 받아들인다. 스타벅스와 여러 프랜차이즈가 들어오며 아메리카노와 라테가 선택지로 올라섰고, 달랏 등지에서는 아라비카 스페셜티 생산이 늘어나며 새로운 커피 취향이 형성되고 있다. 경제 성장으로 카페가 머무는 공간이 된 것도 변화를 가속한다. 분위기 좋은 카페에서 가볍게 마시는 아메리카노는 이제 젊은 세대에게 세련된 선택으로 여겨지며, 예전처럼 낯설지만은 않다.

베트남의 커피 문화는 진한 로부스타와 달콤한 연유로 상징되는 전통과 아라비카 원두와 에스프레소 머신이 이끄는 새로운 흐름이 공존하는 시대로 향하고 있다. 지금도 많은 베트남인은 연유 커피의 강렬한 한 모금을 사랑하지만 도시의 젊은 테이블 위에는 천천히 아메리카노 잔이 늘어나고 있다. 그러나 이것은 전통이 빠르게 사라지는 것이 아니라 새로운 취향이 그 옆에 하나 더 놓이는 변화라고 할 수 있다.

베트남 커피의 역사는 프랑스 식민지 시절 플랜테이션의 기억에서 출발해, 전쟁과 분단이 남긴 긴 그림자, 사회주의 체제와 도이머이 개혁을 거치는 동안 묵묵히 사람들의 일상을 지탱해 온 시간으로 이루어져 있다. 격변의 시대마다 사람들은 커피 한 잔 앞에서 잠시 멈춰 숨을 고르며, 어지러운 삶을 정돈할 작은 리듬을 찾곤 했다. 그 험난한 세월 속에서 커피는 단순한 음료가 아니라 삶의 틈새에서 작은 위안과 여유를 선사했다.

이러한 커피 문화의 전개는 베트남이 동아시아의 다른 나라들과 확연히 다른 길을 걸어왔음을 보여준다. 중국이 지금까지도 뚜렷한 자신만의 커피 문화를 만들지 못하고, 일본과 한국의 커피 문화가 대중화된 것도 비교적 최근의 일이라면, 베트남은 19세기부터 커피를 삶 속에 깊이 끌어들여 어느 나라에도 없는 독자적 장르인 '베트남 커피'를 개척했다. 로부스타의 묵직함, 핀의 느린 추출, 연유의 달콤한 여운이 어우러져 만든 고유한 미각과 리듬 속에는, 오랜 세월에 걸쳐 축적된 베트남인들의 역사와 논리, 그리고 삶의 방식이 자리한다. 그래서 베트남 커피는 서구 커피 문화의 변방이 아니라, 그 자체로 또 하나의 완전한 세계라 부를 만하다.

16. 한국인이 베트남 음식을 좋아하는 이유

16. 한국인이 베트남 음식을 좋아하는 이유

베트남 음식을 처음 접하는 대부분의 한국인은 대개 쌀국수 한 그릇으로 그 여정을 시작한다. 그러나 현지에서 한두 끼만 더 경험해 보면 곧 다른 사실을 깨닫게 된다. 이 나라는 쌀국수 하나만으로는 결코 설명할 수 없을 만큼 넓고 깊은 맛의 세계를 품고 있다는 것이다. 길가에서 갓 부쳐낸 반쎄오의 경쾌한 바삭함, 숯불 위에서 눅진하게 익어가며 달콤짭짤한 향을 퍼뜨리는 분짜, 쫀득한 라이스페이퍼 안에 아삭한 채소와 부드러운 고기가 겹치며 리듬을 만드는 월남쌈, 그리고 아침마다 반미를 베어 물 때 바게트가 부서지며 전해지는 담백한 고소함까지, 이 서로 다른 감각의 층위들은 베트남 음식이 결코 하나의 맛으로 환원될 수 없음을 분명히 보여준다.

이러한 다채로운 미식의 경험은 낯선 음식 앞에서 종종 거리감을 느끼는 여행자에게 뜻밖의 친숙함을 발견하게 만든다. 베트남 음식이 어딘가에 한국 음식과 닮아 있다는 것이다. 베트남 음식의 중심에는 가벼운 국물과 풍부한 신선 채소, 그리고 짭짤함 속에 은근히 스며든 단맛이 균형을 이루는 맛의 구조가 자리하고 있는데, 이는 한국인의 맛과 자연스럽게 맞닿아 있다. 짭짤함과 단맛 사이 어딘가에서, 설명하기 어려운 비슷한 감각을 느낀다.

게다가 밥과 면을 식사의 중심에 두고, 신선한 재료로 한 끼를 완성하는 베트남 방식 역시 한국 가정식의 감각과 크게 다르지 않다. 뚝배기에 담긴 밥을 앞에 두고, 간단한 볶음이나 절임, 담백한 국을 곁들여 먹는 풍경은 한국 식탁의 익숙한 장면을 떠올리게 한다. 한 그릇의 주식과 몇 가지 반찬, 그리고 속을 편안하게 풀어주는 국이 식사의 균형을 이루는 구조는 두 나라의 밥상에 공통으로 흐르는 감각이다.

같은 동남아이지만 베트남 음식은 강렬한 향신료나 지나치게 자극적인 향이 적어 처음 접하는 사람들에게도 부담 없이 다가온다. 낯설지 않다는 느낌은 결국 그 맛의 배경에 한국인의 식문화와 자연스럽게 닿아 있는 요소들이 있기 때문이다. 간장과 생선 소스가 만드는 깊은 감칠맛, 고기와 채소가 나란히 어우러지는 조화, 은은하게 스며드는 단맛, 라임과 허브가 더해 주는 산뜻함은 한국인의 맛 구조와 크게 충돌하지 않는다. 그래서 비록 처음 먹는 음식일지라도, 입안에서는 마치 이미 알고 있던 맛처럼 편안하고 익숙한 감각이 떠오른다.

한국인이 베트남 음식을 비교적 쉽게 받아들이는 또 다른 이유는 강한 향신료의 부재만은 아니다. 바게트로 만드는 반미, 깊게 우려낸 육수와 허브가 어우러진 스튜형 조리, 다양한 샐러드와 버터·파테·응고류가 더하는 고소한 풍미는 한국인이 이미 익숙하게 접해 온 유럽식 맛과 자연스럽게 이어진다. 베트남 음식은 한국인에게 이미 익숙한 서구식 미식 감성과도 맞닿아 있어 친근하게 다가온다.

이러한 배경을 알고 베트남 음식을 다시 떠올리면, 그 안에 스며든 낯섦과 익숙함의 공존이 한층 또렷하게 다가온다. 한국인의 입맛에 자연스럽게 스며드는 이유 역시 단순한 우연으로 치부하기는 어렵다. 지리적으로는 수천 킬로미터 떨어져 있지만, 두 나라 모두 쌀을 중심으로 한 농경 문화 속에서 밥과 국, 채소를 식사의 기본 구조로 삼아 왔다는 점에서 음식 문화의 뿌리를 공유하고 있기 때문이다. 오랜 시간 형성된 이러한 공통의 식문화는 서로 다른 지역의 음식임에도 불구하고, 익숙한 감각으로 받아들여지는 토대가 된다.

감칠맛

한국인에게 베트남 음식이 자연스럽게 잘 맞는 가장 큰 이유는 두 나라가 맛의 중심에 감칠맛을 둔다는 점에 있다. 감칠맛은 단순히 짠맛이나 단맛이 아니라, 발효 과정을 통해 얻어지는 깊고 단단한 풍미를 말한다. 한국에서는 된장·간장·젓갈 같은 발효 양념이 그 역할을 맡고, 베트남에서는 느억맘이나 각종 절임 양념이 같은 기능을 한다. 이 발효의 맛은 단백질이 분해되면서 생기는 아미노산 특유의 감칠맛으로, 혀끝에서 오래 머물며 음식의 전체 균형을 잡아준다. 고기와 채소가 함께 들어가는 구성, 단맛이 살짝 감도는 양념, 라임과 허브가 더해 주는 상큼함까지 이런 감칠맛의 틀 안에서 조화를 이루기 때문에 처음 먹어도 구조 자체가 낯설지 않고, 새로운 음식임에도 이미 알고 있던 맛처럼 편안하게 느껴지는 것이다.

베트남의 감칠맛은 쌀국수 한 그릇에 가장 선명하게 드러난다. 퍼(phở)나 분(bún) 같은 면 요리를 떠받치는 핵심은 결국 육수인데, 이 국물은 소뼈와 닭뼈를 오래 고아 얻는 깊은 풍미에 더해 말린 새우와 달큰한 뿌리채소를 함께 끓여 감칠맛의 층을 쌓아 가는 방식으로 발전해 왔다. 단백질과 채소의 자연스러운 단맛이 서서히 배어나며 만들어지는 이 맛의 구조는 한국의 곰탕이나 설렁탕과 매우 닮아서, 한국인이 쌀국수 국물을 처음 맛보는 순간에도 '익숙한데 새로운 맛'이라는 기묘한 친밀감을 느끼게 한다. 곰탕에 퍼 면을 넣어도 큰 이질감이 없고, 쌀국수 국물에 밥을 말아도 자연스럽게 어울릴 만큼 한국과 베트남의 국물 맛은 근본적인 구조가 비슷하다.

베트남 감칠맛의 핵심은 이 나라 국민 양념인 느억맘에서 비롯된다. 생선을 소금과 함께 오래 발효시켜 얻는 이 투명한 액체는 베트남 음식 전체의 맛을 지탱하는 뼈대이자, 감칠맛의 가장 순수한 형태라 할 수 있다. 월남쌈 같은 생채 요리에서 느껴지는 은근한 짭조름함부터, 짜조를 찍어 먹는 소스의 깊은 풍미, 분짜의 단짠새콤한 균형, 해산물이나 고기볶음에서 살아나는 감칠맛까지 대부분의 베트남 요리는 이 느억맘이 만들어내는 아미노산 풍미 위에 세워진다. 한국인이 베트남 요리를 낯설지 않다고 느끼는 이유도 결국 이 발효의 감칠맛이 한국의 젓갈과 액젓 문화와 자연스럽게 이어져 있기 때문이다.

감칠맛을 중시하는 한국과 베트남의 식문화는 20세기 중반 MSG의 보급을 계기로 더욱 또렷한 공통분모를 갖게 되었다. 일본의 아지노모토에서 출발한 글루탐산 조미료는 한국에서는 '미원', 베트남에서는 '미찐(Mì chính)'이라는 이름으로 자리 잡으며, 짧은 시간 안에 깊은 풍미를 완성하는 생활의 기술로 빠르게 스며들었다. 두 나라 모두 전쟁과 식량난을 겪으며 풍부한 재료를 구하기 어려웠던 시기에 국물 요리의 맛을 지켜낸 실용적 도구가 바로 이 감칠맛 조미료였다.

베트남에서는 뼈와 고기를 충분히 쓰기 어려웠던 전쟁 기간에 MSG가 육수의 빈틈을 메워 주었고, 한국 역시 곰국을 오래 고아 낼 여건이 없던 가정과 식당들이 미원을 활용해 맛의 깊이를 유지했다. 오늘날에도 두 나라의 많은 집과 식당에서 국물이나 볶음 요리에 소량의 MSG를 더하는 풍경은 흔하며, 이는 단순한 조리 습관을 넘어 어려운 시대를 견디며 다져진 감칠맛 문화가 지금까지 이어지고 있음을 보여준다.

베트남의 대표적인 향채 띠아또가 한국의 깻잎을 떠올리게 하며 반가움을 불러일으키듯, 허브의 향과 육수의 깊이, 발효 양념과 MSG가 겹쳐 만들어내는 감칠맛은 한국인의 미각에 자연스럽게 스며든다. 이러한 친숙함은 향과 맛의 개별 요소뿐 아니라 조리 방식이 공유하는 구조적 유사성에서 더욱 강화된다. 이는 단순한 우연이 아니라, 두 나라가 모두 '감칠맛'과 '맑고 깊은 국물'이라는 동아시아 특유의 맛과 감각을 공유하기 때문이다.

베트남 음식이 한국인에게 유독 잘 맞는 이유는 특정 메뉴의 유행이나 일시적인 취향의 문제가 아니다. 두 나라가 비슷한 동아시아의 맛 감각을 공유하고 있기 때문이다. 익숙한 맛의 골격 위에 새로운 향이 과하지 않게 더해져, 처음에는 낯설게 느껴지지만 시간이 지날수록 부담은 자연스럽게 옅어진다. 향채를 적극적으로 사용하면서도 국물의 결은 담백하게 유지하는 조리 방식 역시 한국인의 식사 감각과 잘 맞아, 이국적인 음식 앞에서 편안함을 느끼게 한다. 그래서 베트남 음식은 처음에는 이국적으로 다가오지만, 몇 번의 경험을 거치다 보면 어느새 익숙해지고 마음까지 느슨해지는 음식이 된다.

베트남 음식이 한국인의 입맛에 자연스럽게 스며드는 또 하나의 이유는 두 나라 모두 단맛을, 감칠맛을 돕는 장치로 사용한다는 점에 있다. 한국의 양념 문화에서 설탕·양조간장·다시마·엿기름이 국물과 볶음에 은은한 단맛을 더해 감칠맛을 강화하듯, 베트남 요리에서도 육수나 양념, 볶음 요리에 넣는 미세한 단맛이 맛의 깊이를 받쳐주는 역할을 한다. 이는 단맛을 주재료의 맛을 덮는 강한 맛이 아니라, 고기·채소·국물의 풍미를 하나로 묶어 주는 조용한 배경음처럼 사용하는 방식으로, 두 나라의 미각 구조가 놀라울 만큼 닮았음을 보여준다. 그래서 베트남 음식의 단맛은 한국인에게 낯선 이질감이 아니라 감칠맛을 자연스럽게 끌어올리는 친숙한 요소로 받아들여지며, 백종원 역시 베트남 국물과 양념의 '은근한 단맛'이 한국인의 미각과 맞닿아 있다고 강조하였다. [96)]

베트남 음식이 한국 음식과 닮은 듯하면서도 분명한 개성을 지니는 이유는, 동아시아식 맛의 바탕 위에 동남아 지역 고유의 재료와 향신 문화, 그리고 역사적으로 유입된 중국과 프랑스 요리의 영향이 겹겹이 축적되어 있기 때문이다. 중국 음식 문화의 영향을 통해 고수·팔각·계피와 같은 향신료 사용이 자리 잡았고, 여기에 프랑스 식민지 시기를 거치며 빵과 커피, 스튜 같은 서양식 재료와 조리법이 더해졌고, 이는 향은 풍부하되 지나치게 자극적이지 않은 맛의 균형으로 이어졌다. 이러한 역사적·문화적 층위가 쌓이며, 베트남 음식은 한국의 감칠맛 중심 구조와는 또 다른 방식으로 깊이와 여운을 형성하는 음식 문화로 자리 잡게 되었다.

채소 중심 식문화와 반찬 구조의 유사성

베트남에서는 뚱뚱한 사람을 찾아보기 힘들다. 베트남 성인 비만율은 약 2~3퍼센트 수준으로 필리핀 8~10퍼센트, 말레이시아 15퍼센트 이상과 비교하면 동남아 최저 수준이다. [97] 실제로 세계은행과 WHO 통계에서도 베트남의 비만율과 과체중 비율은 동남아 주요 국가 가운데 최저 수준에 속하며, 이는 결코 우연이 아니다. 이 현상은 단순히 '덜 먹어서' 혹은 '부지런해서'라는 설명으로는 부족하다. 그 뒤에는 생활 리듬, 기후, 역사적 경험, 식문화, 식재료 구성, 조리 방식이 복합적으로 작용한 결과다.

베트남인의 슬림한 체형은 무엇보다 칼로리는 낮고 채소 비중은 높으며 지방은 줄인 식문화와 깊은 관련이 있다. 수십 년간 전쟁과 빈곤을 겪는 동안 베트남에서는 기름과 설탕, 동물성 지방의 사용이 제한될 수밖에 없었고, 대신 채소와 허브를 중심으로 한 가벼운 식단이 일상의 식탁에 자리 잡았다. 튀기기보다 데치기·삶기·볶기 같은 조리법이 정착한 것도 이 시기이다. 또한 베트남인의 하루 이동량은 동남아 평균보다 높은데, 새벽부터 시작되는 생활 리듬, 높은 노동 강도 등 모두가 칼로리 소비를 자연스럽게 늘리게 한다.

같은 동남아 국가인 필리핀과 인도네시아와의 음식 문화를 비교하면 이 차이는 더욱 선명해진다. 두 나라의 대표 음식은 기름을 넉넉히 사용하거나 설탕을 강하게 넣는 조리법이 많다. 통돼지를 통째로 숯불에 굽는 필리핀식 바비큐 레촌lechon, 식초와 간장으로 고기를 졸여 만드는 아도보adobo처럼 지방이 풍부한 고기 요리가 일상화되어 있고, 인도네시아의 나시고랭 시리즈는 기본적으로 기름에 볶거나 튀기는 조리법이 중심이다. 설탕을 많이 넣는 단맛 선호와 기름진 소스 사용까지 더해지며 총칼로리 섭취량이 자연히 높아지고, 이들 나라 국민은 살이 찌지 않을 수가 없다. 이와 달리 베트남의 전통적인 식문화는 허브와 생채소, 국물 면 요리와 비교적 맑은 육수를 중심으로 구성되어 있어, 상대적으로 조리 과정에서 사용되는 기름과 당의 비중이 낮은 편이다. 그 결과 한 끼의 열량은 과도하게 높지 않으면서도, 채소와 국물, 면이 함께 어우러져 포만감은 충분히 확보된다. 같은 동남아시아라는 지리적 범주 안에 놓여 있더라도, 기름과 설탕의 사용 빈도, 조리 방식, 주식과 부식의 구성, 식재료의 선택이 오랜 시간 누적되며 각 나라의 식문화는 서로 다른 방향으로 발전해 왔다. 이러한 차이는 식생활의 감각뿐 아니라, 장기적으로는 생활 방식과 체형의 인상에까지 영향을 미치며 나라별 뚜렷한 차이를 만들어낸다.

한국과 베트남은 유사하면서도 다르다. 한국은 과거 채소·국물·곡물 위주의 비슷한 저지방 식문화를 유지했지만, 1990년대 이후 빠른 도시화와 서구식 식단 도입으로 열량 밀도가 높아지고, 외식과 야식 문화가 폭발적으로 늘면서 비만율이 빠르게 상승했다. 반면 베트남은 서구화의 속도가 상대적으로 늦었고, 여전히 채소 비율이 높은 전통 식단과 활동량 많은 생활 구조가 유지되고 있다. 결과적으로 한국과 베트남은 과거에는 비슷한 체형 조건을 갖고 있었으나, 이 차이가 오늘날 두 나라의 체형 격차로 이어지고 있다.

흥미로운 점은, 한국인은 원래 채소·국물·곡물 중심의 가벼운 식사 문화를 전통적으로 갖고 있었다는 사실이다. 조선 시대의 일상 식단은 채소 반찬과 나물·된장국·잡곡밥이 중심이었고, 고기 소비량은 지금보다 훨씬 적었다. 현대에 들어서도 샐러드와 채소가 풍부한 한식 식단을 선호하는 흐름이 두드러지고 있으며, 채식 트렌드가 빠르게 확산되고 있다. 한국인의 미각과 생활 문화에는 본래 가볍게 먹고, 다양하게 먹고, 국물과 채소로 밸런스를 맞춘다는 전통적 틀이 존재해 왔고, 이는 베트남의 저칼로리와 채소 식문화와 자연스럽게 맞닿아 있다.

한국에서 쌀국수보다 월남쌈이 먼저 대중적 인기를 얻은 이유는 한국인의 식문화가 본래 지향해 온 저칼로리와 채소 중심의 식습관과 정확히 맞아떨어졌기 때문이다. 라이스페이퍼에 신선한 채소와 고기, 새우를 감싸 먹는 월남쌈은 가볍지만 포만감 있는 한 끼, 채소를 충분히 섭취할 수 있는 식사라는 한국적 건강 기준을 충족시키며 인기를 끌었다. 특히 2000년대 이후 다이어트 열풍과 저지방 식단을 찾는 흐름이 강해지면서 월남쌈은 '먹어도 부담 없고 살찌지 않는 음식'이라는 인식까지 더해져 빠르게 확산되었다.

쌀국수 역시 베트남 음식 특유의 '가벼운 한 끼'라는 성격을 잘 보여준다. 퍼의 맑고 담백한 국물은 소나 닭뼈를 오래 끓여내 깊은 풍미를 지니면서도 기름기가 거의 없고, 면 또한 밀가루가 아닌 쌀로 만들어져 글루텐이 없어 소화 부담이 적다. 얇고 부드러운 쌀면은 위에 오래 머무르지 않으면서도 포만감을 주고, 한 그릇의 열량 역시 상대적으로 낮아 식사 후의 부담을 줄여 준다. 여기에 라임이나 고추, 다양한 허브를 곁들이면 기름을 거의 쓰지 않고도 맛의 층위를 풍부하게 만들 수 있다. 쌀국수는 맑은 국물, 가벼운 탄수화물, 적절한 단백질이 균형을 이루는 식사로, 저열량이면서도 만족도가 높은 구조를 갖춘 음식이라는 점에서 오늘날 한국인의 건강 지향적 식문화와도 자연스럽게 맞닿아 있다.

베트남과 한국은 역사도, 기후도, 문화적 배경도 다르지만, 밥을 중심으로 식탁을 구성하는 쌀 문화권이라는 점에서 깊이 닮았다. 두 나라 모두 하나의 메인에 여러 소량의 반찬을 더 하는 백반 체계를 발전시켰다는 점도 흥미롭다. 한국의 백반이 밥·국·김치·나물·고기 반찬을 조합해 먹는 방식이라면, 베트남의 껌땀·껌승·껌니에우·껌쩨이 역시 밥 한 그릇에 채소·절임류·국물· 고기·두부 반찬 등을 곁들여 한 상을 완성한다. 이런 '밥 플러스 다양한 부요리'라는 공통의 식탁 구조 덕분에 한국인은 베트남 음식을 자연스럽게 받아들이고, 베트남인 역시 한식을 어렵지 않게 이해하는 문화적 친근함이 생겨나는 것이다.

또한, 한국과 베트남의 식문화는 모두 물과 수분을 중심에 두는 조리 전통을 지닌다는 점에서도 비슷하다. 한국이 국·탕·찌개처럼 물을 이용해 끓이거나 졸이는 조리법을 발달시켰듯, 베트남 역시 퍼(phở)·깐(canh)·분(bún) 같은 맑은 국물 요리를 기본으로 하며, 데치기·삶기·가볍게 볶기 같은 저지방 조리를 선호한다. 이러한 수분 기반 조리법은 재료의 맛을 지나치게 변형시키지 않으면서도 기름 사용을 최소화해 전체 칼로리 밀도를 낮추는 효과를 낳는다. 이것은 고온에서 튀기거나 볶는 방식보다 영양 손실이 적고 소화가 부담스럽지 않아 하루 활동량이 많았던 농경 중심 사회에서 자연스럽게 자리 잡은 조리 관습이기도 하다.

한국과 베트남의 밥상을 가만히 들여다보면, 서로 다른 역사와 기후를 겪어 왔음에도 놀라울 만큼 비슷한 뿌리를 공유한다는 사실이 드러난다. 두 나라 모두 오랜 세월 채소·허브·곡물 중심의 식사를 자연스럽게 유지해 왔기 때문이다. 한국의 백반과 베트남의 껌니에우와 같은 가정식은 밥을 중심에 두고 다양한 반찬을 조금씩 섞어 먹는 것이며, 자연스럽게 칼로리 밀도를 낮추고 식사를 가볍고 균형 있게 만든다. 여러 맛을 조합해 자신에게 맞는 조화를 찾아가는 방식은 체질과 체형 유지에도 긍정적으로 작용해 두 나라 사람에게 본능적으로 익숙한 식문화의 리듬을 만들어왔다.

베트남의 채소 중심 식문화는 한국의 종교적 전통과 일치한다. 베트남은 예로부터 불교적 금욕 전통과 전쟁기 식량 부족을 겪으면서 채소·허브·콩 단백질을 활용한 요리가 발달했는데, 두부와 버섯, 말린 콩단백을 사용해 고기와 유사한 식감을 내는 조리법은 오랜 세월 사찰 음식과 민간 채식 요리에서 다듬어져 왔다. 고기 없이도 식감과 풍미를 풍부하게 구현한 이 요리들은 베트남 특유의 허브·발효·국물 문화와 맞물려 자연스럽게 발전해 왔으며, 한국의 사찰음식이 나물·콩·발효 양념을 중심으로 맛을 쌓아 온 방식과도 비슷하다.

이런 이유로 신선하고 균형 잡힌 채식 요리를 선호하는 한국 여행객들에게 베트남은 동남아에서 드물게 입맛이 맞는 채식 여행지로 부각하고 있다. 한국인이 베트남 음식을 더욱 쉽게 받아들이는 이유도 바로 이 가벼운 조리법, 저칼로리 구성, 그리고 풍부한 채소라는 식문화의 공통 기반 덕분이다.

한국에 스며든 베트남의 맛

2000년 이후 베트남과 한국 사이의 왕래가 폭발적으로 늘어나면서 두 나라의 식탁 풍경까지 바꿔놓았다. 2026년 현재 한국에는 약 30만 명의 베트남인이 생활하고 있으며, 베트남에도 비슷한 규모의 한국인이 거주하면서 일상적으로 양국의 인적 교류가 빈번하게 이루어지고 있다. 사람만 오가는 것이 아니라 한국은 베트남의 상위권 교역국이자 대표적 투자국으로 자리 잡았고, 양국을 오가는 화물은 종류와 규모 모두 과거와 비교할 수 없을 만큼 커졌다. 이 흐름 속에서 베트남 음식의 핵심 재료인 향채, 느억맘, 라임, 쌀국수용 생면 등이 이전보다 훨씬 안정적으로 한국에 유통되기 시작했다. 과거에는 대체품이나 국내 조리 방식에 맞춘 변형이 필요했다면, 이제는 신선한 재료를 그대로 조달할 수 있어 한국에서 만드는 베트남 음식의 맛도 자연스럽게 원형에 가까워지고 있다. 사람과 상품, 미각이 동시에 교류하면서 식탁의 지형 자체가 바뀌고 있는 것이다.

매년 2만 명 이상의 베트남 이주노동자가 고용허가제를 통해 한국에 새롭게 입국하고, 베트남 유학생 수도 2024년 기준 약 4만 명에 이르며 꾸준히 증가하고 있다. 한국에는 현재 약 30만 명의 베트남인이 체류하고 있으며, 이 가운데 결혼 이민자는 최근 국제결혼의 약 30퍼센트 이상을 차지할 만큼 큰 비중을 이루고 있다. [98] 결혼이주 여성들은 배우자와 자녀까지 포함한 가구 단위로 정착해 농촌과 도시를 중심으로 빠르게 한국 사회에 편입되고 있으며, 일부 지역에서는 부녀회장이나 마을 이장을 맡을 정도로 한국에 완전히 정착했다.

이와 함께 한국인의 베트남 투자와 여행도 지난 10여 년 사이 크게 늘어났으며, 두 나라의 문화적 연결은 더욱 깊어졌다. 한국은 베트남의 주요 교역국이자 큰 투자국 중 하나로, 제조업과 IT, 서비스 분야에서 투자가 계속 이어지고 있다. 베트남에 사는 한국인도 수십만 명에 이를 만큼 늘어났다. 여행 역시 빠르게 늘어, 해마다 수백만 명이 서로 오가는 일상적인 교류가 되었다. 이런 경제·문화·사람의 교류가 늘어나면서 음식 문화도 자연스럽게 영향을 받았다. 한국에서는 베트남 음식이 더 다양하고 정교해지고, 베트남에서는 한식이 빠르게 퍼지며 두 나라의 식문화가 서로 영향을 주고받고 있다.

이 흐름 속에서 서울 왕십리와 부천 역곡, 경기도 안산처럼 베트남인이 집중적으로 정착한 지역은 어느새 하나의 작은 베트남 도시로 자라났다. 거리의 가게 문을 열면 고수 향이 부드럽게 스치고, 메뉴판에는 쌀국수·분짜·분보후에·껌땀 같은 이름들이 더 이상 특별한 외국어가 아니다. 길모퉁이 카페에는 연유 커피와 반미가 자연스럽게 자리하고, 초록빛 허브가 쌓인 채소 바구니는 시장의 풍경처럼 익숙해졌다.

그만큼 한국에서 베트남 음식은 한층 자연스럽고 폭넓게 자리 잡았다. 이제 베트남 요리는 쌀국수에 머물지 않고, 고수·라임·채소가 어우러지는 특유의 신선한 맛까지 즐기는 층이 넓어졌으며, 과거엔 생소하게 여겨졌던 분짜나 반쎄오 같은 메뉴도 한국인의 일상적 선택지로 안착했다. 이는 단순한 외식 트렌드의 변화가 아니라, 두 나라가 서로의 문화를 더 깊이 이해하고 교류한 결과가 축적된 흐름이다.

음식이나 문화는 아는 만큼 보이고, 익숙해질수록 더 깊이 느껴지는 법이다. 한국과 베트남의 교류가 관광, 유학, 노동, 투자, 이주까지 다층적으로 확대되면서 한국인에게 베트남 음식이 낯선 이국적 요리가 아니라 경험의 연장선으로 자리 잡기 시작했다. 베트남을 직접 여행하며 거리에서 먹은 쌀국수나 분짜의 맛이 기억 속 비교 기준이 되었고, 한국에 돌아와서도 그 맛을 찾으려는 수요가 자연스럽게 늘어났다. 베트남 친구와의 교류, 현지 레스토랑에서의 경험, 베트남에서 일하거나 거주한 사람들의 후기 등이 더해지며 한국인의 심리적 허들도 빠르게 낮아졌다. 양국의 활발한 교류가 음식에 대한 이해의 폭을 넓히고, 베트남 음식이 한국인의 일상에 자연스럽게 스며들도록 만든 것이다.

오늘 한국의 어느 골목에서 고수 향이 은근하게 퍼지는 한 그릇의 분짜를 마주한다면, 그것은 더 이상 외국 음식이 아니다. 그 한 그릇에는 두 문화가 오랜 시간 서로에게 스며든 교류의 결이 담겨 있다. 한때 멀게만 느껴지던 베트남의 맛이 어느새 한국의 식탁 위에 자연스럽게 내려앉게 된 이유는, 결국 두 나라 사람이 서로의 삶 가까이에서 살아가고 있기 때문이다. 여행·이주·노동·유학·비즈니스 등 수많은 접점 속에서 서로의 음식과 문화를 직접 경험하고 나누며, 분짜 한 그릇은 타지의 맛이 아니라 익숙한 일상의 한 부분이 되어가고 있다.

그러나 이러한 흐름의 밑바탕에는 더 근본적인 이유, 즉 두 나라가 공유해 온 역사적 유사성과 정서적 친근감이 있다. 베트남과 한국은 지리적으로 수천 킬로미터 이상 떨어져 있고 언어권도 완전히 다르지만, 모두 외세 침략과 식민 지배를 경험했고, 전쟁 이후 급속한 경제성장을 이뤄낸 국가라는 공통된 배경을 갖고 있다. 가족을 중심으로 한 생활 문화, 공동체적 협력, 검소함과 근면을 중시하는 가치관 역시 두 사회를 관통하는 특징으로 꼽힌다. 이런 문화적 유사성은 한국인이 베트남을 생소한 타자가 아닌 낯설지 않은 이웃으로 느끼게 만든 심리적 기반이 된다.

한국에서 베트남 음식이 사랑받는 이유는 '맛있어서'라는 단순한 말로는 다 설명되지 않는다. 그 속에는 쌀 중심의 농경사회, 침략과 식민 지배를 겪은 유사한 역사, 가족을 중심에 둔 삶의 방식, 유교와 불교라는 종교적 전통 속에서 형성된 근면과 절제의 가치관, 그리고 음식을 단순한 섭취가 아니라 정성과 돌봄, 위로의 매개로 받아들이는 공통된 음식 문화까지 겹치는 두 나라의 오래된 동질감이 자리한다. 게다가 일상에서 흔히 만나는 베트남 사람들과 다문화 가정의 증가는 베트남 음식에 대한 호감을 더욱 키운다. 그래서 한 그릇의 쌀국수를 마주하는 순간, 우리는 낯선 음식을 맛보는 것이 아니라 오래전부터 알고 있던, 비슷하지만 조금 다른 음식을 다시 확인하게 되는 것이다.

17. V-푸드의 시대가 온다!

17. V-푸드의 시대가 온다!

　중진국 진입을 앞둔 베트남은 지금, 음식 문화의 미래가 거대한 갈림길 위에 서 있다. 쌀국수·반미·연유 커피처럼 이미 세계인의 사랑을 받는 메뉴들이 더욱 강력한 글로벌 브랜드로 도약할지, 아니면 저렴한 동남아 길거리 음식이라는 이미지에 머물지 결정되는 시점이기 때문이다. 이는 곧 베트남이 자국의 일상적 음식 문화를 세계에 어떤 얼굴로 보여줄 것인가에 대한 선택이기도 하다.

　베트남 미식은 풍부한 식재료와 놀라운 다양성, 그리고 끊임없이 새로운 조합을 만들어내는 창의성을 바탕으로 세계 미식 시장을 뒤흔들 잠재력을 지니고 있다. 그러나 동시에 저가 이미지의 고착, 식품 안전에 대한 우려, 국가 브랜드의 한계, 저품질 모방 확산과 같은 구조적 약점이 발목을 잡고 있는 것도 사실이다. 베트남 음식은 이처럼 상반된 힘의 충돌 속에서 어떤 미래를 선택하게 될지를 그 가능성과 위험을 함께 놓고 차분히 가늠해야 할 순간에 서 있다.

　베트남 음식 문화의 가장 큰 강점은 이미 오랫동안 여러 문명이 겹겹이 지나간 '교차점의 맛'이라는 점이다. 중국의 국물·면·볶음 문화, 동남아 특유의 허브와 열대 향신료, 프랑스의 빵과 육수·유제품 기술, 일본·한국을 통해 들어온 현대식 외식 시스템까지, 베트남 사람들은 다양한 음식 문화를 여러 세대에 걸쳐 몸으로 흡수해 자기식으로 재창조해 왔다. 쇠고기 스튜를 쌀국수로 만들고, 프랑스 바게트를 반미로 바꾸고, 중국식 면 요리를 퍼·분·후띠우 같은 베트남식 국수로 재창작했다. 거대한 문화적 충돌을 자신의 것으로 만든 이 긴 실험의 결과가 지금의 베트남 음식이라면, 앞으로의 베트남 음식 문화는 더욱 빠르게, 그리고 더욱 자유롭게 국경을 넘나들며 새로운 조합을 만들어 낼 가능성이 크다.

　이제 베트남 음식은 더 이상 동남아의 로컬 음식에 머물지 않고, 세계 주요 도시의 식탁에서 통용되는 보편적 선택지로 자리 잡아가고 있다. 세계 각지의 셰프들이 베트남 특유의 국물과 허브, 쌈 문화를 자신만의 방식으로 재해석하는 한편, 베트남의 젊은 요리사들 역시 한국식 양념, 일본식 플레이팅, 프랑스식 디저트, 이탈리아식 밀 요리 문화까지 적극적으로 흡수하며 새로운 형태의 베트남

퓨전을 만들어내고 있다. 이러한 상호 교류는 베트남 음식이 더 이상 일방적으로 소비되는 대상이 아니라, 세계 미식 문화 속에서 능동적으로 진화하는 주체가 되었음을 보여준다.

이 같은 변화는 글로벌 식문화의 흐름과도 긴밀하게 맞물려 있다. 건강, 채식, 저칼로리, 슬로푸드와 같은 키워드는 이미 베트남 음식이 지닌 가벼움과 채소 중심의 구성, 맑은 국물이라는 특성과 자연스럽게 겹친다. 그 결과 베트남 음식은 앞으로 세계적인 건강 및 라이프스타일 트렌드를 선도하는, 동아시아와 동남아를 잇는 교차점의 음식으로 성장할 가능성이 크다. 다양한 문화와 외부 영향을 겹겹이 흡수해 온 베트남 음식의 역사 자체가, 앞으로의 변화에도 유연하게 적응할 수 있는 가장 강력한 자산이 되는 셈이다.

베트남 미식의 미래가 밝은 가장 근본적인 이유는 육·해·공·초목을 아우르는 압도적 식재료의 풍요로움에 있다. 이 풍요로움은 곧 요리의 상상력을 떠받치는 가장 단단한 토대이기도 하다. 에드워드 리 셰프는 "셰프는 맛을 발명할 수 없다. 농민이 만든 재료에서 나오는 맛을 조합해 요리를 만들 뿐입니다"라고 말했다. [99] 그의 말대로 베트남 미식의 경쟁력은 재료 그 자체에 있다.

길게 뻗은 3,200킬로미터의 베트남 해안선은 새우·게·랍스터·조개류 같은 갑각류부터 고등어·가다랑어·갈치·도미 등 각종 바다 생선을 끝없이 공급하며, 메콩과 홍강 삼각주는 세계적으로 손꼽히는 비옥한 토지로 쌀·야채·허브·열대 과일이 사계절 끊이지 않는다. 북부·중부의 산악지대에서는 돼지·닭·오리 같은 가금류와 함께 전통 음식과 연결된 야생 식재료가 전승되고, 남부는 망고·파파야·리치·람부탄·두리안 등 향이 강한 과일의 보고다. 이처럼 바다·강·산·논·정글이 공존하는 지형은 지역마다 전혀 다른 미식 세계를 만들어내며, 베트남 음식이 놀라운 변주와 창의성으로 세계 미식 시장에서 성장할 수 있는 토대가 된다.

또한, 베트남 음식의 미래가 밝은 것은 인구 1억 명 규모의 거대한 내수 시장과 치열한 음식 경쟁 환경을 손꼽을 수 있다. 베트남 외식 시장은 이미 동남아에서 가장 젊고 빠르게 성장하는 시장 중 하나로, 호찌민과 하노이 같은 대도시는 하루에도 수백 개의 새로운 식당이 생기고 사라질 만큼 경쟁이 치열하다. 이 치열한 경쟁은 자연스럽게 음식의 품질과 창의성을 끌어올리는 압력으로 작용한다. 맛이 평범하거나 정체성이 분명하지 않은 가게는 금세 도태되며, 조리 기술과 가격, 서비스, 메뉴 개발, SNS 홍보에 이르기까지 모든 요소가 실시간으로 평가받는다.

이러한 치열한 경쟁 환경은 베트남 음식 문화가 단순히 전통을 보존하는 단계에 머무르지 않고, 젊은 셰프와 푸드 스타트업, 카페 브랜드를 중심으로 끊임없이 혁신을 시도하게 만든다. 실제로 호찌민에서는 전통 분짜를 현대식 구이로 재해석한 매장, 하노이에서는 채식 기반 분리우, 비건 반미가 등장하는 등 내수에서 먼저 진화한 음식이 세계 무대로 확산되는 흐름도 이미 나타나고 있다. 1억 인구의 거대한 소비자 풀과 극단적으로 경쟁적인 시장 구조는 베트남 음식이 앞으로도 멈추지 않고 진화하며, 내수 시장을 넘어 세계 시장으로 나아갈 것을 암시한다.

주목할 만한 베트남 로컬 브랜드들은 이제 '현지에서 잘되는 브랜드'를 넘어, 세계 시장으로 진출하고 있다. 코쿤Cocoon은 베트남산 원재료라는 분명한 출발점을 내세워, 아시아와 유럽 일부 시장으로 조심스럽게 발을 넓히며 '베트남 클린 뷰티'라는 서사를 쌓아가고 있다. 바스카라Vascara는 트렌디한 디자인과 안정적인 품질을 무기로 캄보디아와 태국 등 인접 국가로 진출하며, 지역적 감각을 지닌 패션 브랜드의 가능성을 증명한다. 비나밀크Vinamilk는 베트남을 대표하는 우유 브랜드에서 나아가, 미국과 호주, 중동을 포함한 50여 개국으로 유통망을 확장하며 자국 브랜드의 글로벌 표준을 새로 써 내려가고 있다. 이들의 공통점은 세계화를 위해 정체성을 희석시키기보다, 오히려 베트남이라는 출신지를 또렷한 경쟁력으로 삼고 있다는 점이다.

베트남 외식 시장의 강자들은 이미 국내 경쟁을 넘어 글로벌 무대로 진출하기 시작했다. 그중에서도 콩카페(Cộng Cà Phê)는 '전쟁 시대 하노이 감성'을 현대적으로 재해석한 독특한 브랜드 스토리와 디자인으로 눈도장을 찍었고, 싱가포르·말레이시아·한국 등 해외 주요 도시에 매장을 열며 브랜드 확장에 성공한 대표적 사례다. 여기에 푹롱(Phúc Long), 쭝응우옌(Trung Nguyên) 같은 대형 커피 브랜드도 미국·일본·싱가포르 등지로 가맹점을 확장하며 베트남 커피 문화를 수출하고 있다. 이들은 아직 스타벅스나 맥도날드처럼 세계적 지배력을 가진 글로벌 체인과는 거리가 있지만, 베트남 고유의 맛과 미학을 정교하게 상품화하여 해외 시장에서 존재감을 높여가는 과정 자체가 베트남 외식 산업의 성장 잠재력을 상징적으로 보여준다.

무엇보다 베트남 음식 문화의 가장 큰 강점은 베트남인의 탁월한 창의성과 변주 능력이다. 대표 음식인 쌀국수는 베트남 북부에서 시작되었지만, 지역을 달리할 때마다 전혀 다른 개성을 지니며 진화했다. 남부에 내려오면 맑고 담백한 국물은 코코넛 오일의 은근한 단맛과 풍부한 허브로 한층 화려해지고, 중부에서는 매콤하고 짭짤한 풍미를 강조한 형태로 다시 태어났다. 한 가지 음식이 기후·역사·재료 환경에 따라 이렇게 다채롭게 변주되는 나라는 흔치 않다. 이는 베트남인들이 재료 구성과 향의 균형을 조절하는 데 천부적인 감각을 갖고 있음을 보여준다.

커피 문화도 마찬가지다. 연유 커피에서 에그 커피, 코코넛 커피, 요구르트 커피, 소금 커피, 심지어 맥주와 커피를 섞은 독창적 조합에 이르기까지, 베트남의 커피 변주는 전 세계 어느 나라와 비교해도 손색이 없다. 이는 단순한 실험정신이 아니라, 전통을 현대적으로 재해석하는 능력, 그리고 새롭게 들어온 외래 재료를 자기 방식으로 빠르게 흡수하는 베트남 특유의 문화적 탄력성에서 나온다. 바로 이런 창의적 기질이 베트남 음식을 정체성에 갇히지 않고 끊임없이 발전시키는 원동력이자, 앞으로 베트남 미식이 국제 시장에서 지속적으로 주목받을 수 있는 핵심 경쟁력이 된다. 혁신이란 다양한 문화가 교차하고 치열한 경쟁에서 나오는 법이다.

이런 창의성은 단순한 새로움 만들기에 그치지 않고, 베트남 고유의 감각과 전통을 지키면서도 현대적 취향에 맞게 확장하는 능력으로 이어지고 있다. 베트남 젊은 셰프들은 전통 쌀국수에 일본식 차슈를 얹거나, 프랑스식 브루스케타(구운 빵 위에 토마토 등을 올린 이탈리아식 전채)를 반미의 식감으로 재해석하는 등 글로벌 미식 트렌드와 로컬 정체성을 자연스럽게 결합한다. 카페 문화에서도 베트남 특유의 강한 로부스타와 현지 허브, 열대 과일을 이용한 새로운 메뉴가 꾸준히 등장하며, '베트남 스타일'이라는 하나의 브랜드가 세계적으로 확장되고 있다. 즉, 베트남 사람들의 창의성은 단순한 발명이나 모방이 아니라, 기존의 틀을 유연하게 받아들이고 자신들만의 방식으로 다시 빚어내는 힘이며, 이것이 바로 베트남 음식 문화가 앞으로 더 넓은 세계로 뻗어나갈 수 있는 근본적인 에너지라 할 수 있다.

하지만 아직 해결되지 않은 문제도 있다. 베트남 음식이 세계적으로 인기를 얻고 있음에도, 국가 이미지가 한계로 작용한다. 한국이나 일본처럼 음식이 고급화되고 브랜드로 자리 잡은 나라들과 달리, 베트남은 오랫동안 저렴한 생산국, 값싼 노동력, 저가 여행지라는 인식에 묶여 있다. 이런 이미지는 음식 문화에도 그대로 이어진다. 쌀국수·분짜·반미 같은 음식이 전 세계에서 사랑받고 있지만, 베트남 음식은 맛있지만 싸고 가벼운 길거리 음식 정도로 여겨지는 경우가 많다. 그 결과, 고급 외식 시장에서는 음식의 완성도나 재료의 다양성에 비해 충분한 평가를 받지 못하고 있다. 프랑스나 일본처럼 국가 이미지와 미식 이미지가 함께 높아지지 못한 탓에, 베트남 음식은 아직 강력한 글로벌 브랜드 파워를 형성하지 못한 상태에 머물러 있다.

또 하나의 문제는 짝퉁 문화와 저품질 모방 제품이 베트남의 이미지 형성에 부정적 영향을 준다는 점이다. 베트남은 오랫동안 제조업과 상업 분야에서 복제품 시장이 커져 왔고, 이는 관광객과 외국 기업의 인식 속에 품질 관리 기준이 약하다는 이미지로 남아 있다. 이러한 인식은 음식 문화에도 그대로 투영된다. 비위생적인 반미, MSG 쌀국수, 초저가 베트남 커피 등이 시장에서 기승을 부리면, 정작 진짜 베트남 음식의 깊이와 다양성이 가려져 버리는 역효과가 발생한다. 즉, 베트남 요리는 대중적 인기는 얻었지만, 그 가치가 고급 브랜드로 포장되지 못한 채 시장에서 저가 이미지로 소비되는 문제가 지속되고 있다.

그리고 무엇보다 베트남 음식 문화가 세계로 빠르게 확장되는 흐름 속에서도 해결해야 할 구조적 취약점이 존재한다. 그중 가장 심각한 문제는 식품 안전성이다. 베트남에서는 해마다 식중독 사고가 반복되는데, 불량 재료 사용, 비위생적 조리 환경, 농약 과다 사용 등이 주요 원인이다. 심지어 베트남을 대표하는 길거리 음식인 반미는 대규모 식중독이 발생해 수십 명이 병원에 실려 가고 사망자가 나온 사례가 해마다 일어난다. 냉장 시스템이 취약한 소규모 노점이나 시장 좌판에서는 고온다습한 기후 속에서 재료가 쉽게 상하고, 교차 오염이 일어나기 쉬워 위험을 항상 안고 있다.

여기에 더해, 메탄올이 섞인 가짜 술로 인한 사망 사건이 매년 반복되면서 베트남의 식품 위생 문제는 국제 사회에서의 신뢰도에도 부정적인 영향을 미치고 있다. 이러한 사건들은 베트남 음식이 싸고 맛있다는 인상과 함께, 위생에 대한 불안이 공존하는 나라라는 이미지를 고착시키는 요인으로 작용한다. 베트남 음식 문화가 세계적으로 지속적인 확장을 이루기 위해서는, 미식적 잠재력 못지않게 위생과 품질 관리라는 기초 인프라를 강화하는 노력이 반드시 병행되어야 함을 보여준다.

마지막으로, 문화 파워soft power의 부족 역시 베트남 음식의 글로벌 확장을 가로막는 구조적 약점이다. 한국은 K-팝과 드라마 등이 한식의 인기로 이어졌으며, 일본은 애니메이션과 미식 문화 콘텐츠가 맞물리며 일식의 세계적 이미지를 강화했다. 반면 베트남은 경제성장 속도에 비해 문화적 매력이 아직 미약해, 해외 소비자들이 베트남 음식과 베트남 문화 전체를 하나의 브랜드 경험으로 인식하지 못한다. 이는 음식이 개별 요리로는 유명해져도, 국가 브랜드 차원에서는 힘을 발휘하지 못하는 원인이 된다. 앞으로 베트남 음식 문화가 세계 무대에서 더 높은 위상을 갖기 위해서는, 음식의 품질뿐 아니라 국가 이미지, 문화적 서사, 브랜드 전략까지 함께 구축해야 하는 숙제가 남아 있는 것이다.

베트남 음식 문화의 미래는 창의성과 다양성, 그리고 치열한 경쟁 속에서 단련된 유연성에 달려 있다. 쌀국수, 반미, 베트남 커피처럼 이미 세계인의 사랑을 받는 음식들은 단순한 전통 요리가 아니다. 그것은 수 세기 동안 중국·동남아·프랑스·일본·한국 등 여러 문화가 겹겹이 스며들며 빚어낸 거대한 미식 실험의 산물이자, 전쟁과 기아 속에서도 살아남기 위해 발휘한 창의적 생존의 결과물이기도 하다.

1억 인구가 만들어내는 방대한 내수 시장과 하루가 다르게 진화하는 외식 산업의 경쟁 구도는 이러한 실험을 앞으로도 끊임없이 확장시키는 동력이 될 것이다. 그러나 식품 안전성 문제, 짝퉁과 저품질 모방 제품의 난립, 국가 브랜드 파워의 취약함은 여전히 베트남 음식이 글로벌 시장에서 제 가치를 온전히 인정받는 데 걸림돌로 남아 있다.

그럼에도 불구하고 전통을 현대적으로 재해석하는 감각, 낯선 재료와 기법을 유연하게 흡수하는 힘, 그리고 끊임없이 새로운 조합을 실험하는 창의성은 베트남 음식이 세계 미식 무대에서 더 중요한 위치로 나아가고 있음을 보여준다. 베트남 음식은 이제 '싸고 간편한 길거리 음식'이라는 이미지를 넘어, 다양성과 세련미를 갖춘 아시아 미식의 핵심 주자로 성장할 가능성에 서 있다. 젊고 역동적인 인구 구조, 활발한 외식 문화, 그리고 세계와의 빠른 교류는 이러한 잠재력을 현실로 만들며 V-푸드의 시대를 열어갈 것이다.

베트남 음식 문화 연표

연대	역사적 사건	음식 문화 의미
BC 2879경	홍왕(Hùng Kings) 전설적 기원	농경과 제사의 기원 신화, 음식 문화의 상징적 출발
BC 2000년대 전반	열대 과일·뿌리작물 이용 확대	바나나·타로·얌류 등 점진적 정착
BC 2000~1500년경	홍강 유역 벼 재배 본격화	습지 벼농사 토대 형성
BC 700~AD 100	관개식 논농사 체계 확립	쌀 중심 식문화 구조 완성
BC 300년 이전	리치 재배 확산	중국 남부 원산 과일 지역 정착
BC 200~AD 200	발효 생선 소스 전통 형성	염장·발효 어류 문화 확립 (느억맘 기원 추정)
AD 1~5세기	코코넛·열대 해안 작물 남부 정착	참파 문화·해상 교류 영향
BC 111	한나라 남월 정복	면, 간장 등 중국 식문화 유입
4~6세기	망고 재배 확산	인도·동남아 교역 영향
602	수나라 침입	중국 식재료·조리법 지속 유입
939	백등강 전투 승리	독립 회복, 토착 식문화 재정립
1009	리 왕조 성립	불교 문화 확산 기반
1225	쩐 왕조 성립	채소·담백한 음식 선호 강화
1257·1284·1287	몽골 3차 침입	식량 보존 기술·군량 문화 발달
1400	호 왕조	과도기적 시기
1406	명나라 침입	중국식 조리법 재유입
1428	레러이 독립, 후레 왕조	지역 음식 다양화

연대	역사적 사건	음식 문화 의미
1527	막 왕조 집권	남북 음식 차이 심화
16세기 후반~17세기	고추 도입	유럽 교역 영향, 매운맛 정착
17세기 이후	두리안 남부 재배 확대	토착 과일 본격 편입
18~19세기	지역 대표 음식 형성	분짜·분보후에·월남쌈 계열 정착
1850년대	커피나무 도입	중부 고원 재배 시작
1858	프랑스 다낭 침략	식민지 지배 본격화
1860년대 이후	밀가루·바게트 확산	반미의 기초 형성
1880년대 후반	핀 커피·연유 사용 일반화	베트남식 커피 문화 정착
1883~1945	프랑스령 인도차이나	프랑스 조리기술과 현지 재료 결합
1900~1915년경	쌀국수(퍼) 형성	하노이·남딘 중심 발전
1940~1945	일본 점령	식량 수탈·대기근
1945	독립 선언	약 백만 명 사망 추정 대기근
1946~1954	제1차 인도차이나 전쟁	전쟁기 식량 체계 변화
1954	디엔비엔푸 승리, 남북 분단	식문화 지역화 가속
1954~1975	분단기	쌀국수 남부 확산
1965~1973	베트남 전쟁	미군 영향, 설탕·육류 소비 증가
1975	통일	전국적 음식 교류 확대
1986	도이머이 개혁	시장경제 도입, 외식 산업 급성장

미주

1   브리야 사바랭, 『미식예찬』, 르네상스, 2004. 19쪽.

2   마이클 폴란, 『잡식동물의 딜레마』, 다른 세상, 2008. 19쪽.

3   Ludwig Feuerbach, Grundsätze der Philosophie der Zukunft, 1843; 이지은, "포이어바흐의 감성론 연구," 서울대학교 박사학위논문, 2020. 36쪽.

4   Avieli, N., "Making Sense of Vietnamese Cuisine," *Education About Asia*, vol. 16, no. 3, 2011. pp. 42–45.

5   Vu Hong Lien, *Rice and Baguette: A History of Food in Vietnam*, Reaktion Books, 2016. p. 162.

6   Food and Agriculture Organization of the United Nations. (2021). Food balance sheets: Vegetable supply per capita [Data set]. FAOSTAT; Our World in Data. https://ourworldindata.org/grapher/vegetable-consumption-per-capita.

7   Lien, *Rice and Baguette*, 163.

8   "Vietnamese Cuisine Ranked Among the World's Most Appealing," *Good Morning Vietnam*, October 16, 2025.

9   Thomas, M., "Transitions in Taste in Vietnam and the Diaspora," *The Australian Journal of Anthropology*, vol. 15, no. 1, 2004. p. 59.

10 Wang, W., Nguyen, K. D., Dang Le, H., Zhao, C., Carson, M. T., Yang, X., & Hung, H.-C., "Archaeobotanical Study in Ha Long Bay, Northern Vietnam," *Frontiers in Earth Science*, vol. 10, 2022. p.6.

11 베트남 북부의 동선 문화(Đông Sơn culture)에서 만들어진 청동 타악기로, 베트남 고고학에서 가장 중요한 유물 중 하나이다. 강력한 청동 주조 기술, 복잡한 기하학적 문양, 사회·의례 기능을 동시에 보여주는 대표적인 상징물이다.

12 Trần Quốc Vượng et al., Khảo cổ học Việt Nam, Hà Nội: Nhà xuất bản Khoa học Xã hội, 1975. pp. 45–67.

13 Kiernan, Ben. *Việt Nam: A History from Earliest Times to the Present*. Oxford University Press, 2017. pp. 18–21.

14 Kiernan, *Việt Nam*, 24–27.

15 Kiernan, *Việt Nam*, 27–30.

16 Taylor, Keith W. *A History of the Vietnamese*. Cambridge University Press, 2013. pp. 171–179.

17 Brocheux, Pierre, *The Mekong Delta: Ecology, Economy, and Revolution, 1860–1960*, Madison: University of Wisconsin Press, 1995. p. 105.

18 Duiker, William J. *Ho Chi Minh: A Life*. New York: Hyperion, 2000. pp. 305–309.

19 Lien, *Rice and Baguette*, 168.

20 Frei, M., Siddhuraju, P., & Becker, K., *"Studies on the in vitro starch digestibility and the glycemic index of six different indigenous rice cultivars from the Philippines,"* Food Chemistry, 2003. pp. 421–428.

21 The Rice Trader (TRT), *World's Best Rice Competition – Official Report 2019*, Manila: TRT Publications, 2019. pp. 12–15.

22 VnExpress, "Gạo ST25 – hạt gạo của lòng kiêu hãnh Việt Nam," *VnExpress International*, 27 November 2019.

23 Borell, Brigitte, "The Power of Images – Coin Portraits of Roman Emperors on Jewellery Pendants in Early Southeast Asia," *Zeitschrift für Archäologie Außereuropäischer Kulturen 6*, 2014.

pp. 7–43.

24   이 기록은 로마–중국의 접촉이 상상에 그치지 않았음을 보여주지만, 해당 사절이 로마의 공식 외교사절인
지, 해상 교역망을 통해 이동한 상인·중개 집단인지에 대해서는 견해가 엇갈린다. Yu Taishan, *China and
the Ancient Mediterranean World*, Sino-Platonic Papers 242, 2013. pp. 25–30.

25   Marco Polo, *The Travels of Marco Polo* (PDF facsimile on Internet Archive, n.d.), p. 294. https://
archive.org/download/thetravelsbymarcopolo/The%20Travels%20by%20Marco%20Polo.pdf (
검색일: 2026.01.09.).

26   Grainger, Sally, *The Story of Garum: Fermented Fish Sauce and Salted Fish in the Ancient
World*, London: Prospect Books, 2020. pp. 52–58.

27   Grainger, *The Story of Garum*, 18–32.

28   Grainger, Sally, "Garum, Liquamen and Muria: A New Approach to the Problem of Definition,"
Journal of Roman Archaeology, vol. 29, 2016. pp. 37–54.

29   VnExpress, "Lê Gia 느억맘[생선간장] 이야기," VNA Vietnamese News (korean), 28 November
2023.   https://vietnam.vnanet.vn/korean/long-form/레자-Lê-Gia-느억맘-생선간장-이야기-352373.
html, (검색일: 2025.09.21).

30   Nguyễn Thị Thu Hương, "Traditional Fish Sauce Production in Phú Quốc Island," *Journal of
Vietnamese Studies*, vol. 12, no. 3, 2019. pp. 44–47.

31   Trần Thị Thanh Hương, "Mắm Tôm Chua and the Culinary Heritage of Central Vietnam," *Viet-
namese Gastronomy Review*, vol. 7, 2018. pp. 59–63.

32   Nguyễn Lan, "Why Fish Sauce Wins Foreigners Over," *VnExpress International*, 12 July 2021.

33   "전현무도 무조건 사겠다고 한 이 소스의 위력," https://www.ohmynews.com/NWS_Web/View/
at_pg.aspx?CNTN_CD=A0002893700&utm_source=chatgpt.com, (검색일: 2026.01.10).

34   Goscha, Christopher E., *Vietnam: A New History*, New York: Basic Books, 2016. pp. 87–92.

35   Goscha, *Vietnam: A New History*, 87–92.

36   Marr, David G., *Vietnam 1945: The Quest for Power*, Berkeley: University of California Press,
1995. p. 159.

37   Pribbenow, Merle L., "The Hoàng Cầm Stove and the Logistics of the Việt Minh," Journal of
Military History, vol. 68, no. 4, 2004. pp. 1121–1124.

38   Truong Nhu Tang, *A Vietcong Memoir: An Inside Account of the Vietnam War and Its After-
math*, New York: Vintage Books, 1986. 특히 베트민(NLF) 부대의 보급과 일상생활을 다룬 장들.

39   이 용어는 당시 미국의 언론과 의학계를 중심으로 사용되기 시작했으며, MSG가 두통이나 저림, 무기력 같
은 증상을 유발한다는 주장을 담고 있었다. 하지만 현재 이러한 주장에 대한 과학적 근거가 충분하지 않다
는 점, 그리고 특정 문화와 음식을 겨냥한 편견과 인종적 뉘앙스를 담고 있다는 이유 때문에 학술적으로 거
의 사용되지 않는 표현이 되었다.

40   Andrew F. Krepinevich Jr., *The Army and Vietnam, Baltimore*, Johns Hopkins University
Press, 1986. pp. 204–206.

41   Greene, Graham, *The Quiet American*, London: Heinemann, 1955. pp. vii–ix; see also Shee-
han, Neil, "Dining in Saigon's Colonial Heart," *New York Times*, 12 March 1971.

42   Viện Dinh dưỡng Quốc gia, "Tình trạng suy dinh dưỡng trẻ em ở Việt Nam giai đoạn 1950–
1980," *Tạp chí Dinh dưỡng & Phát triển*, số 12, 1999. pp. 34–36.

43   Benedict J. Tria Kerkvliet, *The Power of Everyday Politics: How Vietnamese Peasants Trans-
formed National Policy*, Ithaca: Cornell University Press, 2005. p. 107.

44   Le Hong Hiep, "Vietnam–Soviet Relations in the Late 1970s and 1980s: Economic Aid and Cul-
tural Influence," *Journal of Southeast Asian Studies*, vol. 45, no. 3, 2014. pp. 412–416.

45 Vu Hong Lien, *Rice and Baguette*, 63.

46 Vu Hong Lien, *Rice and Baguette*, 63.

47 강희정, "해상 실크로드와 불교물질문화의 교류," 동남아연구 37, no. 1, 2018. 60쪽.

48 중국 천년기Cese Millennium라는 표현은 영어권에서 종종 'Chinese Millennium', 베트남어 담론에서는 '1.000 năm Bắc thuộc(1000년 복속)'으로 사용되며, 기원전 111년 한나라의 남월 정복부터 서기 939년 오응우옌(Ngô Quyền)이 중국군을 격파하며 독립한 약 1,000년의 시기를 가리키는 역사·문화적 개념이다.

49 Lien, *Rice and Baguette*, 72.

50 이와마 가즈히로, 『중국요리의 세계사』, 따비, 2023. 307쪽.

51 이와마 가즈히로, 『중국요리의 세계사』, 308쪽.

52 Peters, Erica J., *Appetites and Aspirations in Vietnam: Food and Drink in the Long Nineteenth Century*, Lanham: Rowman & Littlefield, 2012. pp. 63–78.

53 Peters, *Appetites and Aspirations in Vietnam*, 71–74.

54 Lien, *Rice and Baguette*, 120–121.

55 Gilbert, L., "La faune dans les Hauts Plateaux," *Bulletin des amis du vieux Huế*, vol. 18, 1931. pp. 45–56.

56 Hothi Longan, "베트남 음식 문화의 지역적 특성-"퍼(phở)"의 기원과 변천," 『강원문화비교』 40, 2019. 72쪽.

57 Hothi Longan, "베트남 음식 문화의 지역적 특성-"퍼(phở)"의 기원과 변천," 77쪽.

58 Nguyễn Ngọc Bảo, "Sự hình thành văn hóa phở Hà Nội qua báo chí đầu thế kỷ XX," *Nghiên cứu Văn hóa Việt Nam 12*, 2019. pp. 45–62.

59 Thạch Lam, Hà Nội 36 phố phường, NXB Văn Hoá Thông Tin, 1943. p. 41.

60 Pho Thin by Hoan Kiem: A bowl of memory, a taste of Hanoi's soul, Vietnamnet, June 8, 2025. https://vietnamnet.vn/en/pho-thin-by-hoan-kiem-a-bowl-of-memory-a-taste-of-hanoi-s-soul-2406687.html (검색일: 2025.12.20).

61 Nguyễn Ngọc Bảo, "Sự hình thành văn hoá phở Nam Bộ sau 1954," *Nghiên cứu Văn hóa Việt Nam 18*, 2020. pp. 77–95.

62 중국에서도 기본적으로 미엔 디에우(miến điều-麵條)와 메펀(mễ phấn-米粉)의 두 종류 국수가 있으며 북중국 사람들이 밀가루로 만든 국수를 즐겨먹는 반면에 남중국 사람들은 메펀(mǐfěn, 米粉)을 즐겨 먹어왔다. 분은 송나라 시기 사람들이 남중국에 살고 있었던 타이족에게 전해주고 그때부터 태국으로 전파되어 다른 민족에게도 확산되었다. Đặng Thái, "*Lịch sử nghìn năm làm bún và nấu bún*," 2013. 10. 15., http://soi.today/?p=186407.

63 VietRiceKitchen, "Bún Riêu: The Exquisite Vietnamese Crab Noodle Soup," VietRiceKitchen, https://vietricekitchen.com/bun-rieu-the-exquisite-vietnamese-crab-noodle-soup/?utm_source=chatgpt.com (검색일: 2026.01.10).

64 VnExpress, "The spice of Huế: Origins of Bún Bò," e.vnexpress.net, https://e.vnexpress.net/news/travel/food-recipes/the-spice-of-hue-origins-of-bun-bo-4914635.html?utm_source=chatgpt.com (검색일: 2026.01.10).

65 Nguyễn Hữu Thông, "Đặc trưng văn hoá giao tiếp của người Huế," *Tạp chí Văn hóa Nghệ thuật 5*, 2015. pp. 45–52.

66 김현재·김현태, "베트남 호찌민시의 중국 화인회관(華人會館)에 관한 연구," 인문논총 50집, 2019. 10–11쪽.

67 이와마 가즈히로, 『중국요리의 세계사』, 325쪽.

68 "Hủ tiếu," Wikipedia, https://en.wikipedia.org/wiki/H%E1%BB%A7_ti%E1%BA%BFu. (검색일 : 2025.12.04일).

69 "My Tho – Tien Giang Province – Destination Info," *Travel Authentic Asia*, https://www.trave-

lauthenticasia.com/vietnam-destinations/my-tho-tien-giang.aspx. (검색일: 2025.12.04).

70   TasteAtlas, "Cơm tấm," *TasteAtlas.com*, 2023. https://www.tasteatlas.com/com-tam. (검색일: 2026.01.10).

71   Nguyen Ngoc Bich, *Hue: The Cuisine of the Imperial City*, Vietnam National University Press, 2014. pp. 67–71.

72   Dana Sachs, "Food, Memory, and Survival in Vietnam," *Asian Anthropology*, 2016. p. 215–217

73   Nguyễn Thị Diệu, "bánh Xèo in the Central Region: History and Transformation," *Journal of Vietnamese Gastronomy*, 2014. pp. 52–55.

74   Nicolas Weber, French Colonial Cuisine in Indochina, Paris Colonial Studies, 2012. pp. 88–90.

75   Andrea Nguyen, *The Banh Mi Handbook*, Ten Speed Press, 2014. p. 44–46.

76   VnExpress, "Bánh mì Hòa Mã 50 năm ở Sài Gòn," 2015.11.21. (검색일: 2025.12.13).

77   Keith W. Taylor, *A History of the Vietnamese*. Cambridge: Cambridge University Press, 2013. pp. 102–105.

78   Tran Thi Minh Nguyet, "*Urban Food Inflation and Consumer Behavior in Ho Chi Minh City,*" *Vietnam Journal of Economics*, 2015. pp. 44–47.

79   Andrea Nguyen, *The Food of Vietnam*, Ten Speed Press, 2013. pp. 122–125.

80   Lien, *Rice and Baguette*, 101-102.

81   Saigoneer, "Vietnam's New Love for Crayfish Might Lead to Ecological Disaster," Saigoneer, 2019, https://saigoneer.com/food/25428-vietnam-s-new-love-for-crayfish-might-lead-to-ecological-disaster (검색일: 2026.01.10).

82   Nguyễn Ngọc Bình, *Hanoi: A Culinary Portrait*, Hà Nội Publishing House, 2010. pp. 55–57.

83   Phan Cẩm Thượng, Văn Hóa Ẩm Thực Việt Nam (Vietnamese Culinary Culture), Nxb. Trẻ, 2013. pp. 87–89.

84   Philip Taylor, *Modernity and Re-enchantment: Religion in Post-reform Vietnam*, ISEAS Publishing, 2007. pp. 145–148.

85   Keith W. Taylor, *A History of the Vietnamese*, Cambridge University Press, 2013. pp. 347–349.

86   Huỳnh Ngọc Trảng, Tập Tục Việt Nam, Nxb. Trẻ, 2010. pp. 67–70.

87   Annear, C. M., & Harris, J. D., "Contemporary Vietnamese Cuisine," in *Routledge Handbook of Contemporary Vietnam*, Routledge, 2022. pp. 475–485.

88   Ngô Đức Thịnh, *Tín ngưỡng và văn hóa ẩm thực Việt Nam*, Nxb, Văn hóa Dân tộc, 2006. pp. 121–124.

89   Trần Ngọc Thêm, *Cơ sở văn hóa Việt Nam*, Nxb, Giáo Dục, 1997. pp. 112–115.

90   Huỳnh Ngọc Trảng, *Tín ngưỡng dân gian Nam Bộ*, Nxb. Trẻ, 2012. pp. 55–57.

91   Huỳnh Ngọc Trảng, *Tín ngưỡng dân gian Nam Bộ*, 97–99.

92   Goscha, Christopher. Vietnam: A New History. Basic Books, 2016. pp. 124–127.

93   "Vietnamese iced coffee (Cà phê sữa đá)," Wikipedia, https://en.wikipedia.org/wiki/Vietnamese_iced_coffee. (검색일 : 2025.12.21).

94   Cà Phê Giảng, "Giang Coffee and the Story of the Brand: Overcoming Many Ups and Downs," cafegiang.vn,   https://cafegiang.vn/giang-coffee-and-the-story-of-the-brand-overcoming-many-ups-and-downs/?utm_source=chatgpt.com. (검색일: 2025. 11. 02).

95   VinWonders, "Salted Coffee – Vietnam," vinwonders.com, https://vinwonders.com/en/wonderpedia/news/salted-coffee-vietnam/?utm_source=chatgpt.com. (검색일: 2025. 11. 02),

96   백종원, "베트남 쌀국수 맛기행," YouTube, 2023. https://www.youtube.com/watch?v=SfeCR4nK-rLQ (검색일: 2025. 02. 13).

97 H. Kasahara, "Obesity and Metabolic Syndrome in Urban Vietnam," *Ningen Dock International*, 2022. pp. 25–31.

98 고용노동부. 『고용허가제(EPS) 외국인근로자 입국현황』, 2023–2024. https://www.eps.go.kr (검색일: 2025.02.13).

99 Edward Lee, "셰프는 맛을 발명할 수 없다," 농민신문, 2025년 12월 29일, https://www.nongmin.com/article/20251229500508 (검색일: 2025. 12. 29).

참고문헌

Ⅰ. 한국어 문헌

강희정, 「해상 실크로드와 불교물질문화의 교류」, 『동아연구』 37-1, 2018.

고용노동부, 『고용허가제(EPS) 외국인근로자 입국현황』, 2023-2024.

김현재·김현태, 「베트남 호찌민시의 중국 화인회관(華人會館)에 관한 연구」, 『인문논총』 50, 2019.

마이클 폴란, 『잡식동물의 딜레마』, 서울: 다른세상, 2008.

브리야 사바랭, 『미식예찬』, 서울: 르네상스, 2004.

이와마 가즈히로, 『중국요리의 세계사』, 서울: 따비, 2023.

이지은, 「포이어바흐의 감성론 연구」, 서울대학교 박사학위논문, 2020. Ludwig Feuerbach, Grundsätze der Philosophie der Zukunft, 1843.

Ⅱ. 영어 문헌

Annear, C. M. & Harris, J. D., "Contemporary Vietnamese Cuisine," in *Routledge Handbook of Contemporary Vietnam*, London: Routledge, 2022.

Avieli, Nir, "Making Sense of Vietnamese Cuisine," *Education About Asia 16(3)*, 2011.

Borell, Brigitte, "The Power of Images – Coin Portraits of Roman Emperors on Jewellery Pendants in Early Southeast Asia," *Zeitschrift für Archäologie Außereuropäischer Kulturen 6*, 2014.

Brocheux, Pierre, *The Mekong Delta: Ecology, Economy, and Revolution, 1860–1960*, Madison: University of Wisconsin Press, 1995.

Dana Sachs, "Food, Memory, and Survival in Vietnam," *Asian Anthropology*, 2016.

Duiker, William J., *Ho Chi Minh: A Life*, New York: Hyperion, 2000.

Feuerbach, Ludwig, *Grundsätze der Philosophie der Zukunft*, 1843.

Frei, M., Siddhuraju, P., & Becker, K., "Studies on the in vitro starch digestibility and the glycemic index of six indigenous rice cultivars from the Philippines," *Food Chemistry*, 2003.

Food and Agriculture Organization of the United Nations, *Food Balance Sheets: Vegetable Supply per Capita*, FAOSTAT, 2021.

Gilbert, L., "La faune dans les Hauts Plateaux," *Bulletin des amis du vieux Hué 18*, 1931.

Goscha, Christopher E., *Vietnam: A New History*, New York: Basic Books, 2016.

Grainger, Sally, *The Story of Garum: Fermented Fish Sauce and Salted Fish in the Ancient World*, London: Prospect Books, 2020.

Grainger, Sally, "Garum, Liquamen and Muria: A New Approach to the Problem of Definition," *Journal of Roman Archaeology 29*, 2016.

Kasahara, H., "Obesity and Metabolic Syndrome in Urban Vietnam," *Ningen Dock International*, 2022.

Kerkvliet, Benedict J. Tria, *The Power of Everyday Politics*, Ithaca: Cornell University Press, 2005.

Kiernan, Ben, *Việt Nam: A History from Earliest Times to the Present*, Oxford: Oxford University Press, 2017.

Krepinevich, Andrew F. Jr., *The Army and Vietnam*, Baltimore: Johns Hopkins University Press, 1986.

Marco Polo, *The Travels of Marco Polo*, Internet Archive PDF, n.d.

Marr, David G., *Vietnam 1945: The Quest for Power*, Berkeley: University of California Press, 1995.

Nguyen, Andrea, *The Food of Vietnam*, Berkeley: Ten Speed Press, 2013.

Nguyen, Andrea, The Banh Mi Handbook, Berkeley: Ten Speed Press, 2014.

Peters, Erica J., *Appetites and Aspirations in Vietnam*, Lanham: Rowman & Littlefield, 2012.

Taylor, Keith W., *A History of the Vietnamese*, Cambridge: Cambridge University Press, 2013.

Thomas, M., "Transitions in Taste in Vietnam and the Diaspora," *The Australian Journal of Anthropology 15(1)*, 2004.

Truong Nhu Tang, *A Vietcong Memoir*, New York: Vintage Books, 1986.

Vu Hong Lien, *Rice and Baguette: A History of Food in Vietnam*, London: Reaktion Books, 2016.

Wang, W., "Archaeobotanical Study in Ha Long Bay, Northern Vietnam," *Frontiers in Earth Science 10*, 2022.

Yu Taishan, *China and the Ancient Mediterranean World*, Sino-Platonic Papers 242, 2013.

III. 베트남어 문헌

Đặng Thái, *Lịch sử nghìn năm làm bún và nấu bún*, 2013.10.15.

Huỳnh Ngọc Trảng, *Tập Tục Việt Nam*, TP.HCM: Nxb. Trẻ, 2010.

Huỳnh Ngọc Trảng, *Tín ngưỡng dân gian Nam Bộ*, TP.HCM: Nxb. Trẻ, 2012.

Lê Hồng Đức, *Chuyện Kể Miền Sông Nước*, Cần Thơ: Nxb. Tổng hợp Cần Thơ, 2009.

Ngô Đức Thịnh, *Tín ngưỡng và văn hóa ẩm thực Việt Nam*, Hà Nội: Nxb. Văn hóa Dân tộc, 2006.

Nguyễn Hữu Thông, "Đặc trưng văn hoá giao tiếp của người Huế," *Tạp chí Văn hóa Nghệ thuật* 5, 2015.

Nguyễn Ngọc Bảo, "Sự hình thành văn hóa phở Hà Nội qua báo chí đầu thế kỷ XX," *Nghiên cứu Văn hóa Việt Nam* 12, 2019.

Nguyễn Ngọc Bảo, "*Sự hình thành văn hoá phở Nam Bộ sau 1954*," Nghiên cứu Văn hóa Việt Nam 18, 2020.

Nguyễn Ngọc Bình, *Hanoi: A Culinary Portrait*, Hà Nội: Hà Nội Publishing House, 2010.

Nguyễn Thị Diệu, "Bánh Xèo in the Central Region: History and Transformation," *Journal of Vietnamese Gastronomy*, 2014.

Nguyễn Thị Huyền, *Những Câu Chuyện Ẩm Thực Miền Trung*, Hà Nội: Văn Hóa–Văn Nghệ, 2016.

Nguyễn Thị Thu Hương, "Traditional Fish Sauce Production in Phú Quốc Island," *Journal of Vietnamese Studies 12(3)*, 2019.

Phan Cẩm Thượng, *Văn Hóa Ẩm Thực Việt Nam*, TP.HCM: Nxb. Trẻ, 2013.

Thạch Lam, *Hà Nội 36 phố phường*, Hà Nội: Nxb. Văn Hoá Thông Tin, 1943.

Trần Ngọc Thêm, *Cơ sở văn hóa Việt Nam*, Hà Nội: Nxb. Giáo Dục, 1997.

Trần Quốc Vượng 외, *Khảo cổ học Việt Nam*, Hà Nội: Nxb. Khoa học Xã hội, 1975.

Trần Thị Thanh Hương, "Mắm Tôm Chua and the Culinary Heritage of Central Vietnam," *Vietnamese Gastronomy Review 7*, 2018.

IV. 신문·온라인 자료

백종원, 「베트남 쌀국수 맛기행」, YouTube, 2023. (검색일: 2026.01.10).

Edward Lee, "셰프는 맛을 발명할 수 없다," 『농민신문』, 2025.12.29.

Good Morning Vietnam, "Vietnamese Cuisine Ranked Among the World's Most Appealing," 2025.10.16.

OhmyNews, "전현무도 "무조건 사겠다"고 한 이 소스의 위력," 2023.01.10. (검색일: 2026.01.10).

Saigoneer, "Vietnam's New Love for Crayfish Might Lead to Ecological Disaster," 2019. (검색일: 2026.01.10).

Sheehan, Neil, "Dining in Saigon's Colonial Heart," New York Times, 1971.3.12.

TasteAtlas, "Cơm tấm," 2023. (검색일: 2026.01.10).

The Rice Trader (TRT), World's Best Rice Competition – Official Report 2019, Manila: TRT Publications, 2019.

Vietnamnet, "Pho Thin by Hoan Kiem: A Bowl of Memory, a Taste of Hanoi's Soul," 2025.6.8.

VietRiceKitchen, "Bún Riêu: The Exquisite Vietnamese Crab Noodle Soup," (검색일: 2026.01.10).

VnExpress, "Gạo ST25 – hạt gạo của lòng kiêu hãnh Việt Nam," 2019.11.27.

VnExpress, "The Spice of Huế: Origins of Bún Bò," 2026.01.10.

VnExpress, "Bánh mì Hòa Mã 50 năm ở Sài Gòn," 2015.11.21.

Wikipedia, "Hủ tiếu," (검색일: 2025.12.04).

Wikipedia, "Vietnamese iced coffee (Cà phê sữa đá)," (검색일: 2025.12.21).

Cà Phê Giảng, "Giang Coffee and the Story of the Brand," (검색일: 2025.11.02).

VinWonders, "Salted Coffee – Vietnam," (검색일: 2025.11.02).

찾아보기

C-ration 85, 86
MSG 73, 79, 81, 83, 84
ST25 43, 44, 45
36거리 166, 281

ㄱ

가룸 55, 57, 60
간장 111, 113, 114, 116, 122, 202, 210, 211, 215, 223, 233, 238, 240, 243, 249, 283, 354
감자 95, 137, 221
감칠맛 6, 62, 64, 65, 85, 121, 155, 209, 344, 353, 354, 355, 356, 357
고수(rau mùi/ngò rí) 309
공심채(rau muống) 311
길거리 음식 18, 156, 232, 240, 371, 373
까오러우(cao lầu) 175, 195
깐쭈어(canh chua) 282
껌가(cơm gà) 212
껌니에우(cơm niêu) 216
껌떰(cơm tấm) 207
껌치엔(cơm chiên) 218
꽈이(quẩy) 119
꽌옥(quán ốc) 278

ㄴ

남월 99, 374, 378
넴란(nem rán) 222
녹차(trà xanh) 331
느억맘(nước mắm) 18
느억참(nước chấm) 61

ㄷ

다금바리 277
도이모이 27, 39, 336
두리안(sầu riêng) 323
두부 42, 63, 91, 109, 110, 111, 112, 222, 250, 251, 252, 254, 255, 256, 259, 312, 359
디엔비엔푸 75, 78, 81, 299
떠이선의 난 299
띠아또(tía tô) 307

찾아보기

식탁 위의 베트남

초판 1쇄   2026년 4월 13일

저자   윤성학
발행인   황일민

펴낸곳   K북스
등록번호   제 2021-000025호
등록일자   2021년 2월 10일
주소   04578 서울시 중구 신당동 151-29
전화/팩스   02-2234-7762
메일   kbooks2021@daum.net

ISBN 979-11-94371-86-1(03910)